2013

中国火炬统计年鉴

CHINA TORCH STATISTICAL YEARBOOK

科技部火炬高技术产业开发中心 编

Edited By
Torch High Technology Industry
Development Center
Ministry of Science & Technology

图书在版编目（CIP）数据

2013 中国火炬统计年鉴 ：汉英对照 / 科技部火炬高技术产业开发中心编. -- 北京 ：中国统计出版社，2013.9

ISBN 978-7-5037-6915-3

Ⅰ. ①2… Ⅱ. ①科… Ⅲ. ①高技术产业－统计资料－中国－2013－年鉴－汉、英 Ⅳ. ①F279.244.4-54

中国版本图书馆 CIP 数据核字(2013)第 89071 号

2013 中国火炬统计年鉴

作　　者/科技部火炬高技术产业开发中心
责任编辑/郭　栋　李　冲
封面设计/李雪燕
出版发行/中国统计出版社
通信地址/北京市丰台区西三环南路甲 6 号　邮政编码/100073
电　　话/邮购（010）63376909　书店（010）68783171
网　　址/http://csp.stats.gov.cn
印　　刷/北京联兴盛业印刷股份有限公司
经　　销/新华书店
开　　本/880×1230mm　1/16
字　　数/680 千字
印　　张/21.25
版　　别/2013 年 9 月第 1 版
版　　次/2013 年 9 月第 1 次印刷
定　　价/180.00 元

如有印装错误，由本社发行部负责调换。

《2013 中国火炬统计年鉴》
2013 CHINA TORCH STATISTICAL YEARBOOK

编辑委员会
Editorial Board

编者说明

《2013 中国火炬统计年鉴》是由科技部火炬高技术产业开发中心编撰的反映中国火炬计划、技术市场、全国生产力促进中心等相关内容的统计资料书。全书收录了全国 45 个省、市级科技部门和各国家高新区以及苏州工业园区 2012 年度的相关统计数据。

全书内容分十个部分。第一部分为国家高新技术产业开发区内企业的情况；第二部分为全国高新技术企业的情况；第三部分为国家级火炬计划项目的执行情况；第四部分为科技企业孵化器的情况；第五部分为全国技术市场发展情况；第六部分为全国生产力促进中心的发展情况；第七部分为国家大学科技园的发展情况；第八部分为火炬计划软件产业基地的发展情况；第九部分为火炬计划特色产业基地的发展情况；第十部分为主要指标解释。

需要说明的是，自今年开始，为了更好的反映火炬计划项目的执行情况，火炬计划项目统计做了产业化类项目和环境建设类项目的区分，所统计的反映成效的指标也有所区别。在今年年鉴火炬计划项目部分中，项目成效也按产业化类和环境建设类分别予以体现。2012 年火炬计划项目中增设了重大项目的类别，分为创新型产业集群和科技服务体系项目两大类，在本年鉴中也予以描述。

本书中使用的符号："空格"表示该项统计指标数据不足本表最小单位数、数据不详或无该数据；"#"表示其中的主要项；"/"表示数据未提供。

PREFACE

2013 China Torch Statistical Yearbook is prepared by Torch High Technology Industry Development Center. The yearbook, which covers the series data of 45 provincal level science and technology departments, National High Technology Industrial Development Zones, and Suzhou Industrial Park, reports on the development status of China Torch Program, China's technology market and productivity promotion centers.

The yearbook contains the following ten parts: 1.Development of National High Technology Industrial Development Zones (Hi-tech Zones) and it's tenants. 2.Development of High Technology Enterprises in China. 3.Development of National Torch Program Projects. 4.Development of Technology Business Incubators. 5.Development of Technology Market in China. 6.Development of Productivity Promotion Centers in China. 7.Development of National University Science Parks. 8.Torch Program Software Industrial Bases. 9.Torch Program Specialized Industrial Bases. 10.Explanatory Notes of Indicators.

It should be pointed out here that to better keep track of the implementation status of China Torch Program projects, we have categorized Torch Program projects into two types, i. e., industrialization projects and environment building projects in making data collection and the stastitical indicators have also been adapted to accommodate the changes. In this yearbook, we present the implementation effects of Torch Program projects by this two categories. In 2012, Torch Program pojects began to identify Key Projects which were further divided into Innovative Industrial Cluster Projects and S & T Service System Projects. Data concerning key projects are also selected in the related tables.

Symbols used in this yearbook: “blank space” indicates that the figure is not large enough to be measured with the smallest unit in the table, or data unknown, or not available; “#” indicates the major items of the total; “/” indicates that data are not available.

目 录

Contents

第一部分 国家高新技术产业开发区

THE FIRST PART NATIONAL HIGH TECHNOLOGY INDUSTRIAL DEVELOPMENT ZONES (NATIONAL HI-TECH ZONES)

第二部分　全国高新技术企业

THE SECOND PART　HIGH TECHNOLOGY ENTERPRISES IN CHINA

第三部分　国家火炬计划项目
THE THIRD PART　NATIONAL TORCH PROGRAM PROJECTS

第四部分　科技企业孵化器
THE FORTH PART　TECHNOLOGY BUSINESS INCUBATORS (TBIs)

第五部分　全国技术市场

THE FIFTH PART　TECHNOLOGY MARKET IN CHINA

第一部分

国家高新技术产业开发区

The First Part

National High Technology Industrial Development Zones (National Hi-tech Zones)

1-1 高新区企业主要经济指标

Main Economic Indicators of Enterprises in National Hi-tech Zones

年 份 Year	企业数 (个) Number of Enterprises (unit)	年末从业人员 (万人) Year End Number of Employees (10 000 person)	总收入 (亿元) Total Income (100 million yuan)	工业总产值 (亿元) Gross Industrial Output Value (100 million yuan)	净利润 (亿元) Net Profit (100 million yuan)	上缴税额 (亿元) Taxes Submitted (100 million yuan)	出口创汇 (亿美元) Export (100 million USD)
1995	12980	99.1	1529.0	1402.6	107.4	69.0	29.3
1996	13722	129.1	2300.3	2142.3	140.5	97.7	43.0
1997	13681	147.5	3387.8	3109.2	206.6	143.3	64.8
1998	16097	183.7	4839.6	4333.6	256.2	220.8	85.3
1999	17498	221.0	6775.0	5944.0	398.7	338.6	119.0
2000	20796	250.9	9209.3	7942.0	597.0	460.2	185.8
2001	24293	294.3	11928.4	10116.8	644.6	640.4	226.6
2002	28338	348.7	15326.4	12937.1	801.1	766.4	329.2
2003	32857	395.4	20938.7	17257.4	1129.4	990.0	510.2
2004	38565	448.4	27466.3	22638.9	1422.8	1239.6	823.8
2005	41990	521.2	34415.6	28957.6	1603.2	1615.8	1116.5
2006	45828	573.7	43320.0	35899.0	2128.5	1977.1	1361.0
2007	48472	650.2	54925.2	44376.9	3159.3	2614.1	1728.1
2008	52632	716.5	65985.7	52684.7	3304.2	3198.7	2015.2
2009	53692	810.5	78706.9	61151.4	4465.4	3994.6	2007.2
2010	55243	960.3	105917.3	84318.2	6855.4	5446.8	2648.0
2011	57033	1073.6	133425.1	105679.6	8484.2	6816.7	3180.6
2012	63926	1269.5	165689.9	128603.9	10243.2	9580.5	3760.4

1-2 高新区企业主要经济指标(按地区分类)

Main Economic Indicators of Enterprises in National Hi-tech Zones by Region

地　区	Region	企业数(个) Number of Enterprises (unit)	年末从业人员(人) Year End Number of Employees (person)	总收入(千元) Total Income (1000 yuan)	工业总产值(千元) Gross Industrial Output Value (1000 yuan)
北京中关村	Beijing Zhongguancun	14929	1587911	2502495782	649466647
天津滨海	Tianjin Binhai	2994	317915	460236805	261972082
石家庄	Shijiazhuang	590	84847	186675627	137558051
保　定	Baoding	163	90062	81120527	81512175
唐　山	Tangshan	104	16683	12906882	14612243
燕　郊	Yanjiao	159	27519	46620023	36700600
承　德	Chengde	28	8852	5811957	5949823
太　原	Taiyuan	975	118766	147422213	126671833
包　头	Baotou	508	115719	138372620	140268890
沈　阳	Shenyang	766	159368	228805619	191709476
大　连	Dalian	2076	213516	207219856	154722645
鞍　山	Anshan	543	86484	173638150	151319680
营　口	Yingkou	290	43413	43611171	44818615
辽　阳	Liaoyang	27	29087	78775903	76164347
本　溪	Benxi	105	21918	16328509	15492286
长　春	Changchun	723	148864	408109652	393696334
吉　林	Jilin	527	105525	104908334	103019243
延　吉	Yanji	175	13500	20633443	21620388
长春净月	Changchun Jingyue	720	89311	82112558	65122377
哈尔滨	Harbin	276	141514	173176011	152584693
大　庆	Daqing	460	105757	178935590	150990545
齐齐哈尔	Qiqihaer	38	27767	20384790	20324210
上海张江	Shanghai Zhangjiang	2100	557292	821371951	484913891
上海紫竹	Shanghai Zizhu	77	19063	35102676	12577022
南　京	Nanjing	310	177656	353448972	336427415
常　州	Changzhou	958	166169	204769807	198644736
无　锡	Wuxi	1196	337561	304725548	298126345
苏　州	Suzhou	1030	229946	267205001	257527293
泰　州	Taizhou	284	35655	68872021	68076614
昆　山	Kunshan	449	171990	111388373	111129971
江　阴	Jiangyin	138	76560	177785914	120650382
武　进	Wujin	238	77532	56944595	59490054
徐　州	Xuzhou	99	30614	40591717	40464177
杭　州	Hangzhou	1818	251860	241234793	144405465
宁　波	Ningbo	370	107224	170026012	90848182
绍　兴	Shaoxing	130	24629	14756296	13443316
温　州	Wenzhou	319	67616	37567653	36873411
合　肥	Hefei	481	150829	236014452	226137409
蚌　埠	Bengbu	245	54070	42279976	44036118
芜　湖	Wuhu	160	34433	52409755	54691993
马鞍山	Ma'anshan	98	26547	53789295	42790176
福　州	Fuzhou	184	62179	60764323	63009859
厦　门	Xiamen	398	156746	188109158	181118584
泉　州	Quanzhou	176	72158	94874649	98087453
莆　田	Putian	91	24572	25100129	25244715
南　昌	Nanchang	350	109289	130054695	118806516
景德镇	Jingdezhen	133	51506	60069829	62012188
新　余	Xinyu	141	32494	50011307	48375963
鹰　潭	Yingtan	89	20923	33656711	33702553
济　南	Jinan	505	204708	251051532	192153729
青　岛	Qingdao	184	128746	179434539	148109322
淄　博	Zibo	445	118872	206045388	195057195
潍　坊	Weifang	400	134033	172506445	150312819

1-2 续表 1 continued 1

地　区	Region	净利润（千元）Net Profit (1000 yuan)	上缴税费（千元）Taxes Submitted (1000 yuan)	出口创汇（千美元）Export (1000 USD)	年末资产（千元）Year End Assets (1000 yuan)	年末负债（千元）Year End Liabilities (1000 yuan)
北京中关村	Beijing Zhongguancun	137069571	144576985	26170509	4038687352	2239312149
天津滨海	Tianjin Binhai	37668132	15801432	8807262	584945046	297260760
石家庄	Shijiazhuang	11424640	11075078	1309196	171515329	100824832
保　定	Baoding	-309815	4511211	2510228	129113291	81364818
唐　山	Tangshan	648965	809773	156577	11647600	5909873
燕　郊	Yanjiao	1389437	2478092	99351	36566504	24248016
承　德	Chengde	526699	530987	30845	8879391	5302404
太　原	Taiyuan	2611834	4757479	383901	196294585	143914604
包　头	Baotou	13181549	8190239	1572725	155475822	99207297
沈　阳	Shenyang	14395780	10390006	2039225	245648183	129732186
大　连	Dalian	14974307	9540115	7254365	272278732	159960416
鞍　山	Anshan	15677946	11816924	954888	101695822	64536354
营　口	Yingkou	2376609	1312011	595126	31045370	19798845
辽　阳	Liaoyang	2407147	8572733	1377761	70366448	34467008
本　溪	Benxi	1192164	1135700	81931	8105569	3906112
长　春	Changchun	49403323	48307126	1048921	249309784	132570692
吉　林	Jilin	-955174	10446957	135232	84647941	30997073
延　吉	Yanji	1078787	7101778	102071	16207572	9126312
长春净月	Changchun Jingyue	11006497	3279109	96902	92337598	39653920
哈尔滨	Harbin	7073972	13966275	989043	289262918	194325581
大　庆	Daqing	12078505	10851975	199015	62497743	32969892
齐齐哈尔	Qiqihaer	923000	788063	613228	19215464	11142109
上海张江	Shanghai Zhangjiang	71770413	47605151	30511753	1009157094	446041843
上海紫竹	Shanghai Zizhu	6135553	2805212	730253	43767189	18869234
南　京	Nanjing	12862251	17994771	7662917	285016293	157830601
常　州	Changzhou	7369905	7081303	5859490	225499035	131883495
无　锡	Wuxi	11419179	9892202	23858077	284059711	132968006
苏　州	Suzhou	9325892	8453478	22026985	219294380	122874093
泰　州	Taizhou	3903696	4832930	361817	33121861	14866665
昆　山	Kunshan	3604962	3136152	4853157	94339760	54670969
江　阴	Jiangyin	4698326	4548041	2769523	84164997	53014576
武　进	Wujin	4951423	2446938	1128170	60016077	32133408
徐　州	Xuzhou	3305669	2456122	88659	37819417	18258212
杭　州	Hangzhou	23529267	15355481	4930158	323621991	166704662
宁　波	Ningbo	9523327	4570038	6622455	138950353	78472523
绍　兴	Shaoxing	497918	656996	411518	23517619	12448786
温　州	Wenzhou	1309079	1496393	704894	43057886	28289201
合　肥	Hefei	25951415	30038968	5353224	212852873	115470802
蚌　埠	Bengbu	2353488	1968651	442118	50723732	28996895
芜　湖	Wuhu	2131895	1494143	536877	39351124	23958866
马鞍山	Ma'anshan	1547584	1252380	440228	60943597	46276016
福　州	Fuzhou	3241533	1930434	3778388	49277859	23317841
厦　门	Xiamen	8661336	9297889	17299528	116223731	71149357
泉　州	Quanzhou	5560263	5200616	5578257	90077623	24085720
莆　田	Putian	576040	290679	157253	10199025	6011148
南　昌	Nanchang	4611168	12051801	1589748	105023991	57412771
景德镇	Jingdezhen	1916321	2797813	817191	54417762	35472708
新　余	Xinyu	741025	1329870	285671	53360490	32710800
鹰　潭	Yingtan	1191217	757751	73284	7762534	2766679
济　南	Jinan	17331953	22013128	4107597	370403847	233463596
青　岛	Qingdao	13463790	12473066	3923015	152535724	97535111
淄　博	Zibo	11198748	17917974	2939725	160216618	74593075
潍　坊	Weifang	13891612	15229814	2900399	187904811	115450842

1-2 续表 2 continued 2

地 区	Region	企业数 (个) Number of Enterprises (unit)	年末从业人员 (人) Year End Number of Employees (person)	总收入 (千元) Total Income (1000 yuan)	工业总产值 (千元) Gross Industrial Output Value (1000 yuan)
威 海	Weihai	223	84072	109187151	109092489
济 宁	Jining	374	139387	199237262	187423884
烟 台	Yantai	238	52207	32162171	33267039
临 沂	Linyi	213	54142	69158841	70153852
泰 安	Taian	321	76325	41912984	40745613
郑 州	Zhengzhou	718	142911	242916478	214261482
洛 阳	Luoyang	503	98072	119148421	91739175
南 阳	Nanyang	143	42810	20719093	20512530
安 阳	Anyang	210	44959	35304062	25331946
新 乡	Xinxiang	123	16500	11948172	11998028
武 汉	Wuhan	2759	382467	500691370	401293786
襄 樊	Xiangfan	562	130082	176046713	172050387
宜 昌	Yichang	253	106294	156771425	166222784
孝 感	Xiaogan	304	72230	68735625	67403774
长 沙	Changsha	825	194792	290192206	271612634
株 洲	Zhuzhou	224	103783	111303347	120859144
湘 潭	Xiangtan	263	80687	101135526	99653978
益 阳	Yiyang	192	22143	42909712	39710710
衡 阳	Hengyang	70	35527	42005733	40920531
广 州	Guangzhou	2241	432471	420355263	318792131
深 圳	Shenzhen	1169	400379	467508089	469360147
珠 海	Zhuhai	468	184274	156379560	155473082
惠 州	Huizhou	244	151604	195212185	189564438
中 山	Zhongshan	392	84319	152641511	151457103
佛 山	Foshan	511	265554	239184087	245058514
肇 庆	Zhaoqing	143	44137	59690987	59876477
江 门	Jiangmen	144	32545	15085781	15697113
东 莞	Dongguan	185	45691	48607794	48395515
南 宁	Nanning	643	124239	100191522	86766276
桂 林	Guilin	337	84612	57598499	59621834
柳 州	Liuzhou	176	77485	120011003	116440429
海 南	Hainan	145	34431	31698452	33841851
重 庆	Chongqing	694	156312	144277295	120243239
成 都	Chengdu	1579	264901	408602984	332002566
绵 阳	Mianyang	114	118020	85430365	107775645
自 贡	Zigong	91	30766	32521659	34030218
乐 山	Leshan	50	20755	11934748	11854893
贵 阳	Guiyang	376	170734	140236418	121589293
昆 明	Kunming	248	65237	118726996	99531755
玉 溪	Yuxi	41	19010	87236392	74595220
西 安	Xi'an	3025	309925	527907837	428475784
宝 鸡	Baoji	435	128510	137955936	138151336
杨 凌	Yangling	130	14992	11949600	7904059
渭 南	Weinan	55	22631	30402541	32386554
咸 阳	Xianyang	59	15044	41134532	41013139
榆 林	Yulin	14	7558	19510960	19466335
兰 州	Lanzhou	466	122113	130019499	96443617
白 银	Baiyin	55	34894	47891859	31682590
青 海	Qinghai	50	11070	5622891	9294701
宁 夏	Ningxia	39	7616	9404929	9113981
乌鲁木齐	Urumqi	252	57054	66075870	41755797
昌 吉	Changji	65	9419	16226264	14937059
合 计	**Total**	**63926**	**12695462**	**16568986134**	**12860388502**

1-2 续表 3 continued 3

地 区	Region	净利润（千元）Net Profit (1000 yuan)	上缴税费（千元）Taxes Submitted (1000 yuan)	出口创汇（千美元）Export (1000 USD)	年末资产（千元）Year End Assets (1000 yuan)	年末负债（千元）Year End Liabilities (1000 yuan)
威 海	Weihai	8625096	5896338	4267156	86031712	36242443
济 宁	Jining	10763601	8384932	1643018	161394022	82139913
烟 台	Yantai	1666477	1830382	894943	30092139	19024768
临 沂	Linyi	3949167	2476770	941606	19577822	10471003
泰 安	Taian	3012421	2453947	693437	57294316	37726197
郑 州	Zhengzhou	14390234	12746646	869005	248609186	87813397
洛 阳	Luoyang	8334615	7492805	764791	140287889	78325780
南 阳	Nanyang	1287272	810542	244592	23721231	14262746
安 阳	Anyang	1553850	1545120	188695	28974041	22420293
新 乡	Xinxiang	1250473	651399	69149	14559546	5473174
武 汉	Wuhan	30323943	25848619	8812981	617773993	345016112
襄 樊	Xiangfan	11429533	7396549	591680	126643350	66670474
宜 昌	Yichang	6854211	3094767	1006909	158143068	109321269
孝 感	Xiaogan	2763916	1876070	160494	43784748	23567927
长 沙	Changsha	21700645	15147343	1333437	354224616	203624366
株 洲	Zhuzhou	5619529	5257320	947987	113781138	65751154
湘 潭	Xiangtan	3187876	2973412	690473	112200659	80376327
益 阳	Yiyang	1325833	1181643	224329	16178039	8229483
衡 阳	Hengyang	1424007	1192311	838860	28723983	16397757
广 州	Guangzhou	42648832	15795796	21475756	456019216	238432913
深 圳	Shenzhen	32558320	26748667	18795602	506043059	298882913
珠 海	Zhuhai	11240334	6366381	11047903	185538535	117261931
惠 州	Huizhou	6731007	6529980	20017648	119762398	73570230
中 山	Zhongshan	10526044	4397812	7999082	95351477	60375347
佛 山	Foshan	10052710	7172480	7799082	160031109	92564578
肇 庆	Zhaoqing	1144657	1368712	554274	51329011	23171024
江 门	Jiangmen	721877	771007	852136	14740943	7744272
东 莞	Dongguan	893836	1117063	1954700	34336512	20667550
南 宁	Nanning	6774102	4772175	1462040	77497883	45254858
桂 林	Guilin	4161369	2909829	607860	56767084	28194363
柳 州	Liuzhou	4203552	6700554	1027114	102328638	74335187
海 南	Hainan	2444744	3084565	511455	42709140	17950777
重 庆	Chongqing	9115404	5997409	5335288	140876775	71828272
成 都	Chengdu	37831324	23201016	14388916	493376775	314968571
绵 阳	Mianyang	2636316	3503461	1399986	90452695	59379050
自 贡	Zigong	2226639	1784246	621264	40665795	27004121
乐 山	Leshan	174492	483684	2181142	25416053	14367076
贵 阳	Guiyang	9556897	6329749	2669453	181775829	115776888
昆 明	Kunming	6831688	5923888	404339	136126361	85016591
玉 溪	Yuxi	5004390	45552046	83254	84889222	19047495
西 安	Xi'an	32160654	39310885	6591977	1020575759	641588748
宝 鸡	Baoji	6045798	7152416	690986	119870405	67509233
杨 凌	Yangling	337001	403070	127267	14474719	9023052
渭 南	Weinan	1402395	1252643	355839	46292477	14707499
咸 阳	Xianyang	1122098	7528427	143362	13005222	5306700
榆 林	Yulin	2083180	2762834		21599637	11937471
兰 州	Lanzhou	3671851	6832821	150324	319941270	214616090
白 银	Baiyin	1066026	1607906	50531	51493096	30171079
青 海	Qinghai	273148	303612	1375	10088732	3911196
宁 夏	Ningxia	868810	115924	208252	15711687	8731270
乌鲁木齐	Urumqi	1844811	1631998	2038343	99892298	53382273
昌 吉	Changji	2085074	766902	40527	30288849	15723140
合 计	**Total**	**1024322202**	**958053104**	**376041250**	**18743687227**	**10513786095**

1-3 高新区企业收入情况(按地区分类)

Revenue Statistics of Enterprises in National Hi-tech Zones by Region

单位：千元 (1000 yuan)

地区	Region	总收入 Total Income	技术收入 Technical Income	产品销售收入 Product Sales Income	商品销售收入 Commodity Sales Income
北京中关村	Beijing Zhongguancun	2502495782	340306875	874122014	1007729232
天津滨海	Tianjin Binhai	460236805	55919178	268473159	57892571
石家庄	Shijiazhuang	186675627	23858191	130288206	23033987
保定	Baoding	81120527	34790	79899622	20918
唐山	Tangshan	12906882	95229	11821754	115056
燕郊	Yanjiao	46620023	8983	44514382	182147
承德	Chengde	5811957	800	5262308	
太原	Taiyuan	147422213	8987418	128207522	6822681
包头	Baotou	138372620	2320317	133321606	157221
沈阳	Shenyang	228805619	24532335	187760506	9386340
大连	Dalian	207219856	27006964	157662474	6433311
鞍山	Anshan	173638150	10217659	161267419	69657
营口	Yingkou	43611171		43591633	2406
辽阳	Liaoyang	78775903		78141349	
本溪	Benxi	16328509	128402	16060733	
长春	Changchun	408109652	1063461	367451621	18334651
吉林	Jilin	104908334	1335821	102509260	1822
延吉	Yanji	20633443	266540	19976763	47694
长春净月	Changchun Jingyue	82112558	17371042	64261633	44185
哈尔滨	Harbin	173176011	1307603	151755157	10070476
大庆	Daqing	178935590	11401943	143051235	284418
齐齐哈尔	Qiqihaer	20384790	16736	17950071	1517424
上海张江	Shanghai Zhangjiang	821371951	61965740	628437956	44912554
上海紫竹	Shanghai Zizhu	35102676	1318988	16578731	1039593
南京	Nanjing	353448972	7894243	320255009	15118839
常州	Changzhou	204769807	983348	197061280	4943035
无锡	Wuxi	304725548	4254305	291601799	611797
苏州	Suzhou	267205001	14500062	250060484	699376
泰州	Taizhou	68872021	314921	64450303	2760137
昆山	Kunshan	111388373	14448	108565114	261819
江阴	Jiangyin	177785914	62544	129731715	356964
武进	Wujin	56944595	68234	56261345	12157
徐州	Xuzhou	40591717	1489173	33041710	53311
杭州	Hangzhou	241234793	64211404	153127533	14876112
宁波	Ningbo	170026012	10571326	85859874	56300169
绍兴	Shaoxing	14756296	9300	14436063	30202
温州	Wenzhou	37567653	25825	34950725	1496170
合肥	Hefei	236014452	18407653	185068774	12068590
蚌埠	Bengbu	42279976	410439	40147487	169153
芜湖	Wuhu	52409755	357033	50044736	767224
马鞍山	Ma'anshan	53789295	316140	52275511	500048
福州	Fuzhou	60764323	1410955	57640218	70982
厦门	Xiamen	188109158	2184405	183186066	869428
泉州	Quanzhou	94874649	12339	94153009	403
莆田	Putian	25100129	231769	795808	
南昌	Nanchang	130054695	3683003	120195041	1155346
景德镇	Jingdezhen	60069829	129751	59009497	
新余	Xinyu	50011307		49918481	
鹰潭	Yingtan	33656711		33624106	
济南	Jinan	251051532	46430251	196376627	3275559
青岛	Qingdao	179434539	670251	156087651	5017785
淄博	Zibo	206045388	9645921	191413393	2853998
潍坊	Weifang	172506445	5368428	159111124	2472225

1-3 续表 continued

单位：千元 (1000 yuan)

地 区	Region	总收入 Total Income	技术收入 Technical Income	产品销售收入 Product Sales Income	商品销售收入 Commodity Sales Income
威 海	Weihai	109187151	148334	108627368	19297
济 宁	Jining	199237262	122307	194041230	758989
烟 台	Yantai	32162171	22461	31586154	126315
临 沂	Linyi	69158841	233	69065307	
泰 安	Taian	41912984	290666	38297214	151883
郑 州	Zhengzhou	242916478	16707537	209006374	2917835
洛 阳	Luoyang	119148421	8646325	95278707	1822726
南 阳	Nanyang	20719093	14730	19301378	
安 阳	Anyang	35304062	60111	24997537	9301699
新 乡	Xinxiang	11948172	6846	11779071	5204
武 汉	Wuhan	500691370	66096875	404496572	7531310
襄 樊	Xiangfan	176046713	11566847	162249172	133587
宜 昌	Yichang	156771425	30104	154066538	569742
孝 感	Xiaogan	68735625	58615	67899524	51631
长 沙	Changsha	290192206	8817358	265453993	13391879
株 洲	Zhuzhou	111303347	362660	109068806	563393
湘 潭	Xiangtan	101135526	84641	94508950	364737
益 阳	Yiyang	42909712	2386409	39302935	384455
衡 阳	Hengyang	42005733		41553346	2126
广 州	Guangzhou	420355263	65017086	320511974	19897797
深 圳	Shenzhen	467508089	46155821	402378375	7682841
珠 海	Zhuhai	156379560	1470613	146132171	259611
惠 州	Huizhou	195212185	49523	190558742	31580
中 山	Zhongshan	152641511	11203076	133833882	4644312
佛 山	Foshan	239184087	341642	229708124	822856
肇 庆	Zhaoqing	59690987		59599275	
江 门	Jiangmen	15085781	55485	14500964	136268
东 莞	Dongguan	48607794	102217	47621782	361712
南 宁	Nanning	100191522	11716036	83692522	2184714
桂 林	Guilin	57598499	281511	45905522	1047129
柳 州	Liuzhou	120011003	1425229	110535083	79320
海 南	Hainan	31698452	9187	30133948	224095
重 庆	Chongqing	144277295	27038507	116998075	203342
成 都	Chengdu	408602984	65116836	323496182	1803092
绵 阳	Mianyang	85430365	12866	83741646	611819
自 贡	Zigong	32521659	150795	31491853	330914
乐 山	Leshan	11934748	2698	11222391	458556
贵 阳	Guiyang	140236418	2312661	115345970	6127097
昆 明	Kunming	118726996	1806562	110615113	3941795
玉 溪	Yuxi	87236392	70183	65461440	16639741
西 安	Xi'an	527907837	53386196	393048443	38130443
宝 鸡	Baoji	137955936	685655	132787848	175937
杨 凌	Yangling	11949600	3097915	7363305	55830
渭 南	Weinan	30402541	4128	17288821	12757060
咸 阳	Xianyang	41134532	13701	40563170	9108
榆 林	Yulin	19510960		1554238	12040766
兰 州	Lanzhou	130019499	3037174	88072704	10062226
白 银	Baiyin	47891859	41348	24704916	366352
青 海	Qinghai	5622891	3760	5603042	
宁 夏	Ningxia	9404929		9334935	1745
乌鲁木齐	Urumqi	66075870	911845	51025426	12992135
昌 吉	Changji	16226264	1107	16130714	71561
合 计	**Total**	**16568986134**	**1194066908**	**12802360370**	**1507087734**

1-4 高新区企业主要经济指标(按登记注册类型分类)

Main Economic Indicators of Enterprises in National Hi-tech Zones by Registration Category

企业登记注册类型 Registration Category	企业数 (个) Number of Enterprises (unit)	年末从业人员 (人) Year End Number of Employees (person)	总收入 (千元) Total Income (1000 yuan)	工业总产值 (千元) Gross Industrial Output Value (1000 yuan)	出口创汇 (千美元) Export (1000 USD)
合 计 Total	**63926**	**12695462**	**16568986161**	**12860388527**	**376041251**
#国有企业 State-owned Enterprises	2387	1069134	1761206678	1326922835	15779184
集体企业 Collective-owned Enterprises	500	151461	181306643	147844804	3313126
股份合作企业 Cooperative Enterprises	563	58548	57978525	50027238	2216474
联营企业 Joint Ownership Enterprises	174	36422	24304031	22973911	774598
有限责任公司 Limited Liability Corporations	21347	3492857	4505682735	3221469032	46436115
股份有限公司 Share-holding Corporations Ltd.	3096	2077086	2952851446	2376160496	41061556
私营企业 Private Enterprises	25508	1853391	1733260948	1351782242	21479024
港澳台投资企业 Enterprises with Funds from HongKong, Macao and Taiwan	3230	1361224	1519361375	1219084283	57975670
外商投资企业 Foreign Funded Enterprises	6835	2553881	3805485057	3126130585	186704052

1-4 续表 continued

单位：千元 (1000 yuan)

企业登记注册类型 Registration Category	净利润 Net Profit	上缴税费 Taxes Submitted	年末资产 Year End Assets	流动资产 Current Assets	年末负债 Year End Liabilities
合 计 Total	**1024322225**	**958053128**	**18743687232**	**10259963283**	**10513786099**
#国有企业 State-owned Enterprises	106048857	146947005	2414573018	1248713840	1371095925
集体企业 Collective-owned Enterprises	14470101	14203314	134945937	35459364	86719894
股份合作企业 Cooperative Enterprises	1851015	2118269	54656843	33353949	28508291
联营企业 Joint Ownership Enterprises	459799	829896	43678350	18975468	29687740
有限责任公司 Limited Liability Corporations	240548454	235759902	5643637297	3123840617	3449346121
股份有限公司 Share-holding Corporations Ltd.	203338520	171457665	4562904480	2305563541	2391155921
私营企业 Private Enterprises	94358841	70932285	1563403255	907476024	864248956
港澳台投资企业 Enterprises with Funds from HongKong, Macao and Taiwan	116435386	71388494	1466635455	875524267	768178976
外商投资企业 Foreign Funded Enterprises	245231590	243325148	2832222923	1695927192	1508917353

1-5 高新区企业收入情况(按登记注册类型分类)
Revenue Statistics of Enterprises in National Hi-tech Zones by Registration Category

单位：千元 (1000 yuan)

企业登记注册类型 Registration Category	总收入 Total Income	技术收入 Technical Income	产品销售收入 Product Sales Income	商品销售收入 Commodity Sales Income
合　计 Total	**16568986134**	**1194066908**	**12802360370**	**1507087734**
#国有企业 State-owned Enterprises	1761206678	185349317	1334543627	145756730
集体企业 Collective-owned Enterprises	181306643	4010056	158376007	928517
股份合作企业 Cooperative Enterprises	57978525	1854239	49715889	2868658
联营企业 Joint Ownership Enterprises	24304031	1362777	21628653	190276
有限责任公司 Limited Liability Corporations	4505682735	359367986	3216525908	571699889
股份有限公司 Share-holding Corporations Ltd.	2952851446	167769881	2307150939	206261966
私营企业 Private Enterprises	1733260948	113584265	1360523249	166641871
港澳台投资企业 Enterprises with Funds from HongKong, Macao and Taiwan	1519361375	133047117	1184108800	99099991
外商投资企业 Foreign Funded Enterprises	3805485057	227098084	3144756847	312651177

1-6 高新区企业主要经济指标(按控股情况分类)
Main Economic Indicators of Enterprises in National Hi-tech Zones by Holdings

控股情况 Holdings	企业数(个) Number of Enterprises (unit)	年末从业人员(人) Year End Number of Employees (person)	总收入(千元) Total Income (1000 yuan)	工业总产值(千元) Gross Industrial Output Value (1000 yuan)
合　计 Total	**63926**	**12695462**	**16568986161**	**12860388527**
#国有控股 State Holding	5794	3909798	6871308691	5025754881
集体控股 Collective Holding	1817	497722	650622060	524733977
私人控股 Private Holding	38615	3724677	3653420231	2942647414
港澳台控股 Hong Kong, Macao and Taiwan Holding	2581	1118433	1187732536	941069141
外商控股 Foreign Holding	5370	2020765	2721184338	2195220679

1-6 续表 continued

控股情况 Holdings	净利润（千元） Net Profit (1000 yuan)	上缴税费（千元） Taxes Submitted (1000 yuan)	出口创汇（千美元） Export (1000 USD)	年末资产（千元） Year End Assets (1000 yuan)	年末负债（千元） Year End Liabilities (1000 yuan)
合 计 Total	**1024322225**	**958053128**	**376041251**	**18743687232**	**10513786099**
#国有控股 State Holding	389366213	462199871	71371820	9606481303	5665273647
集体控股 Collective Holding	57624184	37317728	9326878	637830544	372823064
私人控股 Private Holding	240038867	168804306	41384187	3754046327	1989981637
港澳台控股 Hong Kong, Macao and Taiwan Holding	91364724	54744497	50117402	1158029930	591891608
外商控股 Foreign Holding	151756743	150941679	167664443	2035206169	1068499648

1-7 国家高新区企业收入情况(按控股情况分类)

Revenue of Enterprises in National Hi-Tech Zones by Holdings

单位：千元 (1000 yuan)

控股情况 Holdings	总收入 Total Income	技术收入 Technical Income	产品销售收入 Product Sales Income	商品销售收入 Commodity Sales Income
合 计 Total	**16568986161**	**1194066923**	**12802360399**	**1507087737**
#国有控股 State Holding	6871308691	539180682	5008888855	695950965
集体控股 Collective Holding	650622060	27444492	519673739	67750255
私人控股 Private Holding	3653420231	219057560	2973629542	274081190
港澳台控股 Hong Kong, Macao and Taiwan Holding	1187732536	116803073	932916065	94120942
外商控股 Foreign Holding	2721184338	190865260	2181199974	278532766

1-8 高新区企业主要经济指标(按人员规模分类)

Main Economic Indicators of Enterprises in National Hi-tech Zones by the Number of Employee

人员规模 Number of Employees	企业数 (个) Number of Enterprises (unit)	年末从业人员 (人) Year End Number of Employees (person)	总收入 (千元) Total Income (1000 yuan)	工业总产值 (千元) Gross Industrial Output Value (1000 yuan)
合　计 **Total**	**63926**	**12695462**	**16568986161**	**12860388527**
人数≥1000 Employees≥1000	2055	6725818	9696440544	8083993248
500≤人数<1000 500≤Employees<1000	2254	1566308	1877091339	1437357416
100≤人数<500 100≤Employees<500	14075	3016431	3486895512	2502780700
50≤人数<100 50≤Employees<100	10731	758232	756106112	533471117
人数<50 Employees<50	34811	628673	752452654	302786046

1-8 续表 continued

人员规模 Number of Employees	净利润 (千元) Net Profit (1000 yuan)	上缴税费 (千元) Taxes Submitted (1000 yuan)	出口创汇 (千美元) Export (1000 USD)	年末资产 (千元) Year End Assets (1000 yuan)	年末负债 (千元) Year End Liabilities (1000 yuan)
合　计 **Total**	**1024322225**	**958053128**	**376041251**	**18743687232**	**10513786099**
人数≥1000 Employees≥1000	613497643	647786737	263563613	10114324896	5896051433
500≤人数<1000 500≤Employees<1000	127527599	106396162	39904561	2133530332	1190165207
100≤人数<500 100≤Employees<500	222424368	147275237	56696353	4203985781	2238597739
50≤人数<100 50≤Employees<100	40316090	31820924	11493520	1005855389	518566247
人数<50 Employees<50	20556525	24774068	4383204	1285990834	670405473

1-9　高新区企业收入情况(按人员规模分类)

Revenue Statistics of Enterprises in National Hi-tech Zones by the Number of Employee

单位：千元　(1000 yuan)

人员规模 Number of Employees	总收入 Total Income	技术收入 Technical Income	产品销售收入 Product Sales Income	商品销售收入 Commodity Sales Income
合　计 Total	**16568986161**	**1194066923**	**12802360399**	**1507087737**
人数≥1000 Employees≥1000	9696440544	681197821	8039013050	440054653
500≤人数<1000 500≤Employees<1000	1877091339	136845047	1397992316	211000059
100≤人数<500 100≤Employees<500	3486895512	228110918	2485628846	482110457
50≤人数<100 50≤Employees<100	756106112	57942699	548059141	104499510
人数<50 Employees<50	752452654	89970438	331667046	269423058

1-10　高新区企业主要经济指标(按收入规模分类)

Main Economic Indicators of Enterprises in National Hi-tech Zones by Revenue Scale

收入规模 Revenue Scale	企业数(个) Number of Enterprises (unit)	年末从业人员(人) Year End Number of Employees (person)	总收入(千元) Total Income (1000 yuan)	工业总产值(千元) Gross Industrial Output Value (1000 yuan)
合　计 Total	**63926**	**12695462**	**16568986161**	**12860388527**
收入≥1亿元 Revenue≥100 million Yuan	13126	9988060	15573768846	12133231538
1000万元≤收入<1亿元 10 million yuan≤Revenue<100 million Yuan	23958	2180696	919779183	686744383
500万元≤收入<1000万元 5 million yuan≤Revenue<10 million yuan	6185	207694	44796241	24383877
收入<500万元 Revenue<5 million yuan	20657	319012	30641891	16028729

1-10 续表 continued

收入规模 Revenue Scale	净利润（千元） Net Profit (1000 yuan)	上缴税费（千元） Taxes Submitted (1000 yuan)	出口创汇（千美元） Export (1000 USD)	年末资产（千元） Year End Assets (1000 yuan)	年末负债（千元） Year End Liabilities (1000 yuan)
合　计 **Total**	**1024322225**	**958053128**	**376041251**	**18743687232**	**10513786099**
收入≥1亿元 Revenue≥100 million Yuan	992464509	905430983	362961694	16313486053	9290824050
1000万元≤收入<1亿元 10 million yuan≤Revenue<100 million Yuan	43709408	47842396	12584354	1660040338	848344477
500万元≤收入<1000万元 5 million yuan≤Revenue<10 million yuan	-1708973	2578762	325709	227391669	116378178
收入<500万元 Revenue<5 million yuan	-10142719	2200987	169494	542769172	258239394

1-11 高新区企业收入情况(按收入规模分类)

Revenue Statistics of Enterprises in National Hi-tech Zones by Revenue Scale

单位：千元 (1000 yuan)

收入规模 Revenue Scale	总收入 Total Income	技术收入 Technical Income	产品销售收入 Product Sales Income	商品销售收入 Commodity Sales Income
合　计 **Total**	**16568986161**	**1194066923**	**12802360399**	**1507087737**
收入≥1亿元 Revenue≥100 million Yuan	15573768846	1059782797	12076686962	1438500450
1000万元≤收入<1亿元 10 million yuan≤Revenue<100 million Yuan	919779183	116117694	685254543	59964633
500万元≤收入<1000万元 5 million yuan≤Revenue<10 million yuan	44796241	10222525	25709430	4822752
收入<500万元 Revenue<5 million yuan	30641891	7943907	14709464	3799902

1-12 高新区企业人员情况(按地区分类)

Personnel Statistics of Enterprises in National Hi-tech Zones by Region

单位：人 (person)

地 区	Region	年末从业人员 Year End Number of Employees	大专以上 College and Higher Level	中高级职称 Senior and Mid-Level Professional Qualifications
北京中关村	Beijing Zhongguancun	1587911	1108171	238485
天津滨海	Tianjin Binhai	317915	177283	27697
石家庄	Shijiazhuang	84847	66949	19313
保 定	Baoding	90062	36098	6295
唐 山	Tangshan	16683	7406	1396
燕 郊	Yanjiao	27519	10039	2302
承 德	Chengde	8852	3729	703
太 原	Taiyuan	118766	55186	22131
包 头	Baotou	115719	73399	21257
沈 阳	Shenyang	159368	98725	28140
大 连	Dalian	213516	127423	38802
鞍 山	Anshan	86484	38106	15290
营 口	Yingkou	43413	10611	1203
辽 阳	Liaoyang	29087	11035	3089
本 溪	Benxi	21918	15479	1766
长 春	Changchun	148864	73028	16069
吉 林	Jilin	105525	52457	15229
延 吉	Yanji	13500	4130	763
长春净月	Changchun Jingyue	89311	58112	27930
哈尔滨	Harbin	141514	74317	22790
大 庆	Daqing	105757	48447	15870
齐齐哈尔	Qiqihaer	27767	9200	3311
上海张江	Shanghai Zhangjiang	557292	314117	54340
上海紫竹	Shanghai Zizhu	19063	14668	1549
南 京	Nanjing	177656	96105	17007
常 州	Changzhou	166169	60921	10914
无 锡	Wuxi	337561	130387	23988
苏 州	Suzhou	229946	109666	14294
泰 州	Taizhou	35655	11442	1533
昆 山	Kunshan	171990	37387	3706
江 阴	Jiangyin	76560	17004	4260
武 进	Wujin	77532	23540	2647
徐 州	Xuzhou	30614	18506	1801
杭 州	Hangzhou	251860	172951	26769
宁 波	Ningbo	107224	45141	7892
绍 兴	Shaoxing	24629	5537	1368
温 州	Wenzhou	67616	13175	2155
合 肥	Hefei	150829	91245	18950
蚌 埠	Bengbu	54070	18772	5097
芜 湖	Wuhu	34433	14309	3054
马鞍山	Ma'anshan	26547	10138	3951
福 州	Fuzhou	62179	31180	5817
厦 门	Xiamen	156746	54785	14142
泉 州	Quanzhou	72158	15384	1628
莆 田	Putian	24572	969	135
南 昌	Nanchang	109289	55186	14066
景德镇	Jingdezhen	51506	13104	3352
新 余	Xinyu	32494	9070	11218
鹰 潭	Yingtan	20923	2069	698
济 南	Jinan	204708	121285	29790
青 岛	Qingdao	128746	66792	15467
淄 博	Zibo	118872	65697	16094
潍 坊	Weifang	134033	79306	13344

1-12 续表 continued

单位：人 (person)

地　区	Region	年末从业人员 Year End Number of Employees	大专以上 College and Higher Level	中高级职称 Senior and Mid-Level Professional Qualifications
威　海	Weihai	84072	34223	9520
济　宁	Jining	139387	53123	15185
烟　台	Yantai	52207	15243	3741
临　沂	Linyi	54142	10297	1244
泰　安	Taian	76325	27759	3514
郑　州	Zhengzhou	142911	105806	25316
洛　阳	Luoyang	98072	55368	19184
南　阳	Nanyang	42810	18372	3636
安　阳	Anyang	44959	13624	3549
新　乡	Xinxiang	16500	7841	1423
武　汉	Wuhan	382467	242145	79830
襄　樊	Xiangfan	130082	48530	17470
宜　昌	Yichang	106294	36161	8883
孝　感	Xiaogan	72230	20219	6313
长　沙	Changsha	194792	113931	25940
株　洲	Zhuzhou	103783	54786	13131
湘　潭	Xiangtan	80687	29571	7255
益　阳	Yiyang	22143	11346	2691
衡　阳	Hengyang	35527	10680	3315
广　州	Guangzhou	432471	212953	45234
深　圳	Shenzhen	400379	270551	76849
珠　海	Zhuhai	184274	61697	10881
惠　州	Huizhou	151604	32352	7742
中　山	Zhongshan	84319	41526	20141
佛　山	Foshan	265554	72938	7193
肇　庆	Zhaoqing	44137	13239	1797
江　门	Jiangmen	32545	5940	787
东　莞	Dongguan	45691	13345	1390
南　宁	Nanning	124239	51824	14680
桂　林	Guilin	84612	29459	6862
柳　州	Liuzhou	77485	33741	6926
海　南	Hainan	34431	11547	1231
重　庆	Chongqing	156312	50788	16061
成　都	Chengdu	264901	192651	42710
绵　阳	Mianyang	118020	36879	6725
自　贡	Zigong	30766	9528	3022
乐　山	Leshan	20755	7026	1325
贵　阳	Guiyang	170734	65298	13353
昆　明	Kunming	65237	30486	8402
玉　溪	Yuxi	19010	8869	456
西　安	Xi'an	309925	254977	97668
宝　鸡	Baoji	128510	46407	14511
杨　凌	Yangling	14992	6821	1344
渭　南	Weinan	22631	7998	2040
咸　阳	Xianyang	15044	4661	1190
榆　林	Yulin	7558	3757	495
兰　州	Lanzhou	122113	53265	16779
白　银	Baiyin	34894	11079	2807
青　海	Qinghai	11070	4271	1181
宁　夏	Ningxia	7616	1355	117
乌鲁木齐	Urumqi	57054	28570	4240
昌　吉	Changji	9419	4353	870
合　计	**Total**	**12695462**	**6468344**	**1549006**

1-13 高新区企业人员情况(按登记注册类型分类)

Personnel of Statistics Enterprises in National Hi-tech Zones by Registration Category

单位：人 (person)

企业登记注册类型 Registration Category	年末从业人员 Year End Number of Employees	大专以上 College and Higher Level	中高级职称 Senior and Mid-Level Professional Qualifications
合计 **Total**	**12695462**	**6469873**	**1549006**
#国有企业 State-owned Enterprises	1069134	650787	221301
集体企业 Collective-owned Enterprises	151461	70157	19217
股份合作企业 Cooperative Enterprises	58548	28010	7903
联营企业 Joint Ownership Enterprises	36422	18375	5813
有限责任公司 Limited Liability Corporations	3492857	1877879	495569
股份有限公司 Share-holding Corporations Ltd.	2077086	1129147	295392
私营企业 Private Enterprises	1853391	924946	202152
港澳台投资企业 Enterprises with Funds from HongKong, Macao and Taiwan	1361224	576124	88121
外商投资企业 Foreign Funded Enterprises	2553881	1168270	206208

1-14 国家高新区企业人员情况(按控股情况分类)

Personnel Statistics of Enterprises in National Hi-Tech Zones by Holdings

单位：人 (person)

控股情况 Holdings	年末从业人员 Year End Number of Employees	大专以上 College and Higher Level	中高级职称 Senior and Mid-Level Professional Qualifications
合　计 **Total**	**12695462**	**6469873**	**1549006**
#国有控股 State Holding	3909798	2144635	671207
集体控股 Collective Holding	497722	254126	66848
私人控股 Private Holding	3724677	1969753	420392
港澳台控股 Hong Kong, Macao and Taiwan Holding	1118433	475900	70145
外商控股 Foreign Holding	2020765	933308	167293

1-15 高新区企业产品主要指标(按技术领域分类)

Main Indicators of Products of Enterprises in National Hi-tech Zones by Technical Field

技术领域 Technical Field	产品种数 (个) Number of Products (piece)	工业总产值 (千元) Gross Industrial Output Value (1000 yuan)	销售收入 (千元) Sales Income (1000 yuan)	出口创汇 (千美元) Export (1000 USD)
合　计 Total	**74603**	**9432676318**	**9219041383**	**235369494**
#电子与信息领域 Electronics and Information Technology	24996	2290449181	2310968281	137449224
生物技术领域 Biotechnology	7122	750481859	728368717	6351960
新材料领域 New Materials	7799	1343162631	1277869022	17951796
光机电一体化 Integration of Optical and Electrical Machinery	15117	1494591779	1430654139	25931784
新能源及高效节能技术 New Energy and Energy Saving	3629	785606026	763193109	16303529
环境保护技术 Environmental Protection	1971	91587346	93833342	580026
航空航天技术 Aerospace	592	35779115	33995845	516478
地球,空间,海洋工程 Earth, Space, Ocean Engineering	160	43557387	38975803	1211331
核应用技术 Application of Nuclear Technology	111	5236440	4257194	74100

1-16 高新区企业产品主要指标(按知识产权类型分类)

Main Indicators of Products of Enterprises in National Hi-tech Zones by Intellectual Property Rights Category

专利类型 Patent Category	产品种数 (个) Number of Products (piece)	工业总产值 (千元) Gross Industrial Output Value (1000 yuan)	销售收入 (千元) Sales Income (1000 yuan)	出口创汇 (千美元) Export (1000 USD)
合　计 Total	**74603**	**9432676318**	**9219041383**	**235369494**
#发明 Inventions	12239	2647663205	2668121899	77578840
实用新型 Utility Models	18495	2534088505	2434784552	73376500
外观设计 Designs	1920	387787915	295569283	7399999
软件著作权 Software Copyright	12267	176622411	192439734	2152187
集成电路布图 IC Layouts	386	25583357	25271460	706382
植物新品种 New Varieties of Plants	202	11342906	11696974	195159
无知识产权 Non-patented	29094	3649588019	3591157481	73960427

1-17 高新区企业产品主要指标(按出口国别分类)

Main Indicators of Products of Enterprises in National Hi-tech Zones by Export Destination

出口地区 Export Destination	产品种数 (个) Number of Products (piece)	出口创汇 (千美元) Export (1000 USD)
合　计 Total	**74603**	**235369494**
#美国 USA	2604	74182972
日本 Japan	1464	22354233
南美 South America	437	5287996
西欧 Western Europe	1121	17450151
北欧 North Europe	318	7738194
东欧 Eastern Europe	426	4660036
港澳台 Hong Kong, Macao and Taiwan	1454	36341058
东南亚 Southeast Asia	2193	26998462

1-18 高新区企业产品主要指标(按技术来源分类)

Main Indicators of Products of Enterprises in National Hi-tech Zones by Technology Source

技术来源 Technology Source	产品种数 (个) Number of Products (piece)	工业总产值 (千元) Total Industrial Output Value (1000 yuan)	销售收入 (千元) Sales Income (1000 yuan)	出口创汇 (千美元) Export (1000 USD)
合　计 Total	**74603**	**9432676318**	**9219041383**	**235369494**
#国外技术 Foreign Technologies	2508	1325407196	1272370812	53795940
中科院 Chinese Academy of Science	329	15561834	14100095	218858
其它部委属科研院所 Research Institutes of Other Ministries	503	50628593	49045819	225148
地方属科研院所 Local Research Institutes	344	20535613	18754975	103095
大专院校 Universities	1025	54912194	53353412	514643
国有大中型企业 State-owned Large and Medium-sized Enterprises	868	592694620	557072055	2217793
其它各类企业 Other Types of Enterprises	505	81819401	80848628	803304
国内其它单位 Other Domestic Institutes	1443	151645419	158360113	1426527
引进技术本企业消化创新 Adopted and Renovated Technologies	5523	1075203635	1024089211	37003834
本企业自有技术 Enterprises Owned Technologies	61555	6064267813	5991046263	139060352

1-19 国家高新区企业R&D活动与科技活动情况(按地区分类)

R&D Activities and Science and Technology Activities of Enterprises in National Hi-tech Zones by Region

地区	region	科技活动人员 (人) Personnel Engaged in Science and Technology Activities (person)	科技活动经费内部支出 (千元) Intramural Expenditures on Science and Technology Activities (1000 yuan)	R&D经费内部支出 (千元) Intramural Expenditure on R&D (1000 yuan)
北京中关村	Beijing Zhongguancun	339998	80944443	38134103
天津滨海	Tianjin Binhai	49427	13124630	12595019
石家庄	Shijiazhuang	22781	4955045	2304972
保定	Baoding	20433	3025987	1784646
唐山	Tangshan	3624	245658	127406
燕郊	Yanjiao	2278	397434	291395
承德	Chengde	996	112691	92073
太原	Taiyuan	18206	3928381	928941
包头	Baotou	16239	2344596	1884183
沈阳	Shenyang	23625	4867417	1728378
大连	Dalian	36589	7033763	4264326
鞍山	Anshan	15416	5648649	4463528
营口	Yingkou	1544	181370	36357
辽阳	Liaoyang	2560	821414	425341
本溪	Benxi	1286	191983	104685
长春	Changchun	22816	7308040	724698
吉林	Jilin	7935	1488371	968743
延吉	Yanji	354	125088	25456
长春净月	Changchun Jingyue	7925	1129103	62028
哈尔滨	Harbin	22141	4151414	3052167
大庆	Daqing	13201	4069667	2738859
齐齐哈尔	Qiqihaer	4889	607714	555062
上海张江	Shanghai Zhangjiang	133699	35746510	17591442
上海紫竹	Shanghai Zizhu	5821	1428524	387097
南京	Nanjing	48550	7046535	4361821
常州	Changzhou	25460	4771314	2338680
无锡	Wuxi	42216	6157462	3436950
苏州	Suzhou	32548	5525291	4648040
泰州	Taizhou	2730	460080	291621
昆山	Kunshan	15870	2011244	1374004
江阴	Jiangyin	7405	2140752	1945884
武进	Wujin	9602	1104672	871103
徐州	Xuzhou	5212	679332	281969
杭州	Hangzhou	64728	11854135	9705970
宁波	Ningbo	11167	2640864	1736572
绍兴	Shaoxing	1584	190716	112424
温州	Wenzhou	4280	557983	409774
合肥	Hefei	47619	8606960	4928139
蚌埠	Bengbu	9192	1170266	865897
芜湖	Wuhu	6544	1348888	879567
马鞍山	Ma'anshan	5303	1399666	567725
福州	Fuzhou	16167	1700674	909965
厦门	Xiamen	19549	3798170	3123927
泉州	Quanzhou	7939	3300368	537822
莆田	Putian	1736	386154	187000
南昌	Nanchang	17162	2355242	1670274
景德镇	Jingdezhen	4900	889619	365291
新余	Xinyu	1991	381666	184557
鹰潭	Yingtan	650	84549	67574
济南	Jinan	31624	6207292	5113191
青岛	Qingdao	19499	6495193	5822849
淄博	Zibo	19580	3071140	2352111
潍坊	Weifang	21117	4763310	2338365

1-19 续表 continued

地 区	region	科技活动人员（人）Personnel Engaged in Science and Technology Activities (person)	科技活动经费内部支出（千元）Intramural Expenditures on Science and Technology Activities (1000 yuan)	R&D经费内部支出（千元）Intramural Expenditure on R&D (1000 yuan)
威 海	Weihai	12882	2977698	2395956
济 宁	Jining	15136	7543539	1648650
烟 台	Yantai	2981	672107	274528
临 沂	Linyi	1749	363587	151152
泰 安	Taian	6869	1032413	568849
郑 州	Zhengzhou	65260	9746292	7436150
洛 阳	Luoyang	23390	4466565	3637890
南 阳	Nanyang	4701	504914	336519
安 阳	Anyang	3005	251710	226508
新 乡	Xinxiang	2460	348908	128516
武 汉	Wuhan	103698	17727560	14987785
襄 樊	Xiangfan	18028	4226960	4045257
宜 昌	Yichang	12358	2840586	2071446
孝 感	Xiaogan	7826	1103113	706830
长 沙	Changsha	52844	8273518	4509632
株 洲	Zhuzhou	16107	3947761	3112967
湘 潭	Xiangtan	7468	2336824	1414814
益 阳	Yiyang	2583	1168204	441094
衡 阳	Hengyang	3821	538235	232382
广 州	Guangzhou	99891	14460986	9985412
深 圳	Shenzhen	88675	26891895	8005683
珠 海	Zhuhai	33438	6414709	6330154
惠 州	Huizhou	14761	2742395	2102777
中 山	Zhongshan	11822	3450593	2836736
佛 山	Foshan	26141	4636173	2190835
肇 庆	Zhaoqing	5368	643808	358028
江 门	Jiangmen	1937	220211	93768
东 莞	Dongguan	7060	1323349	1063345
南 宁	Nanning	15135	2646857	1947643
桂 林	Guilin	8581	1304425	764192
柳 州	Liuzhou	14469	3264572	1783813
海 南	Hainan	3435	584871	500381
重 庆	Chongqing	15443	3728575	1422423
成 都	Chengdu	77581	19802047	12588664
绵 阳	Mianyang	14009	2544814	2126739
自 贡	Zigong	4213	817807	314150
乐 山	Leshan	2740	294974	163781
贵 阳	Guiyang	18117	3217714	1428455
昆 明	Kunming	10046	2593218	1200827
玉 溪	Yuxi	1814	333079	155170
西 安	Xi'an	81787	16888986	9254723
宝 鸡	Baoji	19703	3313261	2040751
杨 凌	Yangling	1216	96636	55140
渭 南	Weinan	1726	170921	60385
咸 阳	Xianyang	2004	179789	49394
榆 林	Yulin	139	33938	15710
兰 州	Lanzhou	6975	686049	302375
白 银	Baiyin	3559	516412	309221
青 海	Qinghai	645	107504	
宁 夏	Ningxia	492	129892	44252
乌鲁木齐	Urumqi	3347	587818	24899
昌 吉	Changji	1078	380992	364962
合 计	**Total**	**2236212**	**470057186**	**274911684**

1-20 苏州工业园主要经济指标

Main Economic Indicators of Suzhou Industrial Park

企业数（家）Number of Enterprises (unit)	年末从业人员（人）Year End Number of Employees (person)	工业总产值（千元）Gross Industrial Output Value (1000 yuan)	出口创汇（千美元）Export (1000 USD)
1890	278887	348157385	33592387
净利润（千元）Net Profit (1000 yuan)	**实际上缴税额（千元）Taxes Submitted (1000 yuan)**	**年末资产（千元）Year End Assets (1000 yuan)**	**年末负债（千元）Year End Liability (1000 yuan)**
23457076	21671145	377999148	182727730
总收入（千元）Total Income (1000 yuan)	**技术收入（千元）Technical Income (1000 yuan)**	**产品销售收入（千元）Product Sales Income (1000 yuan)**	**商品销售收入（千元）Commodity Sales Income (1000 yuan)**
401175150	10231997	350537182	12389553

1-21 苏州工业园企业人员情况

Personnel Statistics of Enterprises of Suzhou Industrial Park

单位：人 (person)

年末从业人员 Year End Number of Employees	大专以上 College and Higher Level	中高级职称 Senior and Mid-Level Professional Qualifications
278887	176928	24155

1-22 苏州工业园R&D活动与科技活动

R&D Activities and Science and Technology Activities of Suzhou Industrial Park

科技活动人员（人）Personnel Engaged in Science and Technology Activities (person)	科技活动经费支出（千元）Expenditure on Science and Technology Activities (1000 yuan)	R&D经费内部支出（千元）Intramural Expenditure on R&D (1000 yuan)
60381	10747841	7852931

第二部分

全国高新技术企业

The Second Part

High Technology Enterprises in China

2-1 全国高新技术企业主要经济指标
Main Economic Indicators of High-tech Enterprises

年 份 Year	企业数 (个) Number of Enterprises (unit)	年末从业人员 (万人) Year End Number of Employees (10 000 person)	总收入 (亿元) Total Income (100 million yuan)	工业总产值 (亿元) Gross Industrial Output Value (100 million yuan)	净利润 (亿元) Net Profit (100 million yuan)	上缴税额 (亿元) Taxes Submitted (100 million yuan)	出口创汇 (亿美元) Export (100 million USD)
1996	12547	214.2	4029.6	3810.8	304.2	222.0	73.5
1997	12794	248.7	5630.4	5301.6	402.4	288.6	101.5
1998	15206	309.4	7624.1	7361.8	464.4	424.2	132.7
1999	17118	364.5	10936.7	10558.8	742.7	792.8	203.0
2000	20867	442.3	15648.7	14757.9	1149.7	904.5	329.2
2001	24153	511.7	19930.4	18767.2	1305.9	1279.6	395.4
2002	28504	601.8	25502.2	23877.0	1509.2	1460.1	569.1
2003	33392	729.5	35332.5	32996.0	2129.7	1925.7	900.9
2004	39490	863.8	48100.5	44615.8	2900.5	2366.1	1515.0
2005	43249	1016.1	59714.1	55780.8	3387.5	2901.2	2050.9
2006	49166	1182.6	76493.0	71840.5	4427.5	3842.3	2646.3
2007	56047	1452.2	104770.5	95911.5	6684.1	4851.4	3683.5
2008	51476	1275.0	105115.2	96546.2	5853.6	5804.8	3563.8
2009	25386	1003.3	86192.6	93319.1	6328.5	4281.5	2492.5
2010	31858	1313.6	129505.2	119022.0	9806.7	6262.1	3594.9
2011	39343	1508.3	156223.1	140338.9	10997.8	7378.7	4520.5
2012	45313	1621.3	167743.9	222516.2	10892.0	8377.7	4608.3

2-2 高新技术企业主要经济指标(按地区分类)

Main Economic Indicators of High-tech Enterprises by Region

地　区	Region	企业数 (个) Number of Enterprises (unit)	年末从业人员 (人) Year End Number of Employees (person)	总收入 (千元) Total Income (1000 yuan)	工业总产值 (千元) Gross Industrial Output Value (1000 yuan)
北　京	Beijing	6271	1254184	1390358626	570309829
天　津	Tianjin	1045	313177	394287062	352525157
河　北	Hebei	708	367893	343439364	341612257
山　西	Shanxi	290	213140	229194346	217105744
内蒙古	Inner Mongolia	158	104419	110454861	108676755
辽　宁	Liaoning	372	101673	89923305	76014003
沈　阳	Shenyang	269	134658	125712984	129766030
大　连	Dalian	388	128531	137893023	152134220
吉　林	Jiling	255	131699	146786444	150928090
黑龙江	Heilongjiang	216	89688	82261185	71277397
哈尔滨	Harbin	333	167214	138431120	121765080
上　海	Shanghai	4198	1129976	1334020288	1028976330
江　苏	Jiangsu	5479	1907940	2135202043	2139164918
南　京	Nanjing	724	277869	292736183	256390948
浙　江	Zhejiang	3516	1062505	945826672	7956479801
宁　波	Ningbo	919	278019	239634171	243841783
安　徽	Anhui	1860	595856	707926755	703174336
福　建	Fujian	755	280203	337758630	344985707
厦　门	Xiamen	744	268983	205650027	195054819
江　西	Jiangxi	356	228289	288681685	263386482
山　东	Shandong	1943	987714	1190028709	1170842879
青　岛	Qingdao	527	236531	323223630	290489283
河　南	Henan	748	479886	472577939	451052748
湖　北	Hubei	706	310324	309285692	321508543
武　汉	Wuhan	766	240075	224669656	185149261
湖　南	Hunan	1026	436031	539545986	542441075
广　东	Guangdong	2387	1260985	957012922	964037364
广　州	Guangzhou	1312	394769	349460296	284411859
深　圳	Shenzhen	2506	1059504	927895120	925919028
广　西	Guangxi	416	191201	227185893	226811758
海　南	Hainan	93	27530	25664962	27551118
重　庆	Chongqing	543	258460	200814034	198037177
四　川	Sichuan	393	217811	183158910	177323720
成　都	Chengdu	858	265312	251874394	205396202
贵　州	Guizhou	178	110387	67184741	68692007
云　南	Yunnan	541	160165	212006023	180456785
西　藏	Tibet	22	5931	5787461	4688474
陕　西	Shaanxi	219	145438	129255452	132507413
西　安	Xi'an	803	189699	330959538	302819529
甘　肃	Gansu	217	80611	45759364	45084093
青　海	Qinghai	56	24553	17100807	17313429
宁　夏	Ningxia	44	29526	20284478	21373792
新　疆	Xinjiang	153	65130	87479078	84147259
合　计	**Total**	**45313**	**16213489**	**16774393860**	**22251624483**

2-2 续表 continued

地 区	Region	净利润（千元）Net Profit (1000 yuan)	上缴税费（千元）Taxes Submitted (1000 yuan)	出口创汇（千美元）Export (1000 USD)	年末资产（千元）Year End Assets (1000 yuan)	年末负债（千元）Year End Liabilities (1000 yuan)
北 京	Beijing	114187625	67993553	13325287	2094533593	1096153758
天 津	Tianjin	29195215	26784352	7242476	495262942	255911079
河 北	Hebei	17765085	19068448	6940553	449621413	256311591
山 西	Shanxi	7683301	8634953	1708765	273806045	172886134
内蒙古	Inner Mongolia	8367878	5193988	1330608	164597452	103692905
辽 宁	Liaoning	4282247	4035589	1504243	130673442	75486870
沈 阳	Shenyang	7820582	6399950	1526202	170226926	99979620
大 连	Dalian	11593616	7117116	5175281	236111068	150628942
吉 林	Jiling	11118441	10375726	1300297	194824471	104482108
黑龙江	Heilongjiang	3129910	3373047	941269	105564719	55302843
哈尔滨	Harbin	6240707	9281386	1500270	234105100	151333838
上 海	Shanghai	96605094	66636113	39276624	1717829782	860376927
江 苏	Jiangsu	113371463	88102548	98171749	2413150733	1290576593
南 京	Nanjing	21281801	18038310	4595383	372154705	212270489
浙 江	Zhejiang	74623930	51548541	31227543	8250496444	661038395
宁 波	Ningbo	17396125	10316528	9974706	278892174	153402849
安 徽	Anhui	36679149	31922744	9564847	761754424	451808211
福 建	Fujian	14649803	14099964	14915922	416173149	161312392
厦 门	Xiamen	15238691	7469359	13388991	199731236	101998635
江 西	Jiangxi	16635048	14242961	8394010	326527975	163779724
山 东	Shandong	74961940	59666764	30047699	1341675486	747800657
青 岛	Qingdao	24262288	20567859	7942439	323347627	188784392
河 南	Henan	29040465	24726991	6653194	551315853	311778480
湖 北	Hubei	18434473	11632412	4056094	287303697	161973742
武 汉	Wuhan	15110131	12702777	3600843	322777506	185995267
湖 南	Hunan	34628789	26387441	4347175	625097484	359688464
广 东	Guangdong	58138817	44621302	44304577	1023038783	550171629
广 州	Guangzhou	27463465	17459890	8771133	407338222	211442455
深 圳	Shenzhen	76289979	53348024	50245381	1139767523	652814632
广 西	Guangxi	10647741	12365791	2025909	221924126	139174193
海 南	Hainan	2760793	1819116	448445	42461820	15950705
重 庆	Chongqing	12079165	9445450	6488994	252570410	143963427
四 川	Sichuan	3546422	11234319	4281530	291071139	186013088
成 都	Chengdu	20704180	15116448	8501329	397225537	249951092
贵 州	Guizhou	4633089	3875714	1545057	106152738	56863480
云 南	Yunnan	9453438	9877235	830229	289510918	180011818
西 藏	Tibet	1571569	953389	639	8038364	2643931
陕 西	Shaanxi	4350557	4073847	1610762	138634893	81483120
西 安	Xi'an	18774672	16136782	1673203	712226431	454492538
甘 肃	Gansu	2493191	2996635	408600	83324962	41209332
青 海	Qinghai	3290888	2722729	28139	59202122	32081362
宁 夏	Ningxia	1012363	917304	724498	34030083	19261968
新 疆	Xinjiang	7684767	4484770	293852	146888719	68357767
合 计	**Total**	**1089198895**	**837768164**	**460834749**	**28090962240**	**11620641441**

2-3 高新技术企业收入情况(按地区分类)

Revenue Statistics of High-tech Enterprises by Region

单位: 千元 (1000 yuan)

地　区	Region	总收入 Total Income	技术收入 Technical Income	产品销售收入 Product Sales Income	商品销售收入 Commodity Sales Income
北　京	Beijing	1390358626	316341941	736160692	227743436
天　津	Tianjin	394287062	58299100	310875539	1908441
河　北	Hebei	343439364	14741633	314398928	2055484
山　西	Shanxi	229194346	2211307	206225468	7054226
内蒙古	Inner Mongolia	110454861	391298	104703278	54127
辽　宁	Liaoning	89923305	887901	84747508	1354668
沈　阳	Shenyang	125712984	3201504	118114475	824254
大　连	Dalian	137893023	6526630	125840988	420511
吉　林	Jiling	146786444	1054363	137459697	391570
黑龙江	Heilongjiang	82261185	9763723	66387534	1716345
哈尔滨	Harbin	138431120	2422803	119416274	8937425
上　海	Shanghai	1334020288	98609190	1088995404	13323755
江　苏	Jiangsu	2135202043	16319085	2028184249	11509407
南　京	Nanjing	292736183	17078480	243309273	16957276
浙　江	Zhejiang	945826672	41451186	862251279	13240642
宁　波	Ningbo	239634171	2490422	229931144	285298
安　徽	Anhui	707926755	6984163	618058813	1769677
福　建	Fujian	337758630	2467546	318631620	9852066
厦　门	Xiamen	205650027	3068072	197934782	571406
江　西	Jiangxi	288681685	1979730	277479868	961229
山　东	Shandong	1190028709	9883643	1124218884	7104776
青　岛	Qingdao	323223630	1208996	289915027	3294495
河　南	Henan	472577939	17846973	430831413	3695514
湖　北	Hubei	309285692	943847	299480595	2129520
武　汉	Wuhan	224669656	21192391	171876220	597019
湖　南	Hunan	539545986	8518400	513393682	2635333
广　东	Guangdong	957012922	6837579	910948847	7247953
广　州	Guangzhou	349460296	37986954	291324436	7610664
深　圳	Shenzhen	927895120	47050893	831495748	10184611
广　西	Guangxi	227185893	4444231	207631213	2029367
海　南	Hainan	25664962	642513	24139919	223666
重　庆	Chongqing	200814034	9622211	180907478	1394769
四　川	Sichuan	183158910	734251	174848285	1007781
成　都	Chengdu	251874394	42452495	194453745	1254274
贵　州	Guizhou	67184741	2235978	58841057	1323111
云　南	Yunnan	212006023	5744163	180882837	18385199
西　藏	Tibet	5787461	49048	4148168	752692
陕　西	Shaanxi	129255452	3564864	120211852	246047
西　安	Xi'an	330959538	13697137	298704121	6282911
甘　肃	Gansu	45759364	1431344	39461839	292034
青　海	Qinghai	17100807	498921	15445174	21520
宁　夏	Ningxia	20284478	139966	19120462	114974
新　疆	Xinjiang	87479078	14149182	70917716	532021
合　计	**Total**	**16774393860**	**857166057**	**14642305532**	**399291496**

2-4 高新技术企业主要经济指标(按登记注册类型分类)
Main Economic Indicators of High-tech Enterprises by Registration Category

企业登记注册类型 Registration Category	企业数(个) Number of Enterprises (unit)	年末从业人员(人) Year End Number of Employees (person)	总收入(千元) Total Income (1000 yuan)	工业总产值(千元) Gross Industrial Output Value (1000 yuan)	出口创汇(千美元) Export (1000 USD)
合　计 Total	**45313**	**16213489**	**16774393874**	**22251624501**	**460834762**
#国有企业 State-owned Enterprises	1745	1239869	1392220167	1136696839	18189165
集体企业 Collective-owned Enterprises	183	122079	131155227	110881439	4432701
股份合作企业 Cooperative Enterprises	548	178625	191959872	182535202	4324479
联营企业 Joint Ownership Enterprises	276	67392	65621750	59650348	1264037
有限责任公司 Limited Liability Corporations	16590	4669649	4743918023	4152528955	86441726
股份有限公司 Share-holding Corporations Ltd.	4460	3531949	3910763609	3615492077	88203475
私营企业 Private Enterprises	14252	2357559	1759863138	8720874680	37248236
港澳台投资企业 Enterprises with Funds from HongKong, Macao and Taiwan	3056	1772999	1964465698	1827163310	92591580
外商投资企业 Foreign Funded Enterprises	4046	2235471	2590462371	2419846660	127534731

2-4 续表 continued

单位：千元 (1000 yuan)

企业登记注册类型 Registration Category	净利润 Net Profit	上缴税费 Taxes Submitted	年末资产 Year End Assets	流动资产 Current Assets	年末负债 Year End Liabilities
合　计 Total	**1089198921**	**837768226**	**28090962254**	**12712537783**	**11620641447**
#国有企业 State-owned Enterprises	74214511	75486723	2068612447	1314894253	1335294562
集体企业 Collective-owned Enterprises	9952965	10564357	128933324	34953008	85047310
股份合作企业 Cooperative Enterprises	11438210	9295255	218701676	129290298	114128412
联营企业 Joint Ownership Enterprises	2608138	2137457	82227200	44798578	48732119
有限责任公司 Limited Liability Corporations	270941729	213808791	6072085287	3664908731	3695730508
股份有限公司 Share-holding Corporations Ltd.	296292791	211247159	5832691070	3314401922	2822205806
私营企业 Private Enterprises	116884309	84600479	2088286658	1276699676	1089368754
港澳台投资企业 Enterprises with Funds from HongKong, Macao and Taiwan	143873766	94937767	2010096382	1271813235	1042489292
外商投资企业 Foreign Funded Enterprises	160988565	134033547	9560035013	1642135171	1371405597

2-5 高新技术企业收入情况(按登记注册类型分类)

Revenue Statistics of High-tech Enterprises by Registration Category

单位：千元 (1000 yuan)

企业登记注册类型 Registration Category	总收入 Total Income	技术收入 Technical Income	产品销售收入 Product Sales Income	商品销售收入 Commodity Sales Income
合 计 Total	**16774393874**	**857166069**	**14642305546**	**399291501**
#国有企业 State-owned Enterprises	1392220167	153073120	1118351752	8994757
集体企业 Collective-owned Enterprises	131155227	1704945	114823750	296050
股份合作企业 Cooperative Enterprises	191959872	1962219	172081751	13878476
联营企业 Joint Ownership Enterprises	65621750	1882373	59108722	1117302
有限责任公司 Limited Liability Corporations	4743918023	322417413	3996233680	113557706
股份有限公司 Share-holding Corporations Ltd.	3910763609	129891701	3491819113	94154916
私营企业 Private Enterprises	1759863138	76322540	1576970192	47049818
港澳台投资企业 Enterprises with Funds from HongKong, Macao and Taiwan	1964465698	86028745	1732285123	51980113
外商投资企业 Foreign Funded Enterprises	2590462371	82634369	2359024750	68070871

2-6 高新技术企业主要经济指标(按控股情况分类)

Main Economic Indicators of High-tech Enterprises by Holdings

控股情况 Holdings	企业数 (个) Number of Enterprises (unit)	年末从业人员 (人) Year End Number of Employees (person)	总收入 (千元) Total Income (1000 yuan)	工业总产值 (千元) Gross Industrial Output Value (1000 yuan)
合 计 Total	**45313**	**16213489**	**16774393874**	**22251624501**
#国有控股 State Holding	5274	4366511	5695517141	4822293223
集体控股 Collective Holding	1626	829048	856287536	796915557
私人控股 Private Holding	23955	5473746	4663066709	11481955684
港澳台控股 Hong Kong, Macao and Taiwan Holding	2106	1341292	1483617023	1357204659
外商控股 Foreign Holding	2542	1510663	1681758701	1552475210

2-6 续表 continued

控股情况 Holdings	净利润 (千元) Net Profit (1000 yuan)	上缴税费 (千元) Taxes Submitted (1000 yuan)	出口创汇 (千美元) Export (1000 USD)	年末资产 (千元) Year End Assets (1000 yuan)	年末负债 (千元) Year End Liabilities (1000 yuan)
合 计 **Total**	**1089198921**	**837768226**	**460834762**	**28090962254**	**11620641447**
#国有控股 State Holding	313192206	274143699	96759816	8187109800	4966409519
集体控股 Collective Holding	61840833	48859643	19482686	986306311	519198950
私人控股 Private Holding	336991067	241482305	104586433	6037311764	3015419990
港澳台控股 Hong Kong, Macao and Taiwan Holding	116704512	71960112	70567021	1528115613	765338034
外商控股 Foreign Holding	108374604	78258714	99285521	1624793664	816217650

2-7 高新技术企业收入情况(按控股情况分类)
Revenue Statistics of High-tech Enterprises by Holdings

单位：千元 (1000 yuan)

控股情况 Holdings	总收入 Total Income	技术收入 Technical Income	产品销售收入 Product Sales Income	商品销售收入 Commodity Sales Income
合 计 **Total**	**16774393874**	**857166069**	**14642305546**	**399291501**
#国有控股 State Holding	5695517141	413322017	4715579081	160443998
集体控股 Collective Holding	856287536	22785722	774000657	15973584
私人控股 Private Holding	4663066709	165843174	4216841582	90548809
港澳台控股 Hong Kong, Macao and Taiwan Holding	1483617023	77825471	1294321765	48645355
外商控股 Foreign Holding	1681758701	68023745	1511909479	52767133

2-8 高新技术企业主要经济指标(按人员规模分类)

Main Economic Indicators of High-tech Enterprises by the Number of Employee

人员规模 Number of Employees	企业数 (个) Number of Enterprises (unit)	年末从业人员 (人) Year End Number of Employees (person)	总收入 (千元) Total Income (1000 yuan)	工业总产值 (千元) Gross Industrial Output Value (1000 yuan)
合　计 Total	**45313**	**16213489**	**16774393874**	**22251624501**
人数≥1000 Employees≥1000	3118	8079173	9389684434	8544043789
500≤人数<1000 500≤Employees<1000	3925	2714359	2526017617	2319372720
100≤人数<500 100≤Employees<500	19738	4489555	4061719326	3717429618
50≤人数<100 50≤Employees<100	9113	659415	544850947	7485775997
人数<50 Employees<50	9419	270987	252121550	185002377

2-8 续表 continued

人员规模 Number of Employees	净利润 (千元) Net Profit (1000 yuan)	上缴税费 (千元) Taxes Submitted (1000 yuan)	出口创汇 (千美元) Export (1000 USD)	年末资产 (千元) Year End Assets (1000 yuan)	年末负债 (千元) Year End Liabilities (1000 yuan)
合　计 Total	**1089198921**	**837768226**	**28090962254**	**12712537783**	**11620641447**
人数≥1000 Employees≥1000	567805509	454301460	11508327801	6675062968	6728715876
500≤人数<1000 500≤Employees<1000	180538177	127497141	3249452026	1961171635	1719251227
100≤人数<500 100≤Employees<500	296058997	214320948	12152777849	3334620831	2646121410
50≤人数<100 50≤Employees<100	31722483	28874499	751319415	482672067	352176244
人数<50 Employees<50	13073755	12774178	429085163	259010282	174376690

2-9 高新技术企业收入情况(按人员规模分类)

Revenue Statistics of High-tech Enterprises by the Number of Employee

单位：千元 (1000 yuan)

人员规模 Number of Employees	总收入 Total Income	技术收入 Technical Income	产品销售收入 Product Sales Income	商品销售收入 Commodity Sales Income
合　计 Total	**16774393874**	**857166069**	**14642305546**	**399291501**
人数≥1000 Employees≥1000	9389684434	443450858	8241027800	187537724
500≤人数<1000 500≤Employees<1000	2526017617	156288013	2217476393	30664071
100≤人数<500 100≤Employees<500	4061719326	182574744	3553880299	128151231
50≤人数<100 50≤Employees<100	544850947	44246264	446120090	26957875
人数<50 Employees<50	252121550	30606190	183800964	25980600

2-10 高新技术企业主要经济指标(按收入规模分类)

Main Economic Indicators of High-tech Enterprises by Revenue Scale

收入规模 Revenue Scale	企业数(个) Number of Enterprises (unit)	年末从业人员(人) Year End Number of Employees (person)	总收入(千元) Total Income (1000 yuan)	工业总产值(千元) Gross Industrial Output Value (1000 yuan)
合　计 Total	**45313**	**16213489**	**16774393874**	**22251624501**
收入≥1亿元 Revenue≥100 million Yuan	18639	13622842	15876252800	14393594976
1000万元≤收入<1亿元 10 million yuan≤Revenue<100 million Yuan	20238	2362950	868327935	7834291223
500万元≤收入<1000万元 5 million yuan≤Revenue<10 million yuan	2884	124705	21292671	16480759
收入<500万元 Revenue<5 million yuan	3552	102992	8520468	7257543

2-10 续表 continued

收入规模 Revenue Scale	净利润 (千元) Net Profit (1000 yuan)	上缴税费 (千元) Taxes Submitted (1000 yuan)	出口创汇 (千美元) Export (1000 USD)	年末资产 (千元) Year End Assets (1000 yuan)	年末负债 (千元) Year End Liabilities (1000 yuan)
合　计 **Total**	**1089198921**	**837768226**	**460834762**	**28090962254**	**11620641447**
收入≥1亿元 Revenue≥100 million Yuan	1042010826	778928011	446243616	26401623176	10792724241
1000万元≤收入<1亿元 10 million yuan≤Revenue<100 million Yuan	52968576	56239404	14373718	1503613070	748398960
500万元≤收入<1000万元 5 million yuan≤Revenue<10 million yuan	-1054775	1976791	171064	89644211	39230278
收入<500万元 Revenue<5 million yuan	-4725706	624020	46364	96081797	40287968

2-11 高新技术企业收入情况(按收入规模分类)

Revenue Statistics of High-tech Enterprises by Revenue Scale

单位: 千元 (1000 yuan)

收入规模 Revenue Scale	总收入 Total Income	技术收入 Technical Income	产品销售收入 Product Sales Income	商品销售收入 Commodity Sales Income
合　计 **Total**	**16774393874**	**857166069**	**14642305546**	**399291501**
收入≥1亿元 Revenue≥100 million Yuan	15876252800	772645007	13890143476	376552706
1000万元≤收入<1亿元 10 million yuan≤Revenue<100 million Yuan	868327935	78144225	731768063	21547748
500万元≤收入<1000万元 5 million yuan≤Revenue<10 million yuan	21292671	4304933	14888606	853694
收入<500万元 Revenue<5 million yuan	8520468	2071904	5505401	337353

2-12 高新技术企业人员情况(按地区分类)

Personnel Statistics of High-tech Enterprises by Region

单位：人 (person)

地 区	Region	年末从业人员 Year End Number of Employees	大专以上 College and Higher Level	中高级职称 Senior and Mid-Level Professional Qualifications
北 京	Beijing	1254184	899618	194227
天 津	Tianjin	313177	180052	40523
河 北	Hebei	367893	167906	38541
山 西	Shanxi	213140	91253	25794
内蒙古	Inner Mongolia	104419	61803	16252
辽 宁	Liaoning	101673	48979	14755
沈 阳	Shenyang	134658	87606	29157
大 连	Dalian	128531	68306	22771
吉 林	Jiling	131699	65976	18166
黑龙江	Heilongjiang	89688	36763	13651
哈尔滨	Harbin	167214	80969	27037
上 海	Shanghai	1129976	622253	137860
江 苏	Jiangsu	1907940	775972	132236
南 京	Nanjing	277869	180696	37156
浙 江	Zhejiang	1062505	457744	74857
宁 波	Ningbo	278019	101252	11935
安 徽	Anhui	595856	266066	57088
福 建	Fujian	280203	112075	24491
厦 门	Xiamen	268983	100269	15383
江 西	Jiangxi	228289	94279	28772
山 东	Shandong	987714	462265	100739
青 岛	Qingdao	236531	117419	26107
河 南	Henan	479886	231169	61548
湖 北	Hubei	310324	113089	37331
武 汉	Wuhan	240075	157912	48522
湖 南	Hunan	436031	217801	55215
广 东	Guangdong	1260985	440611	59216
广 州	Guangzhou	394769	216513	42051
深 圳	Shenzhen	1059504	590521	123862
广 西	Guangxi	191201	79827	16931
海 南	Hainan	27530	13384	1685
重 庆	Chongqing	258460	106720	28929
四 川	Sichuan	217811	80495	22027
成 都	Chengdu	265312	147810	48312
贵 州	Guizhou	110387	48003	12591
云 南	Yunnan	160165	70632	20164
西 藏	Tibet	5931	3292	518
陕 西	Shaanxi	145438	64604	18712
西 安	Xi'an	189699	153737	59411
甘 肃	Gansu	80611	37533	14252
青 海	Qinghai	24553	8842	2041
宁 夏	Ningxia	29526	13669	1932
新 疆	Xinjiang	65130	34744	9819
合 计	**Total**	**16213489**	**7910429**	**1772567**

2-13 高新技术企业人员情况(按登记注册类型分类)

Personnel Statistics of High-tech Enterprises by Registration Category

单位：人 (person)

企业登记注册类型 Registration Category	年末从业人员 Year End Number of Employees	大专以上 College and Higher Level	中高级职称 Senior and Mid-Level Professional Qualifications
合 计 Total	**16213489**	**7911907**	**1772567**
#国有企业 State-owned Enterprises	1239869	712420	259696
集体企业 Collective-owned Enterprises	122079	62451	16620
股份合作企业 Cooperative Enterprises	178625	74407	16741
联营企业 Joint Ownership Enterprises	67392	29236	6969
有限责任公司 Limited Liability Corporations	4669649	2434074	596548
股份有限公司 Share-holding Corporations Ltd.	3531949	1717823	380138
私营企业 Private Enterprises	2357559	1094343	221777
港澳台投资企业 Enterprises with Funds from HongKong, Macao and Taiwan	1772999	751358	101752
外商投资企业 Foreign Funded Enterprises	2235471	1018126	169301

2-14 高新技术企业人员情况(按控股情况分类)

Personnel Statistics of High-tech Enterprises by Holdings

单位：人 (person)

控股情况 Holdings	年末从业人员 Year End Number of Employees	大专以上 College and Higher Level	中高级职称 Senior and Mid-Level Professional Qualifications
合 计 Total	**12695462**	**6469873**	**1549006**
#国有控股 State Holding	3909798	2144635	671207
集体控股 Collective Holding	497722	254126	66848
私人控股 Private Holding	3724677	1969753	420392
港澳台控股 Hong Kong, Macao and Taiwan Holding	1118433	475900	70145
外商控股 Foreign Holding	2020765	933308	167293

2-15 高新技术企业产品主要指标(按技术领域分类)

Main Indicators of Products of High-tech Enterprises by Technical Field

技术领域 Technical Field	产品种数(个) Number of Products (piece)	工业总产值(千元) Gross Industrial Output Value (1000 yuan)	销售收入(千元) Sales Income (1000 yuan)	出口创汇(千美元) Export (1000 USD)
合　计 Total	**129410**	**11079588568**	**10950852032**	**305278119**
#电子与信息领域 Electronics and Information Technology	33051	2090727004	2129319223	115978872
生物技术领域 Biotechnology	13428	923581725	886982221	14240129
新材料领域 New Materials	22882	2613003522	2553439684	56623054
光机电一体化 Integration of Optical and Electrical Machinery	31355	2196231760	2153813482	43720538
新能源及高效节能技术 New Energy and Energy Saving	9196	1200803838	1153378591	31636388
环境保护技术 Environmental Protection	4473	216565824	225337166	3078464
航空航天技术 Aerospace	850	63333515	57113447	1133270
地球,空间,海洋工程 Earth, Space, Ocean Engineering	493	89878541	76959177	4753738
核应用技术 Application of Nuclear Technology	202	17219596	15401582	654111

2-16 高新技术企业产品主要指标(按知识产权类型分类)

Main Indicators of Products of High-tech Enterprises by Intellectual Property Rights Category

专利类型 Patent Category	产品种数(个) Number of Products (piece)	工业总产值(千元) Gross Industrial Output Value (1000 yuan)	销售收入(千元) Sales Income (1000 yuan)	出口创汇(千美元) Export (1000 USD)
合　计 Total	**129410**	**11079588568**	**10950852032**	**305278119**
#发明 Inventions	33706	4881398036	4848809473	152874559
实用新型 Utility Models	51495	4055321611	3990343189	108583737
外观设计 Designs	3381	309693326	280868150	8734283
软件著作权 Software Copyright	17537	253731574	273846209	5176502
集成电路布图 IC Layouts	406	17560121	16995187	475950
植物新品种 New Varieties of Plants	306	16824908	17663004	263405
无知识产权 Non-patented	22573	1545058992	1522166563	29169683

2-17 高新技术企业产品主要指标(按出口国别分类)

Main Indicators of Products of High-tech Enterprises by Export Destination

出口地区 Export Destination	产品种数 (个) Number of Products (piece)	出口创汇 (千美元) Export (1000 USD)
合　计 Total	**129410**	**305278119**
#美国 USA	7031	86170065
日本 Japan	2297	20578035
南美 South America	1639	13002153
西欧 Western Europe	3521	32884236
北欧 North Europe	867	7520205
东欧 Eastern Europe	1560	9585489
港澳台 Hong Kong, Macao and Taiwan	2916	39393686
东南亚 Southeast Asia	6960	39303288

2-18 高新技术企业产品主要指标(按技术来源分类)

Main Indicators of Products of High-tech Enterprises by Technology Source

技术来源 Technology Source	产品种数 (个) Number of Products (piece)	工业总产值 (千元) Gross Industrial Output Value (1000 yuan)	销售收入 (千元) Sales Income (1000 yuan)	出口创汇 (千美元) Export (1000 USD)
合　计 Total	**129410**	**11079588568**	**10950852032**	**305278119**
#国外技术 Foreign Technologies	1363	383700266	386398927	9451615
中科院 Chinese Academy of Science	437	30212457	28924237	387983
其它部委属科研院所 Research Institutes of Other Ministries	770	61044339	65196641	583295
地方属科研院所 Local Research Institutes	530	46877117	47111959	836311
大专院校 Universities	2008	143108441	138635912	2018697
国有大中型企业 State-owned Large and Medium-sized Enterprises	786	379228669	369185941	2423984
其它各类企业 Other Types of Enterprises	536	75366037	73722210	555145
国内其它单位 Other Domestic Institutes	733	57609397	61731853	280376
引进技术本企业消化创新 Adopted and Renovated Technologies	9431	1449583275	1427228139	45755294
本企业自有技术 Enterprises Owned Technologies	112815	8452858570	8352555956	242985419

2-19 高新技术企业R&D活动与科技活动情况(按地区分类)

R&D Activities and Science and Technology Activities Statistics of High-tech Enterprises by Region

地 区	region	科技活动人员(人) Personnel Engaged in Science and Technology Activities (person)	科技活动经费内部支出(千元) Intramural Expenditures on Science and Technology Activities (1000 yuan)	R&D经费内部支出(千元) Intramural Expenditure on R&D (1000 yuan)
北 京	Beijing	352166	80623873	40035588
天 津	Tianjin	85820	17795354	14073757
河 北	Hebei	102256	14030884	7748715
山 西	Shanxi	41671	9348566	5036151
内蒙古	Inner Mongolia	20844	3431109	2473423
辽 宁	Liaoning	29629	4250660	2967325
沈 阳	Shenyang	35211	5822720	2047258
大 连	Dalian	35765	6476196	4354482
吉 林	Jiling	34346	5427193	1905934
黑龙江	Heilongjiang	18305	2472718	1347750
哈尔滨	Harbin	34910	5452032	3684773
上 海	Shanghai	342279	77785185	35961420
江 苏	Jiangsu	428390	79677506	51683656
南 京	Nanjing	93263	15969152	11177718
浙 江	Zhejiang	254077	39864300	26021484
宁 波	Ningbo	52127	8758846	6757288
安 徽	Anhui	150010	23744571	12707423
福 建	Fujian	72382	11552647	5098227
厦 门	Xiamen	49220	7525287	5388000
江 西	Jiangxi	48436	16509124	4195251
山 东	Shandong	277002	44359111	23454150
青 岛	Qingdao	52797	12879194	9349609
河 南	Henan	141107	19268770	12865651
湖 北	Hubei	65572	12760752	8225248
武 汉	Wuhan	84509	12223385	9019457
湖 南	Hunan	108203	18953983	9746819
广 东	Guangdong	283620	38591961	27559010
广 州	Guangzhou	129133	18336473	12649797
深 圳	Shenzhen	298338	62024917	28942307
广 西	Guangxi	36175	7007022	3720943
海 南	Hainan	6451	821210	606160
重 庆	Chongqing	54287	9897523	5574850
四 川	Sichuan	46813	7103649	3647056
成 都	Chengdu	81082	18701974	12684761
贵 州	Guizhou	21526	2939534	1630856
云 南	Yunnan	34832	6725954	2507768
西 藏	Tibet	742	140459	45785
陕 西	Shaanxi	27866	4877522	3328419
西 安	Xi'an	59116	11668360	6750101
甘 肃	Gansu	12916	1539003	928384
青 海	Qinghai	5577	656386	110137
宁 夏	Ningxia	5531	849084	533522
新 疆	Xinjiang	11036	2280924	1085521
合 计	**Total**	**4125338**	**751125073**	**429631936**

第三部分

国家火炬计划项目

The Third Part

National Torch Program Projects

3-1 火炬计划项目主要经济指标

Main Economic Indicators of Torch Program Projects

年 份 Year	统计项目（个）Number of Statistical Projects (item)	工业总产值（亿元）Gross Industrial Output Value (100 million yuan)	产品销售收入（亿元）Product Sales Income (100 millionyuan)	利税总额（亿元）Total Value of Profits and Taxes (100 million yuan)	出口创汇（亿美元）Export (100 million USD)
1995	1859	286.8	251.3	51.7	4.3
1996	2029	411.8	359.9	68.4	3.4
1997	1987	544.5	488.0	87.1	5.8
1998	2249	732.0	688.0	133.0	9.0
1999	2742	1068.0	958.0	187.0	11.0
2000	2797	1153.4	1073.0	254.4	14.1
2001	3501	1298.0	1170.0	240.0	16.0
2002	3734	1324.1	1235.6	257.1	19.5
2003	4381	1908.7	1804.1	385.5	35.0
2004	4582	2255.0	2145.1	418.4	36.3
2005	4829	2572.0	2492.0	478.0	46.0
2006	5514	3112.0	2982.0	535.0	61.0
2007	5447	3392.2	3247.8	606.4	67.7
2008	5684	3563.8	3380.6	575.5	93.0
2009	4952	3293.6	3165.1	571.5	79.6
2010	5428	4369.7	4099.2	777.0	92.7
2011	5208	4095.1	3840.4	660.3	83.6
2012*	5021	3700.8	3646.7	560.5	78.6

*注：为更准确的反映火炬计划项目执行情况，2012年火炬计划项目统计按立项类别分为产业化和环境建设两大类。此表反映的经济指标仅为产业化类项目承担单位填报，环境建设类项目承担单位不涉及。2012年共统计火炬计划项目5733项，其中5021项为产业化类项目。

3-2 火炬计划项目基本情况(按地区分布)

Main Indicators of Torch Program Projects by Region

单位：个 (item)

地区	Region	统计项目数 Number of Projects	面上项目 General Projects		重大项目 Key Projects		国家高新区内项目数 Projects in State Level Science and Technology Industrial Parks	参与国际合作项目 International Cooperation Project
			产业化项目数 Number of Industrialization Projects	环境建设项目数 Number of Projects for Environment Building	创新型产业集群项目数 Number of Innovative Industrial Cluster Projects	科技服务体系项目数 Number of S & T Service System Projects		
合计	**Total**	**5733**	**4927**	**638**	**101**	**67**	**1518**	**327**
北京	Beijing	202	138	53	5	6	139	37
天津	Tianjin	104	68	31	3	2	30	5
河北	Hebei	67	39	22	6		9	3
山西	Shanxi	52	38	14			14	2
内蒙古	Inner Mongolia	38	30	6	2		12	
辽宁	Liaoning	98	73	20	5		24	10
沈阳	Shenyang	42	34	8			19	5
大连	Dalian	19	7	9		3	5	
吉林	Jilin	78	57	14	3	4	28	4
长春	Changchun	9	7	2			6	2
黑龙江	Heilongjiang	104	77	20	3	4	48	4
哈尔滨	Harbin	17	17				4	3
上海	Shanghai	136	88	39	6	3	48	19
江苏	Jiangsu	1199	1109	76	7	7	214	54
南京	Nanjing	72	57	9	4	2	35	5
浙江	Zhejiang	1139	1122	12	2	3	91	37
宁波	Ningbo	135	129	2		4	18	3
安徽	Anhui	203	166	29	3	5	52	14
福建	Fujian	97	77	15	2	3	33	8
厦门	Xiamen	45	38	7			19	1
江西	Jiangxi	81	68	9	4		49	4
山东	Shandong	444	406	30	3	5	102	14
青岛	Qingdao	53	42	8	3		14	5
河南	Henan	167	139	24	4		50	8
湖北	Hubei	138	104	24	5	5	65	14
武汉	Wuhan	43	41	2			19	2
湖南	Hunan	38	24	12	2		21	
广东	Guangdong	160	143	9	5	3	60	12
广州	Guangzhou	87	75	12			46	3
深圳	Shenzhen	14	13	1			6	
广西	Guangxi	55	41	12	2		25	10
海南	Hainan	37	37				10	
重庆	Chongqing	72	60	10	2		19	5
四川	Sichuan	67	46	15	2	4	30	3
成都	Chengdu	17	15	2			7	
贵州	Guizhou	49	47	1	1		10	3
云南	Yunnan	72	59	11	2		23	9
西藏	Tibet	4	3	1			1	
陕西	Shaanxi	71	41	20	6	4	41	6
西安	Xi'an	42	33	9			30	
甘肃	Gansu	52	35	15	2		18	4
青海	Qinghai	26	16	5	5		5	3
宁夏	Ningxia	27	24	3				2
新疆	Xinjiang	53	37	14	2		19	4
新疆兵团	Xinjiang Corps	8	7	1				

3-3 火炬计划项目资金情况(按地区分布)

Funding of Torch Program Porjects by Region

单位：千元 (1000 yuan)

地 区	Region	计划总投资 Total Planned Investment	2012年项目支出合计 Total Expenditure for Projects in 2012	2012年落实资金额合计 Total Raised Funding in 2012	政府部门资金 Fund by Government	贷款 Loan
合 计	**Total**	**223735572**	**64721806**	**87769568**	**1973881**	**19270498**
北 京	Beijing	2368638	792260	1132972	34402	30700
天 津	Tianjin	2788911	954314	1875752	21711	472000
河 北	Hebei	4643862	979391	1319817	18380	256000
山 西	Shanxi	1097890	520391	612206	33160	60700
内蒙古	Inner Mongolia	4239777	694194	886288	75050	102332
辽 宁	Liaoning	41300735	2323379	3028343	68270	420180
沈 阳	Shenyang	1058170	199595	470739	34060	182000
大 连	Dalian	222884	73292	156847	7570	39000
吉 林	Jilin	2098132	907399	1306104	30130	185210
长 春	Changchun	45890	18425	20332	2770	
黑龙江	Heilongjiang	3041212	663482	886811	22355	116000
哈尔滨	Harbin	357900	211529	356354	2300	
上 海	Shanghai	1941035	946218	1317883	26575	117000
江 苏	Jiangsu	35960375	15276371	18693521	358555	4759597
南 京	Nanjing	2338187	863327	1096976	16660	196850
浙 江	Zhejiang	15817439	6186853	7853039	43341	630607
宁 波	Ningbo	1893277	706124	901254	7045	103000
安 徽	Anhui	8132053	3074186	4358167	64483	744440
福 建	Fujian	1675169	597344	732276	11940	90370
厦 门	Xiamen	637269	151193	165946	2120	30000
江 西	Jiangxi	3484664	1003387	1305881	8661	422200
山 东	Shandong	26949611	11192541	14768759	146723	4367575
青 岛	Qingdao	1189756	311317	387299	21283	34100
河 南	Henan	14401861	3613735	5751571	52029	1773849
湖 北	Hubei	9158204	2203885	2874116	47641	645900
武 汉	Wuhan	2773008	518025	602106	16450	132500
湖 南	Hunan	957596	361224	582820	222550	60000
广 东	Guangdong	10589811	1687201	2335272	61656	300100
广 州	Guangzhou	1550407	256775	549436	9267	144267
深 圳	Shenzhen	818211	222893	532609	500	50000
广 西	Guangxi	1824135	292648	362720	17592	72800
海 南	Hainan	1307722	180880	342602	750	28000
重 庆	Chongqing	1443936	599140	827571	13230	179476
四 川	Sichuan	2666902	1190226	2149765	34575	725700
成 都	Chengdu	177209	78202	106825	4240	10000
贵 州	Guizhou	1352014	676180	759942	9895	59800
云 南	Yunnan	3215067	1250824	1977110	110176	771820
西 藏	Tibet	22535	12190	12700	400	
陕 西	Shaanxi	1982314	535222	677022	32540	84650
西 安	Xi'an	553045	162691	256755	4960	24933
甘 肃	Gansu	1095550	340608	376372	10553	84200
青 海	Qinghai	1298760	627103	1226166	12430	268350
宁 夏	Ningxia	846707	438905	472859	19950	77100
新 疆	Xinjiang	2202502	804511	1170297	234953	310192
新疆兵团	Xinjiang Corps	215240	22226	189366		107000

3-4 火炬计划产业化类*项目指标(按地区分布)

Main Economic Indicators of Torch Program Industrialization Project by Region

地区	Region	统计项目数(项) Number of Industrialization Projects (item)	工业总产值(千元) Gross Industrial Output Value (1000 yuan)	产品销售收入(千元) Sales Income (1000 yuan)	出口创汇(千美元) Export (1000 USD)	净利润(千元) Net Profit (1000 yuan)	上缴税金(千元) Taxes Submitted (1000 yuan)	专利授权数(项) Patents Granted (item)
合计	**Total**	**5021**	**370084401**	**364672783**	**7860964**	**33548289**	**22503750**	**9358**
北京	Beijing	143	4496389	4106104	28517	736426	380808	207
天津	Tianjin	71	5107724	4971434	141014	269086	149756	185
河北	Hebei	45	11726346	11429455	623766	688982	387093	81
山西	Shanxi	38	1482576	1406816	5737	111863	100620	22
内蒙古	Inner Mongolia	31	2569022	2430374	14060	353003	306306	20
辽宁	Liaoning	77	5798345	5505561	16804	810432	709181	110
沈阳	Shenyang	34	3238276	2952768	10948	368999	199709	128
大连	Dalian	7	568499	890746	9932	128639	49192	12
吉林	Jilin	59	3906442	3685663	8966	413739	235748	45
长春	Changchun	7	155705	134142	4250	23427	9409	18
黑龙江	Heilongjiang	80	2937662	2827976	25337	407810	172792	72
哈尔滨	Harbin	17	730277	678054	6279	85770	52233	4
上海	Shanghai	94	6927079	6720176	54353	678182	667053	260
江苏	Jiangsu	1116	79460021	75768710	1753058	7826036	4700108	2672
南京	Nanjing	61	2978355	2803266	34528	346728	196302	122
浙江	Zhejiang	1124	55488970	55240074	1839337	5342682	3887870	1376
宁波	Ningbo	129	6588291	6235724	181690	603162	357430	336
安徽	Anhui	169	12633225	12556271	262160	1041229	1311906	373
福建	Fujian	79	3908132	3562138	34544	362039	264026	142
厦门	Xiamen	38	1683910	1793356	83060	394044	134169	41
江西	Jiangxi	72	5668342	5451778	176441	565164	463066	60
山东	Shandong	408	62220294	66787966	1095309	4299322	2666768	712
青岛	Qingdao	45	2323777	2174429	14732	137518	98662	46
河南	Henan	143	9767622	8590911	142012	757460	519631	446
湖北	Hubei	109	9315817	9104137	256526	1059358	666673	233
武汉	Wuhan	41	1921512	1771982	19530	157499	145548	102
湖南	Hunan	26	1164789	1098232	8780	132199	139586	95
广东	Guangdong	148	27431942	27287905	235982	2055418	1351917	448
广州	Guangzhou	75	3186119	3009732	22710	344149	167091	66
深圳	Shenzhen	13	1166325	1113861	59509	162698	59956	55
广西	Guangxi	43	2288873	2327773	146545	59882	59509	76
海南	Hainan	37	2274206	2212362	36100	213101	173244	29
重庆	Chongqing	62	1561009	1439771	4697	168024	93993	123
四川	Sichuan	48	2412353	2442133	52434	517697	181786	78
成都	Chengdu	15	312258	303059	697	56023	30729	49
贵州	Guizhou	47	1960829	1796969	37858	231129	97303	141
云南	Yunnan	61	6969613	6399296	35223	841711	677092	103
西藏	Tibet	3	8360	6675		1647	149	1
陕西	Shaanxi	45	9813087	9691727	259120	202561	211208	63
西安	Xi'an	33	1051160	1104754	8772	154543	62871	21
甘肃	Gansu	37	1012133	1100530	10008	99973	57619	70
青海	Qinghai	21	764509	703952	734	72091	68596	17
宁夏	Ningxia	24	735311	734097	67126	154750	99511	27
新疆	Xinjiang	39	2081252	2024942	31779	84508	114043	64
新疆兵团	Xinjiang Corps	7	287663	295002		27586	25488	7

注：产业化类项目指以企业为主体承担的高新技术产业项目，包括面上项目中的产业化示范项目和创新型产业集群项目中的产业发展项目

3-5 火炬计划产业化类项目主要经济指标(按技术领域分类)

Main Economic Indicators of Torch Program Industrialization Project by Technology Field

技术领域 Technology Field	统计项目数(项) Number of Industrialization Projects (item)	工业总产值(千元) Gross Industrial Output Value (1000yuan)	产品销售收入(千元) Sales Income (1000yuan)	出口创汇(千美元) Export (1000USD)	净利润(千元) Net Profit (1000yuan)	上缴税金(千元) Taxes Submitted (1000yuan)
合　计 Total	**5021**	**370084401**	**364672784**	**7860963**	**33548292**	**22503751**
电子与信息 IT	705	33580446	33430462	940558	3724251	2337086
生物、医药技术 Bio-tech	635	42252260	40971993	1112107	5737347	4245961
新材料 Advanced Material	1229	117604175	121050773	2629914	9244390	6018643
机电一体化 Mechatronics	1547	68722130	64748506	1227336	7490186	4641676
新能源、高效节能 New Energy and Energy Saving	558	77424548	75979049	1153035	4648061	3687714
环境保护 Environment Protection	196	8336098	7284492	65442	903579	551598
其它高技术领域 Others	151	22164744	21207509	732571	1800478	1021073

3-6 火炬计划产业化类项目主要经济指标(按单位性质分类)

Main Economic Indicators of Torch Program Industrialization Project by Undertakers' Unit Nature

单位性质 Unit Nature	统计项目数(项) Number of Industrialization Projects (item)	工业总产值(千元) Gross Industrial Output Value (1000yuan)	产品销售收入(千元) Sales Income (1000yuan)	出口创汇(千美元) Export (1000USD)	净利润(千元) Net Profit (1000yuan)	上缴税金(千元) Taxes Submitted (1000yuan)
合　计 Total	**5021**	**370084402**	**364672785**	**7860964**	**33548290**	**22503750**
事业型研究单位 Public Research Institutes	1	90808	118890		1495	28273
大专院校 Universities and Colleges	2	16000	12000		800	1236
政府机关 Governments						
群众团体 NGOs	1	12000	8000		2400	590
其他事业单位 Other Public Institutions						
转制为企业后的科研院所 Research Institutes Transformed to Companies after Reform	27	588642	524916	5374	79745	50026
国有企业 State-owned Enterprises	244	25877096	25361976	586532	1279305	1094673
集体所有制企业 Collective-owned Enterprises	35	2458562	2272959	29418	245252	180260
私营企业 Private Enterprises	1899	119734597	121402820	2127908	10562101	6268723
合资企业 Joint Venture Enterprises	2301	163821056	160028270	3827427	16974483	10881517
外商投资企业 Foreign Funded Enterprises	184	14223057	12974948	417328	1039753	822201
港澳台投资企业 Enterprises with Investment from HongKong, Macao and Taiwan	214	35692491	34640168	758145	2303655	2613634
其他内资企业 Other Domestic Enterprises	113	7570093	7327838	108832	1059301	562617

3-7 火炬计划产业化类项目主要经济指标(按技术来源分类)

Main Economic Indicators of Torch Program Industrialization Projects by Source of Technology

技术来源 Source of Technology	统计项目数(项) Number of Industrialization Projects (item)	工业总产值(千元) Gross Industrial Output Value (1000 yuan)	产品销售收入(千元) Sales Income (1000 yuan)	出口创汇(千美元) Export (1000 USD)	净利润(千元) Net Profit (1000 yuan)	上缴税金(千元) Taxes Submitted (1000 yuan)
合　计 Total	**5021**	**370084401**	**364672783**	**7860964**	**33548290**	**22503750**
国外技术 Foreign Technology	11	343598	335625	5557	45056	24705
国内技术 Domestic Technology	312	25740506	24137225	205514	1744990	1400256
自有技术 Own Technology	4698	344000299	340199932	7649896	31758258	21078801

3-8 火炬计划产业化类项目主要经济指标(按收入规模分类)

Main Economic Indicators of Torch Program Industrialization Projects by Revenue Scale

收入规模 Value of Revenus	统计项目数(项) Number of Industrialization Projects (item)	工业总产值(千元) Gorss Industrial Output Value (1000 yuan)	产品销售收入(千元) Sales Income (1000 yuan)	出口创汇(千美元) Export (1000 USD)	净利润(千元) Net Profit (1000 yuan)	上缴税金(千元) Taxes Submitted (1000 yuan)
合　计 Total	**5021**	**370084402**	**364672784**	**7860964**	**33548290**	**22503750**
收入≥1亿元 Revenue≥100 million yuan	570	245963894	248776438	5417118	19464501	13571147
1亿元>收入≥5千万 100 million yuan>Revenue≥50 million yuan	810	61034185	58041659	1250897	6873197	4194723
5千万>收入≥1千万 50 million yuan>Revenue≥10 million yuan	2098	56807160	52362736	1088933	6423681	4225065
1千万>收入≥5百万 10 million yuan>Revenue≥5 million yuan	534	4291095	3917628	72240	500411	345594
收入<5百万 Revenue<5 million yuan	1009	1988068	1574323	31776	286500	167221

3-9 火炬计划环境建设类*项目指标(按地区分布)

Main Economic Indicators of Torch Program Environment Building Project by Region

地 区	Region	统计项目数（项）Number of Environment Building Projects (item)	服务企业数（个）Number of Enterprises Served (item)	服务收入（千元）Service Income (1000 yuan)	为企业增加销售额（千元）Sales Increase of Served Enterprises (1000 yuan)	为企业增加利税（千元）Profits and Taxes Increase of Served Enterprises (1000 yuan)
合 计	**Total**	**712**	**216924**	**5717373**	**127798194**	**8666858**
北 京	Beijing	59	89062	3900744	1992074	140441
天 津	Tianjin	33	5606	63894	6172770	1072500
河 北	Hebei	22	1290	17272	162296	21713
山 西	Shanxi	14	2567	4804	218585	132421
内蒙古	Inner Mongolia	7	1691	320	77896	4196
辽 宁	Liaoning	21	2023	3350	32299500	399600
沈 阳	Shenyang	8	430	3465	68097	4885
大 连	Dalian	12	1407	16212	249233	62871
吉 林	Jilin	19	750	3170	290043	28030
长 春	Changchun	2	55	642	155000	6700
黑龙江	Heilongjiang	24	4001	10974	279472	39874
哈尔滨	Harbin					
上 海	Shanghai	42	12847	77713	5402343	510367
江 苏	Jiangsu	83	15325	240077	40083875	1872532
南 京	Nanjing	11	13668	33366	770750	125280
浙 江	Zhejiang	15	2731	12695	1000002	175118
宁 波	Ningbo	6	2712	10300	929780	89160
安 徽	Anhui	34	9725	16449	2501220	296590
福 建	Fujian	18	2383	46367	424447	52085
厦 门	Xiamen	7	1302	923	3089187	69336
江 西	Jiangxi	9	2317	17105	1764140	458084
山 东	Shandong	36	1428	934443	2047684	260169
青 岛	Qingdao	8	3687	10229	17429	2805
河 南	Henan	24	2690	19120	828857	158681
湖 北	Hubei	29	6028	144786	17547891	1524397
武 汉	Wuhan	2	298		41371	8354
湖 南	Hunan	12	1949	18086	695620	81299
广 东	Guangdong	12	410	5085	194400	21720
广 州	Guangzhou	12	1091	11923	134600	26828
深 圳	Shenzhen	1				
广 西	Guangxi	12	1403	6214	632785	84838
海 南	Hainan					
重 庆	Chongqing	10	13093	8580	1965430	190592
四 川	Sichuan	19	2829	12830	127100	12389
成 都	Chengdu	2	607		920101	98988
贵 州	Guizhou	2	378		992000	149500
云 南	Yunnan	11	1732	8206	906266	127904
西 藏	Tibet	1	39			
陕 西	Shaanxi	26	2003	7213	1054330	139865
西 安	Xi'an	9	1371	26560	890556	91922
甘 肃	Gansu	15	2952	970	156793	14303
青 海	Qinghai	5	20	320	60000	2100
宁 夏	Ningxia	3	18	219	1500	60
新 疆	Xinjiang	14	820	22747	652771	108361
新疆兵团	Xinjiang Corps	1	186			

注：环境建设类项目指为企业、机构和集群等提供公共服务的平台类项目，包括面上项目中的环境建设项目和重大项目中的服务平台类项目

3-10 火炬计划环境建设类项目主要服务效益(按技术领域分类)

Main Service Performance Indicators of Torch Program Environment Building Project by Technology Field

技术领域 Technology Field	统计项目数 (项) Number of Environment Building Projects (item)	服务收入 (千元) Service Income (1000yuan)	为企业增加销售额 (千元) Sales Increase of Served Enterprises (1000yuan)	为企业增加利税 (千元) Profts and Taxes Increase of Served Enterprises (1000yuan)
合　计 **Total**	**712**	**5717373**	**127798194**	**8666858**
电子与信息 IT	210	329671	10227906	2225053
生物、医药技术 Bio-tech	54	166370	6854349	998440
新材料 Advanced Material	39	57696	1571900	276460
机电一体化 Mechatronics	70	76701	32097040	600181
新能源、高效节能 New Energy and Energy Saving	19	45478	391474	47604
环境保护 Environment Protection	28	131709	6281888	466846
其它高技术领域 Others	292	4909748	70373637	4052274

3-11 火炬计划环境建设类项目主要服务效益(按单位性质分类)

Main Service Performance Indicators of Torch Program Environment Building Project by Undertakers' Unit Nature

单位性质 Unit Nature	统计项目数 (项) Number of Environment Building Projects (item)	服务收入 (千元) Service Income (1000yuan)	为企业增加销售额 (千元) Sales Increase of Served Enterprises (1000yuan)	为企业增加利税 (千元) Profts and Taxes Increase of Served Enterprises (1000yuan)
合　计 Total	**712**	**5717373**	**127798194**	**8666858**
事业型研究单位 Public Research Institutes	66	169495	5517999	401256
大专院校 Universities and Colleges	13	17940	132297	18392
政府机关 Governments	9	2750	17000	3450
群众团体 NGOs	15	7114	1638439	284332
其他事业单位 Other Public Institutions	270	299726	81941618	4257940
转制为企业后的科研院所 Research Institutes Transformed to Companies after Reform	15	108891	6350	630
国有企业 State-owned Enterprises	114	161471	24762104	1767714
集体所有制企业 Collective-owned Enterprises	3	430	566660	316480
私营企业 Private Enterprises	62	977979	5588143	546230
合资企业 Joint Venture Enterprises	122	3949454	6355305	968009
外商投资企业 Foreign Funded Enterprises	2	25		
港澳台投资企业 Enterprises with Investment from HongKong, Macao and Taiwan				
其他内资企业 Other Domestic Enterprises	21	22098	1272279	102425

第四部分

科技企业孵化器

The Forth Part

Technology Business Incubators (TBIs)

4-1 科技企业孵化器主要经济指标

Main Economic Indicators of TBIs

年 份 Year	孵化器数量 (个) Number of TBIs (unit)	场地面积 (万平方米) Space Area (10000 sq.m)	孵化企业 (个) Number of Tenants (unit)	孵化企业总收入 (亿元) Total Income of Tenants (100 million yuan)	累计毕业企业 (个) Accumulated Number of Graduated Tenants (unit)	在孵企业人数 (万人) Number of Employees of Tenants (10000 person)
1995	73	40.2	1854	24.2	364	2.57
1996	80	56.6	2476	36.3	648	3.78
1997	80	77.5	2670	40.8	825	4.56
1998	77	88.4	4138	60.7	1316	6.9
1999	110	188.8	5293	95.8	1934	9.16
2000	164	339.5	8653	207	2790	14.4
2001	324	634.7	14270	422.4	4281	28.4
2002	378	632.6	20993	230.5	6207	36.3
2003	431	1358.9	27285	759.3	8981	48.3
2004	464	1515.1	33213	1121.7	11718	55.2
2005	534	1969.9	39491	1625.4	15815	71.7
2006	548	2008.0	41434	1926	19896	79.3
2007	614	2269.8	44750	2621	23394	93.3
2008	670	2315.5	44346	1866.2	31764	92.8
2009	772	2901.3	50511	2000.8	32301	101.2
2010	896	3043.9	56382	3329.5	36485	117.8
2011	1034	3472.1	60936	3800.6	39562	125.6
2012	1239	4375.8	70217	4958.3	45160	143.7

4-2 国家级科技企业孵化器基本情况

General Statistics of State Level TBIs

科技企业孵化器 Technology Business Incubator	孵化器总收入（千元） Total Income of TBIs (1000 yuan)	综合服务收入（千元） Comprehensive Service Income (1000 yuan)	孵化基金总额（千元） Total Incubator Fund (1000 yuan)	累计公共技术服务平台投资额（千元） Accumulated Investment in the Public Service Platform (1000 yuan)	创业导师人数（人） Number of Innovation Mentors (person)
合　计 **Total**	**5959956**	**1853107**	**10180229**	**13240517**	**4586**
北京奥宇科技企业孵化器有限公司 Beijing Aoyu Technology Business Incubator Ltd.	19750	3530	3000	4370	6
北京北航天汇科技孵化器有限公司 Beijing Beihang Tianhui Technology Business Incubator Ltd.	2680	2680	5000	3470	25
北京博奥联创科技孵化器有限公司 Beijing Bo'ao Lianchuang Technology Business Incubator Ltd.	5119	2042	21000	8368	4
北京高技术创业服务中心 Beijing Hi-tech Innovation Service Center	30640	25910	5000	9730	9
北京汉潮大成科技孵化器有限公司 Beijing Hanchao Dacheng Technology Business Incubator Ltd.	28809	13252	5000	19200	16
北京瀚海润泽科技孵化器有限公司 Beijing Hanhai Runze Technology Incubator Ltd.	32230	17980	5000	16750	11
北京华海基业科技孵化器有限公司 Beijing Huahai Jiye Technology Business Incubator Ltd.	25951	15570	5000	3770	16
北京均大高科科技孵化器有限公司 Beijing Junda Hi-tech Technology Business Incubator Ltd.	9608	8662	10530	14100	6
北京科大方兴科技孵化器有限责任公司 Beijing Keda Fangxing Technology Business Incubator Ltd.	514	293	5000	728	8
北京理工创新高科技孵化器有限公司 Beijing Institute of Technology Innovation and Hi-tech Incubator Ltd.	1318	467	5000	1000	14
北京普天德胜科技孵化器有限公司 Beijing Putian Desheng Technology Business Incubator Ltd.	23626	12884	35000	3344	13
北京启迪创业孵化器有限公司 Beijing Qidi Technology Business Incubator Ltd.	6538	712	80000	39115	10
北京赛欧科园科技孵化中心有限公司 Beijing Sai'ou Keyuan Technology Business Incubation Center Ltd.	17702	546	4553	8105	7
北京望京科技孵化器服务有限公司 Beijing Wangjing Technology Business Incubator Ltd.	5749	170	13000	2900	10
北京中关村国际孵化器有限公司 Beijing Zhongguancun International Business Incubator Ltd.	18807	7780	30000	900	7
北京中关村京蒙高科企业孵化器有限责任公司 Beijing Zhongguancun Jingmeng Hi-tech Business Incubator Ltd.	25770	7260	6640	8310	1
北京中关村软件园孵化服务有限公司 Beijing Zhongguancun Software Park Incubation Service Ltd.	23974	3151	4000		15
北京中关村上地生物科技发展有限公司 Beijing Zhongguancun Shangdi Biological Technology Business Incubator Ltd.	4885	4885	8000	14821	3
北京中关村生命科学园生物医药科技孵化有限公司 Beijing Zhongguancun Life Science Park Biological Medicine Technology Business Incubation Ltd.	11630	2430	5000	18000	5
汇龙森国际企业孵化(北京)有限公司 Huilongsen International Enterprise Incubation (Beijing) Ltd.	31932	19159	10000	32000	4
中关村科技园区丰台科技创业服务中心 Zhongguancun Science and Technology Park Fengtai Park Science and Technology Innovation Service Center	10830	1030	3000	3600	5

4-2 续表 1 continued 1

科技企业孵化器 Technology Business Incubator	孵化器总收入(千元) Total Income of TBIs (1000 yuan)	综合服务收入(千元) Comprehensive Service Income (1000 yuan)	孵化基金总额(千元) Total Incubator Fund (1000 yuan)	累计公共技术服务平台投资额(千元) Accumulated Investment in the Public Service Platform (1000 yuan)	创业导师人数(人) Number of Innovation Mentors (person)
中关村科技园区海淀园创业服务中心 Zhongguancun Science and Technology Park Haidian Park Science and Technology Innovation Service Center	33654		3000	824	15
北京京仪科技孵化器有限公司 Beijing Jingyi Technology Incubator Ltd.	34460	1320	3500	2800	16
汇龙森欧洲科技(北京)有限公司 Huilongsen European Technology (Beijing) Ltd.	38319	26831	10000	10300	4
北京北达燕园科技孵化器有限公司 Beijing Beida Yanyuan Technology Incubator Let.	35880	2270	20000	3770	12
北京瀚海博智科技孵化器有限公司 Beijing Hanhai Runze Technology Incubator Ltd.	17973	513	5000	5600	21
北京康华伟业孵化器有限责任公司 Beijing Kanghua Weiye Technology Business Incubator Ltd.	6634	174	9324	7350	1
北京牡丹科技孵化器有限公司 Beijing Peony Technology Incubator Ltd.	8397	2382	8000	16542	10
天津市科技创业服务中心 Tianjin Technology Innovation Service Center	6109	2516	44720	2530	15
天津滨海高新技术产业开发区国际创业中心 Tianjin Binhai Hi-tech Industrial Development Zone International Innovation Center	9321	8717	1817	9500	5
天津泰达国际创业中心 Tianjin Taida International Innovation Center	11031	4886	10000	10824	15
天津海泰企业孵化服务有限公司 Tianjin Haitai Business Incubator Service Ltd.	220	220	3000		5
天津火炬鑫茂创业服务有限公司 Tianjin Torch Xinmao Innovation Service Ltd.	2738		6200	5480	5
天津华科企业孵化服务有限公司 Tianjin Huake Business Incubator Service Ltd.	10708	771	3000	3119	15
天津科丽泰科技企业孵化器有限公司 Tianjin Kelitai Technology Business Incubator Ltd.	656	595	3000	1300	12
天津市帅超科技园有限公司 Tianjin Shuaichao Science and Technology Park	1780	1530	6400	5000	15
天津金虹桥电气企业孵化器有限公司 Tianjin Golden Bridge Electric Business Incubator Ltd.	726	581	3000	235	16
天津华苑软件园建设发展有限公司 Tianjin Huayuan software Park Construction Development Ltd.	2700	100	8000	7300	8
天津意库创意企业管理服务有限公司 Tianjin Yiku Creativity Business Management Service Ltd.	6840	4250	3000	420	32
天津市世纪龙科技服务发展有限公司 Tianjin Century Dragon Technology Service Development Co., Ltd.	265	265	3000	5000	11
天津市聚贤科技孵化器有限公司 Tianjin Juxian Technology Incubator Ltd.	72560	1386	4000	3870	10
天津市国际生物医药联合研究院 Tianjin International Biomedicine Joint Academy			90000	25623	11
天津市陈塘科技孵化器有限公司 Tianjin chentang Technology Incubator Ltd.	2440	426	3000	14000	5
天津青年创业园管理有限公司 Tianjin Youth Venture Park Management Ltd.	4010	220	3000	5300	15

4-2 续表 2 continued 2

科技企业孵化器 Technology Business Incubator	孵化器总收入（千元） Total Income of TBIs (1000 yuan)	综合服务收入（千元） Comprehensive Service Income (1000 yuan)	孵化基金总额（千元） Total Incubator Fund (1000 yuan)	累计公共技术服务平台投资额（千元） Accumulated Investment in the Public Service Platform (1000 yuan)	创业导师人数（人） Number of Innovation Mentors (person)
天津普天企业孵化服务有限公司 Tianjin Putian Business Incubator Services Ltd.	5015		3000		8
天津航大中天科技发展有限公司 Tianjin Hangda Zhongtian Technology Development Co., Ltd.	4625	1037	3000	150	20
石家庄市科技创新服务中心 Shijiazhuang Science and Technology Innovation Service Center	10199	2571	17470	34100	12
河北方大科技有限公司 Hebei Fangda Science and Technology Co., Ltd.	19325	3576	3000	3271	6
石家庄高新技术创业服务中心 Shijiazhuang Hi-tech Innovation Service Center			630	23800	15
唐山高新技术创业中心 Tangshan Hi-tech Innovation Center	5240	690	30000	600	4
秦皇岛市育兴高新技术创业有限公司 Qinhuangdao Yuxing Hi-tech Venture Ltd.	3420	700	19640	2600	40
秦皇岛经济技术开发区高新技术创业服务中心 Qinhuangdao Development Zone Hi-tech Innovation Service Center	3571	410	5184	1750	6
邯郸高新技术创业服务中心 Handan Hi-tech Innovation Service Center	4699	75	2500	4947	2
保定高新技术创业服务中心 Baoding Hi-tech Innovation Service Center	7140	6817	13500		
涿鹿科技园孵化器有限公司 Zhuolu Science Park Technology Incubator Ltd.	1605	1225	3950	7784	19
承德高新技术产业开发区创业服务中心 Chengde Hi-tech Industrial Development Zone Business Service Center	880	300	7200	2300	6
沧州市科技创业中心 Cangzhou Technology Innovation Center	1720	1220	5000		22
三河燕郊新技术创业服务中心 Sanhe Yanjiao Hi-tech Innovation Service Center	5586	123	3938	303	6
山西省高新技术创业中心 Shanxi Hi-tech Innovation Center	3395	3278	27000	1770	6
山西科伟通新技术发展有限公司 Shanxi Keweitong New Technology Development Ltd.	3818	899	2000	3052	5
山西三益华信创业服务有限公司 Shanxi Sanyi Huaxin Innovation Service Ltd.	7365	5997	3274	7237	8
太原高新区留学人员创业园 Taiyuan Hi-tech Zone Overseas Students Innovation Park			10000	80000	12
阳泉市高新技术创业服务中心 Yangquan Hi-tech Innovation Service Center	2218	882	3000	1540	12
长治高新区创业服务中心 Changzhi Hi-tech Zone Innovation Service Center	2630	330	10000	2600	1
呼和浩特留学人员创业园管理服务中心 Hohhot Overseas Students Pioneer Park Management Service Center					23
包头稀土高新技术产业开发区科技创业服务中心 Baotou Rare Earth Science and Technology Park Innovation Service Center	14431	8253	12000	4200	25
内蒙古自治区留学人员创业园 Inner Mongolia Overseas Students Innovation Park	1940		9000	80	9
沈阳东大科技企业孵化器有限公司 Shenyang Dongda Technology Business Incubator Ltd.	54591	40050	1000	410	3

4-2 续表 3 continued 3

科技企业孵化器 Technology Business Incubator	孵化器总收入（千元） Total Income of TBIs (1000 yuan)	综合服务收入（千元） Comprehensive Service Income (1000 yuan)	孵化基金总额（千元） Total Incubator Fund (1000 yuan)	累计公共技术服务平台投资额（千元） Accumulated Investment in the Public Service Platform (1000 yuan)	创业导师人数（人） Number of Innovation Mentors (person)
沈阳市高科技创业中心 Shenyang Hi-tech Innovation Center	5564	2320	5000	7267	3
沈阳市和平区高新技术企业创业服务中心 Shenyang Heping District Hi-tech Business Incubation Center					
沈阳软件出口基地有限公司 Shenyang Software Export Base Co., Ltd.	5043	1103	7000		
沈阳动漫研发与软件外包孵化器 Shenyang Animation Innovation and Software Outsourcing Incubator	41210	20080	18000	57200	1
沈阳先进制造技术产业有限公司 Shenyang Advanced Manufacturing Technology Industrial Ltd.	104603	7800	3000	5367	9
沈阳高新技术产业开发区科技创业服务中心 Shenyang Hi-tech Industrial Development Zone Technology Incubation Service Center	5283	3087	10000	65500	10
大连市高新技术创业服务中心 Dalian Hi-tech Innovation Service Center	24207	9077	821	15605	25
大连市沙河口区天河科技创业服务中心 Dalian Shahekou District Tianhe Technology Innovation Service Center	3081	1241	3100	12700	8
大连双D港创业孵化有限公司 Dalian Double D Innovation Incubator Ltd.	6840	1650	3000	8627	3
大连旅顺民营科技企业创业中心 Dalian Lvshun Private Scientific and Technological Enterprises Innovation Center Ltd.	300	206		1624	47
大连市民营科技企业创业中心有限公司 Dalian Private Science and Technology Enterprises Innovation Center	12381	3436	800	2200	12
大连市理想光电技术孵化创业中心有限公司 Dalian Lixiang Photoelectric Technology Business Incubation Center Ltd.	2390	800	30000	1850	11
大连北方科技企业孵化基地 Dalian Beifang Technology Enterprises Incubation Base	1727	1397	3000	9594	12
大连光洋工控技术创业服务中心有限公司 Dalian Koyo Industrial Control Technology Innovation Center Ltd.	5450	780	3200	23420	4
沙河口区高校毕业生就业服务中心 Shahekou District College Graduates Employment Service Center			50000		100
大连九龙高新技术创业服务有限公司 Dalian Jiulong Hi-tech Innovation Service Ltd.	2557	1706	3000	2000	
大连集成电路设计产业基地管理股份有限公司 Dalian IC Design Industrial Base Managemeat Inc.	79	16	3000	100000	8
瓦房店福斯特轴承科技开发有限公司 Wafangdian Foster Bearing Technology Development Co., Ltd.	2621	2113	3000	8200	5
鞍山高新技术创业服务中心 Anshan Hi-tech Innovation Service Center	3039		3000	1500	3
辽宁药都发展有限公司 Liaoning Yaodu Development Ltd.	2450	2410	14890	3500	2
丹东高新技术创业服务中心 Dandong Hi-tech Innovation Service Center	1528	913	3500	3200	20
锦州高新技术产业创业服务中心 Jinzhou Hi-tech Innovation Service Center	1820	170	5800	1000	16
营口市高新技术创业服务中心 Yingkou Hi-tech Innovation Service Center	3120	1730	300		14

科技企业孵化器 Technology Business Incubator	孵化器总收入（千元） Total Income of TBIs (1000 yuan)	综合服务收入（千元） Comprehensive Service Income (1000 yuan)	孵化基金总额（千元） Total Incubator Fund (1000 yuan)	累计公共技术服务平台投资额（千元） Accumulated Investment in the Public Service Platform (1000 yuan)	创业导师人数（人） Number of Innovation Mentors (person)
阜新高新技术创业服务中心 Fuxin Hi-tech Innovation Service Center	367	175	5000	2000	3
辽宁工程技术大学兴科中小企业服务中心 Liaoning Technical University Xingke SME Service Center			200	1000	
铁岭市高新技术创业服务中心 Tieling Hi-tech Innovation Service Center			4500	5000	10
葫芦岛高新技术产业开发区创业中心 Huludao Hi-tech Industrial Park Innovation Center	1354		6000	268000	29
吉林省光电子产业孵化器有限公司 Jilin Optoelectronic Industry Incubator Ltd.	4000	2000		21000	
长春中俄科技园股份有限公司 Changchun China-Russia Science and Technology Park Ltd.	13291	1800	30500	2500	8
长春科技创业服务中心 Changchun Technology Innovation Service Center	1810	303	229600	78900	25
吉林省东北亚文化创意科技园科技企业孵化器 Jilin Northeast Asia Cultural and Creative Technology Park and Technology Business Incubator	8478	4833	5000	111	13
吉林高新技术创业服务中心 Jilin Hi-tech Innovation Service Center	2658	2160	15840	660	
延吉高新技术创业中心 Yanji Hi-tech Business Center	4250	1340	5300	2250	2
珲春高新技术创业服务中心 Hunchun Hi-tech Innovation Service Center	2092	42	1536	1050	2
哈尔滨金华科技企业孵化器有限公司 Harbin Jinhua Technology Business Incubator Ltd.	2740	410	3600		2
哈尔滨市动力科技创业中心 Harbin Hi-tech Driver Technology Innovation Center	1035	642	3000	7331	1
哈尔滨广瀚科技创业有限公司 Harbin Guanghan Science and Technology Innovation Co., Ltd.	5800	1000	3000	1800	
哈尔滨高科科技企业孵化器有限公司 Harbin Technology Business Incubator Ltd.	2930	390	3000	6700	
哈尔滨龙计电子技术创业中心 Harbin Longji Electronic Technology Innovation Center	393	235	3050	3950	2
哈尔滨工业大学国家大学科技园发展有限公司 Harbin Industry University Science Park Ltd.	5473		30835	1690	7
哈尔滨理工大学科技企业孵化器有限责任公司 Harbin Science and Technology University Business Incubator Co., Ltd.	22421	17241	7200	2018	38
哈尔滨高科技创业中心 Harbin Hi-tech Innovation Center	49590		10000	11600	5
哈尔滨工程大学科技园创业服务中心 Harbin Engineering University Science Park Innovation Service Center	40971	16119	25000	1000	3
大庆高新技术创业服务中心 Daqing Hi-tech Innovation Service Center	13530		5058	3900	17
上海上大科技园发展有限公司 Shanghai University Science Park Development Ltd.	1636	10	10555		5
上海漕河泾新兴技术开发区科技创业中心 Shanghai Caohejing Hi-tech Park Innovation Center of Science and Technology	21709	11158			11

4-2 续表 5 continued 5

科技企业孵化器 Technology Business Incubator	孵化器总收入（千元） Total Income of TBIs (1000 yuan)	综合服务收入（千元） Comprehensive Service Income (1000 yuan)	孵化基金总额（千元） Total Incubator Fund (1000 yuan)	累计公共技术服务平台投资额（千元） Accumulated Investment in the Public Service Platform (1000 yuan)	创业导师人数（人） Number of Innovation Mentors (person)
上海同济科技园孵化器有限公司 Shanghai Tongji Science Park Business Incubator Ltd.	17587	2223	7726	3150	5
上海杨浦科技创业中心有限公司 Shanghai Yangpu Technology Innovation Center Ltd.	42803	27755	200000	47360	8
上海微电子设计有限公司 Shanghai Microelectronics Design Ltd.	8142	8142	10000	9339	4
上海市科技创业中心 Shanghai Science and Technology Innovation Center	26942		20000		7
上海八六三信息安全产业基地有限公司 Shanghai 863 Information Security Industry Base Ltd.	152037	419	3000	7550	5
上海张江高新技术创业服务中心 Shanghai Zhangjiang Hi-tech Innovation Service Center	7030		60000	7200	10
上海慧谷高科技创业中心 Shanghai Huigu Hi-tech Innovation Center	3641	1634	4000	3634	7
上海复旦科技园高新技术创业服务有限公司 Shanghai Fudan Science Park Hi-tech Innovation Service Ltd.	3828	3828	7500	3488	6
上海都市工业设计中心有限公司 Shanghai Urban Industrial Design Center Ltd.	14718	4254	5626	7687	3
上海聚科生物园区有限责任公司 Shanghai Juke Biology Park Ltd.	13804	1987	7500		6
上海市虹口区科技创业中心 Hongkou District Technology Innovation Center	2458	1278	19352	10189	3
上海市闸北区科技创业中心 Shanghai Zhabei District Technology Innovation Center	7283	7283	6996	9917	6
上海市青浦区科技创业中心 Shanghai Qingpu District Technology Innovation Center	11695	74	19330	330	5
上海莘闵高新技术开发有限公司 Shanghai Xinmin Hi-tech Development Ltd.	10060		3000		4
上海金山化工孵化器发展有限公司 Shanghai Jinshan Chemical Industry Development Incubator Ltd.	8472	2427	2863	21310	6
上海张江药谷公共服务平台有限公司 Shanghai Zhangjiang Medicine Valley Public Service Platform Ltd.	32314	5586	6000	8261	6
上海莘泽创业投资管理有限公司 Shanghai Xinze Venture Capital Management Co., Ltd.	3953	3953	10000	3232	6
上海谈家二八企业管理有限公司 Shanghai Tanjia Twenty-eight Enterprise Management Co., Ltd.	9928	2291	20000	8840	3
上海浦东软件园创业投资管理有限公司 Shanghai Pudong Software Park Venture Capital Management Co., Ltd.	8284	4684	45000	6000	8
上海康桥先进制造技术创业园有限公司 Shanghai Kangqiao Advanced Manufacturing Technology Business Park Ltd.	27210	8400	7000	12550	9
上海漕河泾开发区创新创业园发展有限公司 Shanghai Caohejing Innovation Park Development Co., Ltd.	9940	185	3000	1673	1
江苏省高新技术创业服务中心 Jiangsu Hi-tech Innovation Center	20618	14609	35000	2500	25
南京科技创业服务中心 Nanjing Hi-tech Innovation Center	2480	2480	5381	1200	3
南京金港科技创业中心 Nanjing Jingang Technology Innovation Center	6274	3121	5000	8580	16

4-2 续表 6 continued 6

科技企业孵化器 Technology Business Incubator	孵化器总收入（千元）Total Income of TBIs (1000 yuan)	综合服务收入（千元）Comprehensive Service Income (1000 yuan)	孵化基金总额（千元）Total Incubator Fund (1000 yuan)	累计公共技术服务平台投资额（千元）Accumulated Investment in the Public Service Platform (1000 yuan)	创业导师人数（人）Number of Innovation Mentors (person)
南京市江宁高新技术创业服务中心 Nanjing Jiangning Hi-tech Innovation Service Center	4720	1800	3000		3
南京鼎业百泰生物科技有限公司 Nanjing Dingye Baitai Biomedical Science and Technology Ltd.	4050	3050	10000	5000	5
南京市雨花台区科技创业中心 Nanjing Yuhuatai District Science and Technology Innovation Center	14439		4000		20
南京留学人员创业园 Nanjing Overseas Students Innovation Park	320	320	32652	2450	3
无锡(国家)工业设计园创业服务中心 Wuxi(National) Industrial Design Park Innovation Service Center	2360	2360		264000	3
无锡市北创科技创业园有限公司 Wuxi Beichuang Technology Incubation Service Center	15305	15305	30000	2000	10
无锡惠山高新技术创业服务中心(无锡惠山留学人员创业园) Wuxi Huishan Hi-tech Technology Innovation Service Center	1771		3000	10000	12
无锡山水城科技创业服务有限公司 Wuxi City Landscape Technology Incubation Service Center	16675	10505	3000	20000	8
无锡新区旺庄科技创业中心 Wuxi City New Area Wangzhuang Science and Technology Development Ltd.	2720	600	50000	6000	12
无锡软件产业发展有限公司 Wuxi Software Industry Development Ltd.	143626	121412		15370	4
无锡高新科技创业发展有限公司(无锡市高新技术创业服务中心) Wuxi Hi-tech Venture Development Ltd.	103205	3250	10000	18400	5
无锡微纳产业发展有限公司(原无锡微纳传感网产业孵化管理中心) Wuxi Micro-nano Sensing Nets Incubator	39190	700	10000	3000	8
无锡留学人员创业园发展有限公司 Wuxi Overseas Students Pioneer Park Development Ltd.	21771	2120	10000		5
锡山经济技术开发区科技创业服务中心 Xishan Economic Development Zone Technology Incubation Service Center	8464	2971	161000	5345	12
江阴高新技术创业中心 Jiangyin Hi-tech Innovation Park	26470	26470	161063	32280	15
宜兴创业园科技发展有限公司 Yixing Innovation Park Technology Development Ltd.	3520	160	10000	18000	25
宜兴市科技创业服务中心 Yixing Technology Incubation Service Center	320	70	5000	3000	
江阴百桥国际生物科技孵化园 Jiangyin Baiqiao International Biology Technology Incubation Park	2010	1080	5000	5000	12
徐州市高新技术创业服务中心 Xuzhou Hi-tech Innovation Service Center	11631	9510	8800		10
徐州软件园 Xuzhou Software Park	3198	3078	300	2600	10
常州钟楼高新技术创业服务中心 Changzhou Zhonglou Hi-tech Innovation Service Center	74300	2000	13000	6300	24
常州三晶世界科技产业发展有限公司 Changzhou Sanjing World Science and Techology Industry Development Ltd.	16464		5000	1981	41
常州高新技术创业服务中心 Changzhou Hi-tech Innovation Service Center	5050	1560	22190	50730	45

4-2 续表 7 continued 7

科技企业孵化器 Technology Business Incubator	孵化器总收入（千元） Total Income of TBIs (1000 yuan)	综合服务收入（千元） Comprehensive Service Income (1000 yuan)	孵化基金总额（千元） Total Incubator Fund (1000 yuan)	累计公共技术服务平台投资额（千元） Accumulated Investment in the Public Service Platform (1000 yuan)	创业导师人数（人） Number of Innovation Mentors (person)
武进高新技术创业服务中心 Wujin Hi-tech Innovation Service Center	3200	980	3000	10000	2
江苏武进科创园(常州市武进科创孵化园管理有限公司) Wujin Technology Innovation Park	4166	612	15000	10001	14
常州西太湖国际智慧园(原为武进经济开发区湖滨科技园) Changzhou West Tai Lake International Wisdom Park	8000	1250			
江苏津通信息技术孵化器 Jiangsu Jintong Information Technology Incubator	7044	1651	50000	3980	18
常州市天宁高新技术创业服务中心 Changzhou Tianning Hi-tech Innovation Service Center	920	28	5500	6600	18
苏州市沧浪科技创业园管理有限公司 Suzhou Canglang Technology Innovation Park Management Ltd.	8112	4902	5240	7200	5
苏州工投科技创业园有限公司 Suzhou Gongtou Technology Innovation Park Ltd.	9570	810	3000	260	8
苏州博济科技创业服务中心 Suzhou Boji Science and Technology Service Center	15400	8140	5000	5000	10
苏州市吴中科技创业园管理有限公司 Suzhou Wuzhong Technology Innovation Park	17270	6610	13000	23550	7
苏州火炬创新创业孵化管理有限公司(苏州博济科技创业园) Suzhou Torch Innovation Incubation Management Ltd. (Suzhou Boji Science and Technology Park)	21366	6665	5000	5000	12
苏州高新技术创业服务中心 Suzhou Hi-tech Innovation Service Center(Including the Department, Microsystems Park, Suzhou Hi-tech Software Park, etc.)	18021	6175	5000	2580	14
苏州国环节能环保创业园管理有限公司 Suzhou Guohuan Energy-saving and Environmental Protection Park Management Ltd.	7400	2120	3000	870	6
苏州留学人员创业园 Suzhou Overseas Scholars Incubation Park	11263	1859	5000	1404	14
苏州工业园科技企业孵化器 Suzhou Industrial Park Technology Business Incubator	21766	5000	8500	10000	2
苏州工业园区生物纳米科技园 Suzhou Industrial Park Bio-nano Science and Technology Park	111685	12318		129666	19
张家港市高新技术创业服务中心 Zhangjiagang Hi-tech Innovation Service Center	2248	954	3000	12000	9
昆山高新技术创业服务中心 Kunshan Hi-tech Innovation Service Center	4550	1036	5000	2450	2
江苏昆山留学人员创业园管理处 Jiangsu Kunshan Overseas Scholars Innovation Park	7638	300	35000	19060	11
昆山清华科技园创业服务中心 Kunshan Tsinghua Science and Technology Innovation Service Center	15290	8920	15000	36400	2
吴江科技创业园管理服务有限公司(吴江科技创业园) Wujiang Science and Technology Innovation Park	1388	269	2000	14000	9
吴江汾湖科技创业服务有限公司 Wujiang Fonlake Science and Technology Innovation Service Co., Ltd.	5680		28000	2060	42
太仓市科技创业园有限公司 Taicang Technology Innovation Park Ltd.	13635		3000	1960	15
苏州吴中科技园创业服务中心有限公司 Suzhou Wuzhong Technology Innovation Park	6500	500	5000	30000	10

4-2 续表 8 continued 8

科技企业孵化器 Technology Business Incubator	孵化器总收入（千元） Total Income of TBIs (1000 yuan)	综合服务收入（千元） Comprehensive Service Income (1000 yuan)	孵化基金总额（千元） Total Incubator Fund (1000 yuan)	累计公共技术服务平台投资额（千元） Accumulated Investment in the Public Service Platform (1000 yuan)	创业导师人数（人） Number of Innovation Mentors (person)
苏州东创科技园 Suzhou Dongchuang Science and Technology Park	10480	7830	10000	204	
常熟高新技术创业服务中心 Changshu Hi-tech Innovation Service Center	2280	720	3000	10000	12
南通高新技术创业中心有限公司 Nantong Hi-tech Innovation Service Center Ltd.	6976	143	3000	8000	2
南通市崇川科技创业服务中心有限公司 Nantong Chongchuan Technology Innovation Service Center Ltd.	5252	756	6200	997	14
江苏省海安高新技术创业服务中心 Jiangsu Hai'an Hi-tech Innovation Service Center	5790	4900	50000	4500	4
如皋市科技创业园 Rugao Technology Innovation Park			3000	5130	10
启东创业科技服务有限公司 Qidong Innovation Technology Service Ltd.	935	507	3000	6130	4
海门市科技创业园有限公司 Haimen Science and Technology Innovation Ltd.	3470		10000	24500	13
如皋科技城创业中心管理有限公司 Rugao Science and Technology Innovation Park	812560	419300		65000	
淮安市高新技术创新中心 Huai'an Hi-tech Innovation Center	5327	1812	15000	500	2
淮安软件园管理发展有限公司 Huai'an Software Park Management Development Ltd.	1040	432	12000	8125	8
盐城高新技术创业园有限公司 Yancheng Hi-tech Innovation Park Ltd.	1862	1071	3200	6500	11
盐城中小企业创业投资实业有限公司 Yancheng SME Venture Capital Co., Ltd.	3600	1600	400	3000	6
东台市高科技术创业园有限公司 Dongtai City Hi-Tech Venture Park Ltd.	2200	2000	5100	3500	
建湖县民营科技创业园服务有限公司 Jianhu County Private Science and Technology Innovation Park Ltd.	2200	820	23000	5800	29
射阳县高新科技创业园 Sheyang County Hi-tech Science and Technology Innovation Park Ltd.	8000	4200		35600	
大丰市科技创业园有限公司 Dafeng Technology Innovation Park Ltd.	380	50	3600		2
扬州高新技术创业服务中心 Yangzhou Hi-tech Innovation Service Center	669	375			4
扬州市邗江区高新技术创业服务中心 Yangzhou Hanjiang Hi-tech Innovation Service Center	4113	2252	50000	5000	8
扬州广陵高新技术创业服务中心 Yangzhou Guangling Hi-tech Innovation Service Center	3836	880	3000		18
镇江京口高新技术创业服务中心 Zhenjiang Jingkou Hi-tech Innovation Service Center	3140	2590	5100	29500	61
镇江润州高新技术创业服务中心 Zhenjiang Runzhou Hi-tech Innovation Service Center	135	100	3000	850	
镇江高新技术创业服务中心 Zhenjiang Hi-tech Innovation Service Center	390	267	10000	2350	2

4-2 续表 9 continued 9

科技企业孵化器 Technology Business Incubator	孵化器总收入（千元） Total Income of TBIs (1000 yuan)	综合服务收入（千元） Comprehensive Service Income (1000 yuan)	孵化基金总额（千元） Total Incubator Fund (1000 yuan)	累计公共技术服务平台投资额（千元） Accumulated Investment in the Public Service Platform (1000 yuan)	创业导师人数（人） Number of Innovation Mentors (person)
镇江市丹徒环保科技创业服务中心 Zhenjiang Dantu Environmental Technology Innovation Service Center	1097	677	5000	800	10
泰州市高新技术创业服务中心 Taizhou Hi-tech Innovation Service Center	3688	3091	3000	9300	23
泰兴市科技创业园有限公司 Taizhou Hi-tech Innovation Service Center	1860	138	5000	5000	14
姜堰市高新技术创业中心 Jiangyan Hi-tech Innovation Center	6205	2049	1000	5200	6
江苏省泰州市华海高新技术创业服务中心 Jiangsu Taizhou Huahai Hi-tech Innovation Center	290	170	5000	200	11
靖江市华信科技创业园有限公司 Jinjiang Huaxin Hi-tech Innovation Service Center	2325			9000	5
泰州医药高新区医药创业服务中心 Taizhou Medical Hi-tech Zone Medical Innovation Service Center	2047	1256	4000	154030	15
沭阳县科技创业服务中心 Shuyang Technology Incubation Service Center	725	571	3000	25090	5
杭州市上城区科技企业创业中心 Hangzhou Shangcheng District Hi-tech Zone Medical Innovation Service Center	4020	1700	6000		5
杭州市拱墅区科技创业中心 Hangzhou Gongshu District Technology Innovation Center	950	5			13
浙江大学科技园发展有限公司 Zhejiang University Science Park Ltd.	44369	1544	50000	426	35
杭州高新技术产业开发区科技创业服务中心 Hangzhou Science and Technology Industrial Park Technology Innovation Service Center	11937	5120	7783	8330	5
杭州东部软件园有限公司 Hangzhou Dongbu Software Park Ltd.	102344	5030	3000	14830	8
杭州数字娱乐园有限公司 Hangzhou Digital Entertainment Park Ltd.			3000000	7460000	3
杭州市下城区科技创业中心 Hangzhou Xiacheng District Technology Innovation Center	700	700	30706	1699	10
杭州乐富智汇园孵化器有限公司 Hangzhou Lefu Zhihui Park Incubator Co., Ltd.	25000	3000	10000		3
浙江赛博科技孵化器有限公司 Zhejiang Saibo Science and Technology Incnbator Ltd.	3456	1411	7000	12698	35
杭州市高科技企业孵化器有限公司 Hangzhou City Hi-tech Business Incubator Co., Ltd.	9850	10	6129	8857	3
浙江银江孵化器有限公司 Zhejiang Yinjiang Incubator Ltd.	4290	1280	9000	36074	10
颐高科技创业园有限公司 Yigao Science and Technology Innovation Park Ltd.	16175	7279	4200	23553	10
临安市科技孵化中心 Lin'an Science and Technology Incubation Center	144	108	5610	9480	4
杭州余杭高新园区孵化器有限公司 Hangzhou Yuhang Hi-tech Industrial Park Incubator Ltd.	4270	210	3000	630	6
杭州之江创意园开发有限公司 Hangzhou Zhijiang Creativity Park Development Co., Ltd.	5350	390	5000	16400	12

4-2 续表 10 continued 10

科技企业孵化器 Technology Business Incubator	孵化器总收入（千元）Total Income of TBIs (1000 yuan)	综合服务收入（千元）Comprehensive Service Income (1000 yuan)	孵化基金总额（千元）Total Incubator Fund (1000 yuan)	累计公共技术服务平台投资额（千元）Accumulated Investment in the Public Service Platform (1000 yuan)	创业导师人数（人）Number of Innovation Mentors (person)
宁波经济技术开发区科技创业园服务中心 Ningbo Development Zone Technology Park Service Center	10322	6581		219	5
宁波市科技创业中心 Ningbo City Technology Business Incubator Center	5178		13485	19225	8
浙大科技园宁波发展有限公司 Zhejiang University Science Park Ningbo Development Ltd.	10463	212	8000	1500	12
宁波保税区科技促进中心 Ningbo Free Trade Zone Science and Technology Promotion Center			7582		8
宁波市鄞创科技孵化器管理服务有限公司 Ningbo Yinchuang Technology Incubator Management Services Ltd.	10441	1915	33500	2040	8
温州高新技术产业园区创业服务中心 Wenzhou Hi-tech Industrial Park Innovation Center	14420	12830	3000	1590	15
乐清市科技孵化创业中心 Leqing Technology Incubation Innovation Center	4350	500	1500	700	
嘉善县科技创业服务有限公司 Leshan County Technology Innovation Service Ltd.	4600	4600	5000	700	
浙江秀洲慧谷科技创业中心 Zhejiang Xiuzhou Huigu Technology Innovation Center	5094	2239	3000	11275	9
嘉兴市南湖科技创业服务中心 Jiaxing Nanhu Science and Technology Innovation Service Center	1440		29775	1000	7
嘉兴科技创业服务中心 Jiaxing Technology Innovation Service Center	5030	91	3000	8500	6
湖州科技创业服务中心 Huzhou Technology Innovation Service Center	4092	2632	14293	500	10
浙江长兴民营科技园发展有限公司 Zhejiang Changxing Technology Park Development Co., Ltd.	2780	1200	2000	8600	1
湖州吴兴区科技发展有限公司 Huzhou Wuxing District Technology Development Ltd.	2278	396	19000	37200	9
德清县科技创业服务有限公司 Deqing County Science and Technology Innovation Service Ltd.	7061	3906	31338	3902	10
绍兴市高新技术创业服务中心 Shaoxing Hi-tech Innovation Service Center	4257	132	3800	500	
绍兴市越城区科技创业中心有限公司 Shaoxing City Technology Innovation Center Ltd.	1980	260	500	5600	1
金华科技园创业服务中心有限公司 Jinhua Science Park Innovation Service Center Ltd.	7085	2578	43500	10820	14
台州市高新技术创业服务中心有限公司 Taizhou Hi-tech Innovation Service Center Ltd.	1592	907	3500	1100	3
合肥民营科技企业园管理服务中心 Hefei Private Science and Technology Enterprise Park Management Service Center	3220	1310	20000	3510	10
合肥国家大学科技园创业孵化中心 Hefei National University Science Park Innovation Center	6325	2725	15000	4382	12
合肥蜀山科技创业服务中心 Hefei Shushan Science and Technology Innovation Service Center	9370	5800	2800	5200	5
合肥高新创业园管理有限公司 Hefei Hi-tech Innovation Park Management Ltd.	9613	5072	8000	13321	10

4-2 续表 11 continued 11

科技企业孵化器 Technology Business Incubator	孵化器总收入(千元) Total Income of TBIs (1000 yuan)	综合服务收入(千元) Comprehensive Service Income (1000 yuan)	孵化基金总额(千元) Total Incubator Fund (1000 yuan)	累计公共技术服务平台投资额(千元) Accumulated Investment in the Public Service Platform (1000 yuan)	创业导师人数(人) Number of Innovation Mentors (person)
合肥高新技术创业服务中心 Hefei Hi-tech Innovation Service Center	12612	4339	14700	2600	10
芜湖高新技术创业服务中心 Wuhu Hi-tech Innovation Center	12952	3531	7248	10000	18
蚌埠高新技术创业服务中心 Bengbu Hi-tech Innovation Service Center	5816	773	1750	3270	11
马鞍山市高新技术创业服务中心 Ma'anshan City Hi-tech Innovation Service Center	1687	811	7859	1550	12
铜陵市高新技术创业服务中心 Tongling Hi-tech Innovation Service Center	780	315	3000	5500	15
安庆市高新技术创业服务中心 Anqing Hi-tech Innovation Service Center	953	572	3250		3
天长市高新技术创业服务中心 Tianchang Hi-tech Innovation Service Center	2470	1710	4000	890	12
福建省高新技术创业服务中心 Fujian Hi-tech Innovation Service Center	6754	615	3810	195	30
福州市高新技术产业创业服务中心 Fuzhou City Hi-tech Innovation Service Center	13898	6130	1000	1200	5
福州863软件专业孵化器服务中心 Fuzhou 863 Software Incubator Service Center	3058		3000	42000	10
厦门软件产业投资发展有限公司 Xiamen Software Industrial Investment Development Ltd.	34537	310	20000	1330	20
厦门高新技术创业中心 Xiamen Hi-tech Innovation Center	28775	4036	49980	4900	4
厦门海峡科技创业促进有限公司 Xiamen Haixia Technology Entrepreneurship Promotion Ltd.	5668	25	18642	3960	4
泉州市高新技术创业服务中心 Quanzhou City Hi-tech Innovation Service Center	4297	3342	16960	5512	7
江西省高新技术创业服务中心 Jiangxi Province Hi-tech Innovation Service Center	7040	6040	3000		19
南昌高新开发区创业服务中心 Nanchang Science and Technology Industrial Park Innovation Service Center	5027	4973	5000	2000	
江西高技术产业发展有限责任公司 Jiangxi Hi-tech Industry Development Ltd.	4330	3120	3000	236	
南昌大学科技园发展有限公司 Nanchang University Science Park Development Ltd.	5361	2453	14000	66619	11
江西省桑海医药科技孵化器 Jiangxi Songhai Medical Technology Incubator	300	250	3500	10000	3
九江恒盛科技发展有限责任公司 Jiujiang Hengsheng Science and Technology Development Co., Ltd.	6308	2208	4600	4500	7
济南高新技术创业服务中心 Jinan Hi-tech Innovation Service Center	32211	6221	14122	18630	13
济南槐荫工业园区企业孵化器(济南民营) Jinan Huaiyin Industrial Park Business Incubator	815	102	3000	1200	
济南历下软件创业服务中心 Jinan Lixia Software Innovation Service Center	2520	970	3500	2520	5
济南腊山高新技术创业服务中心 Jinan Lashan Hi-tech Innovation Service Center	3895	821	3500	645	3

4-2 续表 12 continued 12

科技企业孵化器 Technology Business Incubator	孵化器总收入(千元) Total Income of TBIs (1000 yuan)	综合服务收入(千元) Comprehensive Service Income (1000 yuan)	孵化基金总额(千元) Total Incubator Fund (1000 yuan)	累计公共技术服务平台投资额(千元) Accumulated Investment in the Public Service Platform (1000 yuan)	创业导师人数(人) Number of Innovation Mentors (person)
青岛高新技术产业开发区创业服务中心 Qingdao Hi-tech Innovation Service Center	16334	11500	7000	9300	4
青岛高新技术创业服务中心 Qingdao Hi-tech Innovation Service Center	9862	4932	10000	6800	4
青岛经济技术开发区高科技创业服务中心 Qingdao Technological Development Park Hi-tech Innovation Service Center	2122	1093	10000	23870	
青岛中联智业管理有限公司 Qingdao Zhonglian Zhiye Management Ltd.	9600	950	3000	3700	
青岛新材料产业科技创新服务中心 Qingdao New Materials Industrial Technology Innovation Service Center	2720	1760	6000	6000	8
青岛科大都市科技园集团有限公司 Qingdao Keda Dushi Science and Technology Park Ltd.	3246	1346	9000		11
青岛软件园发展有限公司 Qingdao Software Park Development Ltd.	38039		10000		11
中航工业青岛科技园(青岛前哨精密机械有限责任公司) Zhonghang Industry Qingdao Science and Technology Park (Qingdao Qianshao Precision Machinery Co., Ltd.)	587			680	12
橡胶谷有限公司 Rubber Valley Co., Ltd.	22719	11370	10000	43000	25
四方区工业设计产业园创新创业服务中心 Sifang Industrial Design Industrial Park Innovation and Entrepreneurship Center	13000	7500		12500	26
淄博高新技术创业服务中心 Zibo Hi-tech Innovation Service Center	22480	11480	10000	87150	17
淄博高新技术产业开发区生物医药产业创新园管理办公室 Zibo High-tech Industrial Development Zone Biomedical Industry Innovation Park Management Office	3377	94	5000	50000	4
枣庄高新区科技创新服务中心(枣庄科顺数码科技有限公司) Zaozhuang High-tech Zone Innovation Service Center (Zaozhuang Keshun Digital Technology Co., Ltd.)	35422	12400	20000	13000	5
东营市高新技术创业服务中心 Dongying City Hi-tech Innovation Service Center	5140	1040	5000	46550	7
黄河口高新技术企业创业园 Huanghekou Hi-tech Innovation Service Center			4200	20300	4
垦利县高新技术创业服务中心 Kenli Hi-Tech Innovation Service Center	1138	112	5100		5
东营高新技术创业服务中心 Dongying Hi-tech Innovation Service Center	8340	7250	13000	40280	4
烟台高新技术创业服务中心 Yantai Hi-tech Innovation Service Center	1990	1500	10000	31000	
烟台留学人员创业园区 Yantai Overseas Scholars Innovation Park	2270	1073	40786	7000	2
烟台高新技术产业园区中俄高新技术产业化合作促进中心 Yantai Hi-tech Industrial Park China-Russia Hi-tech Industrialization Cooperation & Promotion Center	1700	500	10000	8000	9

4-2 续表 13 continued 13

科技企业孵化器 Technology Business Incubator	孵化器总收入(千元) Total Income of TBIs (1000 yuan)	综合服务收入(千元) Comprehensive Service Income (1000 yuan)	孵化基金总额(千元) Total Incubator Fund (1000 yuan)	累计公共技术服务平台投资额(千元) Accumulated Investment in the Public Service Platform (1000 yuan)	创业导师人数(人) Number of Innovation Mentors (person)
潍坊软件园管理办公室 Weifang Software Park Management Office	1044	529	6300	55180	8
潍坊高新技术创业服务中心 Weifang Hi-tech Innovation Service Center	6020	5440	8500	23591	7
潍坊高新区生物医药科技产业园管理办公室 Weifang Hi-tech Zone Biomedical Park Management Office	7042	833	10000	1500	2
潍坊高新区宝兴孵化器管理中心 Weifang High-tech Industial Park Baoxing Incubator Management Center	12430	4860	4196	1660	8
济宁高新技术创业服务中心 Jining Hi-tech Innovation Service Center	1384	1384	3000	4033	4
泰安高新技术创业服务中心 Tai'an Hi-tech Innovation Service Center	16247	1354	6000	25520	17
威海火炬高技术产业开发区高新技术创业服务中心 Weihai Torch Hi-tech Industrial Park Hi-tech Innovation Service Center	8200	5100	11000	15135	5
北京清大华创(日照)科技企业孵化器置业有限公司 Beijing Qingdahuachuang (Rizhao) Technology Business Incubator Properties Ltd.	2206	1598	3500		
日照高新区创业服务中心 Rizhao Hi-tech Industrial Park Innovation Service Center	1800	200			
临沂高新技术创业服务中心 Linyi Hi-tech Innovation Service Center	300	190	3000	1700	7
临沂科汇高新技术创业园有限公司 Linyi Kehui Hi-tech Innovation Park Ltd.	2900		6462	10000	7
德州金田高新技术创业发展有限公司 Dezhou Jintian Hi-Tech Venture Development Ltd.	3600	600			5
德州市高新技术创业服务中心 Dezhou Hi-tech Innovation Service Center	1120	190	6000	1800	12
聊城市高新技术创业服务中心 Liaocheng Hi-Tech Innovation Service Center	17480	380	5000	5100	10
郑州市高新技术创业中心 Zhengzhou City Hi-tech Innovation Center	539		3000		10
河南省大学科技园发展有限公司 Henan Province University Science Park Development Ltd.	145365	490	10000	5380	12
河南专利孵化转移中心有限公司 Henan Patent Incubation Transfer Center Ltd.	1190	150	6000	1500	6
郑州经济技术开发区留学人员创业园管理服务中心 Zhengzhou Economic and Technological Development Zone Overseas Students			545		7
郑州高新技术产业开发区创业中心 Zhengzhou Hi-tech Innovation Center			49857	5360	4
开封高新技术创业服务有限公司 Kaifeng Hi-tech Innovation Service Ltd.	1631		2000	1440	12
洛阳高技术创业服务中心 Luoyang Hi-tech Innovation Service Center	13570	6090	7000	7400	16
平顶山高新技术创业服务中心 Pingdingshan Hi-tech Innovation Service Center	930	210	6500	580	5
安阳高新技术创业服务中心 Anyang Hi-tech Innovation Service Center	24710	11760	23495	1200	20

科技企业孵化器 Technology Business Incubator	孵化器总收入（千元） Total Income of TBIs (1000 yuan)	综合服务收入（千元） Comprehe-nsive Service Income (1000 yuan)	孵化基金总额（千元） Total Incubator Fund (1000 yuan)	累计公共技术服务平台投资额（千元） Accumulated Investment in the Public Service Platform (1000 yuan)	创业导师人数（人） Number of Innovation Mentors (person)
河南省新乡高新技术创业服务中心 Henan Xinxiang Hi-tech Innovation Service Center	13857		35736	17000	37
焦作高新技术创业服务中心 Jiaozuo Hi-tech Innovation Service Center	8248	2435	5000	8253	6
漯河高新技术创业服务中心 Luohe Hi-tech Innovation Service Center	3800	3290	7500	1800	3
南阳高新技术创业服务中心 Nanyang Hi-tech Innovation Service Center	4915	1000	3800		5
武汉东湖新技术创业中心 Wuhan Eastlake Hi-tech Innovation Center	26550	4568	100000	53844	5
武汉留学生创业园管理中心 Wuhan Overseas Scholars Innovation Park Management Center	10680	10261	6000	1057	20
武汉市洪山高新技术创业服务有限责任公司 Wuhan Hongshan Hi-tech Innovation Service Center	2700		24000	1065	20
武汉市青山高新技术创业服务中心 Wuhan Qingshan Hi-tech Innovation Service Center	2023	270	4000	1052	16
武汉三新材料孵化器有限公司 Wuhan San New Material Incubator Ltd.	8621	1472	6400	5775	23
武汉华工科技企业孵化器有限责任公司 Wuhan Huagong Technology Business Incubator Ltd.	26164	675	88005	3714	2
汉口高新技术创业服务中心 Hankou Hi-tech Innovation Service Center	5030	4200	3000	15000	9
武汉国家农业科技园区创业中心有限公司 Wuhan National Agricultural Technology Park Innovation Center Ltd.	7314	100	5400	10347	18
武汉东创研发设计创意园有限公司 Wuhan Dong Chuang R&D Design Creativity Park Ltd.	6580	2320	3000	4500	14
武汉海峡高新技术创业服务中心 Wuhan Strait Hi-tech Innovation Service Center	4767		5000	3160	3
武汉华创源科技企业孵化器有限公司 Wuhan Huachuangyuan Technology Business Incubator	3070	850	5000	4450	10
湖北国知专利创业孵化园有限公司 Hubei Guozhi Patent Innovation Incubator Ltd.	6230		3200	9175	8
武汉岱家山科技企业孵化器有限公司 Wuhan Daijiashan Technology Business Incubator Co., Ltd.	2070	2070	3000		12
黄石高新技术创业服务中心 Huangshi Hi-tech Innovation Service Center	4000	600	8100	7500	18
十堰高新技术产业区创业服务中心 Shiyan Hi-tech Industrial Park Innovation Service Center	3120	1820	1000	10000	10
宜昌高新技术产业园区创业服务中心 Yichang Hi-tech Industrial Park Innovation Service Center	4150	836	3000	2430	13
襄阳高新技术创业服务中心 Xiangyang Hi-tech Innovation Service Center	2179	1603	5000	8000	4
荆门聚盛孵化器管理有限公司 Jingmen Jusheng Incubator Management Ltd.	4700	300	4000	4200	20
孝感高新技术创业服务中心 Xiaogan Hi-tech Innovation Service Center	1132	443	6200	500	38

4-2 续表 15 continued 15

科技企业孵化器 Technology Business Incubator	孵化器总收入（千元） Total Income of TBIs (1000 yuan)	综合服务收入（千元） Comprehensive Service Income (1000 yuan)	孵化基金总额（千元） Total Incubator Fund (1000 yuan)	累计公共技术服务平台投资额（千元） Accumulated Investment in the Public Service Platform (1000 yuan)	创业导师人数（人） Number of Innovation Mentors (person)
荆州高新技术产业开发区创业服务中心 Jinzhou Hi-tech Industrial Park Innovation Service Center	2650	1570		30800	7
长沙高新技术创业服务中心 Changsha Hi-tech Innovation Service Center	5426	2168	4500	7760	5
湖南岳麓山国家大学科技园创业服务中心 Hunan Yuelu Mountain National University Science Park Innovation Service Center	2187		20000	3076	3
长沙新技术创业服务中心 Changsha Hi-tech Innovation Service Center	3624	1516	4210	4960	5
长沙高新技术产业开发区创业服务中心 Changsha Hi-tech Industrial Park Innovation Service Center	22007	12019	249204	70000	20
长沙国家生物产业基地创业服务中心 Changsha National Biological Industry Base Incubation Center	1769	1052	6000	100000	11
湖南麓谷科技孵化器有限公司 Hunan Lugu Technology Incubator Ltd.			30000	40	10
湖南广发隆平高科技园创业服务有限公司 Hunan Guangfa Longping Hi-tech Park Venture Services Ltd.	7906	3401	5000	500	32
株洲高新技术产业开发区创业服务中心(株洲留学人员创业园) Zhuzhou Hi-tech Innovation Service Center(Zhuzhou Overseas Scholars Innovation Park)	31838	11930	13242	195800	7
湘潭高新技术创业服务中心 Xiangtan Hi-tech Innovation Service Center	17737	7820	10000	14000	21
岳阳火炬创业服务中心 Yueyang Torch Hi-tech Innovation Center	3059	1674	3794	2400	1
广州市高新技术创业服务中心 Guangzhou City Hi-tech Innovation Service Center	18786	983	63000	40075	9
广州市海珠高新技术创业服务中心 Guangzhou City Haizhu Hi-tech Innovation Service Center	11304	1764	5040	2653	2
华南理工大学国家大学科技园 Huanan Science and Technology University Science Park	32580	600	25000	3060	12
广州联炬科技企业孵化器有限公司 Guangzhou Lianju Technology Business Incubator Ltd.	18169	10901	14796	13216	12
广州火炬高新技术创业服务中心 Guangzhou Torch Hi-tech Innovation Service Center	46760	7614	1000000	13410	20
广东拓思软件科学园有限公司 Guangdong Tuosi Software Science Park Ltd.	35710	5830	5000	21110	
广州国际企业孵化器有限公司 Guangzhou International Business Incubator Ltd.	28913	6031	3000	4400	7
五行科技企业孵化器 Wuxing Technology Enterprise Incubator	6526	1957	4000	7530	17
深圳市留学生创业园有限公司 Shenzhen Overseas Scholars Innovation Park Ltd	2037	2037	10000	854	24
深圳市龙岗区科技创业服务中心 Shenzhen City Longgang District Technology Innovation Service Center	3060			1110	
深圳市南山区科技创业服务中心 Shenzhen City Nanshan District Technology Innovation Service Center	17709		100000	5990	22
深圳市北科创业有限公司 Shenzhen City Beike Innovation Ltd.	12200	2950	300		2

4-2 续表 16 continued 16

科技企业孵化器 Technology Business Incubator	孵化器总收入(千元) Total Income of TBIs (1000 yuan)	综合服务收入(千元) Comprehensive Service Income (1000 yuan)	孵化基金总额(千元) Total Incubator Fund (1000 yuan)	累计公共技术服务平台投资额(千元) Accumulated Investment in the Public Service Platform (1000 yuan)	创业导师人数(人) Number of Innovation Mentors (person)
深港产学研基地 PKU-HKUST ShenZhen-HongKong Institution Base	83292	48163	30000	62100	10
深圳市福田区高新技术创业中心 Shenzhen City Futian District Hi-tech Innovation Center	16570	2500		9400	
中国科技开发院有限公司 China Technology Development Institute Ltd.	32160	3250	50000	11000	31
深圳市宝安区科技创业服务中心 Shenzhen City Bao'an District Technology Innovation Service Center	30200		5000	2861	
深圳硅谷大学城创业园管理有限公司 Shenzhen Silicon Valley University Town Innovation Park Management Ltd.	5310	3350	3000	650	24
深圳生物孵化器管理中心 Shenzhen Bio-tech Incubator Management Center	7994	429		3600	3
深圳虚拟大学园管理服务中心 Shenzhen Virtual University Science Park Innovation Center	3009	748	4000		
珠海高新技术创业服务中心 Zhuhai Hi-tech Innovation Service Center	6076	1689	59000	16014	7
广东科炬高新技术创业园有限公司 Guangdong Keju Hi-tech Innovation Park Ltd.	2720	1190	3100	35850	14
惠州仲恺高新区科技创业服务中心 Huizhou Zhongkai Hi-tech Zone Innovation Service Center	13570	4160	9000	2776	13
东莞松山湖高新技术创业服务中心 Dongguan Songshan Lake Hi-tech Innovation Service Center	9726		2781	14394	19
中山火炬高技术创业中心有限公司 Zhongshan Torch Hi-tech Innovation Center Ltd.	20720	4610	3000	92700	5
南宁新技术创业者中心 Nanning New Technology Venture Center	13470	3590	27110	54720	23
柳州高新技术创业服务中心 Liuzhou Hi-tech Innovation Service Center	6208	5798	3000	699	2
桂林科技企业发展中心 Guilin Technology Innovation Service Center	8331	12	14840	9755	4
北海市高新技术创业服务中心 Beihai Hi-tech Innovation Service Center	6856	6822	460	7003	5
广西北海高新技术产业园区创业服务中心 Guangxi Beihai Hi-tech Industrial Park Innovation Service Center	2970	250	3000	4000	8
重庆卓创科技孵化器有限责任公司 Chongqing Zhuochuang Technology Incubator Co., Ltd.	4480	970	11610	300	12
重庆市涪陵区金渠企业孵化器有限责任公司 Chongqing Fuling District Jinqu Incubator Ltd.	2480	210	5000	300	9
重庆高技术创业中心 Chongqing Hi-tech Entrepreneurship Center	10125	6570	12000	8380	28
重庆市南岸科技创业发展有限责任公司 Chongqing Nanan Technology Innovation Development Ltd.	4763	680	3160	70000	10
重庆五里店工业设计中心 Chongqing Wulidian Industrial Design Center			2750		9
重庆高新技术产业开发区创新服务中心 Chongqing Science and Technology Park Technology Innovation Service Center	6773	853	480000	22800	11

4-2 续表 17 continued 17

科技企业孵化器 Technology Business Incubator	孵化器总收入（千元） Total Income of TBIs (1000 yuan)	综合服务收入（千元） Comprehensive Service Income (1000 yuan)	孵化基金总额（千元） Total Incubator Fund (1000 yuan)	累计公共技术服务平台投资额（千元） Accumulated Investment in the Public Service Platform (1000 yuan)	创业导师人数（人） Number of Innovation Mentors (person)
重庆市渝中区科技机构管理所 Chongqing Yuzhong District Science and Technology Institute Control Station	4060	3760	4000	8760	19
重庆腾业创业咨询服务有限公司 Chongqing Tengye Venture Consulting Services Ltd.	5288	1852	8950	4760	10
四川川大科技园发展有限公司 Sichuan University Science Park Development Ltd.	8500	1900	23000	4360	10
成都高新技术创业服务中心 Chengdu Hi-tech Innovation Service Center	5870	1035	3500	1450	5
成都武侯高新技术创业服务中心 Chengdu Wuhou Hi-tech Innovation Service Center	5712	692	3000	1989	12
成都高新区技术创新服务中心 Chengdu Hi-tech Industrial Park Technology Innovation Service Center	6890	930	75000	190000	21
成都高新区教育科技园孵化器有限公司 Chengdu Science and Technology Park Education Science Park Business Incubator Ltd.	58000	4600	22000	19500	7
成都天河中西医科技保育有限公司 Chengdu Tianhe Conservation Medicine Technology Innovation Co., Ltd.	33194	3691	6800	15870	
自贡市高新技术创业服务中心 Zigong Hi-tech Innovation Service Center	580		18000	7741	46
绵阳高新区创业服务中心 Mianyang Science and Technology Innovation Service Center	1911	1609	3910	2163	3
绵阳高新区生物医药孵化器有限公司 Mianyang Hi-tech Industrial Park Bio-medicine Incubator Ltd.	1260	380	3500	1800	3
四川中物技术有限责任公司 Sichuan Zhongwu Technology Ltd.	11393	10290	6500	5600	23
贵阳高新技术创业服务中心 Guiyang Hi-tech Innovation Service Center	26306		30000	55000	20
贵州贵阳软件园 Guizhou Guiyang Software Park	1021	504	14500	5050	10
昆明高新技术创业服务中心 Kunming Hi-tech Innovation Service Center	17008	829	2000	4950	16
昆明北理工科技孵化器有限公司 Kunming BIT Technology Incubator Ltd.	1572	1479	5018	5956	33
云南海归创业园科技发展有限公司 Yunnan Returnees Venture Pioneering Park Science and Technology Development Ltd.	10190	9078	3000	3300	15
昆明高新五华科技产业园创业服务中心 Kunming Hi-tech Wuhua Science and Technology Park of Innovation Management Ltd.	2600		3000	1200	20
云南省新材料孵化器 Yunnan Province Advanced Material Business Incubator	3030	2410		2400	4
昆明创新园科技发展有限公司 Kunming Innovation Park Science and Technology Development Ltd.	6170	320	3000	8256	9
昆明经济技术开发区新兴产业孵化区管理有限公司 Kunming Economic and Technological Development Zone Emerging Industries Incubator Management Ltd.	10438	1272	300	38570	50
西藏自治区科技创业服务中心 Xizang Autonomous Region Science and Technology Innovation Service Center			6940	1300	
西安市高新区创业服务中心(西安高新区创业园发展中心) Xi'an Hi-Tech Industry Development Zone Innovation Park	12550	3890	249000	20020	36

4-2 续表 18 continued 18

科技企业孵化器 Technology Business Incubator	孵化器总收入（千元） Total Income of TBIs (1000 yuan)	综合服务收入（千元） Comprehensive Service Income (1000 yuan)	孵化基金总额（千元） Total Incubator Fund (1000 yuan)	累计公共技术服务平台投资额（千元） Accumulated Investment in the Public Service Platform (1000 yuan)	创业导师人数（人） Number of Innovation Mentors (person)
西安创业园投资管理有限公司(西安先进制造专业孵化器) Xi'an Advanced Manufacturing Incubator	12210	1340	20000	8600	15
西安联创生物医药孵化器有限公司 Xi'an Lianchuang Biological Medicine Business Incubator Ltd.	419	419	8000	2520	15
西安光电子专业孵化器有限责任公司 Xi'an Professional Photoelectron Business Incubator Ltd.	360		1672	1672	
陕西启迪科技园发展有限公司 Shaanxi Qidi Science and Technology Park Development Ltd.	4202	1676	3000	300	11
西安集成电路设计专业孵化器有限公司 Xi'an IC Design Incubator Ltd.	13821	13167	4200	78197	2
西安易创军民两用科技工业孵化器有限责任公司 Xi'an Yichuang Military and Civil Technology Industry Incubator	1648	1133	3500	7873	9
西安软件园发展中心 Xi'an Software Park Development Center	32149	1955	30000	58000	11
西安交大科技园高新技术创业服务中心 Xi'an Jiaotong University Science Park Hi-tech Innovation Service Center	300039	18840	13000	11355	21
西安航空科技创新服务中心 Xi'an Aviation Science and Technology Service Center	10758	662	5000	8900	4
西安航天基地国际孵化器有限公司 Xi'an International Incubator Space Base Ltd.	7148	4220	7000	30500	17
西安三元数字媒体有限公司 Xi'an Sanyuan Digital Media Ltd.	5580	1138	3500	5629	4
西安农业科技企业孵化器有限公司 Xi'an Agricultural Science and Technology Business Incubator Co., Ltd.	131	127	3000	2170	6
西安大普光电与信息科技企业孵化器 Xi'an Dapu Optoelectronics and Information Technology Business Incubator	4000	2600	5000	8000	16
宝鸡高新技术产业开发区高技术创业服务中心 Baoji Hi-Tech Industry Development Zone of Hi-tech Innovation Service Center	9847	3042	6000	38460	25
杨凌农业高新技术产业示范区创业服务中心 Yangling Agricultural Hi-tech Industry Demonstration Zone Innovation Service Center	4020	2820	5000	13950	14
兰州高新技术产业开发区创业服务中心 Lanzhou Hi-tech Industry Development Zone Innovation Service Center	3999	1998	5910	4363	11
甘肃省高新技术创业服务中心 Gansu Province Hi-tech Innovation Service Center	3404	879	64005	2800	1
青海省创业发展孵化器有限公司 Qinghai Venture Development Incubator Ltd.	1220	1000			25
青海中小企业创业发展有限责任公司 Qinghai SMEs Development Ltd.	8869	3869	1000	4300	26
青海生科中小企业创业有限公司 Qinghai Bio-tech Medium and Small Business Innovation Ltd.	15700	7745	1000		15
宁夏高新技术创业服务中心 Ningxia Hi-tech Innovation Service Center	1369	196	3100	70	5
乌鲁木齐高新区高新技术创业服务中心 Urumqi Hi-tech Innovation Service Center	4419		6050	170900	5
新疆申新科技合作基地有限公司 Xinjiang Shenxin Scientific and Technological Cooperation Base Ltd.	4964	3136	3000	8400	20

4-3 国家级科技企业孵化器孵化企业情况

Tenants Statistics of State Level TBIs

科技企业孵化器 Technology Business Incubator	企业总数 (个) Total Number of Tenants (unit)	在孵企业数 (个) Number of Tenants (unit)	累计获投融资企业数 (个) Accumulated Number of Tenants Obtained Investment and Finance (unit)	在孵企业累计获风险投资额 (千元) Accumulated Amount of Venture Capital for Tenants (1000 yuan)
合　计 **Total**	**48911**	**45118**	**18153**	**29205483**
北京奥宇科技企业孵化器有限公司 Beijing Aoyu Technology Business Incubator Ltd.	75	68	11	20000
北京北航天汇科技孵化器有限公司 Beijing Beihang Tianhui Technology Business Incubator Ltd.	145	145	49	135560
北京博奥联创科技孵化器有限公司 Beijing Bo'ao Lianchuang Technology Business Incubator Ltd.	78	52	8	33630
北京高技术创业服务中心 Beijing Hi-tech Innovation Service Center	121	112	3	
北京汉潮大成科技孵化器有限公司 Beijing Hanchao Dacheng Technology Business Incubator Ltd.	71	65	12	15050
北京瀚海润泽科技孵化器有限公司 Beijing Hanhai Runze Technology Incubator Ltd.	69	583	11	19000
北京华海基业科技孵化器有限公司 Beijing Huahai Jiye Technology Business Incubator Ltd.	72	68	6	60000
北京均大高科科技孵化器有限公司 Beijing Junda Hi-tech Technology Business Incubator Ltd.	112	95	15	600
北京科大方兴科技孵化器有限责任公司 Beijing Keda Fangxing Technology Business Incubator Ltd.	54	54	13	98000
北京理工创新高科技孵化器有限公司 Beijing Institute of Technology Innovation and Hi-tech Incubator Ltd.	126	82	32	526000
北京普天德胜科技孵化器有限公司 Beijing Putian Desheng Technology Business Incubator Ltd.	102	64	12	104400
北京启迪创业孵化器有限公司 Beijing Qidi Technology Business Incubator Ltd.	98	90	65	837951
北京赛欧科园科技孵化中心有限公司 Beijing Sai'ou Keyuan Technology Business Incubation Center Ltd.	129	112	7	4625
北京望京科技孵化器服务有限公司 Beijing Wangjing Technology Business Incubator Ltd.	153	82	10	275000
北京中关村国际孵化器有限公司 Beijing Zhongguancun International Business Incubator Ltd.	102	91	82	1096900
北京中关村京蒙高科企业孵化器有限责任公司 Beijing Zhongguancun Jingmeng Hi-tech Business Incubator Ltd.	81	72	7	14100
北京中关村软件园孵化服务有限公司 Beijing Zhongguancun Software Park Incubation Service Ltd.	126	76	48	1200000
北京中关村上地生物科技发展有限公司 Beijing Zhongguancun Shangdi Biological Technology Business Incubator Ltd.	67	55	27	83690
北京中关村生命科学园生物医药科技孵化有限公司 Beijing Zhongguancun Life Science Park Biological Medicine Technology Business Incubation Ltd.	77	77	16	635000
汇龙森国际企业孵化(北京)有限公司 Huilongsen International Enterprise Incubation (Beijing) Ltd.	161	136	22	41500
中关村科技园区丰台科技创业服务中心 Zhongguancun Science and Technology Park Fengtai Park Science and Technology Innovation Service Center	134	106	114	66420

4-3 续表 1 continued 1

科技企业孵化器 Technology Business Incubator	企业总数 (个) Total Number of Tenants (unit)	在孵企业数 (个) Number of Tenants (unit)	累计获投融资企业数 (个) Accumulated Number of Tenants Obtained Investment and Finance (unit)	在孵企业累计获风险投资额 (千元) Accumulated Amount of Venture Capital for Tenants (1000 yuan)
中关村科技园区海淀园创业服务中心 Zhongguancun Science and Technology Park Haidian Park Science and Technology Innovation Service Center	171	101	84	1900000
北京京仪科技孵化器有限公司 Beijing Jingyi Technology Incubator Ltd.	149	78	16	
汇龙森欧洲科技(北京)有限公司 Huilongsen European Technology (Beijing) Ltd.	128	108	10	325715
北京北达燕园科技孵化器有限公司 Beijing Beida Yanyuan Technology Incubator Let.	62	55	12	104500
北京瀚海博智科技孵化器有限公司 Beijing Hanhai Runze Technology Incubator Ltd.	61	56	5	5700
北京康华伟业孵化器有限责任公司 Beijing Kanghua Weiye Technology Business Incubator Ltd.	134	98		
北京牡丹科技孵化器有限公司 Beijing Peony Technology Incubator Ltd.	87	79	3	45000
天津市科技创业服务中心 Tianjin Technology Innovation Service Center	87	80	47	26640
天津滨海高新技术产业开发区国际创业中心 Tianjin Binhai Hi-tech Industrial Development Zone International Innovation Center	210	156	53	64500
天津泰达国际创业中心 Tianjin Taida International Innovation Center	87	81		
天津海泰企业孵化服务有限公司 Tianjin Haitai Business Incubator Service Ltd.	82	82	6	19840
天津火炬鑫茂创业服务有限公司 Tianjin Torch Xinmao Innovation Service Ltd.	187	175	124	
天津华科企业孵化服务有限公司 Tianjin Huake Business Incubator Service Ltd.	124	112	5	1950
天津科丽泰科技企业孵化器有限公司 Tianjin Kelitai Technology Business Incubator Ltd.	86	86	4	52000
天津市帅超科技园有限公司 Tianjin Shuaichao Science and Technology Park	92	92	8	2800
天津金虹桥电气企业孵化器有限公司 Tianjin Golden Bridge Electric Business Incubator Ltd.	61	55	6	2500
天津华苑软件园建设发展有限公司 Tianjin Huayuan software Park Construction Development Ltd.	90	52		
天津意库创意企业管理服务有限公司 Tianjin Yiku Creativity Business Management Service Ltd.	109	54	5	
天津市世纪龙科技服务发展有限公司 Tianjin Century Dragon Technology Service Development Co., Ltd.	125	91		
天津市聚贤科技孵化器有限公司 Tianjin Juxian Technology Incubator Ltd.	56	51	22	
天津市国际生物医药联合研究院 Tianjin International Biomedicine Joint Academy	51	51	7	49350
天津市陈塘科技孵化器有限公司 Tianjin chentang Technology Incubator Ltd.	90	83	25	
天津青年创业园管理有限公司 Tianjin Youth Venture Park Management Ltd.	81	81	7	2400

4-3 续表 2 continued 2

科技企业孵化器 Technology Business Incubator	企业总数 (个) Total Number of Tenants (unit)	在孵企业数 (个) Number of Tenants (unit)	累计获投融资企业数 (个) Accumulated Number of Tenants Obtained Investment and Finance (unit)	在孵企业累计获风险投资额 (千元) Accumulated Amount of Venture Capital for Tenants (1000 yuan)
天津普天企业孵化服务有限公司 Tianjin Putian Business Incubator Services Ltd.	54	54		
天津航大中天科技发展有限公司 Tianjin Hangda Zhongtian Technology Development Co., Ltd.	53	50	4	1000
石家庄市科技创新服务中心 Shijiazhuang Science and Technology Innovation Service Center	89	89	16	31650
河北方大科技有限公司 Hebei Fangda Science and Technology Co., Ltd.	116	116	14	50200
石家庄高新技术创业服务中心 Shijiazhuang Hi-tech Innovation Service Center	197	193	10	9740
唐山高新技术创业中心 Tangshan Hi-tech Innovation Center	134	110	4	
秦皇岛市育兴高新技术创业有限公司 Qinhuangdao Yuxing Hi-tech Venture Ltd.	87	87	14	20750
秦皇岛经济技术开发区高新技术创业服务中心 Qinhuangdao Development Zone Hi-tech Innovation Service Center	90	110	21	3600
邯郸高新技术创业服务中心 Handan Hi-tech Innovation Service Center	135	135	9	100
保定高新技术创业服务中心 Baoding Hi-tech Innovation Service Center	167	167	17	12941
涿鹿科技园孵化器有限公司 Zhuolu Science Park Technology Incubator Ltd.	145	104	18	37000
承德高新技术产业开发区创业服务中心 Chengde Hi-tech Industrial Development Zone Business Service Center	52	52		
沧州市科技创业中心 Cangzhou Technology Innovation Center	82	82		
三河燕郊新技术创业服务中心 Sanhe Yanjiao Hi-tech Innovation Service Center	132	90	4	3000
山西省高新技术创业中心 Shanxi Hi-tech Innovation Center	87	93	42	17000
山西科伟通新技术发展有限公司 Shanxi Keweitong New Technology Development Ltd.	87	82	27	23861
山西三益华信创业服务有限公司 Shanxi Sanyi Huaxin Innovation Service Ltd.	52	52	27	1468
太原高新区留学人员创业园 Taiyuan Hi-tech Zone Overseas Students Innovation Park	85	85	51	120000
阳泉市高新技术创业服务中心 Yangquan Hi-tech Innovation Service Center	71	71		
长治高新区创业服务中心 Changzhi Hi-tech Zone Innovation Service Center	83	83		
呼和浩特留学人员创业园管理服务中心 Hohhot Overseas Students Pioneer Park Management Service Center	61	61		
包头稀土高新技术产业开发区科技创业服务中心 Baotou Rare Earth Science and Technology Park Innovation Service Center	653	535	55	
内蒙古自治区留学人员创业园 Inner Mongolia Overseas Students Innovation Park	124	180	31	
沈阳东大科技企业孵化器有限公司 Shenyang Dongda Technology Business Incubator Ltd.	105	105	27	

4-3 续表 3 continued 3

科技企业孵化器 Technology Business Incubator	企业总数 (个) Total Number of Tenants (unit)	在孵企业数 (个) Number of Tenants (unit)	累计获投融资企业数 (个) Accumulated Number of Tenants Obtained Investment and Finance (unit)	在孵企业累计获风险投资额 (千元) Accumulated Amount of Venture Capital for Tenants (1000 yuan)
沈阳市高科技创业中心 Shenyang Hi-tech Innovation Center	82	82		
沈阳市和平区高新技术企业创业服务中心 Shenyang Heping District Hi-tech Business Incubation Center	94	89		
沈阳软件出口基地有限公司 Shenyang Software Export Base Co., Ltd.	54	54	5	6200
沈阳动漫研发与软件外包孵化器 Shenyang Animation Innovation and Software Outsourcing Incubator	53	51	6	50730
沈阳先进制造技术产业有限公司 Shenyang Advanced Manufacturing Technology Industrial Ltd.	57	57	6	12800
沈阳高新技术产业开发区科技创业服务中心 Shenyang Hi-tech Industrial Development Zone Technology Incubation Service Center	122	122	8	177400
大连市高新技术创业服务中心 Dalian Hi-tech Innovation Service Center	505	392	33	289000
大连市沙河口区天河科技创业服务中心 Dalian Shahekou District Tianhe Technology Innovation Service Center	75	75	21	8550
大连双D港创业孵化有限公司 Dalian Double D Innovation Incubator Ltd.	75	68	6	
大连旅顺民营科技企业创业中心 Dalian Lvshun Private Scientific and Technological Enterprises Innovation Center Ltd.	78	78		
大连市民营科技企业创业中心有限公司 Dalian Private Science and Technology Enterprises Innovation Center	104	94	4	1800
大连市理想光电技术孵化创业中心有限公司 Dalian Lixiang Photoelectric Technology Business Incubation Center Ltd.	58	53	10	10000
大连北方科技企业孵化基地 Dalian Beifang Technology Enterprises Incubation Base	83	83		
大连光洋工控技术创业服务中心有限公司 Dalian Koyo Industrial Control Technology Innovation Center Ltd.	68	65	13	
沙河口区高校毕业生就业服务中心 Shahekou District College Graduates Employment Service Center	81	81		
大连九龙高新技术创业服务有限公司 Dalian Jiulong Hi-tech Innovation Service Ltd.	81	81		
大连集成电路设计产业基地管理股份有限公司 Dalian IC Design Industrial Base Managemeat Inc.	38	35	3	6000
瓦房店福斯特轴承科技开发有限公司 Wafangdian Foster Bearing Technology Development Co., Ltd.	53	53	15	
鞍山高新技术创业服务中心 Anshan Hi-tech Innovation Service Center	207	207		
辽宁药都发展有限公司 Liaoning Yaodu Development Ltd.		52		15400
丹东高新技术创业服务中心 Dandong Hi-tech Innovation Service Center	81	81	18	1270
锦州高新技术产业创业服务中心 Jinzhou Hi-tech Innovation Service Center	114	102	56	
营口市高新技术创业服务中心 Yingkou Hi-tech Innovation Service Center	84	84		

4-3 续表 4 continued 4

科技企业孵化器 Technology Business Incubator	企业总数 (个) Total Number of Tenants (unit)	在孵企业数 (个) Number of Tenants (unit)	累计获投融资企业数 (个) Accumulated Number of Tenants Obtained Investment and Finance (unit)	在孵企业累计获风险投资额 (千元) Accumulated Amount of Venture Capital for Tenants (1000 yuan)
阜新高新技术创业服务中心 Fuxin Hi-tech Innovation Service Center	60	60		
辽宁工程技术大学兴科中小企业服务中心 Liaoning Technical University Xingke SME Service Center	55	55		
铁岭市高新技术创业服务中心 Tieling Hi-tech Innovation Service Center	87	87		
葫芦岛高新技术产业开发区创业中心 Huludao Hi-tech Industrial Park Innovation Center	86	86	13	160000
吉林省光电子产业孵化器有限公司 Jilin Optoelectronic Industry Incubator Ltd.	57	57	14	
长春中俄科技园股份有限公司 Changchun China-Russia Science and Technology Park Ltd.	89	89	3	102
长春科技创业服务中心 Changchun Technology Innovation Service Center		186	10	77600
吉林省东北亚文化创意科技园科技企业孵化器 Jilin Northeast Asia Cultural and Creative Technology Park and Technology Business Incubator	83	83		3
吉林高新技术创业服务中心 Jilin Hi-tech Innovation Service Center	345	240		
延吉高新技术创业中心 Yanji Hi-tech Business Center	85	85		
珲春高新技术创业服务中心 Hunchun Hi-tech Innovation Service Center	74	74		
哈尔滨金华科技企业孵化器有限公司 Harbin Jinhua Technology Business Incubator Ltd.	93	86		500
哈尔滨市动力科技创业中心 Harbin Hi-tech Driver Technology Innovation Center	52	52		4000
哈尔滨广瀚科技创业有限公司 Harbin Guanghan Science and Technology Innovation Co., Ltd.	54	54		
哈尔滨高科科技企业孵化器有限公司 Harbin Technology Business Incubator Ltd.	91	83		
哈尔滨龙计电子技术创业中心 Harbin Longji Electronic Technology Innovation Center	51	51	6	2900
哈尔滨工业大学国家大学科技园发展有限公司 Harbin Industry University Science Park Ltd.	98	90	11	19750
哈尔滨理工大学科技企业孵化器有限责任公司 Harbin Science and Technology University Business Incubator Co., Ltd.	75	75	12	2980
哈尔滨高科技创业中心 Harbin Hi-tech Innovation Center	282	256	49	11082
哈尔滨工程大学科技园创业服务中心 Harbin Engineering University Science Park Innovation Service Center	85	85		
大庆高新技术创业服务中心 Daqing Hi-tech Innovation Service Center	234	214	25	
上海上大科技园发展有限公司 Shanghai University Science Park Development Ltd.	114	83		
上海漕河泾新兴技术开发区科技创业中心 Shanghai Caohejing Hi-tech Park Innovation Center of Science and Technology	140	138	51	242209

4-3 续表 5 continued 5

科技企业孵化器 Technology Business Incubator	企业总数 (个) Total Number of Tenants (unit)	在孵企业数 (个) Number of Tenants (unit)	累计获投融资企业数 (个) Accumulated Number of Tenants Obtained Investment and Finance (unit)	在孵企业累计获风险投资额 (千元) Accumulated Amount of Venture Capital for Tenants (1000 yuan)
上海同济科技园孵化器有限公司 Shanghai Tongji Science Park Business Incubator Ltd.	93	86	105	105750
上海杨浦科技创业中心有限公司 Shanghai Yangpu Technology Innovation Center Ltd.	116	109	54	315553
上海微电子设计有限公司 Shanghai Microelectronics Design Ltd.	56	56	27	142000
上海市科技创业中心 Shanghai Science and Technology Innovation Center	107	95	289	78968
上海八六三信息安全产业基地有限公司 Shanghai 863 Information Security Industry Base Ltd.	75	75	13	53230
上海张江高新技术创业服务中心 Shanghai Zhangjiang Hi-tech Innovation Service Center	89	89	20	67980
上海慧谷高科技创业中心 Shanghai Huigu Hi-tech Innovation Center	102	94	158	992240
上海复旦科技园高新技术创业服务有限公司 Shanghai Fudan Science Park Hi-tech Innovation Service Ltd.	92	92	103	83910
上海都市工业设计中心有限公司 Shanghai Urban Industrial Design Center Ltd.	65	65	16	191460
上海聚科生物园区有限责任公司 Shanghai Juke Biology Park Ltd.	93	81	18	112410
上海市虹口区科技创业中心 Hongkou District Technology Innovation Center	89	82	54	18882
上海市闸北区科技创业中心 Shanghai Zhabei District Technology Innovation Center	136	136	30	284137
上海市青浦区科技创业中心 Shanghai Qingpu District Technology Innovation Center	84	84	20	46482
上海莘闵高新技术开发有限公司 Shanghai Xinmin Hi-tech Development Ltd.	89	83	10	162850
上海金山化工孵化器发展有限公司 Shanghai Jinshan Chemical Industry Development Incubator Ltd.	68	68	17	15500
上海张江药谷公共服务平台有限公司 Shanghai Zhangjiang Medicine Valley Public Service Platform Ltd.	151	139	5	108500
上海莘泽创业投资管理有限公司 Shanghai Xinze Venture Capital Management Co., Ltd.	80	80	8	64558
上海谈家二八企业管理有限公司 Shanghai Tanjia Twenty-eight Enterprise Management Co., Ltd.	69	69	27	18000
上海浦东软件园创业投资管理有限公司 Shanghai Pudong Software Park Venture Capital Management Co., Ltd.	63	61	34	722150
上海康桥先进制造技术创业园有限公司 Shanghai Kangqiao Advanced Manufacturing Technology Business Park Ltd.	68	65	30	36860
上海漕河泾开发区创新创业园发展有限公司 Shanghai Caohejing Innovation Park Development Co., Ltd.	55	51	3	176000
江苏省高新技术创业服务中心 Jiangsu Hi-tech Innovation Center	103	97	22	54000
南京科技创业服务中心 Nanjing Hi-tech Innovation Center	95	93	1	3000
南京金港科技创业中心 Nanjing Jingang Technology Innovation Center	113	93	19	32500

4-3 续表 6 continued 6

科技企业孵化器 Technology Business Incubator	企业总数 (个) Total Number of Tenants (unit)	在孵企业数 (个) Number of Tenants (unit)	累计获投融资企业数 (个) Accumulated Number of Tenants Obtained Investment and Finance (unit)	在孵企业累计获风险投资额 (千元) Accumulated Amount of Venture Capital for Tenants (1000 yuan)
南京市江宁高新技术创业服务中心 Nanjing Jiangning Hi-tech Innovation Service Center	46	46		
南京鼎业百泰生物科技有限公司 Nanjing Dingye Baitai Biomedical Science and Technology Ltd.	59	58	10	23760
南京市雨花台区科技创业中心 Nanjing Yuhuatai District Science and Technology Innovation Center	186	101	61	38000
南京留学人员创业园 Nanjing Overseas Students Innovation Park	85	82	4	43490
无锡(国家)工业设计园创业服务中心 Wuxi(National) Industrial Design Park Innovation Service Center	158	125	10	
无锡市北创科技创业园有限公司 Wuxi Beichuang Technology Incubation Service Center	104	84	16	26400
无锡惠山高新技术创业服务中心(无锡惠山留学人员创业园) Wuxi Huishan Hi-tech Technology Innovation Service Center	90	87	24	57260
无锡山水城科技创业服务有限公司 Wuxi City Landscape Technology Incubation Service Center	119	91	21	47388
无锡新区旺庄科技创业中心 Wuxi City New Area Wangzhuang Science and Technology Development Ltd.	92	89	17	41030
无锡软件产业发展有限公司 Wuxi Software Industry Development Ltd.	282	204	35	210210
无锡高新科技创业发展有限公司(无锡市高新技术创业服务中心) Wuxi Hi-tech Venture Development Ltd.	314	292	216	158800
无锡微纳产业发展有限公司(原无锡微纳传感网产业孵化管理中心) Wuxi Micro-nano Sensing Nets Incubator	110	108	39	45300
无锡留学人员创业园发展有限公司 Wuxi Overseas Students Pioneer Park Development Ltd.	113	105	113	110515
锡山经济技术开发区科技创业服务中心 Xishan Economic Development Zone Technology Incubation Service Center	154	148	125	87400
江阴高新技术创业中心 Jiangyin Hi-tech Innovation Park	118	98	56	119691
宜兴创业园科技发展有限公司 Yixing Innovation Park Technology Development Ltd.	126	100	15	49500
宜兴市科技创业服务中心 Yixing Technology Incubation Service Center	50	50	5	6000
江阴百桥国际生物科技孵化园 Jiangyin Baiqiao International Biology Technology Incubation Park	62	57	24	18500
徐州市高新技术创业服务中心 Xuzhou Hi-tech Innovation Service Center	90	80		
徐州软件园 Xuzhou Software Park	92	92	26	7860
常州钟楼高新技术创业服务中心 Changzhou Zhonglou Hi-tech Innovation Service Center	92	92		
常州三晶世界科技产业发展有限公司 Changzhou Sanjing World Science and Techology Industry Development Ltd.	88	88	15	345000
常州高新技术创业服务中心 Changzhou Hi-tech Innovation Service Center	106	97	45	474000

4-3 续表 7 continued 7

科技企业孵化器 Technology Business Incubator	企业总数 (个) Total Number of Tenants (unit)	在孵企业数 (个) Number of Tenants (unit)	累计获投融资企业数 (个) Accumulated Number of Tenants Obtained Investment and Finance (unit)	在孵企业累计获风险投资额 (千元) Accumulated Amount of Venture Capital for Tenants (1000 yuan)
武进高新技术创业服务中心 Wujin Hi-tech Innovation Service Center	100	90	20	1200
江苏武进科创园(常州市武进科创孵化园管理有限公司) Wujin Technology Innovation Park	173	106	13	15000
常州西太湖国际智慧园(原为武进经济开发区湖滨科技园) Changzhou West Tai Lake International Wisdom Park				11200
江苏津通信息技术孵化器 Jiangsu Jintong Information Technology Incubator	76	60	15	33080
常州市天宁高新技术创业服务中心 Changzhou Tianning Hi-tech Innovation Service Center	85	85	3	6500
苏州市沧浪科技创业园管理有限公司 Suzhou Canglang Technology Innovation Park Management Ltd.	96	89	9	34000
苏州工投科技创业园有限公司 Suzhou Gongtou Technology Innovation Park Ltd.	115	85	11	100
苏州博济科技创业服务中心 Suzhou Boji Science and Technology Service Center	102	92	24	56000
苏州市吴中科技创业园管理有限公司 Suzhou Wuzhong Technology Innovation Park	198	193	21	28608
苏州火炬创新创业孵化管理有限公司(苏州博济科技创业园) Suzhou Torch Innovation Incubation Management Ltd. (Suzhou Boji Science and Technology Park)	173	144	31	106200
苏州高新技术创业服务中心 Suzhou Hi-tech Innovation Service Center(Including the Department, Microsystems Park, Suzhou Hi-tech Software Park, etc.)	149	135	31	30500
苏州国环节能环保创业园管理有限公司 Suzhou Guohuan Energy-saving and Environmental Protection Park Management Ltd.	64	56	7	2000
苏州留学人员创业园 Suzhou Overseas Scholars Incubation Park	116	105	23	38900
苏州工业园科技企业孵化器 Suzhou Industrial Park Technology Business Incubator	104	98	35	130345
苏州工业园区生物纳米科技园 Suzhou Industrial Park Bio-nano Science and Technology Park	102	102	46	306000
张家港市高新技术创业服务中心 Zhangjiagang Hi-tech Innovation Service Center	96	88	8	65150
昆山高新技术创业服务中心 Kunshan Hi-tech Innovation Service Center	84	84	5	17910
江苏昆山留学人员创业园管理处 Jiangsu Kunshan Overseas Scholars Innovation Park	108	96	19	120380
昆山清华科技园创业服务中心 Kunshan Tsinghua Science and Technology Innovation Service Center	90	80	8	150000
吴江科技创业园管理服务有限公司(吴江科技创业园) Wujiang Science and Technology Innovation Park	148	105	27	400000
吴江汾湖科技创业服务有限公司 Wujiang Fonlake Science and Technology Innovation Service Co., Ltd.	111	111	12	43500
太仓市科技创业园有限公司 Taicang Technology Innovation Park Ltd.	105	95		
苏州吴中科技园创业服务中心有限公司 Suzhou Wuzhong Technology Innovation Park		83		

4-3 续表 8 continued 8

科技企业孵化器 Technology Business Incubator	企业总数 (个) Total Number of Tenants (unit)	在孵企业数 (个) Number of Tenants (unit)	累计获投融资企业数 (个) Accumulated Number of Tenants Obtained Investment and Finance (unit)	在孵企业累计获风险投资额 (千元) Accumulated Amount of Venture Capital for Tenants (1000 yuan)
苏州东创科技园 Suzhou Dongchuang Science and Technology Park	160	160	3	
常熟高新技术创业服务中心 Changshu Hi-tech Innovation Service Center	87	87	21	95000
南通高新技术创业中心有限公司 Nantong Hi-tech Innovation Service Center Ltd.	104	104	6	55100
南通市崇川科技创业服务中心有限公司 Nantong Chongchuan Technology Innovation Service Center Ltd.	91	91	8	11500
江苏省海安高新技术创业服务中心 Jiangsu Hai'an Hi-tech Innovation Service Center	165	165	31	6050
如皋市科技创业园 Rugao Technology Innovation Park	106	106		
启东创业科技服务有限公司 Qidong Innovation Technology Service Ltd.	87	87	12	
海门市科技创业园有限公司 Haimen Science and Technology Innovation Ltd.	99	99	25	9300
如皋科技城创业中心管理有限公司 Rugao Science and Technology Innovation Park	70	36		
淮安市高新技术创新中心 Huai'an Hi-tech Innovation Center	114	109		
淮安软件园管理发展有限公司 Huai'an Software Park Management Development Ltd.	150	128	16	3500
盐城高新技术创业园有限公司 Yancheng Hi-tech Innovation Park Ltd.	112	106	81	38600
盐城中小企业创业投资实业有限公司 Yancheng SME Venture Capital Co., Ltd.	83		7	1200
东台市高科技术创业园有限公司 Dongtai City Hi-Tech Venture Park Ltd.	89	89		2100
建湖县民营科技创业园服务有限公司 Jianhu County Private Science and Technology Innovation Park Ltd.	114	90	69	20000
射阳县高新科技创业园 Sheyang County Hi-tech Science and Technology Innovation Park Ltd.	115	115		
大丰市科技创业园有限公司 Dafeng Technology Innovation Park Ltd.	88	87	6	1300
扬州高新技术创业服务中心 Yangzhou Hi-tech Innovation Service Center	112	100		
扬州市邗江区高新技术创业服务中心 Yangzhou Hanjiang Hi-tech Innovation Service Center	105	104	21	4400
扬州广陵高新技术创业服务中心 Yangzhou Guangling Hi-tech Innovation Service Center	109	81	19	2000
镇江京口高新技术创业服务中心 Zhenjiang Jingkou Hi-tech Innovation Service Center	92	92	35	29370
镇江润州高新技术创业服务中心 Zhenjiang Runzhou Hi-tech Innovation Service Center	85	85		
镇江高新技术创业服务中心 Zhenjiang Hi-tech Innovation Service Center	97	91		

4-3 续表 9 continued 9

科技企业孵化器 Technology Business Incubator	企业总数 (个) Total Number of Tenants (unit)	在孵企业数 (个) Number of Tenants (unit)	累计获投融资企业数 (个) Accumulated Number of Tenants Obtained Investment and Finance (unit)	在孵企业累计获风险投资额 (千元) Accumulated Amount of Venture Capital for Tenants (1000 yuan)
镇江市丹徒环保科技创业服务中心 Zhenjiang Dantu Environmental Technology Innovation Service Center	53	53		
泰州市高新技术创业服务中心 Taizhou Hi-tech Innovation Service Center	94	94	39	31710
泰兴市科技创业园有限公司 Taizhou Hi-tech Innovation Service Center	84	84	12	14100
姜堰市高新技术创业中心 Jiangyan Hi-tech Innovation Center	102	102	17	9500
江苏省泰州市华海高新技术创业服务中心 Jiangsu Taizhou Huahai Hi-tech Innovation Center	83	83		
靖江市华信科技创业园有限公司 Jinjiang Huaxin Hi-tech Innovation Service Center	85	85	3	14000
泰州医药高新区医药创业服务中心 Taizhou Medical Hi-tech Zone Medical Innovation Service Center	75	75	3	21300
沭阳县科技创业服务中心 Shuyang Technology Incubation Service Center	84	84	5	12100
杭州市上城区科技企业创业中心 Hangzhou Shangcheng District Hi-tech Zone Medical Innovation Service Center	84	84		100000
杭州市拱墅区科技创业中心 Hangzhou Gongshu District Technology Innovation Center	107	86		
浙江大学科技园发展有限公司 Zhejiang University Science Park Ltd.	217	198	172	101306
杭州高新技术产业开发区科技创业服务中心 Hangzhou Science and Technology Industrial Park Technology Innovation Service Center	310	323	60	101001
杭州东部软件园有限公司 Hangzhou Dongbu Software Park Ltd.	65	65	9	21320
杭州数字娱乐园有限公司 Hangzhou Digital Entertainment Park Ltd.	63	58	6	
杭州市下城区科技创业中心 Hangzhou Xiacheng District Technology Innovation Center	85	85		9130
杭州乐富智汇园孵化器有限公司 Hangzhou Lefu Zhihui Park Incubator Co., Ltd.	99	99	18	45000
浙江赛博科技孵化器有限公司 Zhejiang Saibo Science and Technology Incnbator Ltd.	100	100	37	26850
杭州市高科技企业孵化器有限公司 Hangzhou City Hi-tech Business Incubator Co., Ltd.	108	90	2	10200
浙江银江孵化器有限公司 Zhejiang Yinjiang Incubator Ltd.	85	85	8	65900
颐高科技创业园有限公司 Yigao Science and Technology Innovation Park Ltd.	87	81	32	16000
临安市科技孵化中心 Lin'an Science and Technology Incubation Center	90	90	11	48700
杭州余杭高新园区孵化器有限公司 Hangzhou Yuhang Hi-tech Industrial Park Incubator Ltd.	86	81		
杭州之江创意园开发有限公司 Hangzhou Zhijiang Creativity Park Development Co., Ltd.	82	75		

4-3 续表 10 continued 10

科技企业孵化器 Technology Business Incubator	企业总数 (个) Total Number of Tenants (unit)	在孵企业数 (个) Number of Tenants (unit)	累计获投融资企业数 (个) Accumulated Number of Tenants Obtained Investment and Finance (unit)	在孵企业累计获风险投资额 (千元) Accumulated Amount of Venture Capital for Tenants (1000 yuan)
宁波经济技术开发区科技创业园服务中心 Ningbo Development Zone Technology Park Service Center	132	114	6	40000
宁波市科技创业中心 Ningbo City Technology Business Incubator Center	140	130	30	81350
浙大科技园宁波发展有限公司 Zhejiang University Science Park Ningbo Development Ltd.	104	96	1	150
宁波保税区科技促进中心 Ningbo Free Trade Zone Science and Technology Promotion Center	91	91	12	130000
宁波市鄞创科技孵化器管理服务有限公司 Ningbo Yinchuang Technology Incubator Management Services Ltd.	170	148	27	6505
温州高新技术产业园区创业服务中心 Wenzhou Hi-tech Industrial Park Innovation Center	92	82		
乐清市科技孵化创业中心 Leqing Technology Incubation Innovation Center	56	56		
嘉善县科技创业服务有限公司 Leshan County Technology Innovation Service Ltd.	91	91	8	
浙江秀洲慧谷科技创业中心 Zhejiang Xiuzhou Huigu Technology Innovation Center	103	86	12	3500
嘉兴市南湖科技创业服务中心 Jiaxing Nanhu Science and Technology Innovation Service Center	167	151	37	88165
嘉兴科技创业服务中心 Jiaxing Technology Innovation Service Center	104	92	8	28300
湖州科技创业服务中心 Huzhou Technology Innovation Service Center	91	82	5	13000
浙江长兴民营科技园发展有限公司 Zhejiang Changxing Technology Park Development Co., Ltd.		84	2400	5200
湖州吴兴区科技发展有限公司 Huzhou Wuxing District Technology Development Ltd.	134	102	14	
德清县科技创业服务有限公司 Deqing County Science and Technology Innovation Service Ltd.	85	82	49	5000
绍兴市高新技术创业服务中心 Shaoxing Hi-tech Innovation Service Center	114	114	10	22000
绍兴市越城区科技创业中心有限公司 Shaoxing City Technology Innovation Center Ltd.	22	57	12	
金华科技园创业服务中心有限公司 Jinhua Science Park Innovation Service Center Ltd.	119	110	8	204410
台州市高新技术创业服务中心有限公司 Taizhou Hi-tech Innovation Service Center Ltd.	94	90	8	2370
合肥民营科技企业园管理服务中心 Hefei Private Science and Technology Enterprise Park Management Service Center	91	84	4	81629
合肥国家大学科技园创业孵化中心 Hefei National University Science Park Innovation Center	99	91	25	101590
合肥蜀山科技创业服务中心 Hefei Shushan Science and Technology Innovation Service Center	116	90	18	52400
合肥高新创业园管理有限公司 Hefei Hi-tech Innovation Park Management Ltd.	101	95	14	42000

4-3 续表 11 continued 11

科技企业孵化器 Technology Business Incubator	企业总数 (个) Total Number of Tenants (unit)	在孵企业数 (个) Number of Tenants (unit)	累计获投融资企业数 (个) Accumulated Number of Tenants Obtained Investment and Finance (unit)	在孵企业累计获风险投资额 (千元) Accumulated Amount of Venture Capital for Tenants (1000 yuan)
合肥高新技术创业服务中心 Hefei Hi-tech Innovation Service Center	149	128	18	166800
芜湖高新技术创业服务中心 Wuhu Hi-tech Innovation Center	131	124	302	7100
蚌埠高新技术创业服务中心 Bengbu Hi-tech Innovation Service Center	93	83	27	
马鞍山市高新技术创业服务中心 Ma'anshan City Hi-tech Innovation Service Center	114	107	8	33000
铜陵市高新技术创业服务中心 Tongling Hi-tech Innovation Service Center	85	85	27	21080
安庆市高新技术创业服务中心 Anqing Hi-tech Innovation Service Center	93	81	16	
天长市高新技术创业服务中心 Tianchang Hi-tech Innovation Service Center	86	86		
福建省高新技术创业服务中心 Fujian Hi-tech Innovation Service Center	99	99		13000
福州市高新技术产业创业服务中心 Fuzhou City Hi-tech Innovation Service Center	141	137	3	80000
福州863软件专业孵化器服务中心 Fuzhou 863 Software Incubator Service Center	67	54	2	
厦门软件产业投资发展有限公司 Xiamen Software Industrial Investment Development Ltd.	205	190	64	199940
厦门高新技术创业中心 Xiamen Hi-tech Innovation Center	436	425	40	497068
厦门海峡科技创业促进有限公司 Xiamen Haixia Technology Entrepreneurship Promotion Ltd.	131	119	10	227800
泉州市高新技术创业服务中心 Quanzhou City Hi-tech Innovation Service Center	81	81	21	52000
江西省高新技术创业服务中心 Jiangxi Province Hi-tech Innovation Service Center	41	41		
南昌高新开发区创业服务中心 Nanchang Science and Technology Industrial Park Innovation Service Center	89	85	8	22000
江西高技术产业发展有限责任公司 Jiangxi Hi-tech Industry Development Ltd.	90	83		
南昌大学科技园发展有限公司 Nanchang University Science Park Development Ltd.	105	102	20	55400
江西省桑海医药科技孵化器 Jiangxi Songhai Medical Technology Incubator	52	52	15	
九江恒盛科技发展有限责任公司 Jiujiang Hengsheng Science and Technology Development Co., Ltd.	88	88	19	5300
济南高新技术创业服务中心 Jinan Hi-tech Innovation Service Center	308	282		
济南槐荫工业园区企业孵化器(济南民营) Jinan Huaiyin Industrial Park Business Incubator	85	82	25	
济南历下软件创业服务中心 Jinan Lixia Software Innovation Service Center	79	72	3	2000
济南腊山高新技术创业服务中心 Jinan Lashan Hi-tech Innovation Service Center	80	80		

4-3 续表 12 continued 12

科技企业孵化器 Technology Business Incubator	企业总数 (个) Total Number of Tenants (unit)	在孵企业数 (个) Number of Tenants (unit)	累计获投融资企业数 (个) Accumulated Number of Tenants Obtained Investment and Finance (unit)	在孵企业累计获风险投资额 (千元) Accumulated Amount of Venture Capital for Tenants (1000 yuan)
青岛高新技术产业开发区创业服务中心 Qingdao Hi-tech Innovation Service Center	166	81		
青岛高新技术创业服务中心 Qingdao Hi-tech Innovation Serviçe Center	142	133	10	27630
青岛经济技术开发区高科技创业服务中心 Qingdao Technological Development Park Hi-tech Innovation Service Center	82	82		
青岛中联智业管理有限公司 Qingdao Zhonglian Zhiye Management Ltd.	126	95		
青岛新材料产业科技创新服务中心 Qingdao New Materials Industrial Technology Innovation Service Center	54	50	20	8000
青岛科大都市科技园集团有限公司 Qingdao Keda Dushi Science and Technology Park Ltd.	86	86	10	1800
青岛软件园发展有限公司 Qingdao Software Park Development Ltd.	121	52	41	500
中航工业青岛科技园(青岛前哨精密机械有限责任公司) Zhonghang Industry Qingdao Science and Technology Park (Qingdao Qianshao Precision Machinery Co., Ltd.)	82	82		
橡胶谷有限公司 Rubber Valley Co., Ltd.	57	57		
四方区工业设计产业园创新创业服务中心 Sifang Industrial Design Industrial Park Innovation and Entrepreneurship Center	67	67		
淄博高新技术创业服务中心 Zibo Hi-tech Innovation Service Center	205	180	79	197400
淄博高新技术产业开发区生物医药产业创新园管理办公室 Zibo High-tech Industrial Development Zone Biomedical Industry Innovation Park Management Office	53	53	27	14500
枣庄高新区科技创新服务中心(枣庄科顺数码科技有限公司) Zaozhuang High-tech Zone Innovation Service Center (Zaozhuang Keshun Digital Technology Co., Ltd.)	5	5	15	17000
东营市高新技术创业服务中心 Dongying City Hi-tech Innovation Service Center	116	105	13	17500
黄河口高新技术企业创业园 Huanghekou Hi-tech Innovation Service Center	82	82	5	1900
垦利县高新技术创业服务中心 Kenli Hi-Tech Innovation Service Center	85	85	11	12800
东营高新技术创业服务中心 Dongying Hi-tech Innovation Service Center	90	90	25	13000
烟台高新技术创业服务中心 Yantai Hi-tech Innovation Service Center	102	93		
烟台留学人员创业园区 Yantai Overseas Scholars Innovation Park	167	157	8	3200
烟台高新技术产业园区中俄高新技术产业化合作促进中心 Yantai Hi-tech Industrial Park China-Russia Hi-tech Industrialization Cooperation & Promotion Center	80	80	3	7000

4-3 续表 13 continued 13

科技企业孵化器 Technology Business Incubator	企业总数（个） Total Number of Tenants (unit)	在孵企业数（个） Number of Tenants (unit)	累计获投融资企业数（个） Accumulated Number of Tenants Obtained Investment and Finance (unit)	在孵企业累计获风险投资额（千元） Accumulated Amount of Venture Capital for Tenants (1000 yuan)
潍坊软件园管理办公室 Weifang Software Park Management Office	89	56	12	14250
潍坊高新技术创业服务中心 Weifang Hi-tech Innovation Service Center	97	85	44	131100
潍坊高新区生物医药科技产业园管理办公室 Weifang Hi-tech Zone Biomedical Park Management Office	71	65	5000	11130
潍坊高新区宝兴孵化器管理中心 Weifang High-tech Industial Park Baoxing Incubator Management Center	84	84	64	8500
济宁高新技术创业服务中心 Jining Hi-tech Innovation Service Center	103	92	9	2000
泰安高新技术创业服务中心 Tai'an Hi-tech Innovation Service Center	121	115	11	14950
威海火炬高技术产业开发区高新技术创业服务中心 Weihai Torch Hi-tech Industrial Park Hi-tech Innovation Service Center	156	145	5	7920
北京清大华创(日照)科技企业孵化器置业有限公司 Beijing Qingdahuachuang (Rizhao) Technology Business Incubator Properties Ltd.		70	5	150
日照高新区创业服务中心 Rizhao Hi-tech Industrial Park Innovation Service Center		83		
临沂高新技术创业服务中心 Linyi Hi-tech Innovation Service Center	155	155	93	
临沂科汇高新技术创业园有限公司 Linyi Kehui Hi-tech Innovation Park Ltd.	63	54	2	102000
德州金田高新技术创业发展有限公司 Dezhou Jintian Hi-Tech Venture Development Ltd.	83	83	40	10800
德州市高新技术创业服务中心 Dezhou Hi-tech Innovation Service Center	84	84		
聊城市高新技术创业服务中心 Liaocheng Hi-Tech Innovation Service Center	92	92		
郑州市高新技术创业中心 Zhengzhou City Hi-tech Innovation Center	114	110	17	22400
河南省大学科技园发展有限公司 Henan Province University Science Park Development Ltd.	218	95	66	49000
河南专利孵化转移中心有限公司 Henan Patent Incubation Transfer Center Ltd.	99	92	2	10000
郑州经济技术开发区留学人员创业园管理服务中心 Zhengzhou Economic and Technological Development Zone Overseas Students	497	219	4	45010
郑州高新技术产业开发区创业中心 Zhengzhou Hi-tech Innovation Center	471	426	79	134400
开封高新技术创业服务有限公司 Kaifeng Hi-tech Innovation Service Ltd.	86	86		
洛阳高技术创业服务中心 Luoyang Hi-tech Innovation Service Center	451	347	26	27800
平顶山高新技术创业服务中心 Pingdingshan Hi-tech Innovation Service Center	95	95	2	1100
安阳高新技术创业服务中心 Anyang Hi-tech Innovation Service Center	209	209	72	

4-3 续表 14 continued 14

科技企业孵化器 Technology Business Incubator	企业总数 (个) Total Number of Tenants (unit)	在孵企业数 (个) Number of Tenants (unit)	累计获投融资企业数 (个) Accumulated Number of Tenants Obtained Investment and Finance (unit)	在孵企业累计获风险投资额 (千元) Accumulated Amount of Venture Capital for Tenants (1000 yuan)
河南省新乡高新技术创业服务中心 Henan Xinxiang Hi-tech Innovation Service Center	215	215		
焦作高新技术创业服务中心 Jiaozuo Hi-tech Innovation Service Center	125	136		
漯河高新技术创业服务中心 Luohe Hi-tech Innovation Service Center	148	133	70	147600
南阳高新技术创业服务中心 Nanyang Hi-tech Innovation Service Center	120	125	24	14000
武汉东湖新技术创业中心 Wuhan Eastlake Hi-tech Innovation Center	433	433	97	382000
武汉留学生创业园管理中心 Wuhan Overseas Scholars Innovation Park Management Center	132	128	45	
武汉市洪山高新技术创业服务有限责任公司 Wuhan Hongshan Hi-tech Innovation Service Center	105	99	26	191560
武汉市青山高新技术创业服务中心 Wuhan Qingshan Hi-tech Innovation Service Center	100	87	62	34100
武汉三新材料孵化器有限公司 Wuhan San New Material Incubator Ltd.	89	83	3	18000
武汉华工科技企业孵化器有限责任公司 Wuhan Huagong Technology Business Incubator Ltd.	89	83	33	154412
汉口高新技术创业服务中心 Hankou Hi-tech Innovation Service Center	92	92	30	165000
武汉国家农业科技园区创业中心有限公司 Wuhan National Agricultural Technology Park Innovation Center Ltd.	135	120	38	186500
武汉东创研发设计创意园有限公司 Wuhan Dong Chuang R&D Design Creativity Park Ltd.	83	83	3	5000
武汉海峡高新技术创业服务中心 Wuhan Strait Hi-tech Innovation Service Center	82	80	13	53500
武汉华创源科技企业孵化器有限公司 Wuhan Huachuangyuan Technology Business Incubator	68	68	23	6700
湖北国知专利创业孵化园有限公司 Hubei Guozhi Patent Innovation Incubator Ltd.	81	71	7	10000
武汉岱家山科技企业孵化器有限公司 Wuhan Daijiashan Technology Business Incubator Co., Ltd.	105	95	8	520
黄石高新技术创业服务中心 Huangshi Hi-tech Innovation Service Center	107	102	90	28380
十堰高新技术产业区创业服务中心 Shiyan Hi-tech Industrial Park Innovation Service Center	86	86	2	3000
宜昌高新技术产业园区创业服务中心 Yichang Hi-tech Industrial Park Innovation Service Center	112	100	10	75000
襄阳高新技术创业服务中心 Xiangyang Hi-tech Innovation Service Center	96	68		14800
荆门聚盛孵化器管理有限公司 Jingmen Jusheng Incubator Management Ltd.	95	95	10	28125
孝感高新技术创业服务中心 Xiaogan Hi-tech Innovation Service Center	81	81	15	300

4-3 续表 15 continued 15

科技企业孵化器 Technology Business Incubator	企业总数 (个) Total Number of Tenants (unit)	在孵企业数 (个) Number of Tenants (unit)	累计获投融资企业数 (个) Accumulated Number of Tenants Obtained Investment and Finance (unit)	在孵企业累计获风险投资额 (千元) Accumulated Amount of Venture Capital for Tenants (1000 yuan)
荆州高新技术产业开发区创业服务中心 Jinzhou Hi-tech Industrial Park Innovation Service Center	106	112		
长沙高新技术创业服务中心 Changsha Hi-tech Innovation Service Center	182	182	10	4700
湖南岳麓山国家大学科技园创业服务中心 Hunan Yuelu Mountain National University Science Park Innovation Service Center	134	81	1	21500
长沙新技术创业服务中心 Changsha Hi-tech Innovation Service Center	93	93	8	13700
长沙高新技术产业开发区创业服务中心 Changsha Hi-tech Industrial Park Innovation Service Center	516	419	147	632430
长沙国家生物产业基地创业服务中心 Changsha National Biological Industry Base Incubation Center	52	52	19	
湖南麓谷科技孵化器有限公司 Hunan Lugu Technology Incubator Ltd.	111	83	15	59040
湖南广发隆平高科技园创业服务有限公司 Hunan Guangfa Longping Hi-tech Park Venture Services Ltd.	88	88	34	12400
株洲高新技术产业开发区创业服务中心(株洲留学人员创业园) Zhuzhou Hi-tech Innovation Service Center(Zhuzhou Overseas Scholars Innovation Park)	195	195	63	11150
湘潭高新技术创业服务中心 Xiangtan Hi-tech Innovation Service Center	289	267	32	58465
岳阳火炬创业服务中心 Yueyang Torch Hi-tech Innovation Center	68	54	9	2500
广州市高新技术创业服务中心 Guangzhou City Hi-tech Innovation Service Center	113	83	4	8950
广州市海珠高新技术创业服务中心 Guangzhou City Haizhu Hi-tech Innovation Service Center	94	85	15	3000
华南理工大学国家大学科技园 Huanan Science and Technology University Science Park	96	84	66	40830
广州联炬科技企业孵化器有限公司 Guangzhou Lianju Technology Business Incubator Ltd.	148	120	7	41243
广州火炬高新技术创业服务中心 Guangzhou Torch Hi-tech Innovation Service Center	343	257	118	530160
广东拓思软件科学园有限公司 Guangdong Tuosi Software Science Park Ltd.	92	83	5	37000
广州国际企业孵化器有限公司 Guangzhou International Business Incubator Ltd.	165	143	29	176562
五行科技企业孵化器 Wuxing Technology Enterprise Incubator	118	90	13	30000
深圳市留学生创业园有限公司 Shenzhen Overseas Scholars Innovation Park Ltd	160	161	101	22390
深圳市龙岗区科技创业服务中心 Shenzhen City Longgang District Technology Innovation Service Center	94	84	3	25000
深圳市南山区科技创业服务中心 Shenzhen City Nanshan District Technology Innovation Service Center	136	120	53	634234
深圳市北科创业有限公司 Shenzhen City Beike Innovation Ltd.	83	83	5	29500

4-3 续表 16 continued 16

科技企业孵化器 Technology Business Incubator	企业总数 (个) Total Number of Tenants (unit)	在孵企业数 (个) Number of Tenants (unit)	累计获投融资企业数 (个) Accumulated Number of Tenants Obtained Investment and Finance (unit)	在孵企业累计获风险投资额 (千元) Accumulated Amount of Venture Capital for Tenants (1000 yuan)
深港产学研基地 PKU-HKUST ShenZhen-HongKong Institution Base	85	120	38	200500
深圳市福田区高新技术创业中心 Shenzhen City Futian District Hi-tech Innovation Center	80	59		
中国科技开发院有限公司 China Technology Development Institute Ltd.	137	98	25	121223
深圳市宝安区科技创业服务中心 Shenzhen City Bao'an District Technology Innovation Service Center	97	97	11	174410
深圳硅谷大学城创业园管理有限公司 Shenzhen Silicon Valley University Town Innovation Park Management Ltd.	148	148	10	51700
深圳生物孵化器管理中心 Shenzhen Bio-tech Incubator Management Center	55	55	1	6000
深圳虚拟大学园管理服务中心 Shenzhen Virtual University Science Park Innovation Center			15	75300
珠海高新技术创业服务中心 Zhuhai Hi-tech Innovation Service Center	107	88	5	27370
广东科炬高新技术创业园有限公司 Guangdong Keju Hi-tech Innovation Park Ltd.	96	90	7	10000
惠州仲恺高新区科技创业服务中心 Huizhou Zhongkai Hi-tech Zone Innovation Service Center	115	115	4	6500
东莞松山湖高新技术创业服务中心 Dongguan Songshan Lake Hi-tech Innovation Service Center	114	102	15	39600
中山火炬高技术创业中心有限公司 Zhongshan Torch Hi-tech Innovation Center Ltd.	125	118	16	169584
南宁新技术创业者中心 Nanning New Technology Venture Center	151	138	41	84210
柳州高新技术创业服务中心 Liuzhou Hi-tech Innovation Service Center	180	132		
桂林科技企业发展中心 Guilin Technology Innovation Service Center	377	330		
北海市高新技术创业服务中心 Beihai Hi-tech Innovation Service Center	93	93		
广西北海高新技术产业园区创业服务中心 Guangxi Beihai Hi-tech Industrial Park Innovation Service Center	100	87		
重庆卓创科技孵化器有限责任公司 Chongqing Zhuochuang Technology Incubator Co., Ltd.	78	78		
重庆市涪陵区金渠企业孵化器有限责任公司 Chongqing Fuling District Jinqu Incubator Ltd.	90	90	1	28600
重庆高技术创业中心 Chongqing Hi-tech Entrepreneurship Center	89	86	35	11525
重庆市南岸科技创业发展有限责任公司 Chongqing Nanan Technology Innovation Development Ltd.	85	85	8	
重庆五里店工业设计中心 Chongqing Wulidian Industrial Design Center	63	61		
重庆高新技术产业开发区创新服务中心 Chongqing Science and Technology Park Technology Innovation Service Center	95	83	46	64903

4-3 续表 17 continued 17

科技企业孵化器 Technology Business Incubator	企业总数 (个) Total Number of Tenants (unit)	在孵企业数 (个) Number of Tenants (unit)	累计获投融资企业数 (个) Accumulated Number of Tenants Obtained Investment and Finance (unit)	在孵企业累计获风险投资额 (千元) Accumulated Amount of Venture Capital for Tenants (1000 yuan)
重庆市渝中区科技机构管理所 Chongqing Yuzhong District Science and Technology Institute Control Station	67	67	5	668000
重庆腾业创业咨询服务有限公司 Chongqing Tengye Venture Consulting Services Ltd.	105	94	24	24000
四川川大科技园发展有限公司 Sichuan University Science Park Development Ltd.	29	29	4	
成都高新技术创业服务中心 Chengdu Hi-tech Innovation Service Center	83	83	65	75321
成都武侯高新技术创业服务中心 Chengdu Wuhou Hi-tech Innovation Service Center	87	87	39	6000
成都高新区技术创新服务中心 Chengdu Hi-tech Industrial Park Technology Innovation Service Center	212	197	477	508424
成都高新区教育科技园孵化器有限公司 Chengdu Science and Technology Park Education Science Park Business Incubator Ltd.	307	276	37	65300
成都天河中西医科技保育有限公司 Chengdu Tianhe Conservation Medicine Technology Innovation Co., Ltd.	133	115	12	34680
自贡市高新技术创业服务中心 Zigong Hi-tech Innovation Service Center	83	83	31	10080
绵阳高新区创业服务中心 Mianyang Science and Technology Innovation Service Center	117	110	7	2300
绵阳高新区生物医药孵化器有限公司 Mianyang Hi-tech Industrial Park Bio-medicine Incubator Ltd.	51	51	16	21000
四川中物技术有限责任公司 Sichuan Zhongwu Technology Ltd.	32	32	5	8750
贵阳高新技术创业服务中心 Guiyang Hi-tech Innovation Service Center	403	339	26	60400
贵州贵阳软件园 Guizhou Guiyang Software Park	55	51		
昆明高新技术创业服务中心 Kunming Hi-tech Innovation Service Center	134	114	12	4000
昆明北理工科技孵化器有限公司 Kunming BIT Technology Incubator Ltd.	111	89	7	24964
云南海归创业园科技发展有限公司 Yunnan Returnees Venture Pioneering Park Science and Technology Development Ltd.	122	122		820
昆明高新五华科技产业园创业服务中心 Kunming Hi-tech Wuhua Science and Technology Park of Innovation Management Ltd.	103	88		
云南省新材料孵化器 Yunnan Province Advanced Material Business Incubator	66	66		
昆明创新园科技发展有限公司 Kunming Innovation Park Science and Technology Development Ltd.	147	147	22	15430
昆明经济技术开发区新兴产业孵化区管理有限公司 Kunming Economic and Technological Development Zone Emerging Industries Incubator Management Ltd.	110	110	5	217
西藏自治区科技创业服务中心 Xizang Autonomous Region Science and Technology Innovation Service Center	34	22		
西安市高新区创业服务中心(西安高新区创业园发展中心) Xi'an Hi-Tech Industry Development Zone Innovation Park	445	415	1387	1078910

4-3 续表 18 continued 18

科技企业孵化器 Technology Business Incubator	企业总数 (个) Total Number of Tenants (unit)	在孵企业数 (个) Number of Tenants (unit)	累计获投融资企业数 (个) Accumulated Number of Tenants Obtained Investment and Finance (unit)	在孵企业累计获风险投资额 (千元) Accumulated Amount of Venture Capital for Tenants (1000 yuan)
西安创业园投资管理有限公司(西安先进制造专业孵化器) Xi'an Advanced Manufacturing Incubator	2	77	47	221960
西安联创生物医药孵化器有限公司 Xi'an Lianchuang Biological Medicine Business Incubator Ltd.	67	62	10	61200
西安光电子专业孵化器有限责任公司 Xi'an Professional Photoelectron Business Incubator Ltd.	62	62	5	
陕西启迪科技园发展有限公司 Shaanxi Qidi Science and Technology Park Development Ltd.	88	63	8	8250
西安集成电路设计专业孵化器有限公司 Xi'an IC Design Incubator Ltd.	55	55	10	214251
西安易创军民两用科技工业孵化器有限责任公司 Xi'an Yichuang Military and Civil Technology Industry Incubator	91	91	9	23000
西安软件园发展中心 Xi'an Software Park Development Center	252	164	15	
西安交大科技园高新技术创业服务中心 Xi'an Jiaotong University Science Park Hi-tech Innovation Service Center	95	87	11	
西安航空科技创新服务中心 Xi'an Aviation Science and Technology Service Center	61	57	6	9800
西安航天基地国际孵化器有限公司 Xi'an International Incubator Space Base Ltd.	161	97	24	77350
西安三元数字媒体有限公司 Xi'an Sanyuan Digital Media Ltd.	55	55	16	3625
西安农业科技企业孵化器有限公司 Xi'an Agricultural Science and Technology Business Incubator Co., Ltd.	50	50	7	
西安大普光电与信息科技企业孵化器 Xi'an Dapu Optoelectronics and Information Technology Business Incubator	60	60		
宝鸡高新技术产业开发区高技术创业服务中心 Baoji Hi-Tech Industry Development Zone of Hi-tech Innovation Service Center	119	201	24	39400
杨凌农业高新技术产业示范区创业服务中心 Yangling Agricultural Hi-tech Industry Demonstration Zone Innovation Service Center	103	95	14	115800
兰州高新技术产业开发区创业服务中心 Lanzhou Hi-tech Industry Development Zone Innovation Service Center	305	188		5130
甘肃省高新技术创业服务中心 Gansu Province Hi-tech Innovation Service Center	105	105	29	508
青海省创业发展孵化器有限公司 Qinghai Venture Development Incubator Ltd.	105	105		
青海中小企业创业发展有限责任公司 Qinghai SMEs Development Ltd.	166	50		
青海生科中小企业创业有限公司 Qinghai Bio-tech Medium and Small Business Innovation Ltd.	47	47	5	2500
宁夏高新技术创业服务中心 Ningxia Hi-tech Innovation Service Center	96	96		
乌鲁木齐高新区高新技术创业服务中心 Urumqi Hi-tech Innovation Service Center		101		
新疆申新科技合作基地有限公司 Xinjiang Shenxin Scientific and Technological Cooperation Base Ltd.	80	80	2	600

4-4 国家级科技企业孵化器人员情况

Personnel Statistics of State Level TBIs

单位：人 (person)

科技企业孵化器 Technology Business Incubator	管理机构从业人员数 Total Number of Management Personnel	专业技术人员 Number of Professional and Technical Personnel	大专以上人员 Number of Personnel with College and Higher Level Education	留学回国人员 Number of Returned Overseas Personnel
合　计 **Total**	**9301**	**4273**	**8507**	**273**
北京奥宇科技企业孵化器有限公司 Beijing Aoyu Technology Business Incubator Ltd.	22	16	22	1
北京北航天汇科技孵化器有限公司 Beijing Beihang Tianhui Technology Business Incubator Ltd.	10	6	10	
北京博奥联创科技孵化器有限公司 Beijing Bo'ao Lianchuang Technology Business Incubator Ltd.	16	5	10	1
北京高技术创业服务中心 Beijing Hi-tech Innovation Service Center	55	24	30	1
北京汉潮大成科技孵化器有限公司 Beijing Hanchao Dacheng Technology Business Incubator Ltd.	65	16	57	6
北京瀚海润泽科技孵化器有限公司 Beijing Hanhai Runze Technology Incubator Ltd.	61	22	37	2
北京华海基业科技孵化器有限公司 Beijing Huahai Jiye Technology Business Incubator Ltd.	58	13	43	2
北京均大高科科技孵化器有限公司 Beijing Junda Hi-tech Technology Business Incubator Ltd.	23	14	23	
北京科大方兴科技孵化器有限责任公司 Beijing Keda Fangxing Technology Business Incubator Ltd.	9	4	4	
北京理工创新高科技孵化器有限公司 Beijing Institute of Technology Innovation and Hi-tech Incubator Ltd.	14	14	14	
北京普天德胜科技孵化器有限公司 Beijing Putian Desheng Technology Business Incubator Ltd.	14	14	14	
北京启迪创业孵化器有限公司 Beijing Qidi Technology Business Incubator Ltd.	15	9	15	
北京赛欧科园科技孵化中心有限公司 Beijing Sai'ou Keyuan Technology Business Incubation Center Ltd.	25	25	25	
北京望京科技孵化器服务有限公司 Beijing Wangjing Technology Business Incubator Ltd.	17	17	16	1
北京中关村国际孵化器有限公司 Beijing Zhongguancun International Business Incubator Ltd.	22	3	21	
北京中关村京蒙高科企业孵化器有限责任公司 Beijing Zhongguancun Jingmeng Hi-tech Business Incubator Ltd.	12	9	12	1
北京中关村软件园孵化服务有限公司 Beijing Zhongguancun Software Park Incubation Service Ltd.	14	2	14	
北京中关村上地生物科技发展有限公司 Beijing Zhongguancun Shangdi Biological Technology Business Incubator Ltd.	13	8	12	
北京中关村生命科学园生物医药科技孵化有限公司 Beijing Zhongguancun Life Science Park Biological Medicine Technology Business Incubation Ltd.	12	9	10	
汇龙森国际企业孵化(北京)有限公司 Huilongsen International Enterprise Incubation (Beijing) Ltd.	46	5	42	1
中关村科技园区丰台科技创业服务中心 Zhongguancun Science and Technology Park Fengtai Park Science and Technology Innovation Service Center	42	19	41	1

4-4 续表 1 continued 1

单位：人 (person)

科技企业孵化器 Technology Business Incubator	管理机构从业人员数 Total Number of Management Personnel	专业技术人员 Number of Professional and Technical Personnel	大专以上人员 Number of Personnel with College and Higher Level Education	留学回国人员 Number of Returned Overseas Personnel
中关村科技园区海淀园创业服务中心 Zhongguancun Science and Technology Park Haidian Park Science and Technology Innovation Service Center	24		20	
北京京仪科技孵化器有限公司 Beijing Jingyi Technology Incubator Ltd.	20	6	20	
汇龙森欧洲科技(北京)有限公司 Huilongsen European Technology (Beijing) Ltd.	46	5	42	1
北京北达燕园科技孵化器有限公司 Beijing Beida Yanyuan Technology Incubator Let.	17	6	17	
北京瀚海博智科技孵化器有限公司 Beijing Hanhai Runze Technology Incubator Ltd.	51	17	51	3
北京康华伟业孵化器有限责任公司 Beijing Kanghua Weiye Technology Business Incubator Ltd.	18	12	18	
北京牡丹科技孵化器有限公司 Beijing Peony Technology Incubator Ltd.	25	11	25	
天津市科技创业服务中心 Tianjin Technology Innovation Service Center	27	25	25	
天津滨海高新技术产业开发区国际创业中心 Tianjin Binhai Hi-tech Industrial Development Zone International Innovation Center	12	12	12	
天津泰达国际创业中心 Tianjin Taida International Innovation Center	37		34	
天津海泰企业孵化服务有限公司 Tianjin Haitai Business Incubator Service Ltd.	28	28	28	1
天津火炬鑫茂创业服务有限公司 Tianjin Torch Xinmao Innovation Service Ltd.	20	2	20	
天津华科企业孵化服务有限公司 Tianjin Huake Business Incubator Service Ltd.	11	5	11	
天津科丽泰科技企业孵化器有限公司 Tianjin Kelitai Technology Business Incubator Ltd.	10		10	
天津市帅超科技园有限公司 Tianjin Shuaichao Science and Technology Park	12		12	
天津金虹桥电气企业孵化器有限公司 Tianjin Golden Bridge Electric Business Incubator Ltd.	15	13	15	
天津华苑软件园建设发展有限公司 Tianjin Huayuan software Park Construction Development Ltd.	19	3	15	1
天津意库创意企业管理服务有限公司 Tianjin Yiku Creativity Business Management Service Ltd.	25	10	14	1
天津市世纪龙科技服务发展有限公司 Tianjin Century Dragon Technology Service Development Co., Ltd.	13	4	13	
天津市聚贤科技孵化器有限公司 Tianjin Juxian Technology Incubator Ltd.	15	5	15	
天津市国际生物医药联合研究院 Tianjin International Biomedicine Joint Academy	16		16	5
天津市陈塘科技孵化器有限公司 Tianjin chentang Technology Incubator Ltd.	18	18	17	
天津青年创业园管理有限公司 Tianjin Youth Venture Park Management Ltd.	20	6	20	1

4-4 续表 2 continued 2

单位：人 (person)

科技企业孵化器 Technology Business Incubator	管理机构从业人员数 Total Number of Management Personnel	专业技术人员 Number of Professional and Technical Personnel	大专以上人员 Number of Personnel with College and Higher Level Education	留学回国人员 Number of Returned Overseas Personnel
天津普天企业孵化服务有限公司 Tianjin Putian Business Incubator Services Ltd.	7	2	7	1
天津航大中天科技发展有限公司 Tianjin Hangda Zhongtian Technology Development Co., Ltd.	12	8	12	1
石家庄市科技创新服务中心 Shijiazhuang Science and Technology Innovation Service Center	30	16	30	1
河北方大科技有限公司 Hebei Fangda Science and Technology Co., Ltd.	35	27	33	
石家庄高新技术创业服务中心 Shijiazhuang Hi-tech Innovation Service Center	16	15	15	
唐山高新技术创业中心 Tangshan Hi-tech Innovation Center	20	9	19	
秦皇岛市育兴高新技术创业有限公司 Qinhuangdao Yuxing Hi-tech Venture Ltd.	22	18	22	
秦皇岛经济技术开发区高新技术创业服务中心 Qinhuangdao Development Zone Hi-tech Innovation Service Center	18	3	18	
邯郸高新技术创业服务中心 Handan Hi-tech Innovation Service Center	38	8	35	2
保定高新技术创业服务中心 Baoding Hi-tech Innovation Service Center	35		31	
涿鹿科技园孵化器有限公司 Zhuolu Science Park Technology Incubator Ltd.	25	15	25	1
承德高新技术产业开发区创业服务中心 Chengde Hi-tech Industrial Development Zone Business Service Center	21		21	
沧州市科技创业中心 Cangzhou Technology Innovation Center	10	4	10	
三河燕郊新技术创业服务中心 Sanhe Yanjiao Hi-tech Innovation Service Center	23	23	23	
山西省高新技术创业中心 Shanxi Hi-tech Innovation Center	30	18	26	
山西科伟通新技术发展有限公司 Shanxi Keweitong New Technology Development Ltd.	25	19	19	
山西三益华信创业服务有限公司 Shanxi Sanyi Huaxin Innovation Service Ltd.	19	7	16	
太原高新区留学人员创业园 Taiyuan Hi-tech Zone Overseas Students Innovation Park	37	29	37	
阳泉市高新技术创业服务中心 Yangquan Hi-tech Innovation Service Center	10	10	10	
长治高新区创业服务中心 Changzhi Hi-tech Zone Innovation Service Center	20	8	20	
呼和浩特留学人员创业园管理服务中心 Hohhot Overseas Students Pioneer Park Management Service Center	21		21	5
包头稀土高新技术产业开发区科技创业服务中心 Baotou Rare Earth Science and Technology Park Innovation Service Center	47	27	27	2
内蒙古自治区留学人员创业园 Inner Mongolia Overseas Students Innovation Park	5	5	5	
沈阳东大科技企业孵化器有限公司 Shenyang Dongda Technology Business Incubator Ltd.	24	6	24	1

4-4 续表 3 continued 3

单位：人 (person)

科技企业孵化器 Technology Business Incubator	管理机构从业人员数 Total Number of Management Personnel	专业技术人员 Number of Professional and Technical Personnel	大专以上人员 Number of Personnel with College and Higher Level Education	留学回国人员 Number of Returned Overseas Personnel
沈阳市高科技创业中心 Shenyang Hi-tech Innovation Center	35	18	32	
沈阳市和平区高新技术企业创业服务中心 Shenyang Heping District Hi-tech Business Incubation Center	22	2	20	
沈阳软件出口基地有限公司 Shenyang Software Export Base Co., Ltd.	16		16	
沈阳动漫研发与软件外包孵化器 Shenyang Animation Innovation and Software Outsourcing Incubator	77	26	77	
沈阳先进制造技术产业有限公司 Shenyang Advanced Manufacturing Technology Industrial Ltd.	36	21	25	
沈阳高新技术产业开发区科技创业服务中心 Shenyang Hi-tech Industrial Development Zone Technology Incubation Service Center	21	15	21	
大连市高新技术创业服务中心 Dalian Hi-tech Innovation Service Center	42	42	41	3
大连市沙河口区天河科技创业服务中心 Dalian Shahekou District Tianhe Technology Innovation Service Center	12	7	12	1
大连双D港创业孵化有限公司 Dalian Double D Innovation Incubator Ltd.	30		30	
大连旅顺民营科技企业创业中心 Dalian Lvshun Private Scientific and Technological Enterprises Innovation Center Ltd.	5	1	5	
大连市民营科技企业创业中心有限公司 Dalian Private Science and Technology Enterprises Innovation Center	18		16	
大连市理想光电技术孵化创业中心有限公司 Dalian Lixiang Photoelectric Technology Business Incubation Center Ltd.	12	8	12	
大连北方科技企业孵化基地 Dalian Beifang Technology Enterprises Incubation Base	11	11	11	
大连光洋工控技术创业服务中心有限公司 Dalian Koyo Industrial Control Technology Innovation Center Ltd.	54	23	40	2
沙河口区高校毕业生就业服务中心 Shahekou District College Graduates Employment Service Center	11		11	
大连九龙高新技术创业服务有限公司 Dalian Jiulong Hi-tech Innovation Service Ltd.	11		11	
大连集成电路设计产业基地管理股份有限公司 Dalian IC Design Industrial Base Managemeat Inc.	14	10	10	3
瓦房店福斯特轴承科技开发有限公司 Wafangdian Foster Bearing Technology Development Co., Ltd.	8	1	7	
鞍山高新技术创业服务中心 Anshan Hi-tech Innovation Service Center	48	22	45	1
辽宁药都发展有限公司 Liaoning Yaodu Development Ltd.	20	16	20	3
丹东高新技术创业服务中心 Dandong Hi-tech Innovation Service Center	31	15	29	
锦州高新技术产业创业服务中心 Jinzhou Hi-tech Innovation Service Center	13	13	13	
营口市高新技术创业服务中心 Yingkou Hi-tech Innovation Service Center	22		22	

4-4 续表 4 continued 4

单位：人 (person)

科技企业孵化器 Technology Business Incubator	管理机构从业人员数 Total Number of Management Personnel	专业技术人员 Number of Professional and Technical Personnel	大专以上人员 Number of Personnel with College and Higher Level Education	留学回国人员 Number of Returned Overseas Personnel
阜新高新技术创业服务中心 Fuxin Hi-tech Innovation Service Center	15	10	15	
辽宁工程技术大学兴科中小企业服务中心 Liaoning Technical University Xingke SME Service Center	16	16	16	
铁岭市高新技术创业服务中心 Tieling Hi-tech Innovation Service Center	12	3	12	
葫芦岛高新技术产业开发区创业中心 Huludao Hi-tech Industrial Park Innovation Center	12	3	12	1
吉林省光电子产业孵化器有限公司 Jilin Optoelectronic Industry Incubator Ltd.	9	9	9	
长春中俄科技园股份有限公司 Changchun China-Russia Science and Technology Park Ltd.	30	25	25	2
长春科技创业服务中心 Changchun Technology Innovation Service Center	28	24	28	
吉林省东北亚文化创意科技园科技企业孵化器 Jilin Northeast Asia Cultural and Creative Technology Park and Technology Business Incubator	22	6	16	
吉林高新技术创业服务中心 Jilin Hi-tech Innovation Service Center	10	9	9	2
延吉高新技术创业中心 Yanji Hi-tech Business Center	35	5	25	2
珲春高新技术创业服务中心 Hunchun Hi-tech Innovation Service Center	17	15	15	
哈尔滨金华科技企业孵化器有限公司 Harbin Jinhua Technology Business Incubator Ltd.	14	5	14	
哈尔滨市动力科技创业中心 Harbin Hi-tech Driver Technology Innovation Center	18	10	18	
哈尔滨广瀚科技创业有限公司 Harbin Guanghan Science and Technology Innovation Co., Ltd.	26	5	26	
哈尔滨高科科技企业孵化器有限公司 Harbin Technology Business Incubator Ltd.	21		21	
哈尔滨龙计电子技术创业中心 Harbin Longji Electronic Technology Innovation Center	15	13	15	
哈尔滨工业大学国家大学科技园发展有限公司 Harbin Industry University Science Park Ltd.	22	10	22	1
哈尔滨理工大学科技企业孵化器有限责任公司 Harbin Science and Technology University Business Incubator Co., Ltd.	32	32		
哈尔滨高科技创业中心 Harbin Hi-tech Innovation Center	25	16	19	
哈尔滨工程大学科技园创业服务中心 Harbin Engineering University Science Park Innovation Service Center	85	20	85	
大庆高新技术创业服务中心 Daqing Hi-tech Innovation Service Center	32	27	31	2
上海上大科技园发展有限公司 Shanghai University Science Park Development Ltd.	19	11	18	1
上海漕河泾新兴技术开发区科技创业中心 Shanghai Caohejing Hi-tech Park Innovation Center of Science and Technology	41	25	41	3

4-4 续表 5 continued 5

单位：人 (person)

科技企业孵化器 Technology Business Incubator	管理机构从业人员数 Total Number of Management Personnel	专业技术人员 Number of Professional and Technical Personnel	大专以上人员 Number of Personnel with College and Higher Level Education	留学回国人员 Number of Returned Overseas Personnel
上海同济科技园孵化器有限公司 Shanghai Tongji Science Park Business Incubator Ltd.	28	14	26	
上海杨浦科技创业中心有限公司 Shanghai Yangpu Technology Innovation Center Ltd.	17	5	17	2
上海微电子设计有限公司 Shanghai Microelectronics Design Ltd.	16	3	16	
上海市科技创业中心 Shanghai Science and Technology Innovation Center	64	54	60	
上海八六三信息安全产业基地有限公司 Shanghai 863 Information Security Industry Base Ltd.	40	5	30	3
上海张江高新技术创业服务中心 Shanghai Zhangjiang Hi-tech Innovation Service Center	15	7	15	1
上海慧谷高科技创业中心 Shanghai Huigu Hi-tech Innovation Center	15	6	15	1
上海复旦科技园高新技术创业服务有限公司 Shanghai Fudan Science Park Hi-tech Innovation Service Ltd.	14	2	14	
上海都市工业设计中心有限公司 Shanghai Urban Industrial Design Center Ltd.	15	10	15	
上海聚科生物园区有限责任公司 Shanghai Juke Biology Park Ltd.	17	7	17	1
上海市虹口区科技创业中心 Hongkou District Technology Innovation Center	16	16	15	
上海市闸北区科技创业中心 Shanghai Zhabei District Technology Innovation Center	13	6	11	
上海市青浦区科技创业中心 Shanghai Qingpu District Technology Innovation Center	18	8	18	
上海莘闵高新技术开发有限公司 Shanghai Xinmin Hi-tech Development Ltd.	17	11	17	1
上海金山化工孵化器发展有限公司 Shanghai Jinshan Chemical Industry Development Incubator Ltd.	26	9	21	
上海张江药谷公共服务平台有限公司 Shanghai Zhangjiang Medicine Valley Public Service Platform Ltd.	36	26	34	1
上海莘泽创业投资管理有限公司 Shanghai Xinze Venture Capital Management Co., Ltd.	18	9	18	2
上海谈家二八企业管理有限公司 Shanghai Tanjia Twenty-eight Enterprise Management Co., Ltd.	15	5	15	
上海浦东软件园创业投资管理有限公司 Shanghai Pudong Software Park Venture Capital Management Co., Ltd.	15	15	15	2
上海康桥先进制造技术创业园有限公司 Shanghai Kangqiao Advanced Manufacturing Technology Business Park Ltd.	18	18	18	
上海漕河泾开发区创新创业园发展有限公司 Shanghai Caohejing Innovation Park Development Co., Ltd.	15	11	15	2
江苏省高新技术创业服务中心 Jiangsu Hi-tech Innovation Center	77	69	74	1
南京科技创业服务中心 Nanjing Hi-tech Innovation Center	17	14	13	
南京金港科技创业中心 Nanjing Jingang Technology Innovation Center	21	10	21	

4-4 续表 6 continued 6

单位：人 (person)

科技企业孵化器 Technology Business Incubator	管理机构从业人员数 Total Number of Management Personnel	专业技术人员 Number of Professional and Technical Personnel	大专以上人员 Number of Personnel with College and Higher Level Education	留学回国人员 Number of Returned Overseas Personnel
南京市江宁高新技术创业服务中心 Nanjing Jiangning Hi-tech Innovation Service Center	21	15	17	
南京鼎业百泰生物科技有限公司 Nanjing Dingye Baitai Biomedical Science and Technology Ltd.	22	12	22	
南京市雨花台区科技创业中心 Nanjing Yuhuatai District Science and Technology Innovation Center	14	10	14	
南京留学人员创业园 Nanjing Overseas Students Innovation Park	20	3	20	1
无锡(国家)工业设计园创业服务中心 Wuxi(National) Industrial Design Park Innovation Service Center	23	6	21	
无锡市北创科技创业园有限公司 Wuxi Beichuang Technology Incubation Service Center	35	16	30	3
无锡惠山高新技术创业服务中心(无锡惠山留学人员创业园) Wuxi Huishan Hi-tech Technology Innovation Service Center	18	3	18	
无锡山水城科技创业服务有限公司 Wuxi City Landscape Technology Incubation Service Center	25	5	25	2
无锡新区旺庄科技创业中心 Wuxi City New Area Wangzhuang Science and Technology Development Ltd.	16	12	16	3
无锡软件产业发展有限公司 Wuxi Software Industry Development Ltd.	44		44	1
无锡高新科技创业发展有限公司(无锡市高新技术创业服务中心) Wuxi Hi-tech Venture Development Ltd.	33	10	22	3
无锡微纳产业发展有限公司(原无锡微纳传感网产业孵化管理中心) Wuxi Micro-nano Sensing Nets Incubator	27	25	23	4
无锡留学人员创业园发展有限公司 Wuxi Overseas Students Pioneer Park Development Ltd.	7		7	2
锡山经济技术开发区科技创业服务中心 Xishan Economic Development Zone Technology Incubation Service Center	18	18	18	2
江阴高新技术创业中心 Jiangyin Hi-tech Innovation Park	16	12	16	
宜兴创业园科技发展有限公司 Yixing Innovation Park Technology Development Ltd.	10	10	10	3
宜兴市科技创业服务中心 Yixing Technology Incubation Service Center	10	2	10	1
江阴百桥国际生物科技孵化园 Jiangyin Baiqiao International Biology Technology Incubation Park	16	13	16	3
徐州市高新技术创业服务中心 Xuzhou Hi-tech Innovation Service Center	16	15	15	
徐州软件园 Xuzhou Software Park	18	16	18	
常州钟楼高新技术创业服务中心 Changzhou Zhonglou Hi-tech Innovation Service Center	8		8	1
常州三晶世界科技产业发展有限公司 Changzhou Sanjing World Science and Techology Industry Development Ltd.	11	8	11	
常州高新技术创业服务中心 Changzhou Hi-tech Innovation Service Center	16	15	15	1

4-4 续表 7 continued 7

单位：人 (person)

科技企业孵化器 Technology Business Incubator	管理机构从业人员数 Total Number of Management Personnel	专业技术人员 Number of Professional and Technical Personnel	大专以上人员 Number of Personnel with College and Higher Level Education	留学回国人员 Number of Returned Overseas Personnel
武进高新技术创业服务中心 Wujin Hi-tech Innovation Service Center	14	10	14	
江苏武进科创园(常州市武进科创孵化园管理有限公司) Wujin Technology Innovation Park	16	12	16	
常州西太湖国际智慧园(原为武进经济开发区湖滨科技园) Changzhou West Tai Lake International Wisdom Park				
江苏津通信息技术孵化器 Jiangsu Jintong Information Technology Incubator	12	6	6	2
常州市天宁高新技术创业服务中心 Changzhou Tianning Hi-tech Innovation Service Center	11		11	
苏州市沧浪科技创业园管理有限公司 Suzhou Canglang Technology Innovation Park Management Ltd.	10		9	
苏州工投科技创业园有限公司 Suzhou Gongtou Technology Innovation Park Ltd.	10	9	9	
苏州博济科技创业服务中心 Suzhou Boji Science and Technology Service Center	18	12	16	
苏州市吴中科技创业园管理有限公司 Suzhou Wuzhong Technology Innovation Park	28	5	28	
苏州火炬创新创业孵化管理有限公司(苏州博济科技创业园) Suzhou Torch Innovation Incubation Management Ltd. (Suzhou Boji Science and Technology Park)	29	15	29	
苏州高新技术创业服务中心 Suzhou Hi-tech Innovation Service Center(Including the Department, Microsystems Park, Suzhou Hi-tech Software Park, etc.)	28	11	27	
苏州国环节能环保创业园管理有限公司 Suzhou Guohuan Energy-saving and Environmental Protection Park Management Ltd.	27		26	
苏州留学人员创业园 Suzhou Overseas Scholars Incubation Park	28	11	27	
苏州工业园科技企业孵化器 Suzhou Industrial Park Technology Business Incubator	25	5	25	4
苏州工业园区生物纳米科技园 Suzhou Industrial Park Bio-nano Science and Technology Park	81		78	3
张家港市高新技术创业服务中心 Zhangjiagang Hi-tech Innovation Service Center	10	10	10	
昆山高新技术创业服务中心 Kunshan Hi-tech Innovation Service Center	16	15	15	2
江苏昆山留学人员创业园管理处 Jiangsu Kunshan Overseas Scholars Innovation Park	14	7	14	
昆山清华科技园创业服务中心 Kunshan Tsinghua Science and Technology Innovation Service Center	20	15	20	2
吴江科技创业园管理服务有限公司(吴江科技创业园) Wujiang Science and Technology Innovation Park	21		18	1
吴江汾湖科技创业服务有限公司 Wujiang Fonlake Science and Technology Innovation Service Co., Ltd.	14	2	14	1
太仓市科技创业园有限公司 Taicang Technology Innovation Park Ltd.	15	12	12	
苏州吴中科技园创业服务中心有限公司 Suzhou Wuzhong Technology Innovation Park	14		14	

4-4 续表 8 continued 8

单位：人 (person)

科技企业孵化器 Technology Business Incubator	管理机构从业人员数 Total Number of Management Personnel	专业技术人员 Number of Professional and Technical Personnel	大专以上人员 Number of Personnel with College and Higher Level Education	留学回国人员 Number of Returned Overseas Personnel
苏州东创科技园 Suzhou Dongchuang Science and Technology Park	34	8	26	2
常熟高新技术创业服务中心 Changshu Hi-tech Innovation Service Center	15	1	14	
南通高新技术创业中心有限公司 Nantong Hi-tech Innovation Service Center Ltd.	9		9	
南通市崇川科技创业服务中心有限公司 Nantong Chongchuan Technology Innovation Service Center Ltd.	34	5	34	1
江苏省海安高新技术创业服务中心 Jiangsu Hai'an Hi-tech Innovation Service Center	18	18	18	
如皋市科技创业园 Rugao Technology Innovation Park	15	15	14	
启东创业科技服务有限公司 Qidong Innovation Technology Service Ltd.	13	13	13	
海门市科技创业园有限公司 Haimen Science and Technology Innovation Ltd.	11	6	11	
如皋科技城创业中心管理有限公司 Rugao Science and Technology Innovation Park	13	8	13	1
淮安市高新技术创新中心 Huai'an Hi-tech Innovation Center	10	8	8	
淮安软件园管理发展有限公司 Huai'an Software Park Management Development Ltd.	25	10	23	
盐城高新技术创业园有限公司 Yancheng Hi-tech Innovation Park Ltd.	16	15	15	
盐城中小企业创业投资实业有限公司 Yancheng SME Venture Capital Co., Ltd.	13		13	
东台市高科技术创业园有限公司 Dongtai City Hi-Tech Venture Park Ltd.	7	5	3	
建湖县民营科技创业园服务有限公司 Jianhu County Private Science and Technology Innovation Park Ltd.	28	27	27	
射阳县高新科技创业园 Sheyang County Hi-tech Science and Technology Innovation Park Ltd.	21	21	21	
大丰市科技创业园有限公司 Dafeng Technology Innovation Park Ltd.	24		23	1
扬州高新技术创业服务中心 Yangzhou Hi-tech Innovation Service Center	11	5	11	
扬州市邗江区高新技术创业服务中心 Yangzhou Hanjiang Hi-tech Innovation Service Center	18		13	
扬州广陵高新技术创业服务中心 Yangzhou Guangling Hi-tech Innovation Service Center	15	9	15	1
镇江京口高新技术创业服务中心 Zhenjiang Jingkou Hi-tech Innovation Service Center	14	4	14	
镇江润州高新技术创业服务中心 Zhenjiang Runzhou Hi-tech Innovation Service Center	12		12	
镇江高新技术创业服务中心 Zhenjiang Hi-tech Innovation Service Center	19	17	15	1

4-4 续表 9 continued 9

单位：人 (person)

科技企业孵化器 Technology Business Incubator	管理机构从业人员数 Total Number of Management Personnel	专业技术人员 Number of Professional and Technical Personnel	大专以上人员 Number of Personnel with College and Higher Level Education	留学回国人员 Number of Returned Overseas Personnel
镇江市丹徒环保科技创业服务中心 Zhenjiang Dantu Environmental Technology Innovation Service Center	10	4	10	
泰州市高新技术创业服务中心 Taizhou Hi-tech Innovation Service Center	16	6	16	
泰兴市科技创业园有限公司 Taizhou Hi-tech Innovation Service Center	16	4		16
姜堰市高新技术创业中心 Jiangyan Hi-tech Innovation Center	15	9	13	
江苏省泰州市华海高新技术创业服务中心 Jiangsu Taizhou Huahai Hi-tech Innovation Center	19	5	17	
靖江市华信科技创业园有限公司 Jinjiang Huaxin Hi-tech Innovation Service Center	13		12	
泰州医药高新区医药创业服务中心 Taizhou Medical Hi-tech Zone Medical Innovation Service Center	12	10	10	1
沭阳县科技创业服务中心 Shuyang Technology Incubation Service Center	16	14	16	1
杭州市上城区科技企业创业中心 Hangzhou Shangcheng District Hi-tech Zone Medical Innovation Service Center	8	6	6	
杭州市拱墅区科技创业中心 Hangzhou Gongshu District Technology Innovation Center	15	5	14	
浙江大学科技园发展有限公司 Zhejiang University Science Park Ltd.	22		22	
杭州高新技术产业开发区科技创业服务中心 Hangzhou Science and Technology Industrial Park Technology Innovation Service Center	28	28	28	
杭州东部软件园有限公司 Hangzhou Dongbu Software Park Ltd.	48	14	34	
杭州数字娱乐园有限公司 Hangzhou Digital Entertainment Park Ltd.	14	5	14	
杭州市下城区科技创业中心 Hangzhou Xiacheng District Technology Innovation Center	12	12	12	
杭州乐富智汇园孵化器有限公司 Hangzhou Lefu Zhihui Park Incubator Co., Ltd.	18	6	17	
浙江赛博科技孵化器有限公司 Zhejiang Saibo Science and Technology Incnbator Ltd.	27	14	27	
杭州市高科技企业孵化器有限公司 Hangzhou City Hi-tech Business Incubator Co., Ltd.	19	19	19	
浙江银江孵化器有限公司 Zhejiang Yinjiang Incubator Ltd.	11	4	11	
颐高科技创业园有限公司 Yigao Science and Technology Innovation Park Ltd.	12	7	12	1
临安市科技孵化中心 Lin'an Science and Technology Incubation Center	11	11	11	
杭州余杭高新园区孵化器有限公司 Hangzhou Yuhang Hi-tech Industrial Park Incubator Ltd.	8	1	8	
杭州之江创意园开发有限公司 Hangzhou Zhijiang Creativity Park Development Co., Ltd.	16		16	

4-4 续表 10 continued 10

单位：人 (person)

科技企业孵化器 Technology Business Incubator	管理机构从业人员数 Total Number of Management Personnel	专业技术人员 Number of Professional and Technical Personnel	大专以上人员 Number of Personnel with College and Higher Level Education	留学回国人员 Number of Returned Overseas Personnel
宁波经济技术开发区科技创业园服务中心 Ningbo Development Zone Technology Park Service Center	10		10	
宁波市科技创业中心 Ningbo City Technology Business Incubator Center	14		14	1
浙大科技园宁波发展有限公司 Zhejiang University Science Park Ningbo Development Ltd.	15	15	15	1
宁波保税区科技促进中心 Ningbo Free Trade Zone Science and Technology Promotion Center	11		11	
宁波市鄞创科技孵化器管理服务有限公司 Ningbo Yinchuang Technology Incubator Management Services Ltd.	16		15	1
温州高新技术产业园区创业服务中心 Wenzhou Hi-tech Industrial Park Innovation Center	10		10	
乐清市科技孵化创业中心 Leqing Technology Incubation Innovation Center	13	3	13	
嘉善县科技创业服务有限公司 Leshan County Technology Innovation Service Ltd.	15		15	
浙江秀洲慧谷科技创业中心 Zhejiang Xiuzhou Huigu Technology Innovation Center	15		14	
嘉兴市南湖科技创业服务中心 Jiaxing Nanhu Science and Technology Innovation Service Center	14	1	14	
嘉兴科技创业服务中心 Jiaxing Technology Innovation Service Center	20	16	18	
湖州科技创业服务中心 Huzhou Technology Innovation Service Center	20	11	18	
浙江长兴民营科技园发展有限公司 Zhejiang Changxing Technology Park Development Co., Ltd.	18	2	18	
湖州吴兴区科技发展有限公司 Huzhou Wuxing District Technology Development Ltd.	17		16	1
德清县科技创业服务有限公司 Deqing County Science and Technology Innovation Service Ltd.	15	10	14	
绍兴市高新技术创业服务中心 Shaoxing Hi-tech Innovation Service Center	12		12	
绍兴市越城区科技创业中心有限公司 Shaoxing City Technology Innovation Center Ltd.	14	14	14	
金华科技园创业服务中心有限公司 Jinhua Science Park Innovation Service Center Ltd.	14	4	14	
台州市高新技术创业服务中心有限公司 Taizhou Hi-tech Innovation Service Center Ltd.	13	10	13	
合肥民营科技企业园管理服务中心 Hefei Private Science and Technology Enterprise Park Management Service Center	10	5	10	
合肥国家大学科技园创业孵化中心 Hefei National University Science Park Innovation Center	17	4	16	1
合肥蜀山科技创业服务中心 Hefei Shushan Science and Technology Innovation Service Center	15	8	15	
合肥高新创业园管理有限公司 Hefei Hi-tech Innovation Park Management Ltd.	44	13	44	

4-4 续表 11 continued 11

单位：人 (person)

科技企业孵化器 Technology Business Incubator	管理机构从业人员数 Total Number of Management Personnel	专业技术人员 Number of Professional and Technical Personnel	大专以上人员 Number of Personnel with College and Higher Level Education	留学回国人员 Number of Returned Overseas Personnel
合肥高新技术创业服务中心 Hefei Hi-tech Innovation Service Center	20	14	20	
芜湖高新技术创业服务中心 Wuhu Hi-tech Innovation Center	45	24	42	
蚌埠高新技术创业服务中心 Bengbu Hi-tech Innovation Service Center	21	16	21	2
马鞍山市高新技术创业服务中心 Ma'anshan City Hi-tech Innovation Service Center	22	20	20	1
铜陵市高新技术创业服务中心 Tongling Hi-tech Innovation Service Center	15	13	15	
安庆市高新技术创业服务中心 Anqing Hi-tech Innovation Service Center	9		9	
天长市高新技术创业服务中心 Tianchang Hi-tech Innovation Service Center	15	5	15	
福建省高新技术创业服务中心 Fujian Hi-tech Innovation Service Center	28	15	21	
福州市高新技术产业创业服务中心 Fuzhou City Hi-tech Innovation Service Center	15	14	13	
福州863软件专业孵化器服务中心 Fuzhou 863 Software Incubator Service Center	20	8	19	
厦门软件产业投资发展有限公司 Xiamen Software Industrial Investment Development Ltd.	41	16	38	
厦门高新技术创业中心 Xiamen Hi-tech Innovation Center	36	5	36	1
厦门海峡科技创业促进有限公司 Xiamen Haixia Technology Entrepreneurship Promotion Ltd.	12	2	12	
泉州市高新技术创业服务中心 Quanzhou City Hi-tech Innovation Service Center	26	10	26	
江西省高新技术创业服务中心 Jiangxi Province Hi-tech Innovation Service Center	60	27	60	
南昌高新开发区创业服务中心 Nanchang Science and Technology Industrial Park Innovation Service Center	20		20	
江西高技术产业发展有限责任公司 Jiangxi Hi-tech Industry Development Ltd.	13	8	13	
南昌大学科技园发展有限公司 Nanchang University Science Park Development Ltd.	19	19	19	1
江西省桑海医药科技孵化器 Jiangxi Songhai Medical Technology Incubator	15	6	15	3
九江恒盛科技发展有限责任公司 Jiujiang Hengsheng Science and Technology Development Co., Ltd.	35	10	30	1
济南高新技术创业服务中心 Jinan Hi-tech Innovation Service Center	38	13	38	1
济南槐荫工业园区企业孵化器(济南民营) Jinan Huaiyin Industrial Park Business Incubator	11		11	
济南历下软件创业服务中心 Jinan Lixia Software Innovation Service Center	19	8	18	
济南腊山高新技术创业服务中心 Jinan Lashan Hi-tech Innovation Service Center	12		12	

4-4 续表 12 continued 12

单位：人 (person)

科技企业孵化器 Technology Business Incubator	管理机构从业人员数 Total Number of Management Personnel	专业技术人员 Number of Professional and Technical Personnel	大专以上人员 Number of Personnel with College and Higher Level Education	留学回国人员 Number of Returned Overseas Personnel
青岛高新技术产业开发区创业服务中心 Qingdao Hi-tech Innovation Service Center	12	3	12	
青岛高新技术创业服务中心 Qingdao Hi-tech Innovation Service Center	47	33	47	1
青岛经济技术开发区高科技创业服务中心 Qingdao Technological Development Park Hi-tech Innovation Service Center	8	3	8	
青岛中联智业管理有限公司 Qingdao Zhonglian Zhiye Management Ltd.	16	3	16	
青岛新材料产业科技创新服务中心 Qingdao New Materials Industrial Technology Innovation Service Center	49	27	48	5
青岛科大都市科技园集团有限公司 Qingdao Keda Dushi Science and Technology Park Ltd.	24	9	24	1
青岛软件园发展有限公司 Qingdao Software Park Development Ltd.	47		47	
中航工业青岛科技园(青岛前哨精密机械有限责任公司) Zhonghang Industry Qingdao Science and Technology Park (Qingdao Qianshao Precision Machinery Co., Ltd.)	25	17	25	
橡胶谷有限公司 Rubber Valley Co., Ltd.	16	16	16	3
四方区工业设计产业园创新创业服务中心 Sifang Industrial Design Industrial Park Innovation and Entrepreneurship Center	15	6	15	
淄博高新技术创业服务中心 Zibo Hi-tech Innovation Service Center	35	10	35	3
淄博高新技术产业开发区生物医药产业创新园管理办公室 Zibo High-tech Industrial Development Zone Biomedical Industry Innovation Park Management Office	13	6	13	2
枣庄高新区科技创新服务中心(枣庄科顺数码科技有限公司) Zaozhuang High-tech Zone Innovation Service Center (Zaozhuang Keshun Digital Technology Co., Ltd.)	20	15	20	
东营市高新技术创业服务中心 Dongying City Hi-tech Innovation Service Center	21	6	21	
黄河口高新技术企业创业园 Huanghekou Hi-tech Innovation Service Center	7	7	7	
垦利县高新技术创业服务中心 Kenli Hi-Tech Innovation Service Center	7		7	
东营高新技术创业服务中心 Dongying Hi-tech Innovation Service Center	13	9	13	
烟台高新技术创业服务中心 Yantai Hi-tech Innovation Service Center	21	2	19	
烟台留学人员创业园区 Yantai Overseas Scholars Innovation Park	16	16	16	
烟台高新技术产业园区中俄高新技术产业化合作促进中心 Yantai Hi-tech Industrial Park China-Russia Hi-tech Industrialization Cooperation & Promotion Center	10	9	9	3

4-4 续表 13 continued 13

单位：人 (person)

科技企业孵化器 Technology Business Incubator	管理机构从业人员数 Total Number of Management Personnel	专业技术人员 Number of Professional and Technical Personnel	大专以上人员 Number of Personnel with College and Higher Level Education	留学回国人员 Number of Returned Overseas Personnel
潍坊软件园管理办公室 Weifang Software Park Management Office	18	5	18	
潍坊高新技术创业服务中心 Weifang Hi-tech Innovation Service Center	12	6	12	1
潍坊高新区生物医药科技产业园管理办公室 Weifang Hi-tech Zone Biomedical Park Management Office	36	21	21	2
潍坊高新区宝兴孵化器管理中心 Weifang High-tech Industial Park Baoxing Incubator Management Center	12	9	9	
济宁高新技术创业服务中心 Jining Hi-tech Innovation Service Center	13	7	7	
泰安高新技术创业服务中心 Tai'an Hi-tech Innovation Service Center	7	2	7	
威海火炬高技术产业开发区高新技术创业服务中心 Weihai Torch Hi-tech Industrial Park Hi-tech Innovation Service Center	15	8	15	1
北京清大华创(日照)科技企业孵化器置业有限公司 Beijing Qingdahuachuang (Rizhao) Technology Business Incubator Properties Ltd.	19	7	12	
日照高新区创业服务中心 Rizhao Hi-tech Industrial Park Innovation Service Center	7	7	7	
临沂高新技术创业服务中心 Linyi Hi-tech Innovation Service Center	23	3	22	
临沂科汇高新技术创业园有限公司 Linyi Kehui Hi-tech Innovation Park Ltd.	10	3	10	
德州金田高新技术创业发展有限公司 Dezhou Jintian Hi-Tech Venture Development Ltd.	15	5	15	
德州市高新技术创业服务中心 Dezhou Hi-tech Innovation Service Center	12	2	10	
聊城市高新技术创业服务中心 Liaocheng Hi-Tech Innovation Service Center	17	17	12	
郑州市高新技术创业中心 Zhengzhou City Hi-tech Innovation Center	16	3	12	1
河南省大学科技园发展有限公司 Henan Province University Science Park Development Ltd.	43	12	43	
河南专利孵化转移中心有限公司 Henan Patent Incubation Transfer Center Ltd.	11		10	
郑州经济技术开发区留学人员创业园管理服务中心 Zhengzhou Economic and Technological Development Zone Overseas Students	11		11	
郑州高新技术产业开发区创业中心 Zhengzhou Hi-tech Innovation Center	24	21	24	
开封高新技术创业服务有限公司 Kaifeng Hi-tech Innovation Service Ltd.	22	10	17	
洛阳高技术创业服务中心 Luoyang Hi-tech Innovation Service Center	42	40	42	2
平顶山高新技术创业服务中心 Pingdingshan Hi-tech Innovation Service Center	41	20	15	1
安阳高新技术创业服务中心 Anyang Hi-tech Innovation Service Center	20	5	20	

4-4 续表 14 continued 14

单位：人 (person)

科技企业孵化器 Technology Business Incubator	管理机构从业人员数 Total Number of Management Personnel	专业技术人员 Number of Professional and Technical Personnel	大专以上人员 Number of Personnel with College and Higher Level Education	留学回国人员 Number of Returned Overseas Personnel
河南省新乡高新技术创业服务中心 Henan Xinxiang Hi-tech Innovation Service Center	32		31	1
焦作高新技术创业服务中心 Jiaozuo Hi-tech Innovation Service Center	32	18	27	
漯河高新技术创业服务中心 Luohe Hi-tech Innovation Service Center	26	5	24	2
南阳高新技术创业服务中心 Nanyang Hi-tech Innovation Service Center	16	2	16	
武汉东湖新技术创业中心 Wuhan Eastlake Hi-tech Innovation Center	90	32	80	3
武汉留学生创业园管理中心 Wuhan Overseas Scholars Innovation Park Management Center	15		14	1
武汉市洪山高新技术创业服务有限责任公司 Wuhan Hongshan Hi-tech Innovation Service Center	8	8	8	
武汉市青山高新技术创业服务中心 Wuhan Qingshan Hi-tech Innovation Service Center	22	7	22	
武汉三新材料孵化器有限公司 Wuhan San New Material Incubator Ltd.	15	2	15	
武汉华工科技企业孵化器有限责任公司 Wuhan Huagong Technology Business Incubator Ltd.	10	3	3	1
汉口高新技术创业服务中心 Hankou Hi-tech Innovation Service Center	13	10	13	1
武汉国家农业科技园区创业中心有限公司 Wuhan National Agricultural Technology Park Innovation Center Ltd.	8	8	8	
武汉东创研发设计创意园有限公司 Wuhan Dong Chuang R&D Design Creativity Park Ltd.	15	5	10	1
武汉海峡高新技术创业服务中心 Wuhan Strait Hi-tech Innovation Service Center	15		15	
武汉华创源科技企业孵化器有限公司 Wuhan Huachuangyuan Technology Business Incubator	8	5	8	
湖北国知专利创业孵化园有限公司 Hubei Guozhi Patent Innovation Incubator Ltd.	19	6	19	
武汉岱家山科技企业孵化器有限公司 Wuhan Daijiashan Technology Business Incubator Co., Ltd.	30		30	1
黄石高新技术创业服务中心 Huangshi Hi-tech Innovation Service Center	10	3	10	1
十堰高新技术产业区创业服务中心 Shiyan Hi-tech Industrial Park Innovation Service Center	16	6	15	
宜昌高新技术产业园区创业服务中心 Yichang Hi-tech Industrial Park Innovation Service Center	15	2	13	
襄阳高新技术创业服务中心 Xiangyang Hi-tech Innovation Service Center	12	6	12	
荆门聚盛孵化器管理有限公司 Jingmen Jusheng Incubator Management Ltd.	23	3	20	
孝感高新技术创业服务中心 Xiaogan Hi-tech Innovation Service Center	8	7	6	

4-4 续表 15 continued 15

单位：人 (person)

科技企业孵化器 Technology Business Incubator	管理机构从业人员数 Total Number of Management Personnel	专业技术人员 Number of Professional and Technical Personnel	大专以上人员 Number of Personnel with College and Higher Level Education	留学回国人员 Number of Returned Overseas Personnel
荆州高新技术产业开发区创业服务中心 Jinzhou Hi-tech Industrial Park Innovation Service Center	13	4	13	
长沙高新技术创业服务中心 Changsha Hi-tech Innovation Service Center	33	30	30	
湖南岳麓山国家大学科技园创业服务中心 Hunan Yuelu Mountain National University Science Park Innovation Service Center	20	20	20	
长沙新技术创业服务中心 Changsha Hi-tech Innovation Service Center	32	29	29	
长沙高新技术产业开发区创业服务中心 Changsha Hi-tech Industrial Park Innovation Service Center	32	18	32	3
长沙国家生物产业基地创业服务中心 Changsha National Biological Industry Base Incubation Center	14	5	14	3
湖南麓谷科技孵化器有限公司 Hunan Lugu Technology Incubator Ltd.	30		30	1
湖南广发隆平高科技园创业服务有限公司 Hunan Guangfa Longping Hi-tech Park Venture Services Ltd.	38		36	
株洲高新技术产业开发区创业服务中心(株洲留学人员创业园) Zhuzhou Hi-tech Innovation Service Center(Zhuzhou Overseas Scholars Innovation Park)	36	30	33	
湘潭高新技术创业服务中心 Xiangtan Hi-tech Innovation Service Center	30	12	30	
岳阳火炬创业服务中心 Yueyang Torch Hi-tech Innovation Center	10	2	10	
广州市高新技术创业服务中心 Guangzhou City Hi-tech Innovation Service Center	33	29	31	
广州市海珠高新技术创业服务中心 Guangzhou City Haizhu Hi-tech Innovation Service Center	16	8	16	
华南理工大学国家大学科技园 Huanan Science and Technology University Science Park	12	2	11	
广州联炬科技企业孵化器有限公司 Guangzhou Lianju Technology Business Incubator Ltd.	127	22	100	4
广州火炬高新技术创业服务中心 Guangzhou Torch Hi-tech Innovation Service Center	17	8	17	1
广东拓思软件科学园有限公司 Guangdong Tuosi Software Science Park Ltd.	29		29	
广州国际企业孵化器有限公司 Guangzhou International Business Incubator Ltd.	19	11	18	
五行科技企业孵化器 Wuxing Technology Enterprise Incubator	22	7	22	
深圳市留学生创业园有限公司 Shenzhen Overseas Scholars Innovation Park Ltd	8	5	8	4
深圳市龙岗区科技创业服务中心 Shenzhen City Longgang District Technology Innovation Service Center	13		13	1
深圳市南山区科技创业服务中心 Shenzhen City Nanshan District Technology Innovation Service Center	14	13	13	
深圳市北科创业有限公司 Shenzhen City Beike Innovation Ltd.	7		7	

4-4 续表 16 continued 16

单位：人 (person)

科技企业孵化器 Technology Business Incubator	管理机构从业人员数 Total Number of Management Personnel	专业技术人员 Number of Professional and Technical Personnel	大专以上人员 Number of Personnel with College and Higher Level Education	留学回国人员 Number of Returned Overseas Personnel
深港产学研基地 PKU-HKUST ShenZhen-HongKong Institution Base	40	20	40	6
深圳市福田区高新技术创业中心 Shenzhen City Futian District Hi-tech Innovation Center	27	6	21	3
中国科技开发院有限公司 China Technology Development Institute Ltd.	35	20	35	3
深圳市宝安区科技创业服务中心 Shenzhen City Bao'an District Technology Innovation Service Center	7	2	7	
深圳硅谷大学城创业园管理有限公司 Shenzhen Silicon Valley University Town Innovation Park Management Ltd.	10	2	8	
深圳生物孵化器管理中心 Shenzhen Bio-tech Incubator Management Center	7	2	7	
深圳虚拟大学园管理服务中心 Shenzhen Virtual University Science Park Innovation Center				
珠海高新技术创业服务中心 Zhuhai Hi-tech Innovation Service Center	16	7	16	
广东科炬高新技术创业园有限公司 Guangdong Keju Hi-tech Innovation Park Ltd.	13	4	13	
惠州仲恺高新区科技创业服务中心 Huizhou Zhongkai Hi-tech Zone Innovation Service Center	10	3	10	3
东莞松山湖高新技术创业服务中心 Dongguan Songshan Lake Hi-tech Innovation Service Center	10		10	1
中山火炬高技术创业中心有限公司 Zhongshan Torch Hi-tech Innovation Center Ltd.	25	9	25	2
南宁新技术创业者中心 Nanning New Technology Venture Center	23	21	23	
柳州高新技术创业服务中心 Liuzhou Hi-tech Innovation Service Center	19	19	19	
桂林科技企业发展中心 Guilin Technology Innovation Service Center	20	15	20	1
北海市高新技术创业服务中心 Beihai Hi-tech Innovation Service Center	25	5	24	
广西北海高新技术产业园区创业服务中心 Guangxi Beihai Hi-tech Industrial Park Innovation Service Center	13	13	12	
重庆卓创科技孵化器有限责任公司 Chongqing Zhuochuang Technology Incubator Co., Ltd.	9	7	7	
重庆市涪陵区金渠企业孵化器有限责任公司 Chongqing Fuling District Jinqu Incubator Ltd.	28	13	26	
重庆高技术创业中心 Chongqing Hi-tech Entrepreneurship Center	54	26	51	1
重庆市南岸科技创业发展有限责任公司 Chongqing Nanan Technology Innovation Development Ltd.	22		21	
重庆五里店工业设计中心 Chongqing Wulidian Industrial Design Center	19	16	15	1
重庆高新技术产业开发区创新服务中心 Chongqing Science and Technology Park Technology Innovation Service Center	20		19	1

4-4 续表 17 continued 17

单位：人 (person)

科技企业孵化器 Technology Business Incubator	管理机构从业人员数 Total Number of Management Personnel	专业技术人员 Number of Professional and Technical Personnel	大专以上人员 Number of Personnel with College and Higher Level Education	留学回国人员 Number of Returned Overseas Personnel
重庆市渝中区科技机构管理所 Chongqing Yuzhong District Science and Technology Institute Control Station	10	3	10	1
重庆腾业创业咨询服务有限公司 Chongqing Tengye Venture Consulting Services Ltd.	16	16	16	
四川川大科技园发展有限公司 Sichuan University Science Park Development Ltd.	24	5	18	1
成都高新技术创业服务中心 Chengdu Hi-tech Innovation Service Center	26	19	26	
成都武侯高新技术创业服务中心 Chengdu Wuhou Hi-tech Innovation Service Center	7		7	
成都高新区技术创新服务中心 Chengdu Hi-tech Industrial Park Technology Innovation Service Center	31	12	29	2
成都高新区教育科技园孵化器有限公司 Chengdu Science and Technology Park Education Science Park Business Incubator Ltd.	27	10	27	
成都天河中西医科技保育有限公司 Chengdu Tianhe Conservation Medicine Technology Innovation Co., Ltd.	69	48	21	2
自贡市高新技术创业服务中心 Zigong Hi-tech Innovation Service Center	23	15	23	
绵阳高新区创业服务中心 Mianyang Science and Technology Innovation Service Center	16	10	16	
绵阳高新区生物医药孵化器有限公司 Mianyang Hi-tech Industrial Park Bio-medicine Incubator Ltd.	12	8	8	
四川中物技术有限责任公司 Sichuan Zhongwu Technology Ltd.	58	25	47	
贵阳高新技术创业服务中心 Guiyang Hi-tech Innovation Service Center	20	12	20	1
贵州贵阳软件园 Guizhou Guiyang Software Park	25	18	25	
昆明高新技术创业服务中心 Kunming Hi-tech Innovation Service Center	30	17	28	
昆明北理工科技孵化器有限公司 Kunming BIT Technology Incubator Ltd.	11	10	10	
云南海归创业园科技发展有限公司 Yunnan Returnees Venture Pioneering Park Science and Technology Development Ltd.	54	10	44	4
昆明高新五华科技产业园创业服务中心 Kunming Hi-tech Wuhua Science and Technology Park of Innovation Management Ltd.	11		11	
云南省新材料孵化器 Yunnan Province Advanced Material Business Incubator	16	6	16	
昆明创新园科技发展有限公司 Kunming Innovation Park Science and Technology Development Ltd.	20	20	20	
昆明经济技术开发区新兴产业孵化区管理有限公司 Kunming Economic and Technological Development Zone Emerging Industries Incubator Management Ltd.	45	5	45	
西藏自治区科技创业服务中心 Xizang Autonomous Region Science and Technology Innovation Service Center	11	6	5	
西安市高新区创业服务中心(西安高新区创业园发展中心) Xi'an Hi-Tech Industry Development Zone Innovation Park	43	43	43	

4-4 续表 18 continued 18

单位：人 (person)

科技企业孵化器 Technology Business Incubator	管理机构从业人员数 Total Number of Management Personnel	专业技术人员 Number of Professional and Technical Personnel	大专以上人员 Number of Personnel with College and Higher Level Education	留学回国人员 Number of Returned Overseas Personnel
西安创业园投资管理有限公司(西安先进制造专业孵化器) Xi'an Advanced Manufacturing Incubator	15	6	6	
西安联创生物医药孵化器有限公司 Xi'an Lianchuang Biological Medicine Business Incubator Ltd.	10	7	10	
西安光电子专业孵化器有限责任公司 Xi'an Professional Photoelectron Business Incubator Ltd.	23	18	23	
陕西启迪科技园发展有限公司 Shaanxi Qidi Science and Technology Park Development Ltd.	18	12	18	
西安集成电路设计专业孵化器有限公司 Xi'an IC Design Incubator Ltd.	20	7	18	
西安易创军民两用科技工业孵化器有限责任公司 Xi'an Yichuang Military and Civil Technology Industry Incubator	17	11	17	2
西安软件园发展中心 Xi'an Software Park Development Center	24	18	24	4
西安交大科技园高新技术创业服务中心 Xi'an Jiaotong University Science Park Hi-tech Innovation Service Center	24	11	9	
西安航空科技创新服务中心 Xi'an Aviation Science and Technology Service Center	9	9	9	
西安航天基地国际孵化器有限公司 Xi'an International Incubator Space Base Ltd.	25	14	25	5
西安三元数字媒体有限公司 Xi'an Sanyuan Digital Media Ltd.	21	6	21	
西安农业科技企业孵化器有限公司 Xi'an Agricultural Science and Technology Business Incubator Co., Ltd.	8	1	8	
西安大普光电与信息科技企业孵化器 Xi'an Dapu Optoelectronics and Information Technology Business Incubator	11	2	11	
宝鸡高新技术产业开发区高技术创业服务中心 Baoji Hi-Tech Industry Development Zone of Hi-tech Innovation Service Center	32	20	12	
杨凌农业高新技术产业示范区创业服务中心 Yangling Agricultural Hi-tech Industry Demonstration Zone Innovation Service Center	13	10	13	
兰州高新技术产业开发区创业服务中心 Lanzhou Hi-tech Industry Development Zone Innovation Service Center	21	13	18	
甘肃省高新技术创业服务中心 Gansu Province Hi-tech Innovation Service Center	25	11	21	
青海省创业发展孵化器有限公司 Qinghai Venture Development Incubator Ltd.	7	6	7	
青海中小企业创业发展有限责任公司 Qinghai SMEs Development Ltd.	14	5	10	
青海生科中小企业创业有限公司 Qinghai Bio-tech Medium and Small Business Innovation Ltd.	11	4	9	
宁夏高新技术创业服务中心 Ningxia Hi-tech Innovation Service Center	13	7	13	
乌鲁木齐高新区高新技术创业服务中心 Urumqi Hi-tech Innovation Service Center	17	4	17	
新疆申新科技合作基地有限公司 Xinjiang Shenxin Scientific and Technological Cooperation Base Ltd.	18		18	

4-5 国家级科技企业孵化器孵化场地情况

Space Stastistics of State Level TBIs

单位：平方米 (sq.m)

科技企业孵化器 Technology Business Incubator	总面积 Total Space Area	办公用房 Space for Office	企业用房 Space for Tenants	服务用房 Space for Service	其他 Others
合　计 **Total**	**20991040**	**574061**	**16484503**	**2376701**	**1555774**
北京奥宇科技企业孵化器有限公司 Beijing Aoyu Technology Business Incubator Ltd.	21000	250	16203	2704	1843
北京北航天汇科技孵化器有限公司 Beijing Beihang Tianhui Technology Business Incubator Ltd.	21200	120	15966	3000	2114
北京博奥联创科技孵化器有限公司 Beijing Bo'ao Lianchuang Technology Business Incubator Ltd.	16000	230	14570	1200	
北京高技术创业服务中心 Beijing Hi-tech Innovation Service Center	30880		25020	5860	
北京汉潮大成科技孵化器有限公司 Beijing Hanchao Dacheng Technology Business Incubator Ltd.	42000	400	32000	6520	3080
北京瀚海润泽科技孵化器有限公司 Beijing Hanhai Runze Technology Incubator Ltd.	30600	460	23600	3040	3500
北京华海基业科技孵化器有限公司 Beijing Huahai Jiye Technology Business Incubator Ltd.	20000	300	16000	1500	2200
北京均大高科科技孵化器有限公司 Beijing Junda Hi-tech Technology Business Incubator Ltd.	12200	800	9400	2000	
北京科大方兴科技孵化器有限责任公司 Beijing Keda Fangxing Technology Business Incubator Ltd.	18470	980	12490	5000	
北京理工创新高科技孵化器有限公司 Beijing Institute of Technology Innovation and Hi-tech Incubator Ltd.	10281	200	6100	400	3581
北京普天德胜科技孵化器有限公司 Beijing Putian Desheng Technology Business Incubator Ltd.	27000	500	21000	2600	2900
北京启迪创业孵化器有限公司 Beijing Qidi Technology Business Incubator Ltd.	28705	120	24193	3550	842
北京赛欧科园科技孵化中心有限公司 Beijing Sai'ou Keyuan Technology Business Incubation Center Ltd.	29800	2300	24600	2900	
北京望京科技孵化器服务有限公司 Beijing Wangjing Technology Business Incubator Ltd.	27484	200	25484	1800	
北京中关村国际孵化器有限公司 Beijing Zhongguancun International Business Incubator Ltd.	21629	655	18238	2736	
北京中关村京蒙高科企业孵化器有限责任公司 Beijing Zhongguancun Jingmeng Hi-tech Business Incubator Ltd.	20228	524	10079	5013	4612
北京中关村软件园孵化服务有限公司 Beijing Zhongguancun Software Park Incubation Service Ltd.	28657	270	19500	8887	
北京中关村上地生物科技发展有限公司 Beijing Zhongguancun Shangdi Biological Technology Business Incubator Ltd.	20397	273	12529	5630	1965
北京中关村生命科学园生物医药科技孵化有限公司 Beijing Zhongguancun Life Science Park Biological Medicine Technology Business Incubation Ltd.	50000	300	43000	3000	3700
汇龙森国际企业孵化(北京)有限公司 Huilongsen International Enterprise Incubation (Beijing) Ltd.	58700	1000	42800	2900	12000
中关村科技园区丰台科技创业服务中心 Zhongguancun Science and Technology Park Fengtai Park Science and Technology Innovation Service Center	22089	1000	19017	2072	

4-5 续表 1 continued 1

单位：平方米 (sq.m)

科技企业孵化器 Technology Business Incubator	总面积 Total Space Area	办公用房 Space for Office	企业用房 Space for Tenants	服务用房 Space for Service	其他 Others
中关村科技园区海淀园创业服务中心 Zhongguancun Science and Technology Park Haidian Park Science and Technology Innovation Service Center	46030	500	29920	15611	
北京京仪科技孵化器有限公司 Beijing Jingyi Technology Incubator Ltd.	37253	200	10530	1887	24636
汇龙森欧洲科技(北京)有限公司 Huilongsen European Technology (Beijing) Ltd.	52500	1000	32400	8000	11100
北京北达燕园科技孵化器有限公司 Beijing Beida Yanyuan Technology Incubator Let.	17704	900	15604	1200	
北京瀚海博智科技孵化器有限公司 Beijing Hanhai Runze Technology Incubator Ltd.	12000	380	9694	1500	426
北京康华伟业孵化器有限责任公司 Beijing Kanghua Weiye Technology Business Incubator Ltd.	17933	500	9507	1400	6526
北京牡丹科技孵化器有限公司 Beijing Peony Technology Incubator Ltd.	18370	450	14620	1100	2200
天津市科技创业服务中心 Tianjin Technology Innovation Service Center	31085	2085	24800	4200	
天津滨海高新技术产业开发区国际创业中心 Tianjin Binhai Hi-tech Industrial Development Zone International Innovation Center	50823	400	48500	1523	400
天津泰达国际创业中心 Tianjin Taida International Innovation Center	22728		22088	640	
天津海泰企业孵化服务有限公司 Tianjin Haitai Business Incubator Service Ltd.	27737	100	24122	3515	
天津火炬鑫茂创业服务有限公司 Tianjin Torch Xinmao Innovation Service Ltd.	68473	60	52040	16373	
天津华科企业孵化服务有限公司 Tianjin Huake Business Incubator Service Ltd.	28200	100	21900	1200	5000
天津科丽泰科技企业孵化器有限公司 Tianjin Kelitai Technology Business Incubator Ltd.	20286	100	17438	1554	1194
天津市帅超科技园有限公司 Tianjin Shuaichao Science and Technology Park	21000	1500	16200	300	3000
天津金虹桥电气企业孵化器有限公司 Tianjin Golden Bridge Electric Business Incubator Ltd.	11200	258	9792	1150	
天津华苑软件园建设发展有限公司 Tianjin Huayuan software Park Construction Development Ltd.	23531	191	19271	4069	
天津意库创意企业管理服务有限公司 Tianjin Yiku Creativity Business Management Service Ltd.	15000	480	12085	2000	435
天津市世纪龙科技服务发展有限公司 Tianjin Century Dragon Technology Service Development Co., Ltd.	21415	387	15883	1128	4017
天津市聚贤科技孵化器有限公司 Tianjin Juxian Technology Incubator Ltd.	19000	1000	15000	2500	500
天津市国际生物医药联合研究院 Tianjin International Biomedicine Joint Academy	68639	3749	54813	10077	
天津市陈塘科技孵化器有限公司 Tianjin chentang Technology Incubator Ltd.	27732	1600	20000	3400	2732
天津青年创业园管理有限公司 Tianjin Youth Venture Park Management Ltd.	21190	490	14800	3700	2200

4-5 续表 2 continued 2

单位：平方米 (sq.m)

科技企业孵化器 Technology Business Incubator	总面积 Total Space Area	办公用房 Space for Office	企业用房 Space for Tenants	服务用房 Space for Service	其他 Others
天津普天企业孵化服务有限公司 Tianjin Putian Business Incubator Services Ltd.	12115	66	11600	449	
天津航大中天科技发展有限公司 Tianjin Hangda Zhongtian Technology Development Co., Ltd.	21300	700	16600	2000	2000
石家庄市科技创新服务中心 Shijiazhuang Science and Technology Innovation Service Center	36000	1796	15879	10827	7497
河北方大科技有限公司 Hebei Fangda Science and Technology Co., Ltd.	58513	100	53577	4836	
石家庄高新技术创业服务中心 Shijiazhuang Hi-tech Innovation Service Center	95000	2000	91000	2000	
唐山高新技术创业中心 Tangshan Hi-tech Innovation Center	63000	500	54000	8500	
秦皇岛市育兴高新技术创业有限公司 Qinhuangdao Yuxing Hi-tech Venture Ltd.	21988	300	20188	1500	
秦皇岛经济技术开发区高新技术创业服务中心 Qinhuangdao Development Zone Hi-tech Innovation Service Center	48000	1150	42550	4087	213
邯郸高新技术创业服务中心 Handan Hi-tech Innovation Service Center	52000		48100	3900	
保定高新技术创业服务中心 Baoding Hi-tech Innovation Service Center	61000	500	56000	2000	2500
涿鹿科技园孵化器有限公司 Zhuolu Science Park Technology Incubator Ltd.	60253	6743	45000	8510	
承德高新技术产业开发区创业服务中心 Chengde Hi-tech Industrial Development Zone Business Service Center	12000	200	8000	1800	2000
沧州市科技创业中心 Cangzhou Technology Innovation Center	89028	410	11950	2202	74466
三河燕郊新技术创业服务中心 Sanhe Yanjiao Hi-tech Innovation Service Center	22600	800	16990	4603	207
山西省高新技术创业中心 Shanxi Hi-tech Innovation Center	39800	660	31792	7348	
山西科伟通新技术发展有限公司 Shanxi Keweitong New Technology Development Ltd.	20313	356	19001	956	
山西三益华信创业服务有限公司 Shanxi Sanyi Huaxin Innovation Service Ltd.	13221	878	10220	530	1593
太原高新区留学人员创业园 Taiyuan Hi-tech Zone Overseas Students Innovation Park	30000		25000	5000	
阳泉市高新技术创业服务中心 Yangquan Hi-tech Innovation Service Center	27000	400	23000	3600	
长治高新区创业服务中心 Changzhi Hi-tech Zone Innovation Service Center	47700	700	37000	3000	7000
呼和浩特留学人员创业园管理服务中心 Hohhot Overseas Students Pioneer Park Management Service Center	20385	280	14525	5580	
包头稀土高新技术产业开发区科技创业服务中心 Baotou Rare Earth Science and Technology Park Innovation Service Center	88851	1335	79927	6919	670
内蒙古自治区留学人员创业园 Inner Mongolia Overseas Students Innovation Park	12621	116	10800	1706	
沈阳东大科技企业孵化器有限公司 Shenyang Dongda Technology Business Incubator Ltd.	28400	1215	22000	500	4685

4-5 续表 3 continued 3

单位：平方米 (sq.m)

科技企业孵化器 Technology Business Incubator	总面积 Total Space Area	办公用房 Space for Office	企业用房 Space for Tenants	服务用房 Space for Service	其他 Others
沈阳市高科技创业中心 Shenyang Hi-tech Innovation Center	21614	700	17200	2794	920
沈阳市和平区高新技术企业创业服务中心 Shenyang Heping District Hi-tech Business Incubation Center	25200	1402	18823	4975	
沈阳软件出口基地有限公司 Shenyang Software Export Base Co., Ltd.	26900		24300	2600	
沈阳动漫研发与软件外包孵化器 Shenyang Animation Innovation and Software Outsourcing Incubator	30000	2766	20934	6300	
沈阳先进制造技术产业有限公司 Shenyang Advanced Manufacturing Technology Industrial Ltd.	20000	175	15358	4467	
沈阳高新技术产业开发区科技创业服务中心 Shenyang Hi-tech Industrial Development Zone Technology Incubation Service Center	49240	500	41000	7740	
大连市高新技术创业服务中心 Dalian Hi-tech Innovation Service Center	137982	2100	113504	10137	12240
大连市沙河口区天河科技创业服务中心 Dalian Shahekou District Tianhe Technology Innovation Service Center	21464	301	15187	859	5117
大连双D港创业孵化有限公司 Dalian Double D Innovation Incubator Ltd.	100000	3000	80000	5000	12000
大连旅顺民营科技企业创业中心 Dalian Lvshun Private Scientific and Technological Enterprises Innovation Center Ltd.	14034	400	12500	500	634
大连市民营科技企业创业中心有限公司 Dalian Private Science and Technology Enterprises Innovation Center	22168	130	17340	2336	2362
大连市理想光电技术孵化创业中心有限公司 Dalian Lixiang Photoelectric Technology Business Incubation Center Ltd.	13000		9902	3098	
大连北方科技企业孵化基地 Dalian Beifang Technology Enterprises Incubation Base	26727	333	22717	3677	
大连光洋工控技术创业服务中心有限公司 Dalian Koyo Industrial Control Technology Innovation Center Ltd.	10312	840	7890	1582	
沙河口区高校毕业生就业服务中心 Shahekou District College Graduates Employment Service Center	21000	400	16000	4000	600
大连九龙高新技术创业服务有限公司 Dalian Jiulong Hi-tech Innovation Service Ltd.	20302	80	16552	1222	2448
大连集成电路设计产业基地管理股份有限公司 Dalian IC Design Industrial Base Managemeat Inc.	17000	460	11588	2848	2104
瓦房店福斯特轴承科技开发有限公司 Wafangdian Foster Bearing Technology Development Co., Ltd.	26806	516	21503	4787	
鞍山高新技术创业服务中心 Anshan Hi-tech Innovation Service Center	79500	1000	60500	18000	
辽宁药都发展有限公司 Liaoning Yaodu Development Ltd.	45000	6000	35000	4000	
丹东高新技术创业服务中心 Dandong Hi-tech Innovation Service Center	21711	509	19679	1523	
锦州高新技术产业创业服务中心 Jinzhou Hi-tech Innovation Service Center	32200	500	30000	1000	700
营口市高新技术创业服务中心 Yingkou Hi-tech Innovation Service Center	56000	7500	41000	7500	

4-5 续表 4 continued 4

单位：平方米 (sq.m)

科技企业孵化器 Technology Business Incubator	总面积 Total Space Area	办公用房 Space for Office	企业用房 Space for Tenants	服务用房 Space for Service	其他 Others
阜新高新技术创业服务中心 Fuxin Hi-tech Innovation Service Center	37664	800	32464	3200	1200
辽宁工程技术大学兴科中小企业服务中心 Liaoning Technical University Xingke SME Service Center	28827	3660	14460	5600	5107
铁岭市高新技术创业服务中心 Tieling Hi-tech Innovation Service Center	37000	2000	30000	5000	
葫芦岛高新技术产业开发区创业中心 Huludao Hi-tech Industrial Park Innovation Center	23054	400	17100	4800	754
吉林省光电子产业孵化器有限公司 Jilin Optoelectronic Industry Incubator Ltd.	22000	350	21000	650	
长春中俄科技园股份有限公司 Changchun China-Russia Science and Technology Park Ltd.	101500	1500	88657	11343	
长春科技创业服务中心 Changchun Technology Innovation Service Center	66605	650	58095	7860	
吉林省东北亚文化创意科技园科技企业孵化器 Jilin Northeast Asia Cultural and Creative Technology Park and Technology Business Incubator	41478	1000	37820	2658	
吉林高新技术创业服务中心 Jilin Hi-tech Innovation Service Center	102000	2500	95000	4500	
延吉高新技术创业中心 Yanji Hi-tech Business Center	96000	2500	62150	3000	28350
珲春高新技术创业服务中心 Hunchun Hi-tech Innovation Service Center	25000	2648	10000	3300	9052
哈尔滨金华科技企业孵化器有限公司 Harbin Jinhua Technology Business Incubator Ltd.	23420	800	18300	1200	3120
哈尔滨市动力科技创业中心 Harbin Hi-tech Driver Technology Innovation Center	17147	300	13747	3100	
哈尔滨广瀚科技创业有限公司 Harbin Guanghan Science and Technology Innovation Co., Ltd.	15000	200	7200	3000	4600
哈尔滨高科科技企业孵化器有限公司 Harbin Technology Business Incubator Ltd.	20032	325	18907	800	
哈尔滨龙计电子技术创业中心 Harbin Longji Electronic Technology Innovation Center	10405	48	8168	2189	
哈尔滨工业大学国家大学科技园发展有限公司 Harbin Industry University Science Park Ltd.	21615	500	17620	2495	1000
哈尔滨理工大学科技企业孵化器有限责任公司 Harbin Science and Technology University Business Incubator Co., Ltd.	18000	1200	14350	2450	
哈尔滨高科技创业中心 Harbin Hi-tech Innovation Center	76300	550	57600	9000	9150
哈尔滨工程大学科技园创业服务中心 Harbin Engineering University Science Park Innovation Service Center	21000	2000	17000	2000	
大庆高新技术创业服务中心 Daqing Hi-tech Innovation Service Center	93170	2637	61613	28920	
上海上大科技园发展有限公司 Shanghai University Science Park Development Ltd.	21000	1700	16780	2020	500
上海漕河泾新兴技术开发区科技创业中心 Shanghai Caohejing Hi-tech Park Innovation Center of Science and Technology	36538	2000	32538	2000	

4-5 续表 5 continued 5

单位：平方米 (sq.m)

科技企业孵化器 Technology Business Incubator	总面积 Total Space Area	办公用房 Space for Office	企业用房 Space for Tenants	服务用房 Space for Service	其他 Others
上海同济科技园孵化器有限公司 Shanghai Tongji Science Park Business Incubator Ltd.	22948	431	16873	1508	4135
上海杨浦科技创业中心有限公司 Shanghai Yangpu Technology Innovation Center Ltd.	38908	508	35400	3000	
上海微电子设计有限公司 Shanghai Microelectronics Design Ltd.	16628	302	14816	802	708
上海市科技创业中心 Shanghai Science and Technology Innovation Center	34000	3000	27034	3966	
上海八六三信息安全产业基地有限公司 Shanghai 863 Information Security Industry Base Ltd.	19960	600	13406	5954	
上海张江高新技术创业服务中心 Shanghai Zhangjiang Hi-tech Innovation Service Center	23639	519	20120	3000	
上海慧谷高科技创业中心 Shanghai Huigu Hi-tech Innovation Center	33574	882	24137	1484	7071
上海复旦科技园高新技术创业服务有限公司 Shanghai Fudan Science Park Hi-tech Innovation Service Ltd.	20120	942	17252	1926	
上海都市工业设计中心有限公司 Shanghai Urban Industrial Design Center Ltd.	10920	400	9143	1200	177
上海聚科生物园区有限责任公司 Shanghai Juke Biology Park Ltd.	16420	200	14659	235	1326
上海市虹口区科技创业中心 Hongkou District Technology Innovation Center	21037	223	19819	995	
上海市闸北区科技创业中心 Shanghai Zhabei District Technology Innovation Center	27000	224	24500	2276	
上海市青浦区科技创业中心 Shanghai Qingpu District Technology Innovation Center	21952	360	17343	4249	
上海莘闵高新技术开发有限公司 Shanghai Xinmin Hi-tech Development Ltd.	23362	220	17712	3500	1930
上海金山化工孵化器发展有限公司 Shanghai Jinshan Chemical Industry Development Incubator Ltd.	29601	5498	17352	4646	2105
上海张江药谷公共服务平台有限公司 Shanghai Zhangjiang Medicine Valley Public Service Platform Ltd.	43784	757	27953	12461	2613
上海莘泽创业投资管理有限公司 Shanghai Xinze Venture Capital Management Co., Ltd.	14805	452	11956	2397	
上海谈家二八企业管理有限公司 Shanghai Tanjia Twenty-eight Enterprise Management Co., Ltd.	11963	300	10463	1200	
上海浦东软件园创业投资管理有限公司 Shanghai Pudong Software Park Venture Capital Management Co., Ltd.	22602	215	14788	4212	3387
上海康桥先进制造技术创业园有限公司 Shanghai Kangqiao Advanced Manufacturing Technology Business Park Ltd.	22000	1100	14499	5500	901
上海漕河泾开发区创新创业园发展有限公司 Shanghai Caohejing Innovation Park Development Co., Ltd.	21316	750	16558	750	3258
江苏省高新技术创业服务中心 Jiangsu Hi-tech Innovation Center	30000	1100	27200	1700	
南京科技创业服务中心 Nanjing Hi-tech Innovation Center	45000	175	43300	525	1000
南京金港科技创业中心 Nanjing Jingang Technology Innovation Center	38631	360	33213	3000	2058

4-5 续表 6 continued 6

单位：平方米 (sq.m)

科技企业孵化器 Technology Business Incubator	总面积 Total Space Area	办公用房 Space for Office	企业用房 Space for Tenants	服务用房 Space for Service	其他 Others
南京市江宁高新技术创业服务中心 Nanjing Jiangning Hi-tech Innovation Service Center	21713	3000	18713		
南京鼎业百泰生物科技有限公司 Nanjing Dingye Baitai Biomedical Science and Technology Ltd.	26000	1000	19890	4800	310
南京市雨花台区科技创业中心 Nanjing Yuhuatai District Science and Technology Innovation Center	55000	4219	28712	4500	17570
南京留学人员创业园 Nanjing Overseas Students Innovation Park	83000	7595	75405		
无锡(国家)工业设计园创业服务中心 Wuxi(National) Industrial Design Park Innovation Service Center	37000	500	31663	4837	
无锡市北创科技创业园有限公司 Wuxi Beichuang Technology Incubation Service Center	87585	1600	63169	22816	
无锡惠山高新技术创业服务中心(无锡惠山留学人员创业园) Wuxi Huishan Hi-tech Technology Innovation Service Center	106818	620	81118	16800	8280
无锡山水城科技创业服务有限公司 Wuxi City Landscape Technology Incubation Service Center	38421	4231	30983	3207	
无锡新区旺庄科技创业中心 Wuxi City New Area Wangzhuang Science and Technology Development Ltd.	41899	1000	32899	8000	
无锡软件产业发展有限公司 Wuxi Software Industry Development Ltd.	120000	1900	83694	34406	
无锡高新科技创业发展有限公司(无锡市高新技术创业服务中心) Wuxi Hi-tech Venture Development Ltd.	143100	5000	130100	8000	
无锡微纳产业发展有限公司(原无锡微纳传感网产业孵化管理中心) Wuxi Micro-nano Sensing Nets Incubator	69000	300	55800	2000	10900
无锡留学人员创业园发展有限公司 Wuxi Overseas Students Pioneer Park Development Ltd.	67567		54400	5000	8167
锡山经济技术开发区科技创业服务中心 Xishan Economic Development Zone Technology Incubation Service Center	63557	787	48269	4250	10251
江阴高新技术创业中心 Jiangyin Hi-tech Innovation Park	85000	991	64009	20000	
宜兴创业园科技发展有限公司 Yixing Innovation Park Technology Development Ltd.	200000	1160	168000	20000	10840
宜兴市科技创业服务中心 Yixing Technology Incubation Service Center	39800	1000	30300	8500	
江阴百桥国际生物科技孵化园 Jiangyin Baiqiao International Biology Technology Incubation Park	15543	1000	9743	4800	
徐州市高新技术创业服务中心 Xuzhou Hi-tech Innovation Service Center	43400	300	17479	5000	20621
徐州软件园 Xuzhou Software Park	203000	150	184730	6000	12120
常州钟楼高新技术创业服务中心 Changzhou Zhonglou Hi-tech Innovation Service Center	69440	200	68040	1200	
常州三晶世界科技产业发展有限公司 Changzhou Sanjing World Science and Techology Industry Development Ltd.	37500	500	31743	1757	3500
常州高新技术创业服务中心 Changzhou Hi-tech Innovation Service Center	65000	400	51600	13000	

4-5 续表 7 continued 7

单位：平方米 (sq.m)

科技企业孵化器 Technology Business Incubator	总面积 Total Space Area	办公用房 Space for Office	企业用房 Space for Tenants	服务用房 Space for Service	其他 Others
武进高新技术创业服务中心 Wujin Hi-tech Innovation Service Center	38900	2000	36400	500	
江苏武进科创园(常州市武进科创孵化园管理有限公司) Wujin Technology Innovation Park	31600	500	27800	3300	
常州西太湖国际智慧园(原为武进经济开发区湖滨科技园) Changzhou West Tai Lake International Wisdom Park					
江苏津通信息技术孵化器 Jiangsu Jintong Information Technology Incubator	46000	100	33823	5000	7077
常州市天宁高新技术创业服务中心 Changzhou Tianning Hi-tech Innovation Service Center	26977	1355	22050	3572	
苏州市沧浪科技创业园管理有限公司 Suzhou Canglang Technology Innovation Park Management Ltd.	23500	300	19000	3000	1200
苏州工投科技创业园有限公司 Suzhou Gongtou Technology Innovation Park Ltd.	21158	170	16586	1730	2672
苏州博济科技创业服务中心 Suzhou Boji Science and Technology Service Center	32543	1000	21912	9631	
苏州市吴中科技创业园管理有限公司 Suzhou Wuzhong Technology Innovation Park	75309	1500	66809	7000	
苏州火炬创新创业孵化管理有限公司(苏州博济科技创业园) Suzhou Torch Innovation Incubation Management Ltd. (Suzhou Boji Science and Technology Park)	43226	200	37952	5074	
苏州高新技术创业服务中心 Suzhou Hi-tech Innovation Service Center(Including the Department, Microsystems Park, Suzhou Hi-tech Software Park, etc.)	150881	3500	79357	34370	33654
苏州国环节能环保创业园管理有限公司 Suzhou Guohuan Energy-saving and Environmental Protection Park Management Ltd.	24800	1000	17700	5600	500
苏州留学人员创业园 Suzhou Overseas Scholars Incubation Park	23955	120	17968	4259	1608
苏州工业园科技企业孵化器 Suzhou Industrial Park Technology Business Incubator	55003	1982	42902	8000	2119
苏州工业园区生物纳米科技园 Suzhou Industrial Park Bio-nano Science and Technology Park	25000		22297	2703	
张家港市高新技术创业服务中心 Zhangjiagang Hi-tech Innovation Service Center	52000	800	40000	6550	4650
昆山高新技术创业服务中心 Kunshan Hi-tech Innovation Service Center	30900	950	26500	3450	
江苏昆山留学人员创业园管理处 Jiangsu Kunshan Overseas Scholars Innovation Park	59740	500	45430	3509	10301
昆山清华科技园创业服务中心 Kunshan Tsinghua Science and Technology Innovation Service Center	47868	700	44702	2466	
吴江科技创业园管理服务有限公司(吴江科技创业园) Wujiang Science and Technology Innovation Park	159000	1000	88000	15000	55000
吴江汾湖科技创业服务有限公司 Wujiang Fonlake Science and Technology Innovation Service Co., Ltd.	28000	780	22120	2860	2240
太仓市科技创业园有限公司 Taicang Technology Innovation Park Ltd.	53206	160	38511	7088	7447
苏州吴中科技园创业服务中心有限公司 Suzhou Wuzhong Technology Innovation Park	48804	2187	41170	5447	

4-5 续表 8 continued 8

单位：平方米 (sq.m)

科技企业孵化器 Technology Business Incubator	总面积 Total Space Area	办公用房 Space for Office	企业用房 Space for Tenants	服务用房 Space for Service	其他 Others
苏州东创科技园 Suzhou Dongchuang Science and Technology Park	113800	1600	73970	9900	28330
常熟高新技术创业服务中心 Changshu Hi-tech Innovation Service Center	34450	1800	30000	2650	
南通高新技术创业中心有限公司 Nantong Hi-tech Innovation Service Center Ltd.	39000	1044	35186	2256	514
南通市崇川科技创业服务中心有限公司 Nantong Chongchuan Technology Innovation Service Center Ltd.	31600	79	29654	1867	
江苏省海安高新技术创业服务中心 Jiangsu Hai'an Hi-tech Innovation Service Center	78211	900	59311	18000	
如皋市科技创业园 Rugao Technology Innovation Park	34300	580	27100	3300	3320
启东创业科技服务有限公司 Qidong Innovation Technology Service Ltd.	38582	350	30134	4010	4088
海门市科技创业园有限公司 Haimen Science and Technology Innovation Ltd.	60000	400	37180	3560	18860
如皋科技城创业中心管理有限公司 Rugao Science and Technology Innovation Park	23420	3120	18200	900	1200
淮安市高新技术创新中心 Huai'an Hi-tech Innovation Center	40600	315	37680	2500	105
淮安软件园管理发展有限公司 Huai'an Software Park Management Development Ltd.	72358	3986	44126	18034	6212
盐城高新技术创业园有限公司 Yancheng Hi-tech Innovation Park Ltd.	28700	220	26300	2180	
盐城中小企业创业投资实业有限公司 Yancheng SME Venture Capital Co., Ltd.	18000		16000	2000	
东台市高科技术创业园有限公司 Dongtai City Hi-Tech Venture Park Ltd.	17450	200	14450	2700	100
建湖县民营科技创业园服务有限公司 Jianhu County Private Science and Technology Innovation Park Ltd.	45000	2800	37000	5200	
射阳县高新科技创业园 Sheyang County Hi-tech Science and Technology Innovation Park Ltd.	39670	6523	23800	3098	6249
大丰市科技创业园有限公司 Dafeng Technology Innovation Park Ltd.	30000	1550	28450		
扬州高新技术创业服务中心 Yangzhou Hi-tech Innovation Service Center	65000	1000	47300	16700	
扬州市邗江区高新技术创业服务中心 Yangzhou Hanjiang Hi-tech Innovation Service Center	68000	3756	31068	4000	29176
扬州广陵高新技术创业服务中心 Yangzhou Guangling Hi-tech Innovation Service Center	100000	1000	81000	18000	
镇江京口高新技术创业服务中心 Zhenjiang Jingkou Hi-tech Innovation Service Center	31000	600	23600	6800	
镇江润州高新技术创业服务中心 Zhenjiang Runzhou Hi-tech Innovation Service Center	34617		32073	2544	
镇江高新技术创业服务中心 Zhenjiang Hi-tech Innovation Service Center	41600	800	31600	8000	1200

4-5 续表 9 continued 9

单位：平方米 (sq.m)

科技企业孵化器 Technology Business Incubator	总面积 Total Space Area	办公用房 Space for Office	企业用房 Space for Tenants	服务用房 Space for Service	其他 Others
镇江市丹徒环保科技创业服务中心 Zhenjiang Dantu Environmental Technology Innovation Service Center	38500		34600	3900	
泰州市高新技术创业服务中心 Taizhou Hi-tech Innovation Service Center	58009	800	55209	2000	
泰兴市科技创业园有限公司 Taizhou Hi-tech Innovation Service Center	58600	14080	41020	3500	
姜堰市高新技术创业中心 Jiangyan Hi-tech Innovation Center	53000	1000	50000	2000	
江苏省泰州市华海高新技术创业服务中心 Jiangsu Taizhou Huahai Hi-tech Innovation Center	29707	220	29067	240	180
靖江市华信科技创业园有限公司 Jinjiang Huaxin Hi-tech Innovation Service Center	60909	10409	50000	500	
泰州医药高新区医药创业服务中心 Taizhou Medical Hi-tech Zone Medical Innovation Service Center	38840	623	30217	8000	
沭阳县科技创业服务中心 Shuyang Technology Incubation Service Center	25200	2800	20400	2000	
杭州市上城区科技企业创业中心 Hangzhou Shangcheng District Hi-tech Zone Medical Innovation Service Center	28000	100	27600	300	
杭州市拱墅区科技创业中心 Hangzhou Gongshu District Technology Innovation Center	24600	400	16280	2600	5320
浙江大学科技园发展有限公司 Zhejiang University Science Park Ltd.	50927	1506	29105	9175	11141
杭州高新技术产业开发区科技创业服务中心 Hangzhou Science and Technology Industrial Park Technology Innovation Service Center	76480	2096	65470	8914	
杭州东部软件园有限公司 Hangzhou Dongbu Software Park Ltd.	13420	280	12040	900	200
杭州数字娱乐园有限公司 Hangzhou Digital Entertainment Park Ltd.	16000	200	13600	1700	500
杭州市下城区科技创业中心 Hangzhou Xiacheng District Technology Innovation Center	22060	400	21060	600	
杭州乐富智汇园孵化器有限公司 Hangzhou Lefu Zhihui Park Incubator Co., Ltd.	26653	300	23520	2833	
浙江赛博科技孵化器有限公司 Zhejiang Saibo Science and Technology Incnbator Ltd.	14139	776	11838	1301	225
杭州市高科技企业孵化器有限公司 Hangzhou City Hi-tech Business Incubator Co., Ltd.	28905	500	19953	4200	4252
浙江银江孵化器有限公司 Zhejiang Yinjiang Incubator Ltd.	33171	850	28598	3053	670
颐高科技创业园有限公司 Yigao Science and Technology Innovation Park Ltd.	32210	1000	22981	5229	3000
临安市科技孵化中心 Lin'an Science and Technology Incubation Center	39751	700	37551	1500	
杭州余杭高新园区孵化器有限公司 Hangzhou Yuhang Hi-tech Industrial Park Incubator Ltd.	27354	290	17300	1930	7834
杭州之江创意园开发有限公司 Hangzhou Zhijiang Creativity Park Development Co., Ltd.	35000	5000	25000	3000	2000

4-5 续表 10 continued 10

单位：平方米 (sq.m)

科技企业孵化器 Technology Business Incubator	总面积 Total Space Area	办公用房 Space for Office	企业用房 Space for Tenants	服务用房 Space for Service	其他 Others
宁波经济技术开发区科技创业园服务中心 Ningbo Development Zone Technology Park Service Center	38522	575	30885	2400	4662
宁波市科技创业中心 Ningbo City Technology Business Incubator Center	40700	2380	31000	6813	507
浙大科技园宁波发展有限公司 Zhejiang University Science Park Ningbo Development Ltd.	21000	1400	16500	3100	
宁波保税区科技促进中心 Ningbo Free Trade Zone Science and Technology Promotion Center	59170	600	53451	5119	
宁波市鄞创科技孵化器管理服务有限公司 Ningbo Yinchuang Technology Incubator Management Services Ltd.	85620	1010	54563	12878	17169
温州高新技术产业园区创业服务中心 Wenzhou Hi-tech Industrial Park Innovation Center	123733	700	102211	7800	13022
乐清市科技孵化创业中心 Leqing Technology Incubation Innovation Center	46000		38000	8000	
嘉善县科技创业服务有限公司 Leshan County Technology Innovation Service Ltd.	32601	835	30106	1660	
浙江秀洲慧谷科技创业中心 Zhejiang Xiuzhou Huigu Technology Innovation Center	41495	453	36427	4615	
嘉兴市南湖科技创业服务中心 Jiaxing Nanhu Science and Technology Innovation Service Center	36386	1031	32405	2420	530
嘉兴科技创业服务中心 Jiaxing Technology Innovation Service Center	34500	1200	23540	5629	4131
湖州科技创业服务中心 Huzhou Technology Innovation Service Center	25006	280	22369	2357	
浙江长兴民营科技园发展有限公司 Zhejiang Changxing Technology Park Development Co., Ltd.	45448	9930	25930	5000	4588
湖州吴兴区科技发展有限公司 Huzhou Wuxing District Technology Development Ltd.	68351	933	49385	8662	9371
德清县科技创业服务有限公司 Deqing County Science and Technology Innovation Service Ltd.	67308	4874	52114	10320	
绍兴市高新技术创业服务中心 Shaoxing Hi-tech Innovation Service Center	65000	2000	42618	7000	13382
绍兴市越城区科技创业中心有限公司 Shaoxing City Technology Innovation Center Ltd.	17750	8875	6875	2000	
金华科技园创业服务中心有限公司 Jinhua Science Park Innovation Service Center Ltd.	40410	400	31583	8427	
台州市高新技术创业服务中心有限公司 Taizhou Hi-tech Innovation Service Center Ltd.	20518	206	17812	2500	
合肥民营科技企业园管理服务中心 Hefei Private Science and Technology Enterprise Park Management Service Center	20400	263	18000	1500	637
合肥国家大学科技园创业孵化中心 Hefei National University Science Park Innovation Center	21300	1600	17300	2000	400
合肥蜀山科技创业服务中心 Hefei Shushan Science and Technology Innovation Service Center	22000	300	21000	700	
合肥高新创业园管理有限公司 Hefei Hi-tech Innovation Park Management Ltd.	37683	1500	32098	3391	694

4-5 续表 11 continued 11

单位：平方米 (sq.m)

科技企业孵化器 Technology Business Incubator	总面积 Total Space Area	办公用房 Space for Office	企业用房 Space for Tenants	服务用房 Space for Service	其他 Others
合肥高新技术创业服务中心 Hefei Hi-tech Innovation Service Center	62775	600	56003	5649	523
芜湖高新技术创业服务中心 Wuhu Hi-tech Innovation Center	30400	1000	28000	1400	
蚌埠高新技术创业服务中心 Bengbu Hi-tech Innovation Service Center	85000	500	58196	17240	9064
马鞍山市高新技术创业服务中心 Ma'anshan City Hi-tech Innovation Service Center	35334	660	25971	4600	4103
铜陵市高新技术创业服务中心 Tongling Hi-tech Innovation Service Center	31000		20500	10500	
安庆市高新技术创业服务中心 Anqing Hi-tech Innovation Service Center	22570	349	16614	3130	2477
天长市高新技术创业服务中心 Tianchang Hi-tech Innovation Service Center	24200	400	21500	2300	
福建省高新技术创业服务中心 Fujian Hi-tech Innovation Service Center	27000	455	20743	5400	402
福州市高新技术产业创业服务中心 Fuzhou City Hi-tech Innovation Service Center	72000	900	63600	7500	
福州863软件专业孵化器服务中心 Fuzhou 863 Software Incubator Service Center	20500		8206	6900	5394
厦门软件产业投资发展有限公司 Xiamen Software Industrial Investment Development Ltd.	80000	800	75000	3000	1200
厦门高新技术创业中心 Xiamen Hi-tech Innovation Center	112400	900	98366	11318	1816
厦门海峡科技创业促进有限公司 Xiamen Haixia Technology Entrepreneurship Promotion Ltd.	55860	230	44020	11130	480
泉州市高新技术创业服务中心 Quanzhou City Hi-tech Innovation Service Center	33500	1000	27000	1000	4500
江西省高新技术创业服务中心 Jiangxi Province Hi-tech Innovation Service Center	15362	5650	7055	2657	
南昌高新开发区创业服务中心 Nanchang Science and Technology Industrial Park Innovation Service Center	49000	500	19500	29000	
江西高技术产业发展有限责任公司 Jiangxi Hi-tech Industry Development Ltd.	22000	500	20800	700	
南昌大学科技园发展有限公司 Nanchang University Science Park Development Ltd.	31980	600	26350	5030	
江西省桑海医药科技孵化器 Jiangxi Songhai Medical Technology Incubator	12000	1000	10500	500	
九江恒盛科技发展有限责任公司 Jiujiang Hengsheng Science and Technology Development Co., Ltd.	34800	1200	23585	4272	5743
济南高新技术创业服务中心 Jinan Hi-tech Innovation Service Center	131000	12480	107964	9800	756
济南槐荫工业园区企业孵化器(济南民营) Jinan Huaiyin Industrial Park Business Incubator	80000	1000	70000	2000	7000
济南历下软件创业服务中心 Jinan Lixia Software Innovation Service Center	10200	376	7916	520	1388
济南腊山高新技术创业服务中心 Jinan Lashan Hi-tech Innovation Service Center	29153	383	23065	3040	2665

4-5 续表 12 continued 12

单位：平方米 (sq.m)

科技企业孵化器 Technology Business Incubator	总面积 Total Space Area	办公用房 Space for Office	企业用房 Space for Tenants	服务用房 Space for Service	其他 Others
青岛高新技术产业开发区创业服务中心 Qingdao Hi-tech Innovation Service Center	138000	1500	133140	3000	360
青岛高新技术创业服务中心 Qingdao Hi-tech Innovation Service Center	73049	1200	57200	11693	2956
青岛经济技术开发区高科技创业服务中心 Qingdao Technological Development Park Hi-tech Innovation Service Center	33095	200	28895	4000	
青岛中联智业管理有限公司 Qingdao Zhonglian Zhiye Management Ltd.	21880	340	16741	3952	847
青岛新材料产业科技创新服务中心 Qingdao New Materials Industrial Technology Innovation Service Center	10612		8905	1707	
青岛科大都市科技园集团有限公司 Qingdao Keda Dushi Science and Technology Park Ltd.	38441	1408	27390	9643	
青岛软件园发展有限公司 Qingdao Software Park Development Ltd.	73794	2437	47229	12257	11871
中航工业青岛科技园(青岛前哨精密机械有限责任公司) Zhonghang Industry Qingdao Science and Technology Park (Qingdao Qianshao Precision Machinery Co., Ltd.)	33461	280	25511	3800	3870
橡胶谷有限公司 Rubber Valley Co., Ltd.	33800	3000	28300	2500	
四方区工业设计产业园创新创业服务中心 Sifang Industrial Design Industrial Park Innovation and Entrepreneurship Center	15500	30	12100	1200	2170
淄博高新技术创业服务中心 Zibo Hi-tech Innovation Service Center	108000	1100	70928	21000	14972
淄博高新技术产业开发区生物医药产业创新园管理办公室 Zibo High-tech Industrial Development Zone Biomedical Industry Innovation Park Management Office	16700	300	10185	4000	2215
枣庄高新区科技创新服务中心(枣庄科顺数码科技有限公司) Zaozhuang High-tech Zone Innovation Service Center (Zaozhuang Keshun Digital Technology Co., Ltd.)	28000	4000	23000		1000
东营市高新技术创业服务中心 Dongying City Hi-tech Innovation Service Center	101000	1000	87000	7000	6000
黄河口高新技术企业创业园 Huanghekou Hi-tech Innovation Service Center	110000		105000	5000	
垦利县高新技术创业服务中心 Kenli Hi-Tech Innovation Service Center	51320	2000	44000	5320	
东营高新技术创业服务中心 Dongying Hi-tech Innovation Service Center	86000	100	78600	1100	6200
烟台高新技术创业服务中心 Yantai Hi-tech Innovation Service Center	40000	440	33285	1023	5252
烟台留学人员创业园区 Yantai Overseas Scholars Innovation Park	76000	1000	51000	17000	7000
烟台高新技术产业园区中俄高新技术产业化合作促进中心 Yantai Hi-tech Industrial Park China-Russia Hi-tech Industrialization Cooperation & Promotion Center	32080	200	28500	3000	380

单位：平方米 (sq.m)

科技企业孵化器 Technology Business Incubator	总面积 Total Space Area	办公用房 Space for Office	企业用房 Space for Tenants	服务用房 Space for Service	其他 Others
潍坊软件园管理办公室 Weifang Software Park Management Office	15000	725	10288	2500	1487
潍坊高新技术创业服务中心 Weifang Hi-tech Innovation Service Center	43086	420	35374	6640	652
潍坊高新区生物医药科技产业园管理办公室 Weifang Hi-tech Zone Biomedical Park Management Office	14678	385	9793	4000	500
潍坊高新区宝兴孵化器管理中心 Weifang High-tech Industial Park Baoxing Incubator Management Center	21358	367	18955	1563	473
济宁高新技术创业服务中心 Jining Hi-tech Innovation Service Center	38551	1000	35105	2446	
泰安高新技术创业服务中心 Tai'an Hi-tech Innovation Service Center	100000	600	86979	10453	1968
威海火炬高技术产业开发区高新技术创业服务中心 Weihai Torch Hi-tech Industrial Park Hi-tech Innovation Service Center	89000	700	69300	19000	
北京清大华创(日照)科技企业孵化器置业有限公司 Beijing Qingdahuachuang (Rizhao) Technology Business Incubator Properties Ltd.	33000	26000	5000	2000	
日照高新区创业服务中心 Rizhao Hi-tech Industrial Park Innovation Service Center	77000	2000	61000	10000	4000
临沂高新技术创业服务中心 Linyi Hi-tech Innovation Service Center	26000	500	22000	2000	1500
临沂科汇高新技术创业园有限公司 Linyi Kehui Hi-tech Innovation Park Ltd.	20500	500	14186	1500	4314
德州金田高新技术创业发展有限公司 Dezhou Jintian Hi-Tech Venture Development Ltd.	90000	5000	51821	17000	16179
德州市高新技术创业服务中心 Dezhou Hi-tech Innovation Service Center	24816	500	21016	3300	
聊城市高新技术创业服务中心 Liaocheng Hi-Tech Innovation Service Center	54600	1500	49000	1500	2600
郑州市高新技术创业中心 Zhengzhou City Hi-tech Innovation Center	20000	700	19000	300	
河南省大学科技园发展有限公司 Henan Province University Science Park Development Ltd.	580000	1300	260000	40000	278700
河南专利孵化转移中心有限公司 Henan Patent Incubation Transfer Center Ltd.	62000	500	57000	4500	
郑州经济技术开发区留学人员创业园管理服务中心 Zhengzhou Economic and Technological Development Zone Overseas Students	21537	200	20937	400	
郑州高新技术产业开发区创业中心 Zhengzhou Hi-tech Innovation Center	201845	1523	180245	18538	1539
开封高新技术创业服务有限公司 Kaifeng Hi-tech Innovation Service Ltd.	46200	200	40000	6000	
洛阳高技术创业服务中心 Luoyang Hi-tech Innovation Service Center	150000	9320	139480	1200	
平顶山高新技术创业服务中心 Pingdingshan Hi-tech Innovation Service Center	52200	900	50500	800	
安阳高新技术创业服务中心 Anyang Hi-tech Innovation Service Center	165667		159987	5680	

4-5 续表 14 continued 14

单位：平方米 (sq.m)

科技企业孵化器 Technology Business Incubator	总面积 Total Space Area	办公用房 Space for Office	企业用房 Space for Tenants	服务用房 Space for Service	其他 Others
河南省新乡高新技术创业服务中心 Henan Xinxiang Hi-tech Innovation Service Center	223000	700	186300	29000	7000
焦作高新技术创业服务中心 Jiaozuo Hi-tech Innovation Service Center	41700	6480	34520	500	200
漯河高新技术创业服务中心 Luohe Hi-tech Innovation Service Center	78220	10800	58430	8990	
南阳高新技术创业服务中心 Nanyang Hi-tech Innovation Service Center	62000	2500	58500	800	200
武汉东湖新技术创业中心 Wuhan Eastlake Hi-tech Innovation Center	173345	1153	131009	41183	
武汉留学生创业园管理中心 Wuhan Overseas Scholars Innovation Park Management Center	61634	850	58331	2453	
武汉市洪山高新技术创业服务有限责任公司 Wuhan Hongshan Hi-tech Innovation Service Center	23000	300	21000	1600	100
武汉市青山高新技术创业服务中心 Wuhan Qingshan Hi-tech Innovation Service Center	21200	400	19300	1000	500
武汉三新材料孵化器有限公司 Wuhan San New Material Incubator Ltd.	38205	433	27388	2650	7735
武汉华工科技企业孵化器有限责任公司 Wuhan Huagong Technology Business Incubator Ltd.	24055	466	19367	2268	1954
汉口高新技术创业服务中心 Hankou Hi-tech Innovation Service Center	60000	1300	49000	9700	
武汉国家农业科技园区创业中心有限公司 Wuhan National Agricultural Technology Park Innovation Center Ltd.	45300	1909	33927	3243	6221
武汉东创研发设计创意园有限公司 Wuhan Dong Chuang R&D Design Creativity Park Ltd.	20800	296	16160	1700	2644
武汉海峡高新技术创业服务中心 Wuhan Strait Hi-tech Innovation Service Center	53500	1200	25536	1650	25114
武汉华创源科技企业孵化器有限公司 Wuhan Huachuangyuan Technology Business Incubator	10200	61	9251	888	
湖北国知专利创业孵化园有限公司 Hubei Guozhi Patent Innovation Incubator Ltd.	32600	534	28900	3100	66
武汉岱家山科技企业孵化器有限公司 Wuhan Daijiashan Technology Business Incubator Co., Ltd.	36000	1000	26882	2000	6118
黄石高新技术创业服务中心 Huangshi Hi-tech Innovation Service Center	200000	150	190800	7000	2050
十堰高新技术产业区创业服务中心 Shiyan Hi-tech Industrial Park Innovation Service Center	33100	200	32000	800	100
宜昌高新技术产业园区创业服务中心 Yichang Hi-tech Industrial Park Innovation Service Center	30500	1000	24300	4800	400
襄阳高新技术创业服务中心 Xiangyang Hi-tech Innovation Service Center	40000	1020	25265	3800	9915
荆门聚盛孵化器管理有限公司 Jingmen Jusheng Incubator Management Ltd.	71400	1950	52580	5720	11150

4-5 续表 15 continued 15

单位：平方米 (sq.m)

科技企业孵化器 Technology Business Incubator	总面积 Total Space Area	办公用房 Space for Office	企业用房 Space for Tenants	服务用房 Space for Service	其他 Others
孝感高新技术创业服务中心 Xiaogan Hi-tech Innovation Service Center	30000	520	14441	1000	14039
荆州高新技术产业开发区创业服务中心 Jinzhou Hi-tech Industrial Park Innovation Service Center	31000	100	22900	3000	5000
长沙高新技术创业服务中心 Changsha Hi-tech Innovation Service Center	33430	1500	27756	3174	1000
湖南岳麓山国家大学科技园创业服务中心 Hunan Yuelu Mountain National University Science Park Innovation Service Center	32295	801	17008	2319	12167
长沙新技术创业服务中心 Changsha Hi-tech Innovation Service Center	33032	1500	27316	3216	1000
长沙高新技术产业开发区创业服务中心 Changsha Hi-tech Industrial Park Innovation Service Center	150619	680	128289	18950	2700
长沙国家生物产业基地创业服务中心 Changsha National Biological Industry Base Incubation Center	40549	1923	26750	6790	5086
湖南麓谷科技孵化器有限公司 Hunan Lugu Technology Incubator Ltd.	24000	800	19500	3700	
湖南广发隆平高科技园创业服务有限公司 Hunan Guangfa Longping Hi-tech Park Venture Services Ltd.	25754	1200	24004	550	
株洲高新技术产业开发区创业服务中心(株洲留学人员创业园) Zhuzhou Hi-tech Innovation Service Center(Zhuzhou Overseas Scholars Innovation Park)	148700	1700	133000	14000	
湘潭高新技术创业服务中心 Xiangtan Hi-tech Innovation Service Center	306000	3000	275000	28000	
岳阳火炬创业服务中心 Yueyang Torch Hi-tech Innovation Center	13442	244	12353	845	
广州市高新技术创业服务中心 Guangzhou City Hi-tech Innovation Service Center	37859	1040	35525	1294	
广州市海珠高新技术创业服务中心 Guangzhou City Haizhu Hi-tech Innovation Service Center	24707	480	15506	8721	
华南理工大学国家大学科技园 Huanan Science and Technology University Science Park	26400	1000	22100	2100	1200
广州联炬科技企业孵化器有限公司 Guangzhou Lianju Technology Business Incubator Ltd.	138760	2362	105326	31072	
广州火炬高新技术创业服务中心 Guangzhou Torch Hi-tech Innovation Service Center	394420	861	266368	117610	9581
广东拓思软件科学园有限公司 Guangdong Tuosi Software Science Park Ltd.	55000	4000	45000	6000	
广州国际企业孵化器有限公司 Guangzhou International Business Incubator Ltd.	76000	1200	57353	17447	
五行科技企业孵化器 Wuxing Technology Enterprise Incubator	30000	500	24700	4400	400
深圳市留学生创业园有限公司 Shenzhen Overseas Scholars Innovation Park Ltd	33364	485	32268	611	
深圳市龙岗区科技创业服务中心 Shenzhen City Longgang District Technology Innovation Service Center	38330	300	34836	3195	
深圳市南山区科技创业服务中心 Shenzhen City Nanshan District Technology Innovation Service Center	33695	380	26100	7215	
深圳市北科创业有限公司 Shenzhen City Beike Innovation Ltd.	20186	975	17450	1177	584

4-5 续表 16 continued 16

单位：平方米 (sq.m)

科技企业孵化器 Technology Business Incubator	总面积 Total Space Area	办公用房 Space for Office	企业用房 Space for Tenants	服务用房 Space for Service	其他 Others
深港产学研基地 PKU-HKUST ShenZhen-HongKong Institution Base	36791	500	29791	6500	
深圳市福田区高新技术创业中心 Shenzhen City Futian District Hi-tech Innovation Center	41324	1147	39077	1100	
中国科技开发院有限公司 China Technology Development Institute Ltd.	41000	1500	28300	10000	1200
深圳市宝安区科技创业服务中心 Shenzhen City Bao'an District Technology Innovation Service Center	78000	2000	70800	5200	
深圳硅谷大学城创业园管理有限公司 Shenzhen Silicon Valley University Town Innovation Park Management Ltd.	30000		24800	5200	
深圳生物孵化器管理中心 Shenzhen Bio-tech Incubator Management Center	24174	258	22735	1181	
深圳虚拟大学园管理服务中心 Shenzhen Virtual University Science Park Innovation Center					
珠海高新技术创业服务中心 Zhuhai Hi-tech Innovation Service Center	23270	400	19798	1000	2072
广东科炬高新技术创业园有限公司 Guangdong Keju Hi-tech Innovation Park Ltd.	24092	573	17540	3486	2493
惠州仲恺高新区科技创业服务中心 Huizhou Zhongkai Hi-tech Zone Innovation Service Center	46280	332	31503	6445	8000
东莞松山湖高新技术创业服务中心 Dongguan Songshan Lake Hi-tech Innovation Service Center	46782	350	39904	6528	
中山火炬高技术创业中心有限公司 Zhongshan Torch Hi-tech Innovation Center Ltd.	91300	2350	72090	5510	11350
南宁新技术创业者中心 Nanning New Technology Venture Center	109388	600	91886	16502	400
柳州高新技术创业服务中心 Liuzhou Hi-tech Innovation Service Center	66112	1500	50538	5274	8800
桂林科技企业发展中心 Guilin Technology Innovation Service Center	141500	1016	137632	2852	
北海市高新技术创业服务中心 Beihai Hi-tech Innovation Service Center	22800	500	15000	2500	4800
广西北海高新技术产业园区创业服务中心 Guangxi Beihai Hi-tech Industrial Park Innovation Service Center	35606	600	28484	1230	5292
重庆卓创科技孵化器有限责任公司 Chongqing Zhuochuang Technology Incubator Co., Ltd.	16584	1079	12446	1621	1438
重庆市涪陵区金渠企业孵化器有限责任公司 Chongqing Fuling District Jinqu Incubator Ltd.	25443	1143	19962	2980	1358
重庆高技术创业中心 Chongqing Hi-tech Entrepreneurship Center	41732	2322	30149	8259	1002
重庆市南岸科技创业发展有限责任公司 Chongqing Nanan Technology Innovation Development Ltd.	27300	1800	17900	7600	
重庆五里店工业设计中心 Chongqing Wulidian Industrial Design Center	25000	1000	19000	5000	
重庆高新技术产业开发区创新服务中心 Chongqing Science and Technology Park Technology Innovation Service Center	83833	5547	56439	14757	7090

4-5 续表 17 continued 17

单位：平方米 (sq.m)

科技企业孵化器 Technology Business Incubator	总面积 Total Space Area	办公用房 Space for Office	企业用房 Space for Tenants	服务用房 Space for Service	其他 Others
重庆市渝中区科技机构管理所 Chongqing Yuzhong District Science and Technology Institute Control Station	31176	760	24568	3992	1856
重庆腾业创业咨询服务有限公司 Chongqing Tengye Venture Consulting Services Ltd.	21079	910	14834	4372	962
四川川大科技园发展有限公司 Sichuan University Science Park Development Ltd.	14575	544	11049	1652	1330
成都高新技术创业服务中心 Chengdu Hi-tech Innovation Service Center	20138	561	17248	2329	
成都武侯高新技术创业服务中心 Chengdu Wuhou Hi-tech Innovation Service Center	30968	246	29278	1444	
成都高新区技术创新服务中心 Chengdu Hi-tech Industrial Park Technology Innovation Service Center	85000	1560	52000	14700	16740
成都高新区教育科技园孵化器有限公司 Chengdu Science and Technology Park Education Science Park Business Incubator Ltd.	216983	15190	131940	9690	60163
成都天河中西医科技保育有限公司 Chengdu Tianhe Conservation Medicine Technology Innovation Co., Ltd.	49177	3780	40272	5125	
自贡市高新技术创业服务中心 Zigong Hi-tech Innovation Service Center	24600	2000	18999	3100	501
绵阳高新区创业服务中心 Mianyang Science and Technology Innovation Service Center	42289	960	39529	1800	
绵阳高新区生物医药孵化器有限公司 Mianyang Hi-tech Industrial Park Bio-medicine Incubator Ltd.	10000	500	7000	2500	
四川中物技术有限责任公司 Sichuan Zhongwu Technology Ltd.	20740	3722	15250	1768	
贵阳高新技术创业服务中心 Guiyang Hi-tech Innovation Service Center	193000	7500	177000	3000	5500
贵州贵阳软件园 Guizhou Guiyang Software Park	34700		22700	12000	
昆明高新技术创业服务中心 Kunming Hi-tech Innovation Service Center	53600	800	50600	2200	
昆明北理工科技孵化器有限公司 Kunming BIT Technology Incubator Ltd.	20323	250	17248	587	2239
云南海归创业园科技发展有限公司 Yunnan Returnees Venture Pioneering Park Science and Technology Development Ltd.	68309	500	50731	2771	14307
昆明高新五华科技产业园创业服务中心 Kunming Hi-tech Wuhua Science and Technology Park of Innovation Management Ltd.	32598	200	19032	1572	11794
云南省新材料孵化器 Yunnan Province Advanced Material Business Incubator	28397	110	27936	350	
昆明创新园科技发展有限公司 Kunming Innovation Park Science and Technology Development Ltd.	33820	232	29610	2499	1479
昆明经济技术开发区新兴产业孵化区管理有限公司 Kunming Economic and Technological Development Zone Emerging Industries Incubator Management Ltd.	46000	1000	39000	6000	
西藏自治区科技创业服务中心 Xizang Autonomous Region Science and Technology Innovation Service Center	2394	58	1207	435	694
西安市高新区创业服务中心(西安高新区创业园发展中心) Xi'an Hi-Tech Industry Development Zone Innovation Park	105000	800	84249	19951	

4-5 续表 18 continued 18

单位：平方米 (sq.m)

科技企业孵化器 Technology Business Incubator	总面积 Total Space Area	办公用房 Space for Office	企业用房 Space for Tenants	服务用房 Space for Service	其他 Others
西安创业园投资管理有限公司(西安先进制造专业孵化器) Xi'an Advanced Manufacturing Incubator	58800	800	44500	13500	
西安联创生物医药孵化器有限公司 Xi'an Lianchuang Biological Medicine Business Incubator Ltd.	16700	195	11490	3283	1732
西安光电子专业孵化器有限责任公司 Xi'an Professional Photoelectron Business Incubator Ltd.	24785	600	17835	6350	
陕西启迪科技园发展有限公司 Shaanxi Qidi Science and Technology Park Development Ltd.	17840	280	15294	2265	
西安集成电路设计专业孵化器有限公司 Xi'an IC Design Incubator Ltd.	28636	870	23426	2200	2140
西安易创军民两用科技工业孵化器有限责任公司 Xi'an Yichuang Military and Civil Technology Industry Incubator	23368	500	16348	1053	5467
西安软件园发展中心 Xi'an Software Park Development Center	60000	950	37470	11380	10200
西安交大科技园高新技术创业服务中心 Xi'an Jiaotong University Science Park Hi-tech Innovation Service Center	31000	500	27000	2900	600
西安航空科技创新服务中心 Xi'an Aviation Science and Technology Service Center	69272	323	59599	8727	622
西安航天基地国际孵化器有限公司 Xi'an International Incubator Space Base Ltd.	58994	500	45139	7134	6221
西安三元数字媒体有限公司 Xi'an Sanyuan Digital Media Ltd.	11691	600	7391	2600	1100
西安农业科技企业孵化器有限公司 Xi'an Agricultural Science and Technology Business Incubator Co., Ltd.	20200	900	14000	1700	3600
西安大普光电与信息科技企业孵化器 Xi'an Dapu Optoelectronics and Information Technology Business Incubator	42000	890	32310	5800	3000
宝鸡高新技术产业开发区高技术创业服务中心 Baoji Hi-Tech Industry Development Zone of Hi-tech Innovation Service Center	80582	2475	69710	5530	2867
杨凌农业高新技术产业示范区创业服务中心 Yangling Agricultural Hi-tech Industry Demonstration Zone Innovation Service Center	63000	100	58000	4900	
兰州高新技术产业开发区创业服务中心 Lanzhou Hi-tech Industry Development Zone Innovation Service Center	131176	400	124776	5000	1000
甘肃省高新技术创业服务中心 Gansu Province Hi-tech Innovation Service Center	27550	14026	13524		
青海省创业发展孵化器有限公司 Qinghai Venture Development Incubator Ltd.	11000	2000	6000	2000	1000
青海中小企业创业发展有限责任公司 Qinghai SMEs Development Ltd.	98000	720	86780	7000	3500
青海生科中小企业创业有限公司 Qinghai Bio-tech Medium and Small Business Innovation Ltd.	96298	2182	88366	5750	
宁夏高新技术创业服务中心 Ningxia Hi-tech Innovation Service Center	20100	331	15352	4268	149
乌鲁木齐高新区高新技术创业服务中心 Urumqi Hi-tech Innovation Service Center	23712	310	18969	2913	1520
新疆申新科技合作基地有限公司 Xinjiang Shenxin Scientific and Technological Cooperation Base Ltd.	13326	1326	11000	500	500

4-6 国家级科技企业孵化器当年在孵企业情况

General Statistics of Tenants of State Level TBIs

科技企业孵化器 Technology Business Incubator	在孵企业人员数 (人) Number of Employees of Incubated Tenants (person)	大专以上 (人) Number of Employees with College and Higher Level Education (person)	批准知识产权数 (个) Number of Approved Intellectual Property (piece)	发明专利数 (个) Number of Invention Patent (piece)	承担国家级科技计划项目数 (个) Number of National Science and Technology Projects (item)
合　计 **Total**	**920623**	**719672**	**34213**	**9600**	**1644**
北京奥宇科技企业孵化器有限公司 Beijing Aoyu Technology Business Incubator Ltd.	1567	1283	15		
北京北航天汇科技孵化器有限公司 Beijing Beihang Tianhui Technology Business Incubator Ltd.	2716	2305	91	17	4
北京博奥联创科技孵化器有限公司 Beijing Bo'ao Lianchuang Technology Business Incubator Ltd.	692	478	22	16	1
北京高技术创业服务中心 Beijing Hi-tech Innovation Service Center	1907	1854	11	1	
北京汉潮大成科技孵化器有限公司 Beijing Hanchao Dacheng Technology Business Incubator Ltd.	1079	912	36	19	
北京瀚海润泽科技孵化器有限公司 Beijing Hanhai Runze Technology Incubator Ltd.	1127	1114	20		
北京华海基业科技孵化器有限公司 Beijing Huahai Jiye Technology Business Incubator Ltd.	1403	1378	57		
北京均大高科科技孵化器有限公司 Beijing Junda Hi-tech Technology Business Incubator Ltd.	920	552	8	5	2
北京科大方兴科技孵化器有限责任公司 Beijing Keda Fangxing Technology Business Incubator Ltd.	893	780	14	1	
北京理工创新高科技孵化器有限公司 Beijing Institute of Technology Innovation and Hi-tech Incubator Ltd.	783	632	63	9	2
北京普天德胜科技孵化器有限公司 Beijing Putian Desheng Technology Business Incubator Ltd.	1420	1260	187	3	
北京启迪创业孵化器有限公司 Beijing Qidi Technology Business Incubator Ltd.	2371	2083	247	77	10
北京赛欧科园科技孵化中心有限公司 Beijing Sai'ou Keyuan Technology Business Incubation Center Ltd.	916	761	71	12	
北京望京科技孵化器服务有限公司 Beijing Wangjing Technology Business Incubator Ltd.	3322	2401	27	3	6
北京中关村国际孵化器有限公司 Beijing Zhongguancun International Business Incubator Ltd.	1500	1321	23	4	
北京中关村京蒙高科企业孵化器有限责任公司 Beijing Zhongguancun Jingmeng Hi-tech Business Incubator Ltd.	1213	1201	62	7	9
北京中关村软件园孵化服务有限公司 Beijing Zhongguancun Software Park Incubation Service Ltd.	2321	2037	241	31	
北京中关村上地生物科技发展有限公司 Beijing Zhongguancun Shangdi Biological Technology Business Incubator Ltd.	1102	908	94	70	45
北京中关村生命科学园生物医药科技孵化有限公司 Beijing Zhongguancun Life Science Park Biological Medicine Technology Business Incubation Ltd.	1604	1299	138	53	5
汇龙森国际企业孵化(北京)有限公司 Huilongsen International Enterprise Incubation (Beijing) Ltd.	2737	1450	165	20	1
中关村科技园区丰台科技创业服务中心 Zhongguancun Science and Technology Park Fengtai Park Science and Technology Innovation Service Center	1348	1213	67	22	3

4-6 续表 1 continued 1

科技企业孵化器 Technology Business Incubator	在孵企业人员数 (人) Number of Employees of Incubated Tenants (person)	大专以上 (人) Number of Employees with College and Higher Level Education (person)	批准知识产权数 (个) Number of Approved Intellectual Property (piece)	发明专利数 (个) Number of Invention Patent (piece)	承担国家级科技计划项目数 (个) Number of National Science and Technology Projects (item)
中关村科技园区海淀园创业服务中心 Zhongguancun Science and Technology Park Haidian Park Science and Technology Innovation Service Center	4000	3750	72	13	7
北京京仪科技孵化器有限公司 Beijing Jingyi Technology Incubator Ltd.	1503	1400	75	26	2
汇龙森欧洲科技(北京)有限公司 Huilongsen European Technology (Beijing) Ltd.	1836	970	132	22	1
北京北达燕园科技孵化器有限公司 Beijing Beida Yanyuan Technology Incubator Let.	955	893	69	37	1
北京瀚海博智科技孵化器有限公司 Beijing Hanhai Runze Technology Incubator Ltd.	1426	1381	14	9	
北京康华伟业孵化器有限责任公司 Beijing Kanghua Weiye Technology Business Incubator Ltd.	957	714	42	10	
北京牡丹科技孵化器有限公司 Beijing Peony Technology Incubator Ltd.	2291	2147	106	7	
天津市科技创业服务中心 Tianjin Technology Innovation Service Center	1234	1226	2		13
天津滨海高新技术产业开发区国际创业中心 Tianjin Binhai Hi-tech Industrial Development Zone International Innovation Center	2386	2196	153	60	9
天津泰达国际创业中心 Tianjin Taida International Innovation Center	1096		96	15	
天津海泰企业孵化服务有限公司 Tianjin Haitai Business Incubator Service Ltd.	3000	2900	34	33	
天津火炬鑫茂创业服务有限公司 Tianjin Torch Xinmao Innovation Service Ltd.	4375	3668	271	147	5
天津华科企业孵化服务有限公司 Tianjin Huake Business Incubator Service Ltd.	1930	1552	57		1
天津科丽泰科技企业孵化器有限公司 Tianjin Kelitai Technology Business Incubator Ltd.	1109	906	79	18	2
天津市帅超科技园有限公司 Tianjin Shuaichao Science and Technology Park	1935	1528	12	8	2
天津金虹桥电气企业孵化器有限公司 Tianjin Golden Bridge Electric Business Incubator Ltd.	764	725	12	11	
天津华苑软件园建设发展有限公司 Tianjin Huayuan software Park Construction Development Ltd.	1071	1042	50	5	
天津意库创意企业管理服务有限公司 Tianjin Yiku Creativity Business Management Service Ltd.	1328	1318	12	6	
天津市世纪龙科技服务发展有限公司 Tianjin Century Dragon Technology Service Development Co., Ltd.	807	800	16	1	
天津市聚贤科技孵化器有限公司 Tianjin Juxian Technology Incubator Ltd.	1836	1301	3	2	3
天津市国际生物医药联合研究院 Tianjin International Biomedicine Joint Academy	840	683	53	43	18
天津市陈塘科技孵化器有限公司 Tianjin chentang Technology Incubator Ltd.	1500	1398	100	85	
天津青年创业园管理有限公司 Tianjin Youth Venture Park Management Ltd.	1405	1226	37	7	

科技企业孵化器 Technology Business Incubator	在孵企业人员数 (人) Number of Employees of Incubated Tenants (person)	大专以上 (人) Number of Employees with College and Higher Level Education (person)	批准知识产权数 (个) Number of Approved Intellectual Property (piece)	发明专利数 (个) Number of Invention Patent (piece)	承担国家级科技计划项目数 (个) Number of National Science and Technology Projects (item)
天津普天企业孵化服务有限公司 Tianjin Putian Business Incubator Services Ltd.	1024	820	43	37	1
天津航大中天科技发展有限公司 Tianjin Hangda Zhongtian Technology Development Co., Ltd.	869	674	7	5	
石家庄市科技创新服务中心 Shijiazhuang Science and Technology Innovation Service Center	2902	2371	107	32	3
河北方大科技有限公司 Hebei Fangda Science and Technology Co., Ltd.	2080	1932	26	8	
石家庄高新技术创业服务中心 Shijiazhuang Hi-tech Innovation Service Center	3610	2648	233	81	9
唐山高新技术创业中心 Tangshan Hi-tech Innovation Center	2670	2048	77	2	2
秦皇岛市育兴高新技术创业有限公司 Qinhuangdao Yuxing Hi-tech Venture Ltd.	1935	1810	10	2	
秦皇岛经济技术开发区高新技术创业服务中心 Qinhuangdao Development Zone Hi-tech Innovation Service Center	2145	1234	26	12	
邯郸高新技术创业服务中心 Handan Hi-tech Innovation Service Center	1780	1210	6	2	
保定高新技术创业服务中心 Baoding Hi-tech Innovation Service Center	2732	2357	48	22	
涿鹿科技园孵化器有限公司 Zhuolu Science Park Technology Incubator Ltd.	2816	1415	10	6	
承德高新技术产业开发区创业服务中心 Chengde Hi-tech Industrial Development Zone Business Service Center	1248	796	40	23	1
沧州市科技创业中心 Cangzhou Technology Innovation Center	865	251	2		
三河燕郊新技术创业服务中心 Sanhe Yanjiao Hi-tech Innovation Service Center	1080	870	24	5	
山西省高新技术创业中心 Shanxi Hi-tech Innovation Center	2150	1580	84	35	12
山西科伟通新技术发展有限公司 Shanxi Keweitong New Technology Development Ltd.	1321	1070	17	13	4
山西三益华信创业服务有限公司 Shanxi Sanyi Huaxin Innovation Service Ltd.	736	653	127	13	
太原高新区留学人员创业园 Taiyuan Hi-tech Zone Overseas Students Innovation Park	2550	2270	220	43	
阳泉市高新技术创业服务中心 Yangquan Hi-tech Innovation Service Center	1036	725	62	32	4
长治高新区创业服务中心 Changzhi Hi-tech Zone Innovation Service Center	845	726	227	45	2
呼和浩特留学人员创业园管理服务中心 Hohhot Overseas Students Pioneer Park Management Service Center	1600	165	261	256	
包头稀土高新技术产业开发区科技创业服务中心 Baotou Rare Earth Science and Technology Park Innovation Service Center	15908	15237	67	3	14
内蒙古自治区留学人员创业园 Inner Mongolia Overseas Students Innovation Park	1500	641	31	12	4
沈阳东大科技企业孵化器有限公司 Shenyang Dongda Technology Business Incubator Ltd.	1658	1556	12	6	1

4-6 续表 3 continued 3

科技企业孵化器 Technology Business Incubator	在孵企业人员数 (人) Number of Employees of Incubated Tenants (person)	大专以上 (人) Number of Employees with College and Higher Level Education (person)	批准知识产权数 (个) Number of Approved Intellectual Property (piece)	发明专利数 (个) Number of Invention Patent (piece)	承担国家级科技计划项目数 (个) Number of National Science and Technology Projects (item)
沈阳市高科技创业中心 Shenyang Hi-tech Innovation Center	3071	2380	76	25	2
沈阳市和平区高新技术企业创业服务中心 Shenyang Heping District Hi-tech Business Incubation Center	1404		25	22	
沈阳软件出口基地有限公司 Shenyang Software Export Base Co., Ltd.	1550	1450	74	16	
沈阳动漫研发与软件外包孵化器 Shenyang Animation Innovation and Software Outsourcing Incubator	1955	1914	20		
沈阳先进制造技术产业有限公司 Shenyang Advanced Manufacturing Technology Industrial Ltd.	1830	1360	40	10	
沈阳高新技术产业开发区科技创业服务中心 Shenyang Hi-tech Industrial Development Zone Technology Incubation Service Center	1523	1396	52	7	8
大连市高新技术创业服务中心 Dalian Hi-tech Innovation Service Center	11395	10526	471	128	32
大连市沙河口区天河科技创业服务中心 Dalian Shahekou District Tianhe Technology Innovation Service Center	1029	799	9	8	
大连双D港创业孵化有限公司 Dalian Double D Innovation Incubator Ltd.	2325	1862	35	28	4
大连旅顺民营科技企业创业中心 Dalian Lvshun Private Scientific and Technological Enterprises Innovation Center Ltd.	1856		18	12	2
大连市民营科技企业创业中心有限公司 Dalian Private Science and Technology Enterprises Innovation Center	1253	1102	8	4	
大连市理想光电技术孵化创业中心有限公司 Dalian Lixiang Photoelectric Technology Business Incubation Center Ltd.	743	708	35	19	
大连北方科技企业孵化基地 Dalian Beifang Technology Enterprises Incubation Base	3212	3022	68	6	
大连光洋工控技术创业服务中心有限公司 Dalian Koyo Industrial Control Technology Innovation Center Ltd.	421	302	30	18	
沙河口区高校毕业生就业服务中心 Shahekou District College Graduates Employment Service Center	1010	897	6		
大连九龙高新技术创业服务有限公司 Dalian Jiulong Hi-tech Innovation Service Ltd.	648	620			
大连集成电路设计产业基地管理股份有限公司 Dalian IC Design Industrial Base Managemeat Inc.	501	449	17	9	
瓦房店福斯特轴承科技开发有限公司 Wafangdian Foster Bearing Technology Development Co., Ltd.	857	57	56	5	2
鞍山高新技术创业服务中心 Anshan Hi-tech Innovation Service Center	1989	1766	25	22	
辽宁药都发展有限公司 Liaoning Yaodu Development Ltd.	870	800	19	4	14
丹东高新技术创业服务中心 Dandong Hi-tech Innovation Service Center	3679	2952	40	14	3
锦州高新技术产业创业服务中心 Jinzhou Hi-tech Innovation Service Center	2170	1560	22	5	
营口市高新技术创业服务中心 Yingkou Hi-tech Innovation Service Center	2074	1343	65	13	

4-6 续表 4 continued 4

科技企业孵化器 Technology Business Incubator	在孵企业人员数 （人） Number of Employees of Incubated Tenants (person)	大专以上 （人） Number of Employees with College and Higher Level Education (person)	批准知识产权数 （个） Number of Approved Intellectual Property (piece)	发明专利数 （个） Number of Invention Patent (piece)	承担国家级科技计划项目数 （个） Number of National Science and Technology Projects (item)
阜新高新技术创业服务中心 Fuxin Hi-tech Innovation Service Center	460	356	49	17	
辽宁工程技术大学兴科中小企业服务中心 Liaoning Technical University Xingke SME Service Center	827	488	28	8	3
铁岭市高新技术创业服务中心 Tieling Hi-tech Innovation Service Center	2610	2230	19	5	
葫芦岛高新技术产业开发区创业中心 Huludao Hi-tech Industrial Park Innovation Center	2460	1873	51	5	2
吉林省光电子产业孵化器有限公司 Jilin Optoelectronic Industry Incubator Ltd.	2328	1595	163	155	10
长春中俄科技园股份有限公司 Changchun China-Russia Science and Technology Park Ltd.	2890	2110	56	26	
长春科技创业服务中心 Changchun Technology Innovation Service Center	3978	2890	72	15	18
吉林省东北亚文化创意科技园科技企业孵化器 Jilin Northeast Asia Cultural and Creative Technology Park and Technology Business Incubator	1864	1850	143	5	3
吉林高新技术创业服务中心 Jilin Hi-tech Innovation Service Center	3780	2274	9	5	1
延吉高新技术创业中心 Yanji Hi-tech Business Center	2359	1042	5		
珲春高新技术创业服务中心 Hunchun Hi-tech Innovation Service Center	670	160	4	3	
哈尔滨金华科技企业孵化器有限公司 Harbin Jinhua Technology Business Incubator Ltd.	1024	1017	6	1	
哈尔滨市动力科技创业中心 Harbin Hi-tech Driver Technology Innovation Center	1241	996	22	8	1
哈尔滨广瀚科技创业有限公司 Harbin Guanghan Science and Technology Innovation Co., Ltd.	730	680	22	3	2
哈尔滨高科科技企业孵化器有限公司 Harbin Technology Business Incubator Ltd.	1290	1017	5	4	
哈尔滨龙计电子技术创业中心 Harbin Longji Electronic Technology Innovation Center	532	507	2	1	
哈尔滨工业大学国家大学科技园发展有限公司 Harbin Industry University Science Park Ltd.	1785	1651	18	10	3
哈尔滨理工大学科技企业孵化器有限责任公司 Harbin Science and Technology University Business Incubator Co., Ltd.	793	748	164	42	9
哈尔滨高科技创业中心 Harbin Hi-tech Innovation Center	3175	2755	112	13	5
哈尔滨工程大学科技园创业服务中心 Harbin Engineering University Science Park Innovation Service Center	1834	1814	66	3	15
大庆高新技术创业服务中心 Daqing Hi-tech Innovation Service Center	3055	2425	51	25	2
上海上大科技园发展有限公司 Shanghai University Science Park Development Ltd.	602	595	32	22	
上海漕河泾新兴技术开发区科技创业中心 Shanghai Caohejing Hi-tech Park Innovation Center of Science and Technology	2278	1962	161	93	2

4-6 续表 5 continued 5

科技企业孵化器 Technology Business Incubator	在孵企业人员数 (人) Number of Employees of Incubated Tenants (person)	大专以上 (人) Number of Employees with College and Higher Level Education (person)	批准知识产权数 (个) Number of Approved Intellectual Property (piece)	发明专利数 (个) Number of Invention Patent (piece)	承担国家级科技计划项目数 (个) Number of National Science and Technology Projects (item)
上海同济科技园孵化器有限公司 Shanghai Tongji Science Park Business Incubator Ltd.	1117	903	80	5	2
上海杨浦科技创业中心有限公司 Shanghai Yangpu Technology Innovation Center Ltd.	2048	1841	143	21	3
上海微电子设计有限公司 Shanghai Microelectronics Design Ltd.	1186	1131	30	6	
上海市科技创业中心 Shanghai Science and Technology Innovation Center	1098	859	87	19	
上海八六三信息安全产业基地有限公司 Shanghai 863 Information Security Industry Base Ltd.	1365	1066	164	56	3
上海张江高新技术创业服务中心 Shanghai Zhangjiang Hi-tech Innovation Service Center	1267	1103	21	11	5
上海慧谷高科技创业中心 Shanghai Huigu Hi-tech Innovation Center	1421	1259	60	2	
上海复旦科技园高新技术创业服务有限公司 Shanghai Fudan Science Park Hi-tech Innovation Service Ltd.	1063	1035	50	3	5
上海都市工业设计中心有限公司 Shanghai Urban Industrial Design Center Ltd.	1276	1266	65	12	
上海聚科生物园区有限责任公司 Shanghai Juke Biology Park Ltd.	761	627	24	22	2
上海市虹口区科技创业中心 Hongkou District Technology Innovation Center	1114	901	14	9	
上海市闸北区科技创业中心 Shanghai Zhabei District Technology Innovation Center	2980	2563	131	42	5
上海市青浦区科技创业中心 Shanghai Qingpu District Technology Innovation Center	1525	1075	19	9	
上海莘闵高新技术开发有限公司 Shanghai Xinmin Hi-tech Development Ltd.	1078	969	59	34	
上海金山化工孵化器发展有限公司 Shanghai Jinshan Chemical Industry Development Incubator Ltd.	916	834	9	7	
上海张江药谷公共服务平台有限公司 Shanghai Zhangjiang Medicine Valley Public Service Platform Ltd.	1306	1060	14	7	11
上海莘泽创业投资管理有限公司 Shanghai Xinze Venture Capital Management Co., Ltd.	1187	1181	53	5	3
上海谈家二八企业管理有限公司 Shanghai Tanjia Twenty-eight Enterprise Management Co., Ltd.	897	895	58	4	
上海浦东软件园创业投资管理有限公司 Shanghai Pudong Software Park Venture Capital Management Co., Ltd.	1159	1054	104	30	1
上海康桥先进制造技术创业园有限公司 Shanghai Kangqiao Advanced Manufacturing Technology Business Park Ltd.	815	671	31	9	
上海漕河泾开发区创新创业园发展有限公司 Shanghai Caohejing Innovation Park Development Co., Ltd.	1130	899	89	14	
江苏省高新技术创业服务中心 Jiangsu Hi-tech Innovation Center	1844	1786	18	1	
南京科技创业服务中心 Nanjing Hi-tech Innovation Center	1108	972	188	23	5
南京金港科技创业中心 Nanjing Jingang Technology Innovation Center	1511	1375	18	9	

4-6 续表 6 continued 6

科技企业孵化器 Technology Business Incubator	在孵企业人员数 (人) Number of Employees of Incubated Tenants (person)	大专以上 (人) Number of Employees with College and Higher Level Education (person)	批准知识产权数 (个) Number of Approved Intellectual Property (piece)	发明专利数 (个) Number of Invention Patent (piece)	承担国家级科技计划项目数 (个) Number of National Science and Technology Projects (item)
南京市江宁高新技术创业服务中心 Nanjing Jiangning Hi-tech Innovation Service Center	620	553	53	12	1
南京鼎业百泰生物科技有限公司 Nanjing Dingye Baitai Biomedical Science and Technology Ltd.	1095	957	10	3	2
南京市雨花台区科技创业中心 Nanjing Yuhuatai District Science and Technology Innovation Center	3560	3100	85	11	
南京留学人员创业园 Nanjing Overseas Students Innovation Park	969	779	115	59	11
无锡(国家)工业设计园创业服务中心 Wuxi(National) Industrial Design Park Innovation Service Center	1367	1134	35	7	1
无锡市北创科技创业园有限公司 Wuxi Beichuang Technology Incubation Service Center	1001	924	38	11	2
无锡惠山高新技术创业服务中心(无锡惠山留学人员创业园) Wuxi Huishan Hi-tech Technology Innovation Service Center	710	561	51	8	8
无锡山水城科技创业服务有限公司 Wuxi City Landscape Technology Incubation Service Center	1254	923	157	44	
无锡新区旺庄科技创业中心 Wuxi City New Area Wangzhuang Science and Technology Development Ltd.	1183	1067	64	13	2
无锡软件产业发展有限公司 Wuxi Software Industry Development Ltd.	7444		74	14	7
无锡高新科技创业发展有限公司(无锡市高新技术创业服务中心) Wuxi Hi-tech Venture Development Ltd.	4579	2723	212	64	
无锡微纳产业发展有限公司(原无锡微纳传感网产业孵化管理中心) Wuxi Micro-nano Sensing Nets Incubator	2403	2348	65	4	5
无锡留学人员创业园发展有限公司 Wuxi Overseas Students Pioneer Park Development Ltd.	1795	1347	107		
锡山经济技术开发区科技创业服务中心 Xishan Economic Development Zone Technology Incubation Service Center	1435	1270	305	31	2
江阴高新技术创业中心 Jiangyin Hi-tech Innovation Park	1485	1366	115	37	2
宜兴创业园科技发展有限公司 Yixing Innovation Park Technology Development Ltd.	1492	988	53	8	4
宜兴市科技创业服务中心 Yixing Technology Incubation Service Center	632	598	62	12	
江阴百桥国际生物科技孵化园 Jiangyin Baiqiao International Biology Technology Incubation Park	399	368	15	10	
徐州市高新技术创业服务中心 Xuzhou Hi-tech Innovation Service Center	2059	1388	130	20	
徐州软件园 Xuzhou Software Park	4057	3616	192	22	12
常州钟楼高新技术创业服务中心 Changzhou Zhonglou Hi-tech Innovation Service Center	1073	841	50	7	1
常州三晶世界科技产业发展有限公司 Changzhou Sanjing World Science and Techology Industry Development Ltd.	1987	1300	105	10	1
常州高新技术创业服务中心 Changzhou Hi-tech Innovation Service Center	1401	1333	92	41	14

4-6 续表 7 continued 7

科技企业孵化器 Technology Business Incubator	在孵企业人员数 (人) Number of Employees of Incubated Tenants (person)	大专以上 (人) Number of Employees with College and Higher Level Education (person)	批准知识产权数 (个) Number of Approved Intellectual Property (piece)	发明专利数 (个) Number of Invention Patent (piece)	承担国家级科技计划项目数 (个) Number of National Science and Technology Projects (item)
武进高新技术创业服务中心 Wujin Hi-tech Innovation Service Center	1100	800	20	10	2
江苏武进科创园(常州市武进科创孵化园管理有限公司) Wujin Technology Innovation Park	1638	103	151	19	2
常州西太湖国际智慧园(原为武进经济开发区湖滨科技园) Changzhou West Tai Lake International Wisdom Park					
江苏津通信息技术孵化器 Jiangsu Jintong Information Technology Incubator	2366	2198	101	65	
常州市天宁高新技术创业服务中心 Changzhou Tianning Hi-tech Innovation Service Center	1730	1550	34	2	
苏州市沧浪科技创业园管理有限公司 Suzhou Canglang Technology Innovation Park Management Ltd.	1252	1128	37	2	1
苏州工投科技创业园有限公司 Suzhou Gongtou Technology Innovation Park Ltd.	1310	1238	38	8	
苏州博济科技创业服务中心 Suzhou Boji Science and Technology Service Center	1698	1357	21	7	
苏州市吴中科技创业园管理有限公司 Suzhou Wuzhong Technology Innovation Park	3676	3566	49		
苏州火炬创新创业孵化管理有限公司(苏州博济科技创业园) Suzhou Torch Innovation Incubation Management Ltd. (Suzhou Boji Science and Technology Park)	2635	2207	76	6	3
苏州高新技术创业服务中心 Suzhou Hi-tech Innovation Service Center(Including the Department, Microsystems Park, Suzhou Hi-tech Software Park, etc.)	1074	891	59		5
苏州国环节能环保创业园管理有限公司 Suzhou Guohuan Energy-saving and Environmental Protection Park Management Ltd.	872	758	7	1	2
苏州留学人员创业园 Suzhou Overseas Scholars Incubation Park	941	787	68	11	8
苏州工业园科技企业孵化器 Suzhou Industrial Park Technology Business Incubator	2218	2007	398	63	7
苏州工业园区生物纳米科技园 Suzhou Industrial Park Bio-nano Science and Technology Park	2371	2123	224	84	12
张家港市高新技术创业服务中心 Zhangjiagang Hi-tech Innovation Service Center	1199	988	150	29	1
昆山高新技术创业服务中心 Kunshan Hi-tech Innovation Service Center	1726	1208	354	53	
江苏昆山留学人员创业园管理处 Jiangsu Kunshan Overseas Scholars Innovation Park	2180	2004	118	27	8
昆山清华科技园创业服务中心 Kunshan Tsinghua Science and Technology Innovation Service Center	653	600	175	8	2
吴江科技创业园管理服务有限公司(吴江科技创业园) Wujiang Science and Technology Innovation Park	2158	1595	278	20	2
吴江汾湖科技创业服务有限公司 Wujiang Fonlake Science and Technology Innovation Service Co., Ltd.	1730	1352	175	85	4
太仓市科技创业园有限公司 Taicang Technology Innovation Park Ltd.	2280	2138	37	8	
苏州吴中科技园创业服务中心有限公司 Suzhou Wuzhong Technology Innovation Park	1245	1120	106	34	4

4-6 续表 8 continued 8

科技企业孵化器 Technology Business Incubator	在孵企业人员数 (人) Number of Employees of Incubated Tenants (person)	大专以上 (人) Number of Employees with College and Higher Level Education (person)	批准知识产权数 (个) Number of Approved Intellectual Property (piece)	发明专利数 (个) Number of Invention Patent (piece)	承担国家级科技计划项目数 (个) Number of National Science and Technology Projects (item)
苏州东创科技园 Suzhou Dongchuang Science and Technology Park	2009	1813	60	39	1
常熟高新技术创业服务中心 Changshu Hi-tech Innovation Service Center	1036	824	92	87	
南通高新技术创业中心有限公司 Nantong Hi-tech Innovation Service Center Ltd.	1593	1311	87	4	3
南通市崇川科技创业服务中心有限公司 Nantong Chongchuan Technology Innovation Service Center Ltd.	1970	1536	53	10	
江苏省海安高新技术创业服务中心 Jiangsu Hai'an Hi-tech Innovation Service Center	2576	1641	93	10	1
如皋市科技创业园 Rugao Technology Innovation Park	1093	858	78	23	4
启东创业科技服务有限公司 Qidong Innovation Technology Service Ltd.	1062	912	46	8	
海门市科技创业园有限公司 Haimen Science and Technology Innovation Ltd.	2319	1526	238	29	
如皋科技城创业中心管理有限公司 Rugao Science and Technology Innovation Park	902	122	43	3	
淮安市高新技术创新中心 Huai'an Hi-tech Innovation Center	2532	2031	39	31	1
淮安软件园管理发展有限公司 Huai'an Software Park Management Development Ltd.	3733	2000	45	40	
盐城高新技术创业园有限公司 Yancheng Hi-tech Innovation Park Ltd.	1218	982	46	11	4
盐城中小企业创业投资实业有限公司 Yancheng SME Venture Capital Co., Ltd.			31		
东台市高科技术创业园有限公司 Dongtai City Hi-Tech Venture Park Ltd.	850	360	5	1	4
建湖县民营科技创业园服务有限公司 Jianhu County Private Science and Technology Innovation Park Ltd.	1421	985	63	12	
射阳县高新科技创业园 Sheyang County Hi-tech Science and Technology Innovation Park Ltd.	2414	443	40	4	
大丰市科技创业园有限公司 Dafeng Technology Innovation Park Ltd.	1351	1013			
扬州高新技术创业服务中心 Yangzhou Hi-tech Innovation Service Center	1887	1516	165	31	8
扬州市邗江区高新技术创业服务中心 Yangzhou Hanjiang Hi-tech Innovation Service Center	2128	1389	81		11
扬州广陵高新技术创业服务中心 Yangzhou Guangling Hi-tech Innovation Service Center	4110	3933	145	15	3
镇江京口高新技术创业服务中心 Zhenjiang Jingkou Hi-tech Innovation Service Center	1630	1300	87	57	
镇江润州高新技术创业服务中心 Zhenjiang Runzhou Hi-tech Innovation Service Center	1512	1060	36	34	
镇江高新技术创业服务中心 Zhenjiang Hi-tech Innovation Service Center	1828	1372	120	25	5

4-6 续表 9 continued 9

科技企业孵化器 Technology Business Incubator	在孵企业人员数（人）Number of Employees of Incubated Tenants (person)	大专以上（人）Number of Employees with College and Higher Level Education (person)	批准知识产权数（个）Number of Approved Intellectual Property (piece)	发明专利数（个）Number of Invention Patent (piece)	承担国家级科技计划项目数（个）Number of National Science and Technology Projects (item)
镇江市丹徒环保科技创业服务中心 Zhenjiang Dantu Environmental Technology Innovation Service Center	2250	1167	28	1	
泰州市高新技术创业服务中心 Taizhou Hi-tech Innovation Service Center	1740	1383	23	5	2
泰兴市科技创业园有限公司 Taizhou Hi-tech Innovation Service Center	1528	436	62	9	
姜堰市高新技术创业中心 Jiangyan Hi-tech Innovation Center	2644	1865	84	21	
江苏省泰州市华海高新技术创业服务中心 Jiangsu Taizhou Huahai Hi-tech Innovation Center	730	560	270	121	
靖江市华信科技创业园有限公司 Jinjiang Huaxin Hi-tech Innovation Service Center	1330	981	78	5	
泰州医药高新区医药创业服务中心 Taizhou Medical Hi-tech Zone Medical Innovation Service Center	4620	4532	48	40	6
沭阳县科技创业服务中心 Shuyang Technology Incubation Service Center	1428	1305	26		
杭州市上城区科技企业创业中心 Hangzhou Shangcheng District Hi-tech Zone Medical Innovation Service Center	1806		147	21	
杭州市拱墅区科技创业中心 Hangzhou Gongshu District Technology Innovation Center	1146	1031	41	3	
浙江大学科技园发展有限公司 Zhejiang University Science Park Ltd.	2347	2019	346	74	42
杭州高新技术产业开发区科技创业服务中心 Hangzhou Science and Technology Industrial Park Technology Innovation Service Center	4718	4579	94	17	9
杭州东部软件园有限公司 Hangzhou Dongbu Software Park Ltd.	974	933	110	9	
杭州数字娱乐园有限公司 Hangzhou Digital Entertainment Park Ltd.	2595	2409	14	1	
杭州市下城区科技创业中心 Hangzhou Xiacheng District Technology Innovation Center	1179	966	188	51	
杭州乐富智汇园孵化器有限公司 Hangzhou Lefu Zhihui Park Incubator Co., Ltd.	2300	2290	35		
浙江赛博科技孵化器有限公司 Zhejiang Saibo Science and Technology Incnbator Ltd.	807	699	75	8	
杭州市高科技企业孵化器有限公司 Hangzhou City Hi-tech Business Incubator Co., Ltd.	1523	1450	15	6	1
浙江银江孵化器有限公司 Zhejiang Yinjiang Incubator Ltd.	1183	1055	37	2	
颐高科技创业园有限公司 Yigao Science and Technology Innovation Park Ltd.	1462	1443	59	1	
临安市科技孵化中心 Lin'an Science and Technology Incubation Center	1314	1017	45	5	9
杭州余杭高新园区孵化器有限公司 Hangzhou Yuhang Hi-tech Industrial Park Incubator Ltd.	756	722	52	3	
杭州之江创意园开发有限公司 Hangzhou Zhijiang Creativity Park Development Co., Ltd.	552	504	22		

4-6 续表 10 continued 10

科技企业孵化器 Technology Business Incubator	在孵企业人员数 (人) Number of Employees of Incubated Tenants (person)	大专以上 (人) Number of Employees with College and Higher Level Education (person)	批准知识产权数 (个) Number of Approved Intellectual Property (piece)	发明专利数 (个) Number of Invention Patent (piece)	承担国家级科技计划项目数 (个) Number of National Science and Technology Projects (item)
宁波经济技术开发区科技创业园服务中心 Ningbo Development Zone Technology Park Service Center	1446	1073	28	15	6
宁波市科技创业中心 Ningbo City Technology Business Incubator Center	1420	960	63	43	
浙大科技园宁波发展有限公司 Zhejiang University Science Park Ningbo Development Ltd.	1623	1278	49	13	2
宁波保税区科技促进中心 Ningbo Free Trade Zone Science and Technology Promotion Center	2428	2106	22	4	1
宁波市鄞创科技孵化器管理服务有限公司 Ningbo Yinchuang Technology Incubator Management Services Ltd.	1759	1621	151	10	1
温州高新技术产业园区创业服务中心 Wenzhou Hi-tech Industrial Park Innovation Center	2599	1518	167	43	6
乐清市科技孵化创业中心 Leqing Technology Incubation Innovation Center	1016	462	78	23	
嘉善县科技创业服务有限公司 Leshan County Technology Innovation Service Ltd.	780	662	22	12	
浙江秀洲慧谷科技创业中心 Zhejiang Xiuzhou Huigu Technology Innovation Center	1552	1100	25	1	1
嘉兴市南湖科技创业服务中心 Jiaxing Nanhu Science and Technology Innovation Service Center	1378	1035	98	7	4
嘉兴科技创业服务中心 Jiaxing Technology Innovation Service Center	1912	1518	28		
湖州科技创业服务中心 Huzhou Technology Innovation Service Center	1638	1455	184	18	2
浙江长兴民营科技园发展有限公司 Zhejiang Changxing Technology Park Development Co., Ltd.	1300	306	56	14	
湖州吴兴区科技发展有限公司 Huzhou Wuxing District Technology Development Ltd.	2509	1760	510	68	10
德清县科技创业服务有限公司 Deqing County Science and Technology Innovation Service Ltd.	946	674	10		1
绍兴市高新技术创业服务中心 Shaoxing Hi-tech Innovation Service Center	1668	1562	56	12	
绍兴市越城区科技创业中心有限公司 Shaoxing City Technology Innovation Center Ltd.	1152	32	18	3	
金华科技园创业服务中心有限公司 Jinhua Science Park Innovation Service Center Ltd.	4876	3998	40	23	3
台州市高新技术创业服务中心有限公司 Taizhou Hi-tech Innovation Service Center Ltd.	1468	1180	27		3
合肥民营科技企业园管理服务中心 Hefei Private Science and Technology Enterprise Park Management Service Center	1808	1644	129	19	6
合肥国家大学科技园创业孵化中心 Hefei National University Science Park Innovation Center	1028	855	130	27	9
合肥蜀山科技创业服务中心 Hefei Shushan Science and Technology Innovation Service Center	1426	1063	169	38	3
合肥高新创业园管理有限公司 Hefei Hi-tech Innovation Park Management Ltd.	1980	1675	132	10	13

4-6 续表 11 continued 11

科技企业孵化器 Technology Business Incubator	在孵企业人员数 (人) Number of Employees of Incubated Tenants (person)	大专以上 (人) Number of Employees with College and Higher Level Education (person)	批准知识产权数 (个) Number of Approved Intellectual Property (piece)	发明专利数 (个) Number of Invention Patent (piece)	承担国家级科技计划项目数 (个) Number of National Science and Technology Projects (item)
合肥高新技术创业服务中心 Hefei Hi-tech Innovation Service Center	5820	4865	119	15	4
芜湖高新技术创业服务中心 Wuhu Hi-tech Innovation Center	1149	1019	56	12	6
蚌埠高新技术创业服务中心 Bengbu Hi-tech Innovation Service Center	2687	1876	25	1	
马鞍山市高新技术创业服务中心 Ma'anshan City Hi-tech Innovation Service Center	1679	1213	50	7	5
铜陵市高新技术创业服务中心 Tongling Hi-tech Innovation Service Center	1520		58	15	8
安庆市高新技术创业服务中心 Anqing Hi-tech Innovation Service Center	856	658	22	1	3
天长市高新技术创业服务中心 Tianchang Hi-tech Innovation Service Center	1062	782	52	2	
福建省高新技术创业服务中心 Fujian Hi-tech Innovation Service Center	3189	2280	257	20	8
福州市高新技术产业创业服务中心 Fuzhou City Hi-tech Innovation Service Center	3030	2067	230	50	8
福州863软件专业孵化器服务中心 Fuzhou 863 Software Incubator Service Center	416	373	39	4	1
厦门软件产业投资发展有限公司 Xiamen Software Industrial Investment Development Ltd.	5372	4913	352	17	8
厦门高新技术创业中心 Xiamen Hi-tech Innovation Center	8925	8123	298	73	31
厦门海峡科技创业促进有限公司 Xiamen Haixia Technology Entrepreneurship Promotion Ltd.	2737	2354	71	6	14
泉州市高新技术创业服务中心 Quanzhou City Hi-tech Innovation Service Center	1663		34	3	
江西省高新技术创业服务中心 Jiangxi Province Hi-tech Innovation Service Center	419	345	154	153	
南昌高新开发区创业服务中心 Nanchang Science and Technology Industrial Park Innovation Service Center	1615	1454			
江西高技术产业发展有限责任公司 Jiangxi Hi-tech Industry Development Ltd.	1683	1453	6	1	
南昌大学科技园发展有限公司 Nanchang University Science Park Development Ltd.	3016	2807	41	5	8
江西省桑海医药科技孵化器 Jiangxi Songhai Medical Technology Incubator	1000	600	17	16	
九江恒盛科技发展有限责任公司 Jiujiang Hengsheng Science and Technology Development Co., Ltd.	2018	1563	18	10	
济南高新技术创业服务中心 Jinan Hi-tech Innovation Service Center	7915	7240	94	57	4
济南槐荫工业园区企业孵化器(济南民营) Jinan Huaiyin Industrial Park Business Incubator	1496	1078	12	10	
济南历下软件创业服务中心 Jinan Lixia Software Innovation Service Center	1067	855	51	2	
济南腊山高新技术创业服务中心 Jinan Lashan Hi-tech Innovation Service Center	1329	1047	7	5	

4-6 续表 12 continued 12

科技企业孵化器 Technology Business Incubator	在孵企业人员数 (人) Number of Employees of Incubated Tenants (person)	大专以上 (人) Number of Employees with College and Higher Level Education (person)	批准知识产权数 (个) Number of Approved Intellectual Property (piece)	发明专利数 (个) Number of Invention Patent (piece)	承担国家级科技计划项目数 (个) Number of National Science and Technology Projects (item)
青岛高新技术产业开发区创业服务中心 Qingdao Hi-tech Innovation Service Center	1361	820	13	11	
青岛高新技术创业服务中心 Qingdao Hi-tech Innovation Service Center	7300	5548	88	22	
青岛经济技术开发区高科技创业服务中心 Qingdao Technological Development Park Hi-tech Innovation Service Center	896	674	90	67	1
青岛中联智业管理有限公司 Qingdao Zhonglian Zhiye Management Ltd.	1766	1550	38	21	1
青岛新材料产业科技创新服务中心 Qingdao New Materials Industrial Technology Innovation Service Center	1020	735	18	14	1
青岛科大都市科技园集团有限公司 Qingdao Keda Dushi Science and Technology Park Ltd.	1655	1374	8	7	
青岛软件园发展有限公司 Qingdao Software Park Development Ltd.	2614	2187	9	1	3
中航工业青岛科技园(青岛前哨精密机械有限责任公司) Zhonghang Industry Qingdao Science and Technology Park (Qingdao Qianshao Precision Machinery Co., Ltd.)	2376	1200	37		
橡胶谷有限公司 Rubber Valley Co., Ltd.	500	470	52	50	
四方区工业设计产业园创新创业服务中心 Sifang Industrial Design Industrial Park Innovation and Entrepreneurship Center	956	955	26	24	
淄博高新技术创业服务中心 Zibo Hi-tech Innovation Service Center	4425	3461	181	19	3
淄博高新技术产业开发区生物医药产业创新园管理办公室 Zibo High-tech Industrial Development Zone Biomedical Industry Innovation Park Management Office	925	797	38	9	1
枣庄高新区科技创新服务中心(枣庄科顺数码科技有限公司) Zaozhuang High-tech Zone Innovation Service Center (Zaozhuang Keshun Digital Technology Co., Ltd.)	934	656	55	6	2
东营市高新技术创业服务中心 Dongying City Hi-tech Innovation Service Center	2041	1878	69		
黄河口高新技术企业创业园 Huanghekou Hi-tech Innovation Service Center	1827	1665	31	9	
垦利县高新技术创业服务中心 Kenli Hi-Tech Innovation Service Center	1326	964	30	2	
东营高新技术创业服务中心 Dongying Hi-tech Innovation Service Center	1753	1275	55	5	
烟台高新技术创业服务中心 Yantai Hi-tech Innovation Service Center	1649	1632	46	7	
烟台留学人员创业园区 Yantai Overseas Scholars Innovation Park	1845	1195	82	44	1
烟台高新技术产业园区中俄高新技术产业化合作促进中心 Yantai Hi-tech Industrial Park China-Russia Hi-tech Industrialization Cooperation & Promotion Center	1133	847	15	5	5

4-6 续表 13 continued 13

科技企业孵化器 Technology Business Incubator	在孵企业人员数 (人) Number of Employees of Incubated Tenants (person)	大专以上 (人) Number of Employees with College and Higher Level Education (person)	批准知识产权数 (个) Number of Approved Intellectual Property (piece)	发明专利数 (个) Number of Invention Patent (piece)	承担国家级科技计划项目数 (个) Number of National Science and Technology Projects (item)
潍坊软件园管理办公室 Weifang Software Park Management Office	1520	1364	83		
潍坊高新技术创业服务中心 Weifang Hi-tech Innovation Service Center	1707	1349	130	20	2
潍坊高新区生物医药科技产业园管理办公室 Weifang Hi-tech Zone Biomedical Park Management Office	914	695	48	25	3
潍坊高新区宝兴孵化器管理中心 Weifang High-tech Industial Park Baoxing Incubator Management Center	1384	1141	259	15	2
济宁高新技术创业服务中心 Jining Hi-tech Innovation Service Center	1180	1061	41		
泰安高新技术创业服务中心 Tai'an Hi-tech Innovation Service Center	2301	1944	39		1
威海火炬高技术产业开发区高新技术创业服务中心 Weihai Torch Hi-tech Industrial Park Hi-tech Innovation Service Center	2389	1685	75	20	1
北京清大华创(日照)科技企业孵化器置业有限公司 Beijing Qingdahuachuang (Rizhao) Technology Business Incubator Properties Ltd.	2215	1679	12	6	
日照高新区创业服务中心 Rizhao Hi-tech Industrial Park Innovation Service Center					
临沂高新技术创业服务中心 Linyi Hi-tech Innovation Service Center	10200	9500	350	170	29
临沂科汇高新技术创业园有限公司 Linyi Kehui Hi-tech Innovation Park Ltd.	1124	764	79	5	3
德州金田高新技术创业发展有限公司 Dezhou Jintian Hi-Tech Venture Development Ltd.	3600	2927	26	21	
德州市高新技术创业服务中心 Dezhou Hi-tech Innovation Service Center	1347	983	52		
聊城市高新技术创业服务中心 Liaocheng Hi-Tech Innovation Service Center	3045	2750	27	10	3
郑州市高新技术创业中心 Zhengzhou City Hi-tech Innovation Center	3921	3452	35	14	2
河南省大学科技园发展有限公司 Henan Province University Science Park Development Ltd.	4516	3700	16	12	10
河南专利孵化转移中心有限公司 Henan Patent Incubation Transfer Center Ltd.	2196	1760	39	6	
郑州经济技术开发区留学人员创业园管理服务中心 Zhengzhou Economic and Technological Development Zone Overseas Students	445	407	58	10	2
郑州高新技术产业开发区创业中心 Zhengzhou Hi-tech Innovation Center	8094	7213	133	41	26
开封高新技术创业服务有限公司 Kaifeng Hi-tech Innovation Service Ltd.	2200	1800	12	8	
洛阳高技术创业服务中心 Luoyang Hi-tech Innovation Service Center	3865	3117	155	21	16
平顶山高新技术创业服务中心 Pingdingshan Hi-tech Innovation Service Center	3018	2915	3	2	
安阳高新技术创业服务中心 Anyang Hi-tech Innovation Service Center	3980	2470	88	27	

4-6 续表 14 continued 14

科技企业孵化器 Technology Business Incubator	在孵企业人员数 (人) Number of Employees of Incubated Tenants (person)	大专以上 (人) Number of Employees with College and Higher Level Education (person)	批准知识产权数 (个) Number of Approved Intellectual Property (piece)	发明专利数 (个) Number of Invention Patent (piece)	承担国家级科技计划项目数 (个) Number of National Science and Technology Projects (item)
河南省新乡高新技术创业服务中心 Henan Xinxiang Hi-tech Innovation Service Center	4993	2573	70	15	
焦作高新技术创业服务中心 Jiaozuo Hi-tech Innovation Service Center	3317	1290	14	10	
漯河高新技术创业服务中心 Luohe Hi-tech Innovation Service Center	3210	2860	22	15	16
南阳高新技术创业服务中心 Nanyang Hi-tech Innovation Service Center	4325	2451	27	15	
武汉东湖新技术创业中心 Wuhan Eastlake Hi-tech Innovation Center	13015	11062	89	4	29
武汉留学生创业园管理中心 Wuhan Overseas Scholars Innovation Park Management Center	2046	1548	232	118	10
武汉市洪山高新技术创业服务有限责任公司 Wuhan Hongshan Hi-tech Innovation Service Center	1482	1368	81	19	
武汉市青山高新技术创业服务中心 Wuhan Qingshan Hi-tech Innovation Service Center	2009	1165	29	4	6
武汉三新材料孵化器有限公司 Wuhan San New Material Incubator Ltd.	2998	2627	96	47	20
武汉华工科技企业孵化器有限责任公司 Wuhan Huagong Technology Business Incubator Ltd.	1649	1472	73	12	3
汉口高新技术创业服务中心 Hankou Hi-tech Innovation Service Center	1308	1000	97	11	
武汉国家农业科技园区创业中心有限公司 Wuhan National Agricultural Technology Park Innovation Center Ltd.	2398	1536	8	6	
武汉东创研发设计创意园有限公司 Wuhan Dong Chuang R&D Design Creativity Park Ltd.	1259	1234	26	21	
武汉海峡高新技术创业服务中心 Wuhan Strait Hi-tech Innovation Service Center	1225	967	17	6	
武汉华创源科技企业孵化器有限公司 Wuhan Huachuangyuan Technology Business Incubator	1850	1575	14	1	
湖北国知专利创业孵化园有限公司 Hubei Guozhi Patent Innovation Incubator Ltd.	1259	954	88	39	4
武汉岱家山科技企业孵化器有限公司 Wuhan Daijiashan Technology Business Incubator Co., Ltd.	717	549	10	1	
黄石高新技术创业服务中心 Huangshi Hi-tech Innovation Service Center	2143	1463	28	1	2
十堰高新技术产业区创业服务中心 Shiyan Hi-tech Industrial Park Innovation Service Center	1610	1100	39	2	20
宜昌高新技术产业园区创业服务中心 Yichang Hi-tech Industrial Park Innovation Service Center	1516	1087	30	13	4
襄阳高新技术创业服务中心 Xiangyang Hi-tech Innovation Service Center	3826	2672	22	2	3
荆门聚盛孵化器管理有限公司 Jingmen Jusheng Incubator Management Ltd.	2700	1100	35	7	8
孝感高新技术创业服务中心 Xiaogan Hi-tech Innovation Service Center	1097	778	66	3	

4-6 续表 15 continued 15

科技企业孵化器 Technology Business Incubator	在孵企业人员数 (人) Number of Employees of Incubated Tenants (person)	大专以上 (人) Number of Employees with College and Higher Level Education (person)	批准知识产权数 (个) Number of Approved Intellectual Property (piece)	发明专利数 (个) Number of Invention Patent (piece)	承担国家级科技计划项目数 (个) Number of National Science and Technology Projects (item)
荆州高新技术产业开发区创业服务中心 Jinzhou Hi-tech Industrial Park Innovation Service Center	1129	831	42	4	2
长沙高新技术创业服务中心 Changsha Hi-tech Innovation Service Center	4943	4245	73	5	1
湖南岳麓山国家大学科技园创业服务中心 Hunan Yuelu Mountain National University Science Park Innovation Service Center	969	867	44	27	1
长沙新技术创业服务中心 Changsha Hi-tech Innovation Service Center	2783	2315	42	4	
长沙高新技术产业开发区创业服务中心 Changsha Hi-tech Industrial Park Innovation Service Center	11475	9795	166	35	23
长沙国家生物产业基地创业服务中心 Changsha National Biological Industry Base Incubation Center	821	746	17	16	1
湖南麓谷科技孵化器有限公司 Hunan Lugu Technology Incubator Ltd.	3018	2532	167	50	3
湖南广发隆平高科技园创业服务有限公司 Hunan Guangfa Longping Hi-tech Park Venture Services Ltd.	1802	1493	14	9	
株洲高新技术产业开发区创业服务中心(株洲留学人员创业园) Zhuzhou Hi-tech Innovation Service Center(Zhuzhou Overseas Scholars Innovation Park)	4822	4116	149	99	
湘潭高新技术创业服务中心 Xiangtan Hi-tech Innovation Service Center	6891	4480	86	12	
岳阳火炬创业服务中心 Yueyang Torch Hi-tech Innovation Center	1054	779	36	6	8
广州市高新技术创业服务中心 Guangzhou City Hi-tech Innovation Service Center	1362	1034	39	11	
广州市海珠高新技术创业服务中心 Guangzhou City Haizhu Hi-tech Innovation Service Center	1351	1213	34	13	
华南理工大学国家大学科技园 Huanan Science and Technology University Science Park	3644	2832	31	11	2
广州联炬科技企业孵化器有限公司 Guangzhou Lianju Technology Business Incubator Ltd.	5124	3449	96	42	
广州火炬高新技术创业服务中心 Guangzhou Torch Hi-tech Innovation Service Center	9056	8131	306	65	10
广东拓思软件科学园有限公司 Guangdong Tuosi Software Science Park Ltd.	2218	1696	45	10	7
广州国际企业孵化器有限公司 Guangzhou International Business Incubator Ltd.	1784	1459	99	54	5
五行科技企业孵化器 Wuxing Technology Enterprise Incubator	1291	1168	15	7	
深圳市留学生创业园有限公司 Shenzhen Overseas Scholars Innovation Park Ltd	1867	1591	125	36	
深圳市龙岗区科技创业服务中心 Shenzhen City Longgang District Technology Innovation Service Center	1592	973	12	3	4
深圳市南山区科技创业服务中心 Shenzhen City Nanshan District Technology Innovation Service Center	2571	1998	178	50	3
深圳市北科创业有限公司 Shenzhen City Beike Innovation Ltd.	1802	1382	161	87	1

4-6 续表 16 continued 16

科技企业孵化器 Technology Business Incubator	在孵企业人员数 （人） Number of Employees of Incubated Tenants (person)	大专以上 （人） Number of Employees with College and Higher Level Education (person)	批准知识产权数 （个） Number of Approved Intellectual Property (piece)	发明专利数 （个） Number of Invention Patent (piece)	承担国家级科技计划项目数 （个） Number of National Science and Technology Projects (item)
深港产学研基地 PKU-HKUST ShenZhen-HongKong Institution Base	1333	1209	134	22	1
深圳市福田区高新技术创业中心 Shenzhen City Futian District Hi-tech Innovation Center	1952	1503	136	25	5
中国科技开发院有限公司 China Technology Development Institute Ltd.	3120	2835	120	68	6
深圳市宝安区科技创业服务中心 Shenzhen City Bao'an District Technology Innovation Service Center	3174	2337	327	109	4
深圳硅谷大学城创业园管理有限公司 Shenzhen Silicon Valley University Town Innovation Park Management Ltd.	1734	1341	396	141	5
深圳生物孵化器管理中心 Shenzhen Bio-tech Incubator Management Center	1384	1137	197	165	21
深圳虚拟大学园管理服务中心 Shenzhen Virtual University Science Park Innovation Center					
珠海高新技术创业服务中心 Zhuhai Hi-tech Innovation Service Center	1209	871	92	28	
广东科炬高新技术创业园有限公司 Guangdong Keju Hi-tech Innovation Park Ltd.	1126	859	215	3	5
惠州仲恺高新区科技创业服务中心 Huizhou Zhongkai Hi-tech Zone Innovation Service Center	4282	3326	222	51	9
东莞松山湖高新技术创业服务中心 Dongguan Songshan Lake Hi-tech Innovation Service Center	2427	1552	303	121	6
中山火炬高技术创业中心有限公司 Zhongshan Torch Hi-tech Innovation Center Ltd.	5083	3422	126	60	7
南宁新技术创业者中心 Nanning New Technology Venture Center	3256	2442	108	16	21
柳州高新技术创业服务中心 Liuzhou Hi-tech Innovation Service Center	1584	1209	52	36	4
桂林科技企业发展中心 Guilin Technology Innovation Service Center	3755	2478	131	60	7
北海市高新技术创业服务中心 Beihai Hi-tech Innovation Service Center	890	860	36	23	
广西北海高新技术产业园区创业服务中心 Guangxi Beihai Hi-tech Industrial Park Innovation Service Center	1543	1273	14	2	
重庆卓创科技孵化器有限责任公司 Chongqing Zhuochuang Technology Incubator Co., Ltd.	1176	1103	21	8	
重庆市涪陵区金渠企业孵化器有限责任公司 Chongqing Fuling District Jinqu Incubator Ltd.	1583	1251	31	3	
重庆高技术创业中心 Chongqing Hi-tech Entrepreneurship Center	1593	1559	18	2	13
重庆市南岸科技创业发展有限责任公司 Chongqing Nanan Technology Innovation Development Ltd.	1718	1337	16	5	6
重庆五里店工业设计中心 Chongqing Wulidian Industrial Design Center	2319	1873	125	14	
重庆高新技术产业开发区创新服务中心 Chongqing Science and Technology Park Technology Innovation Service Center	2316	1565	96	22	5

4-6 续表 17 continued 17

科技企业孵化器 Technology Business Incubator	在孵企业人员数 (人) Number of Employees of Incubated Tenants (person)	大专以上 (人) Number of Employees with College and Higher Level Education (person)	批准知识产权数 (个) Number of Approved Intellectual Property (piece)	发明专利数 (个) Number of Invention Patent (piece)	承担国家级科技计划项目数 (个) Number of National Science and Technology Projects (item)
重庆市渝中区科技机构管理所 Chongqing Yuzhong District Science and Technology Institute Control Station	2955	2364	64		
重庆腾业创业咨询服务有限公司 Chongqing Tengye Venture Consulting Services Ltd.	1909	1221	35	2	
四川川大科技园发展有限公司 Sichuan University Science Park Development Ltd.	700	572	20	3	3
成都高新技术创业服务中心 Chengdu Hi-tech Innovation Service Center	1250	1105	162	24	5
成都武侯高新技术创业服务中心 Chengdu Wuhou Hi-tech Innovation Service Center	1423	1221	30	28	
成都高新区技术创新服务中心 Chengdu Hi-tech Industrial Park Technology Innovation Service Center	3267	2763	409	114	6
成都高新区教育科技园孵化器有限公司 Chengdu Science and Technology Park Education Science Park Business Incubator Ltd.	7142	6078	36	2	
成都天河中西医科技保育有限公司 Chengdu Tianhe Conservation Medicine Technology Innovation Co., Ltd.	4258	4252	74	25	6
自贡市高新技术创业服务中心 Zigong Hi-tech Innovation Service Center	1608	1218	43	13	
绵阳高新区创业服务中心 Mianyang Science and Technology Innovation Service Center	1803	1573	33	15	
绵阳高新区生物医药孵化器有限公司 Mianyang Hi-tech Industrial Park Bio-medicine Incubator Ltd.	443	312	12	10	1
四川中物技术有限责任公司 Sichuan Zhongwu Technology Ltd.	1366	903	7	1	
贵阳高新技术创业服务中心 Guiyang Hi-tech Innovation Service Center	6342	5074	257	72	39
贵州贵阳软件园 Guizhou Guiyang Software Park	1326	869	49	13	2
昆明高新技术创业服务中心 Kunming Hi-tech Innovation Service Center	4189	2910	177	19	24
昆明北理工科技孵化器有限公司 Kunming BIT Technology Incubator Ltd.	1029	901	77	22	
云南海归创业园科技发展有限公司 Yunnan Returnees Venture Pioneering Park Science and Technology Development Ltd.	1122	538			
昆明高新五华科技产业园创业服务中心 Kunming Hi-tech Wuhua Science and Technology Park of Innovation Management Ltd.	1572	635	8	3	1
云南省新材料孵化器 Yunnan Province Advanced Material Business Incubator	1522	913	50	14	
昆明创新园科技发展有限公司 Kunming Innovation Park Science and Technology Development Ltd.	1711	1025	69	22	
昆明经济技术开发区新兴产业孵化区管理有限公司 Kunming Economic and Technological Development Zone Emerging Industries Incubator Management Ltd.	1785	1248	13	2	
西藏自治区科技创业服务中心 Xizang Autonomous Region Science and Technology Innovation Service Center	3041	1775	70	39	22
西安市高新区创业服务中心(西安高新区创业园发展中心) Xi'an Hi-Tech Industry Development Zone Innovation Park	16520	15430	268	101	50

4-6 续表 18 continued 18

科技企业孵化器 Technology Business Incubator	在孵企业人员数 （人） Number of Employees of Incubated Tenants (person)	大专以上 （人） Number of Employees with College and Higher Level Education (person)	批准知识产权数 （个） Number of Approved Intellectual Property (piece)	发明专利数 （个） Number of Invention Patent (piece)	承担国家级科技计划项目数 （个） Number of National Science and Technology Projects (item)
西安创业园投资管理有限公司(西安先进制造专业孵化器) Xi'an Advanced Manufacturing Incubator	1850	1355	25	12	33
西安联创生物医药孵化器有限公司 Xi'an Lianchuang Biological Medicine Business Incubator Ltd.	1118	819	82	56	8
西安光电子专业孵化器有限责任公司 Xi'an Professional Photoelectron Business Incubator Ltd.	2150	1327	127	12	5
陕西启迪科技园发展有限公司 Shaanxi Qidi Science and Technology Park Development Ltd.	857	716	45	27	2
西安集成电路设计专业孵化器有限公司 Xi'an IC Design Incubator Ltd.	1269	1052	213	143	5
西安易创军民两用科技工业孵化器有限责任公司 Xi'an Yichuang Military and Civil Technology Industry Incubator	1483	1246	32	8	3
西安软件园发展中心 Xi'an Software Park Development Center	4516	3974	239	18	9
西安交大科技园高新技术创业服务中心 Xi'an Jiaotong University Science Park Hi-tech Innovation Service Center	1128	1041	39	21	2
西安航空科技创新服务中心 Xi'an Aviation Science and Technology Service Center	1066	789	12	8	
西安航天基地国际孵化器有限公司 Xi'an International Incubator Space Base Ltd.	4885	3978	138	106	6
西安三元数字媒体有限公司 Xi'an Sanyuan Digital Media Ltd.	1145	1107	19		2
西安农业科技企业孵化器有限公司 Xi'an Agricultural Science and Technology Business Incubator Co., Ltd.	1026	553	19	8	
西安大普光电与信息科技企业孵化器 Xi'an Dapu Optoelectronics and Information Technology Business Incubator	1979	1767	163	11	5
宝鸡高新技术产业开发区高技术创业服务中心 Baoji Hi-Tech Industry Development Zone of Hi-tech Innovation Service Center	9093	3017	72	5	3
杨凌农业高新技术产业示范区创业服务中心 Yangling Agricultural Hi-tech Industry Demonstration Zone Innovation Service Center	3587	3235	16	15	18
兰州高新技术产业开发区创业服务中心 Lanzhou Hi-tech Industry Development Zone Innovation Service Center	2054	1324	83	33	53
甘肃省高新技术创业服务中心 Gansu Province Hi-tech Innovation Service Center	1882	1385	102	74	31
青海省创业发展孵化器有限公司 Qinghai Venture Development Incubator Ltd.	560	400	2	1	
青海中小企业创业发展有限责任公司 Qinghai SMEs Development Ltd.	1100	860	25	10	6
青海生科中小企业创业有限公司 Qinghai Bio-tech Medium and Small Business Innovation Ltd.	1386	589	13	8	1
宁夏高新技术创业服务中心 Ningxia Hi-tech Innovation Service Center	2068	1347	113	31	4
乌鲁木齐高新区高新技术创业服务中心 Urumqi Hi-tech Innovation Service Center	1366	1040	159	75	15
新疆申新科技合作基地有限公司 Xinjiang Shenxin Scientific and Technological Cooperation Base Ltd.	1211	787	34	17	7

4-7 国家级科技企业孵化器毕业企业情况

General Statistics of Graduated Tenants of State Level TBIs

科技企业孵化器 Technology Business Incubator	累计毕业企业(个) Accumulated Number of Graduated Tenants (unit)	平均毕业时收入(千元) The Average Income of Graduated Tenants (1000 yuan)	当年毕业企业(个) Number of Graduated Tenants of the Year (unit)	收入达千万元企业数(个) Number of Tenants with Income More than 10 million yuan (unit)
合　　计 Total	**36057**	**9756419**	**4119**	**1475**
北京奥宇科技企业孵化器有限公司 Beijing Aoyu Technology Business Incubator Ltd.	54	6230	3	1
北京北航天汇科技孵化器有限公司 Beijing Beihang Tianhui Technology Business Incubator Ltd.	86	5500	10	1
北京博奥联创科技孵化器有限公司 Beijing Bo'ao Lianchuang Technology Business Incubator Ltd.	52	8052	9	5
北京高技术创业服务中心 Beijing Hi-tech Innovation Service Center	343	1370	11	3
北京汉潮大成科技孵化器有限公司 Beijing Hanchao Dacheng Technology Business Incubator Ltd.	85	5358	21	2
北京瀚海润泽科技孵化器有限公司 Beijing Hanhai Runze Technology Incubator Ltd.	69	6107	15	2
北京华海基业科技孵化器有限公司 Beijing Huahai Jiye Technology Business Incubator Ltd.	238	5315	10	5
北京均大高科科技孵化器有限公司 Beijing Junda Hi-tech Technology Business Incubator Ltd.	65	6000	3	2
北京科大方兴科技孵化器有限责任公司 Beijing Keda Fangxing Technology Business Incubator Ltd.	115	8410	21	
北京理工创新高科技孵化器有限公司 Beijing Institute of Technology Innovation and Hi-tech Incubator Ltd.	142	1150	10	3
北京普天德胜科技孵化器有限公司 Beijing Putian Desheng Technology Business Incubator Ltd.	89	58072	10	2
北京启迪创业孵化器有限公司 Beijing Qidi Technology Business Incubator Ltd.	231	8102	12	11
北京赛欧科园科技孵化中心有限公司 Beijing Sai'ou Keyuan Technology Business Incubation Center Ltd.	89	5869	13	9
北京望京科技孵化器服务有限公司 Beijing Wangjing Technology Business Incubator Ltd.	75	5876	10	3
北京中关村国际孵化器有限公司 Beijing Zhongguancun International Business Incubator Ltd.	28	7213	2	1
北京中关村京蒙高科企业孵化器有限责任公司 Beijing Zhongguancun Jingmeng Hi-tech Business Incubator Ltd.	44	5010		
北京中关村软件园孵化服务有限公司 Beijing Zhongguancun Software Park Incubation Service Ltd.	165	7177	21	3
北京中关村上地生物科技发展有限公司 Beijing Zhongguancun Shangdi Biological Technology Business Incubator Ltd.	33	12680	6	2
北京中关村生命科学园生物医药科技孵化有限公司 Beijing Zhongguancun Life Science Park Biological Medicine Technology Business Incubation Ltd.	25	7900	2	1
汇龙森国际企业孵化(北京)有限公司 Huilongsen International Enterprise Incubation (Beijing) Ltd.	122	5000	8	7
中关村科技园区丰台科技创业服务中心 Zhongguancun Science and Technology Park Fengtai Park Science and Technology Innovation Service Center	103	8500	6	3

4-7 续表 1 continued 1

科技企业孵化器 Technology Business Incubator	累计毕业企业（个） Accumulated Number of Graduated Tenants (unit)	平均毕业时收入（千元） The Average Income of Graduated Tenants (1000 yuan)	当年毕业企业（个） Number of Graduated Tenants of the Year (unit)	收入达千万元企业数（个） Number of Tenants with Income More than 10 million yuan (unit)
中关村科技园区海淀园创业服务中心 Zhongguancun Science and Technology Park Haidian Park Science and Technology Innovation Service Center	236	5000	15	14
北京京仪科技孵化器有限公司 Beijing Jingyi Technology Incubator Ltd.	21	7610	3	2
汇龙森欧洲科技(北京)有限公司 Huilongsen European Technology (Beijing) Ltd.	30	130000	8	7
北京北达燕园科技孵化器有限公司 Beijing Beida Yanyuan Technology Incubator Let.	173	15326	15	2
北京瀚海博智科技孵化器有限公司 Beijing Hanhai Runze Technology Incubator Ltd.	29	4824	13	3
北京康华伟业孵化器有限责任公司 Beijing Kanghua Weiye Technology Business Incubator Ltd.	93	6168		
北京牡丹科技孵化器有限公司 Beijing Peony Technology Incubator Ltd.	42	5367	11	9
天津市科技创业服务中心 Tianjin Technology Innovation Service Center	118	7034		
天津滨海高新技术产业开发区国际创业中心 Tianjin Binhai Hi-tech Industrial Development Zone International Innovation Center	307	7211	24	3
天津泰达国际创业中心 Tianjin Taida International Innovation Center	107		9	
天津海泰企业孵化服务有限公司 Tianjin Haitai Business Incubator Service Ltd.	17	8000	2	1
天津火炬鑫茂创业服务有限公司 Tianjin Torch Xinmao Innovation Service Ltd.	140	11636	8	2
天津华科企业孵化服务有限公司 Tianjin Huake Business Incubator Service Ltd.	48	5790	9	4
天津科丽泰科技企业孵化器有限公司 Tianjin Kelitai Technology Business Incubator Ltd.	37	670	2	
天津市帅超科技园有限公司 Tianjin Shuaichao Science and Technology Park	36		2	
天津金虹桥电气企业孵化器有限公司 Tianjin Golden Bridge Electric Business Incubator Ltd.	39	10524	7	4
天津华苑软件园建设发展有限公司 Tianjin Huayuan software Park Construction Development Ltd.	166	1299	4	
天津意库创意企业管理服务有限公司 Tianjin Yiku Creativity Business Management Service Ltd.	20	17175	4	3
天津市世纪龙科技服务发展有限公司 Tianjin Century Dragon Technology Service Development Co., Ltd.	40	6722	18	1
天津市聚贤科技孵化器有限公司 Tianjin Juxian Technology Incubator Ltd.	15	16297	14	13
天津市国际生物医药联合研究院 Tianjin International Biomedicine Joint Academy	15	20048	10	1
天津市陈塘科技孵化器有限公司 Tianjin chentang Technology Incubator Ltd.	25	13280	16	15
天津青年创业园管理有限公司 Tianjin Youth Venture Park Management Ltd.	25	7871	21	4

4-7 续表 2 continued 2

科技企业孵化器 Technology Business Incubator	累计毕业企业(个) Accumulated Number of Graduated Tenants (unit)	平均毕业时收入(千元) The Average Income of Graduated Tenants (1000 yuan)	当年毕业企业(个) Number of Graduated Tenants of the Year (unit)	收入达千万元企业数(个) Number of Tenants with Income More than 10 million yuan (unit)
天津普天企业孵化服务有限公司 Tianjin Putian Business Incubator Services Ltd.	11	9500	11	
天津航大中天科技发展有限公司 Tianjin Hangda Zhongtian Technology Development Co., Ltd.	16	16360	4	3
石家庄市科技创新服务中心 Shijiazhuang Science and Technology Innovation Service Center	56	9831	22	3
河北方大科技有限公司 Hebei Fangda Science and Technology Co., Ltd.	60	6820	13	5
石家庄高新技术创业服务中心 Shijiazhuang Hi-tech Innovation Service Center	116	5728	5	
唐山高新技术创业中心 Tangshan Hi-tech Innovation Center	120	20000	10	4
秦皇岛市育兴高新技术创业有限公司 Qinhuangdao Yuxing Hi-tech Venture Ltd.	98	9110	35	26
秦皇岛经济技术开发区高新技术创业服务中心 Qinhuangdao Development Zone Hi-tech Innovation Service Center	98	5870	8	3
邯郸高新技术创业服务中心 Handan Hi-tech Innovation Service Center	82	8000	11	5
保定高新技术创业服务中心 Baoding Hi-tech Innovation Service Center	121	500	5	
涿鹿科技园孵化器有限公司 Zhuolu Science Park Technology Incubator Ltd.	41	63751	6	5
承德高新技术产业开发区创业服务中心 Chengde Hi-tech Industrial Development Zone Business Service Center	22	8000	2	
沧州市科技创业中心 Cangzhou Technology Innovation Center	56		8	
三河燕郊新技术创业服务中心 Sanhe Yanjiao Hi-tech Innovation Service Center	29	5890		
山西省高新技术创业中心 Shanxi Hi-tech Innovation Center	151	4250	12	3
山西科伟通新技术发展有限公司 Shanxi Keweitong New Technology Development Ltd.	47	8257	6	5
山西三益华信创业服务有限公司 Shanxi Sanyi Huaxin Innovation Service Ltd.	22	8926	3	
太原高新区留学人员创业园 Taiyuan Hi-tech Zone Overseas Students Innovation Park	49	1500	19	
阳泉市高新技术创业服务中心 Yangquan Hi-tech Innovation Service Center	23	11000	3	2
长治高新区创业服务中心 Changzhi Hi-tech Zone Innovation Service Center	26	13000	8	5
呼和浩特留学人员创业园管理服务中心 Hohhot Overseas Students Pioneer Park Management Service Center	41	1230	10	
包头稀土高新技术产业开发区科技创业服务中心 Baotou Rare Earth Science and Technology Park Innovation Service Center	220	8281	20	11
内蒙古自治区留学人员创业园 Inner Mongolia Overseas Students Innovation Park	32	13750	10	1
沈阳东大科技企业孵化器有限公司 Shenyang Dongda Technology Business Incubator Ltd.	70	1500	4	

4-7 续表 3 continued 3

科技企业孵化器 Technology Business Incubator	累计毕业企业(个) Accumulated Number of Graduated Tenants (unit)	平均毕业时收入(千元) The Average Income of Graduated Tenants (1000 yuan)	当年毕业企业(个) Number of Graduated Tenants of the Year (unit)	收入达千万元企业数(个) Number of Tenants with Income More than 10 million yuan (unit)
沈阳市高科技创业中心 Shenyang Hi-tech Innovation Center	230	2250	4	1
沈阳市和平区高新技术企业创业服务中心 Shenyang Heping District Hi-tech Business Incubation Center	41	7100	2	1
沈阳软件出口基地有限公司 Shenyang Software Export Base Co., Ltd.	12			
沈阳动漫研发与软件外包孵化器 Shenyang Animation Innovation and Software Outsourcing Incubator	20	4500	1	
沈阳先进制造技术产业有限公司 Shenyang Advanced Manufacturing Technology Industrial Ltd.	28	5000	2	1
沈阳高新技术产业开发区科技创业服务中心 Shenyang Hi-tech Industrial Development Zone Technology Incubation Service Center	205	8360	15	6
大连市高新技术创业服务中心 Dalian Hi-tech Innovation Service Center	243	13205	7	2
大连市沙河口区天河科技创业服务中心 Dalian Shahekou District Tianhe Technology Innovation Service Center	174	6180	17	2
大连双D港创业孵化有限公司 Dalian Double D Innovation Incubator Ltd.	54	10250	7	7
大连旅顺民营科技企业创业中心 Dalian Lvshun Private Scientific and Technological Enterprises Innovation Center Ltd.	61	2577	12	
大连市民营科技企业创业中心有限公司 Dalian Private Science and Technology Enterprises Innovation Center	190	7654	23	11
大连市理想光电技术孵化创业中心有限公司 Dalian Lixiang Photoelectric Technology Business Incubation Center Ltd.	56		9	
大连北方科技企业孵化基地 Dalian Beifang Technology Enterprises Incubation Base	73	6594	13	1
大连光洋工控技术创业服务中心有限公司 Dalian Koyo Industrial Control Technology Innovation Center Ltd.	29	1250	3	2
沙河口区高校毕业生就业服务中心 Shahekou District College Graduates Employment Service Center	25	11480	7	
大连九龙高新技术创业服务有限公司 Dalian Jiulong Hi-tech Innovation Service Ltd.	49		8	
大连集成电路设计产业基地管理股份有限公司 Dalian IC Design Industrial Base Managemeat Inc.	12	8440	2	1
瓦房店福斯特轴承科技开发有限公司 Wafangdian Foster Bearing Technology Development Co., Ltd.	18	21891	5	4
鞍山高新技术创业服务中心 Anshan Hi-tech Innovation Service Center	151	5000	4	1
辽宁药都发展有限公司 Liaoning Yaodu Development Ltd.	35	2700	4	
丹东高新技术创业服务中心 Dandong Hi-tech Innovation Service Center	50	11275	4	3
锦州高新技术产业创业服务中心 Jinzhou Hi-tech Innovation Service Center	133	5430	15	1
营口市高新技术创业服务中心 Yingkou Hi-tech Innovation Service Center	65	3376	15	3

科技企业孵化器 Technology Business Incubator	累计毕业企业(个) Accumulated Number of Graduated Tenants (unit)	平均毕业时收入(千元) The Average Income of Graduated Tenants (1000 yuan)	当年毕业企业(个) Number of Graduated Tenants of the Year (unit)	收入达千万元企业数(个) Number of Tenants with Income More than 10 million yuan (unit)
阜新高新技术创业服务中心 Fuxin Hi-tech Innovation Service Center	22	13500	3	2
辽宁工程技术大学兴科中小企业服务中心 Liaoning Technical University Xingke SME Service Center	67		5	1
铁岭市高新技术创业服务中心 Tieling Hi-tech Innovation Service Center	48	5200	18	
葫芦岛高新技术产业开发区创业中心 Huludao Hi-tech Industrial Park Innovation Center	38		3	
吉林省光电子产业孵化器有限公司 Jilin Optoelectronic Industry Incubator Ltd.	22	25293		
长春中俄科技园股份有限公司 Changchun China-Russia Science and Technology Park Ltd.	30	3200		
长春科技创业服务中心 Changchun Technology Innovation Service Center	325	420	8	
吉林省东北亚文化创意科技园科技企业孵化器 Jilin Northeast Asia Cultural and Creative Technology Park and Technology Business Incubator	27	4200	20	11
吉林高新技术创业服务中心 Jilin Hi-tech Innovation Service Center	390	5570	70	
延吉高新技术创业中心 Yanji Hi-tech Business Center	27	9050	3	2
珲春高新技术创业服务中心 Hunchun Hi-tech Innovation Service Center	30	25	10	1
哈尔滨金华科技企业孵化器有限公司 Harbin Jinhua Technology Business Incubator Ltd.	73	7448	8	
哈尔滨市动力科技创业中心 Harbin Hi-tech Driver Technology Innovation Center	47	1122	9	2
哈尔滨广瀚科技创业有限公司 Harbin Guanghan Science and Technology Innovation Co., Ltd.	25	2000	4	
哈尔滨高科科技企业孵化器有限公司 Harbin Technology Business Incubator Ltd.	41	7100	5	
哈尔滨龙计电子技术创业中心 Harbin Longji Electronic Technology Innovation Center	28	5012	1	
哈尔滨工业大学国家大学科技园发展有限公司 Harbin Industry University Science Park Ltd.	60	5326	4	
哈尔滨理工大学科技企业孵化器有限责任公司 Harbin Science and Technology University Business Incubator Co., Ltd.	37	1185	6	1
哈尔滨高科技创业中心 Harbin Hi-tech Innovation Center	441	4160	18	5
哈尔滨工程大学科技园创业服务中心 Harbin Engineering University Science Park Innovation Service Center	55	5851	11	
大庆高新技术创业服务中心 Daqing Hi-tech Innovation Service Center	297	7423	25	3
上海上大科技园发展有限公司 Shanghai University Science Park Development Ltd.	61	210	2	
上海漕河泾新兴技术开发区科技创业中心 Shanghai Caohejing Hi-tech Park Innovation Center of Science and Technology	126		10	

4-7 续表 5 continued 5

科技企业孵化器 Technology Business Incubator	累计毕业企业（个） Accumulated Number of Graduated Tenants (unit)	平均毕业时收入（千元） The Average Income of Graduated Tenants (1000 yuan)	当年毕业企业（个） Number of Graduated Tenants of the Year (unit)	收入达千万元企业数（个） Number of Tenants with Income More than 10 million yuan (unit)
上海同济科技园孵化器有限公司 Shanghai Tongji Science Park Business Incubator Ltd.	70	8948	9	3
上海杨浦科技创业中心有限公司 Shanghai Yangpu Technology Innovation Center Ltd.	74	8585	7	3
上海微电子设计有限公司 Shanghai Microelectronics Design Ltd.	56	5902	4	1
上海市科技创业中心 Shanghai Science and Technology Innovation Center	54	12072	8	4
上海八六三信息安全产业基地有限公司 Shanghai 863 Information Security Industry Base Ltd.	42	5451	4	
上海张江高新技术创业服务中心 Shanghai Zhangjiang Hi-tech Innovation Service Center	66	8210	4	1
上海慧谷高科技创业中心 Shanghai Huigu Hi-tech Innovation Center	105	18655	11	2
上海复旦科技园高新技术创业服务有限公司 Shanghai Fudan Science Park Hi-tech Innovation Service Ltd.	69	8233	5	1
上海都市工业设计中心有限公司 Shanghai Urban Industrial Design Center Ltd.	38	12105	4	2
上海聚科生物园区有限责任公司 Shanghai Juke Biology Park Ltd.	42	16543	5	2
上海市虹口区科技创业中心 Hongkou District Technology Innovation Center	37	11384	2	1
上海市闸北区科技创业中心 Shanghai Zhabei District Technology Innovation Center	44	21250	5	4
上海市青浦区科技创业中心 Shanghai Qingpu District Technology Innovation Center	26	80368		
上海莘闵高新技术开发有限公司 Shanghai Xinmin Hi-tech Development Ltd.	56	9260	8	3
上海金山化工孵化器发展有限公司 Shanghai Jinshan Chemical Industry Development Incubator Ltd.	24	14123	3	2
上海张江药谷公共服务平台有限公司 Shanghai Zhangjiang Medicine Valley Public Service Platform Ltd.	51	12240	4	3
上海莘泽创业投资管理有限公司 Shanghai Xinze Venture Capital Management Co., Ltd.	18	750	11	10
上海谈家二八企业管理有限公司 Shanghai Tanjia Twenty-eight Enterprise Management Co., Ltd.	20	3512	20	
上海浦东软件园创业投资管理有限公司 Shanghai Pudong Software Park Venture Capital Management Co., Ltd.	18	9521	6	2
上海康桥先进制造技术创业园有限公司 Shanghai Kangqiao Advanced Manufacturing Technology Business Park Ltd.	16	14498	6	2
上海漕河泾开发区创新创业园发展有限公司 Shanghai Caohejing Innovation Park Development Co., Ltd.	19	10094	9	5
江苏省高新技术创业服务中心 Jiangsu Hi-tech Innovation Center	124	14690	17	8
南京科技创业服务中心 Nanjing Hi-tech Innovation Center	113	5800	3	
南京金港科技创业中心 Nanjing Jingang Technology Innovation Center	146	11055	11	6

4-7 续表 6 continued 6

科技企业孵化器 Technology Business Incubator	累计毕业企业(个) Accumulated Number of Graduated Tenants (unit)	平均毕业时收入(千元) The Average Income of Graduated Tenants (1000 yuan)	当年毕业企业(个) Number of Graduated Tenants of the Year (unit)	收入达千万元企业数(个) Number of Tenants with Income More than 10 million yuan (unit)
南京市江宁高新技术创业服务中心 Nanjing Jiangning Hi-tech Innovation Service Center	198	9860	18	14
南京鼎业百泰生物科技有限公司 Nanjing Dingye Baitai Biomedical Science and Technology Ltd.	17			
南京市雨花台区科技创业中心 Nanjing Yuhuatai District Science and Technology Innovation Center	85	6500	5	
南京留学人员创业园 Nanjing Overseas Students Innovation Park	37	5735	3	
无锡(国家)工业设计园创业服务中心 Wuxi(National) Industrial Design Park Innovation Service Center	33	7160	8	5
无锡市北创科技创业园有限公司 Wuxi Beichuang Technology Incubation Service Center	114	5000	3	
无锡惠山高新技术创业服务中心(无锡惠山留学人员创业园) Wuxi Huishan Hi-tech Technology Innovation Service Center	32	11625	2	1
无锡山水城科技创业服务有限公司 Wuxi City Landscape Technology Incubation Service Center	28	15000		
无锡新区旺庄科技创业中心 Wuxi City New Area Wangzhuang Science and Technology Development Ltd.	37	8323	11	4
无锡软件产业发展有限公司 Wuxi Software Industry Development Ltd.			19	
无锡高新科技创业发展有限公司(无锡市高新技术创业服务中心) Wuxi Hi-tech Venture Development Ltd.	254	7365	15	7
无锡微纳产业发展有限公司(原无锡微纳传感网产业孵化管理中心) Wuxi Micro-nano Sensing Nets Incubator	87	4566	32	5
无锡留学人员创业园发展有限公司 Wuxi Overseas Students Pioneer Park Development Ltd.	96	8575	12	5
锡山经济技术开发区科技创业服务中心 Xishan Economic Development Zone Technology Incubation Service Center	36	6000	3	2
江阴高新技术创业中心 Jiangyin Hi-tech Innovation Park	65	6818	5	2
宜兴创业园科技发展有限公司 Yixing Innovation Park Technology Development Ltd.	26	3920		
宜兴市科技创业服务中心 Yixing Technology Incubation Service Center	28	2000	2	
江阴百桥国际生物科技孵化园 Jiangyin Baiqiao International Biology Technology Incubation Park	21	7530	7	6
徐州市高新技术创业服务中心 Xuzhou Hi-tech Innovation Service Center	43	33856	10	9
徐州软件园 Xuzhou Software Park	42	21060	12	10
常州钟楼高新技术创业服务中心 Changzhou Zhonglou Hi-tech Innovation Service Center	33	24408		
常州三晶世界科技产业发展有限公司 Changzhou Sanjing World Science and Techology Industry Development Ltd.	54	11300	19	18
常州高新技术创业服务中心 Changzhou Hi-tech Innovation Service Center	225	5225	18	3

4-7 续表 7 continued 7

科技企业孵化器 Technology Business Incubator	累计毕业企业(个) Accumulated Number of Graduated Tenants (unit)	平均毕业时收入(千元) The Average Income of Graduated Tenants (1000 yuan)	当年毕业企业(个) Number of Graduated Tenants of the Year (unit)	收入达千万元企业数(个) Number of Tenants with Income More than 10 million yuan (unit)
武进高新技术创业服务中心 Wujin Hi-tech Innovation Service Center	65	6000	5	
江苏武进科创园(常州市武进科创孵化园管理有限公司) Wujin Technology Innovation Park	47	9216	10	9
常州西太湖国际智慧园(原为武进经济开发区湖滨科技园) Changzhou West Tai Lake International Wisdom Park				
江苏津通信息技术孵化器 Jiangsu Jintong Information Technology Incubator	20	26919	16	15
常州市天宁高新技术创业服务中心 Changzhou Tianning Hi-tech Innovation Service Center	28	5830	15	
苏州市沧浪科技创业园管理有限公司 Suzhou Canglang Technology Innovation Park Management Ltd.	53	5991	5	1
苏州工投科技创业园有限公司 Suzhou Gongtou Technology Innovation Park Ltd.	55	5500	5	2
苏州博济科技创业服务中心 Suzhou Boji Science and Technology Service Center	10	6500	8	2
苏州市吴中科技创业园管理有限公司 Suzhou Wuzhong Technology Innovation Park	88	14830	10	8
苏州火炬创新创业孵化管理有限公司(苏州博济科技创业园) Suzhou Torch Innovation Incubation Management Ltd. (Suzhou Boji Science and Technology Park)	56	7520	10	2
苏州高新技术创业服务中心 Suzhou Hi-tech Innovation Service Center(Including the Department, Microsystems Park, Suzhou Hi-tech Software Park, etc.)	162	5300	7	2
苏州国环节能环保创业园管理有限公司 Suzhou Guohuan Energy-saving and Environmental Protection Park Management Ltd.	36	6651	3	3
苏州留学人员创业园 Suzhou Overseas Scholars Incubation Park	114	5300	6	
苏州工业园科技企业孵化器 Suzhou Industrial Park Technology Business Incubator	128	8623	4	3
苏州工业园区生物纳米科技园 Suzhou Industrial Park Bio-nano Science and Technology Park	23	14346	4	2
张家港市高新技术创业服务中心 Zhangjiagang Hi-tech Innovation Service Center	72	4450	10	1
昆山高新技术创业服务中心 Kunshan Hi-tech Innovation Service Center	160	7860	2	1
江苏昆山留学人员创业园管理处 Jiangsu Kunshan Overseas Scholars Innovation Park	136	7458	7	4
昆山清华科技园创业服务中心 Kunshan Tsinghua Science and Technology Innovation Service Center	10	10000	3	2
吴江科技创业园管理服务有限公司(吴江科技创业园) Wujiang Science and Technology Innovation Park	37	10000	8	3
吴江汾湖科技创业服务有限公司 Wujiang Fonlake Science and Technology Innovation Service Co., Ltd.	28	19280	10	6
太仓市科技创业园有限公司 Taicang Technology Innovation Park Ltd.	43	5200	6	1
苏州吴中科技园创业服务中心有限公司 Suzhou Wuzhong Technology Innovation Park	26	15000	6	2

科技企业孵化器 Technology Business Incubator	累计毕业企业(个) Accumulated Number of Graduated Tenants (unit)	平均毕业时收入(千元) The Average Income of Graduated Tenants (1000 yuan)	当年毕业企业(个) Number of Graduated Tenants of the Year (unit)	收入达千万元企业数(个) Number of Tenants with Income More than 10 million yuan (unit)
苏州东创科技园 Suzhou Dongchuang Science and Technology Park	25	10000	8	6
常熟高新技术创业服务中心 Changshu Hi-tech Innovation Service Center	31	896	5	4
南通高新技术创业中心有限公司 Nantong Hi-tech Innovation Service Center Ltd.	49	12500		
南通市崇川科技创业服务中心有限公司 Nantong Chongchuan Technology Innovation Service Center Ltd.	45	10320	9	
江苏省海安高新技术创业服务中心 Jiangsu Hai'an Hi-tech Innovation Service Center	63	14200	10	4
如皋市科技创业园 Rugao Technology Innovation Park	52	1363	10	7
启东创业科技服务有限公司 Qidong Innovation Technology Service Ltd.	87	8881	44	6
海门市科技创业园有限公司 Haimen Science and Technology Innovation Ltd.	57	5760	23	3
如皋科技城创业中心管理有限公司 Rugao Science and Technology Innovation Park	69	2130	12	3
淮安市高新技术创新中心 Huai'an Hi-tech Innovation Center	64	6961	11	4
淮安软件园管理发展有限公司 Huai'an Software Park Management Development Ltd.	24	11252	8	5
盐城高新技术创业园有限公司 Yancheng Hi-tech Innovation Park Ltd.	71	10220	17	16
盐城中小企业创业投资实业有限公司 Yancheng SME Venture Capital Co., Ltd.	29	1334	29	
东台市高科技术创业园有限公司 Dongtai City Hi-Tech Venture Park Ltd.	41	14000	16	8
建湖县民营科技创业园服务有限公司 Jianhu County Private Science and Technology Innovation Park Ltd.	34	351240	6	5
射阳县高新科技创业园 Sheyang County Hi-tech Science and Technology Innovation Park Ltd.	48	34000	4	
大丰市科技创业园有限公司 Dafeng Technology Innovation Park Ltd.	27		27	
扬州高新技术创业服务中心 Yangzhou Hi-tech Innovation Service Center	48	5500	5	2
扬州市邗江区高新技术创业服务中心 Yangzhou Hanjiang Hi-tech Innovation Service Center	62	8876	25	3
扬州广陵高新技术创业服务中心 Yangzhou Guangling Hi-tech Innovation Service Center	28	10000	4	3
镇江京口高新技术创业服务中心 Zhenjiang Jingkou Hi-tech Innovation Service Center	30	8750	3	1
镇江润州高新技术创业服务中心 Zhenjiang Runzhou Hi-tech Innovation Service Center	38	1870	6	
镇江高新技术创业服务中心 Zhenjiang Hi-tech Innovation Service Center	34	8320	2	1

4-7 续表 9 continued 9

科技企业孵化器 Technology Business Incubator	累计毕业企业(个) Accumulated Number of Graduated Tenants (unit)	平均毕业时收入(千元) The Average Income of Graduated Tenants (1000 yuan)	当年毕业企业(个) Number of Graduated Tenants of the Year (unit)	收入达千万元企业数(个) Number of Tenants with Income More than 10 million yuan (unit)
镇江市丹徒环保科技创业服务中心 Zhenjiang Dantu Environmental Technology Innovation Service Center	19	21000	7	6
泰州市高新技术创业服务中心 Taizhou Hi-tech Innovation Service Center	201	13022	19	16
泰兴市科技创业园有限公司 Taizhou Hi-tech Innovation Service Center	53	7800	18	12
姜堰市高新技术创业中心 Jiangyan Hi-tech Innovation Center	186	13200	38	28
江苏省泰州市华海高新技术创业服务中心 Jiangsu Taizhou Huahai Hi-tech Innovation Center	27	8200	8	
靖江市华信科技创业园有限公司 Jinjiang Huaxin Hi-tech Innovation Service Center	28	5330	5	
泰州医药高新区医药创业服务中心 Taizhou Medical Hi-tech Zone Medical Innovation Service Center	13	2763	13	2
沭阳县科技创业服务中心 Shuyang Technology Incubation Service Center	27	10500	5	2
杭州市上城区科技企业创业中心 Hangzhou Shangcheng District Hi-tech Zone Medical Innovation Service Center	85	3204	7	5
杭州市拱墅区科技创业中心 Hangzhou Gongshu District Technology Innovation Center	55		5	
浙江大学科技园发展有限公司 Zhejiang University Science Park Ltd.	283	6186	26	6
杭州高新技术产业开发区科技创业服务中心 Hangzhou Science and Technology Industrial Park Technology Innovation Service Center	89	7947	6	3
杭州东部软件园有限公司 Hangzhou Dongbu Software Park Ltd.	33	7729	2	1
杭州数字娱乐园有限公司 Hangzhou Digital Entertainment Park Ltd.	43	4962000	9	
杭州市下城区科技创业中心 Hangzhou Xiacheng District Technology Innovation Center	50	10041	6	4
杭州乐富智汇园孵化器有限公司 Hangzhou Lefu Zhihui Park Incubator Co., Ltd.	45	10000	8	
浙江赛博科技孵化器有限公司 Zhejiang Saibo Science and Technology Incnbator Ltd.	39	8010	5	1
杭州市高科技企业孵化器有限公司 Hangzhou City Hi-tech Business Incubator Co., Ltd.	34	9031	3	
浙江银江孵化器有限公司 Zhejiang Yinjiang Incubator Ltd.	39	8962	8	1
颐高科技创业园有限公司 Yigao Science and Technology Innovation Park Ltd.	59	7353	16	3
临安市科技孵化中心 Lin'an Science and Technology Incubation Center	78	14447	15	14
杭州余杭高新园区孵化器有限公司 Hangzhou Yuhang Hi-tech Industrial Park Incubator Ltd.	36	6239	5	1
杭州之江创意园开发有限公司 Hangzhou Zhijiang Creativity Park Development Co., Ltd.	30	5590	11	

4-7 续表 10 continued 10

科技企业孵化器 Technology Business Incubator	累计毕业企业（个） Accumulated Number of Graduated Tenants (unit)	平均毕业时收入（千元） The Average Income of Graduated Tenants (1000 yuan)	当年毕业企业（个） Number of Graduated Tenants of the Year (unit)	收入达千万元企业数（个） Number of Tenants with Income More than 10 million yuan (unit)
宁波经济技术开发区科技创业园服务中心 Ningbo Development Zone Technology Park Service Center	65	9520	2	1
宁波市科技创业中心 Ningbo City Technology Business Incubator Center	149	6407	16	6
浙大科技园宁波发展有限公司 Zhejiang University Science Park Ningbo Development Ltd.	64	6872	15	
宁波保税区科技促进中心 Ningbo Free Trade Zone Science and Technology Promotion Center	175	5160	25	4
宁波市鄞创科技孵化器管理服务有限公司 Ningbo Yinchuang Technology Incubator Management Services Ltd.	69	3182	13	11
温州高新技术产业园区创业服务中心 Wenzhou Hi-tech Industrial Park Innovation Center	45	7800	2	1
乐清市科技孵化创业中心 Leqing Technology Incubation Innovation Center	31	8700	5	
嘉善县科技创业服务有限公司 Leshan County Technology Innovation Service Ltd.	59	8100	7	1
浙江秀洲慧谷科技创业中心 Zhejiang Xiuzhou Huigu Technology Innovation Center	46	18874	5	3
嘉兴市南湖科技创业服务中心 Jiaxing Nanhu Science and Technology Innovation Service Center	31	34332	2	
嘉兴科技创业服务中心 Jiaxing Technology Innovation Service Center	62	9339	7	3
湖州科技创业服务中心 Huzhou Technology Innovation Service Center	192	7450	21	5
浙江长兴民营科技园发展有限公司 Zhejiang Changxing Technology Park Development Co., Ltd.	42	5000	24	
湖州吴兴区科技发展有限公司 Huzhou Wuxing District Technology Development Ltd.	68	11170	25	15
德清县科技创业服务有限公司 Deqing County Science and Technology Innovation Service Ltd.	67	9155	13	3
绍兴市高新技术创业服务中心 Shaoxing Hi-tech Innovation Service Center	28	500	6	1
绍兴市越城区科技创业中心有限公司 Shaoxing City Technology Innovation Center Ltd.	19	2800	4	3
金华科技园创业服务中心有限公司 Jinhua Science Park Innovation Service Center Ltd.	150	4792	16	4
台州市高新技术创业服务中心有限公司 Taizhou Hi-tech Innovation Service Center Ltd.	49	8087	3	1
合肥民营科技企业园管理服务中心 Hefei Private Science and Technology Enterprise Park Management Service Center	77	8028	8	1
合肥国家大学科技园创业孵化中心 Hefei National University Science Park Innovation Center	55	10551	8	3
合肥蜀山科技创业服务中心 Hefei Shushan Science and Technology Innovation Service Center	30	10500	5	4
合肥高新创业园管理有限公司 Hefei Hi-tech Innovation Park Management Ltd.	55	11440	9	4

4-7 续表 11 continued 11

科技企业孵化器 Technology Business Incubator	累计毕业企业（个） Accumulated Number of Graduated Tenants (unit)	平均毕业时收入（千元） The Average Income of Graduated Tenants (1000 yuan)	当年毕业企业（个） Number of Graduated Tenants of the Year (unit)	收入达千万元企业数（个） Number of Tenants with Income More than 10 million yuan (unit)
合肥高新技术创业服务中心 Hefei Hi-tech Innovation Service Center	129	9092	9	3
芜湖高新技术创业服务中心 Wuhu Hi-tech Innovation Center	88	11157	10	3
蚌埠高新技术创业服务中心 Bengbu Hi-tech Innovation Service Center	121	7215	1	
马鞍山市高新技术创业服务中心 Ma'anshan City Hi-tech Innovation Service Center	75	8234	10	2
铜陵市高新技术创业服务中心 Tongling Hi-tech Innovation Service Center	96	6750	17	9
安庆市高新技术创业服务中心 Anqing Hi-tech Innovation Service Center	32	8170	2	
天长市高新技术创业服务中心 Tianchang Hi-tech Innovation Service Center	33	9102	7	4
福建省高新技术创业服务中心 Fujian Hi-tech Innovation Service Center	59	16438	9	6
福州市高新技术产业创业服务中心 Fuzhou City Hi-tech Innovation Service Center	144	2610	6	2
福州863软件专业孵化器服务中心 Fuzhou 863 Software Incubator Service Center	76	7000	7	3
厦门软件产业投资发展有限公司 Xiamen Software Industrial Investment Development Ltd.	370	44511	25	24
厦门高新技术创业中心 Xiamen Hi-tech Innovation Center	360	10067	20	19
厦门海峡科技创业促进有限公司 Xiamen Haixia Technology Entrepreneurship Promotion Ltd.	70	9269	9	7
泉州市高新技术创业服务中心 Quanzhou City Hi-tech Innovation Service Center	202	1512	10	2
江西省高新技术创业服务中心 Jiangxi Province Hi-tech Innovation Service Center	51	6000	4	
南昌高新开发区创业服务中心 Nanchang Science and Technology Industrial Park Innovation Service Center	81	7571	7	2
江西高技术产业发展有限责任公司 Jiangxi Hi-tech Industry Development Ltd.	46	5311	8	
南昌大学科技园发展有限公司 Nanchang University Science Park Development Ltd.	183	5871	28	1
江西省桑海医药科技孵化器 Jiangxi Songhai Medical Technology Incubator	18			
九江恒盛科技发展有限责任公司 Jiujiang Hengsheng Science and Technology Development Co., Ltd.	29	3818	9	1
济南高新技术创业服务中心 Jinan Hi-tech Innovation Service Center	528	12080	31	11
济南槐荫工业园区企业孵化器(济南民营) Jinan Huaiyin Industrial Park Business Incubator	37	9750	3	2
济南历下软件创业服务中心 Jinan Lixia Software Innovation Service Center	78	5200	7	3
济南腊山高新技术创业服务中心 Jinan Lashan Hi-tech Innovation Service Center	57	6002	1	

4-7 续表 12 continued 12

科技企业孵化器 Technology Business Incubator	累计毕业企业（个） Accumulated Number of Graduated Tenants (unit)	平均毕业时收入（千元） The Average Income of Graduated Tenants (1000 yuan)	当年毕业企业（个） Number of Graduated Tenants of the Year (unit)	收入达千万元企业数（个） Number of Tenants with Income More than 10 million yuan (unit)
青岛高新技术产业开发区创业服务中心 Qingdao Hi-tech Innovation Service Center	85	13000	18	6
青岛高新技术创业服务中心 Qingdao Hi-tech Innovation Service Center	130	26780	11	10
青岛经济技术开发区高科技创业服务中心 Qingdao Technological Development Park Hi-tech Innovation Service Center	70	11185	4	1
青岛中联智业管理有限公司 Qingdao Zhonglian Zhiye Management Ltd.	31	10900	4	3
青岛新材料产业科技创新服务中心 Qingdao New Materials Industrial Technology Innovation Service Center	14	16500	4	3
青岛科大都市科技园集团有限公司 Qingdao Keda Dushi Science and Technology Park Ltd.	34	4142	5	
青岛软件园发展有限公司 Qingdao Software Park Development Ltd.	52	3215	15	
中航工业青岛科技园(青岛前哨精密机械有限责任公司) Zhonghang Industry Qingdao Science and Technology Park (Qingdao Qianshao Precision Machinery Co., Ltd.)	28	4800	4	
橡胶谷有限公司 Rubber Valley Co., Ltd.	20	15000	10	9
四方区工业设计产业园创新创业服务中心 Sifang Industrial Design Industrial Park Innovation and Entrepreneurship Center	20	15150	8	7
淄博高新技术创业服务中心 Zibo Hi-tech Innovation Service Center	150	15911	15	8
淄博高新技术产业开发区生物医药产业创新园管理办公室 Zibo High-tech Industrial Development Zone Biomedical Industry Innovation Park Management Office	17	8144	4	1
枣庄高新区科技创新服务中心(枣庄科顺数码科技有限公司) Zaozhuang High-tech Zone Innovation Service Center (Zaozhuang Keshun Digital Technology Co., Ltd.)	44	180	23	
东营市高新技术创业服务中心 Dongying City Hi-tech Innovation Service Center	137	8632	18	6
黄河口高新技术企业创业园 Huanghekou Hi-tech Innovation Service Center	86	13800	16	15
垦利县高新技术创业服务中心 Kenli Hi-Tech Innovation Service Center	73	5964	10	
东营高新技术创业服务中心 Dongying Hi-tech Innovation Service Center	189	3100	12	1
烟台高新技术创业服务中心 Yantai Hi-tech Innovation Service Center	72	7500	4	
烟台留学人员创业园区 Yantai Overseas Scholars Innovation Park	239	10061	20	7
烟台高新技术产业园区中俄高新技术产业化合作促进中心 Yantai Hi-tech Industrial Park China-Russia Hi-tech Industrialization Cooperation & Promotion Center	25	5000	20	2

4-7 续表 13 continued 13

科技企业孵化器 Technology Business Incubator	累计毕业企业（个） Accumulated Number of Graduated Tenants (unit)	平均毕业时收入（千元） The Average Income of Graduated Tenants (1000 yuan)	当年毕业企业（个） Number of Graduated Tenants of the Year (unit)	收入达千万元企业数（个） Number of Tenants with Income More than 10 million yuan (unit)
潍坊软件园管理办公室 Weifang Software Park Management Office	25	58944	6	4
潍坊高新技术创业服务中心 Weifang Hi-tech Innovation Service Center	90	18153	9	7
潍坊高新区生物医药科技产业园管理办公室 Weifang Hi-tech Zone Biomedical Park Management Office	17	8500	1	
潍坊高新区宝兴孵化器管理中心 Weifang High-tech Industial Park Baoxing Incubator Management Center	27	21040	6	4
济宁高新技术创业服务中心 Jining Hi-tech Innovation Service Center	105	2073	13	1
泰安高新技术创业服务中心 Tai'an Hi-tech Innovation Service Center	64	15411	6	5
威海火炬高技术产业开发区高新技术创业服务中心 Weihai Torch Hi-tech Industrial Park Hi-tech Innovation Service Center	56	19850	10	4
北京清大华创(日照)科技企业孵化器置业有限公司 Beijing Qingdahuachuang (Rizhao) Technology Business Incubator Properties Ltd.	50	6425	5	
日照高新区创业服务中心 Rizhao Hi-tech Industrial Park Innovation Service Center				
临沂高新技术创业服务中心 Linyi Hi-tech Innovation Service Center	78	700	13	6
临沂科汇高新技术创业园有限公司 Linyi Kehui Hi-tech Innovation Park Ltd.	23	29596	9	6
德州金田高新技术创业发展有限公司 Dezhou Jintian Hi-Tech Venture Development Ltd.	54	1618	3	
德州市高新技术创业服务中心 Dezhou Hi-tech Innovation Service Center	29	13060		
聊城市高新技术创业服务中心 Liaocheng Hi-Tech Innovation Service Center	46	3215	7	
郑州市高新技术创业中心 Zhengzhou City Hi-tech Innovation Center	116	5340	6	2
河南省大学科技园发展有限公司 Henan Province University Science Park Development Ltd.	85	67100	10	5
河南专利孵化转移中心有限公司 Henan Patent Incubation Transfer Center Ltd.	117	1258	10	6
郑州经济技术开发区留学人员创业园管理服务中心 Zhengzhou Economic and Technological Development Zone Overseas Students	278		30	4
郑州高新技术产业开发区创业中心 Zhengzhou Hi-tech Innovation Center	375	6448	22	7
开封高新技术创业服务有限公司 Kaifeng Hi-tech Innovation Service Ltd.	48	6100	9	2
洛阳高技术创业服务中心 Luoyang Hi-tech Innovation Service Center	106	5100	8	7
平顶山高新技术创业服务中心 Pingdingshan Hi-tech Innovation Service Center	39	4825	3	
安阳高新技术创业服务中心 Anyang Hi-tech Innovation Service Center	165	8020	10	

4-7 续表 14 continued 14

科技企业孵化器 Technology Business Incubator	累计毕业企业(个) Accumulated Number of Graduated Tenants (unit)	平均毕业时收入(千元) The Average Income of Graduated Tenants (1000 yuan)	当年毕业企业(个) Number of Graduated Tenants of the Year (unit)	收入达千万元企业数(个) Number of Tenants with Income More than 10 million yuan (unit)
河南省新乡高新技术创业服务中心 Henan Xinxiang Hi-tech Innovation Service Center	68	11000	8	
焦作高新技术创业服务中心 Jiaozuo Hi-tech Innovation Service Center	72	6820	2	
漯河高新技术创业服务中心 Luohe Hi-tech Innovation Service Center	87	7280	5	4
南阳高新技术创业服务中心 Nanyang Hi-tech Innovation Service Center	67	7356	3	
武汉东湖新技术创业中心 Wuhan Eastlake Hi-tech Innovation Center	799	8072	28	22
武汉留学生创业园管理中心 Wuhan Overseas Scholars Innovation Park Management Center	155		18	5
武汉市洪山高新技术创业服务有限责任公司 Wuhan Hongshan Hi-tech Innovation Service Center	60	22300	7	6
武汉市青山高新技术创业服务中心 Wuhan Qingshan Hi-tech Innovation Service Center	80	11000	6	
武汉三新材料孵化器有限公司 Wuhan San New Material Incubator Ltd.	80	7000	6	
武汉华工科技企业孵化器有限责任公司 Wuhan Huagong Technology Business Incubator Ltd.	56	9800	3	2
汉口高新技术创业服务中心 Hankou Hi-tech Innovation Service Center	121	3500	7	
武汉国家农业科技园区创业中心有限公司 Wuhan National Agricultural Technology Park Innovation Center Ltd.	147	21223	87	68
武汉东创研发设计创意园有限公司 Wuhan Dong Chuang R&D Design Creativity Park Ltd.	36	5170	4	1
武汉海峡高新技术创业服务中心 Wuhan Strait Hi-tech Innovation Service Center	58	9340	1	
武汉华创源科技企业孵化器有限公司 Wuhan Huachuangyuan Technology Business Incubator	30	12730	4	3
湖北国知专利创业孵化园有限公司 Hubei Guozhi Patent Innovation Incubator Ltd.	37	7431	10	4
武汉岱家山科技企业孵化器有限公司 Wuhan Daijiashan Technology Business Incubator Co., Ltd.	29	8470	6	4
黄石高新技术创业服务中心 Huangshi Hi-tech Innovation Service Center	156	12895	12	9
十堰高新技术产业区创业服务中心 Shiyan Hi-tech Industrial Park Innovation Service Center	59	1000	6	5
宜昌高新技术产业园区创业服务中心 Yichang Hi-tech Industrial Park Innovation Service Center	87	7126	9	
襄阳高新技术创业服务中心 Xiangyang Hi-tech Innovation Service Center	380	7500	5	4
荆门聚盛孵化器管理有限公司 Jingmen Jusheng Incubator Management Ltd.	30	4380	9	6
孝感高新技术创业服务中心 Xiaogan Hi-tech Innovation Service Center	67	6000	9	8

科技企业孵化器 Technology Business Incubator	累计毕业企业（个） Accumulated Number of Graduated Tenants (unit)	平均毕业时收入（千元） The Average Income of Graduated Tenants (1000 yuan)	当年毕业企业（个） Number of Graduated Tenants of the Year (unit)	收入达千万元企业数（个） Number of Tenants with Income More than 10 million yuan (unit)
荆州高新技术产业开发区创业服务中心 Jinzhou Hi-tech Industrial Park Innovation Service Center	69	9420	6	
长沙高新技术创业服务中心 Changsha Hi-tech Innovation Service Center	133	8362	5	3
湖南岳麓山国家大学科技园创业服务中心 Hunan Yuelu Mountain National University Science Park Innovation Service Center	102	15495	12	4
长沙新技术创业服务中心 Changsha Hi-tech Innovation Service Center	51	9780	3	2
长沙高新技术产业开发区创业服务中心 Changsha Hi-tech Industrial Park Innovation Service Center	125	11035	17	
长沙国家生物产业基地创业服务中心 Changsha National Biological Industry Base Incubation Center	20	171775	2	
湖南麓谷科技孵化器有限公司 Hunan Lugu Technology Incubator Ltd.	56	8000	13	5
湖南广发隆平高科技园创业服务有限公司 Hunan Guangfa Longping Hi-tech Park Venture Services Ltd.	29	2970	4	2
株洲高新技术产业开发区创业服务中心(株洲留学人员创业园) Zhuzhou Hi-tech Innovation Service Center(Zhuzhou Overseas Scholars Innovation Park)	64	23500	2	1
湘潭高新技术创业服务中心 Xiangtan Hi-tech Innovation Service Center	160	11800	12	
岳阳火炬创业服务中心 Yueyang Torch Hi-tech Innovation Center	51	5342	2	1
广州市高新技术创业服务中心 Guangzhou City Hi-tech Innovation Service Center	493	7396	4	
广州市海珠高新技术创业服务中心 Guangzhou City Haizhu Hi-tech Innovation Service Center	52	10839	4	3
华南理工大学国家大学科技园 Huanan Science and Technology University Science Park	87	12560	31	16
广州联炬科技企业孵化器有限公司 Guangzhou Lianju Technology Business Incubator Ltd.	42	11542	3	3
广州火炬高新技术创业服务中心 Guangzhou Torch Hi-tech Innovation Service Center	210	25631	15	15
广东拓思软件科学园有限公司 Guangdong Tuosi Software Science Park Ltd.	76		7	1
广州国际企业孵化器有限公司 Guangzhou International Business Incubator Ltd.	55	25410	5	2
五行科技企业孵化器 Wuxing Technology Enterprise Incubator	28	12891	18	7
深圳市留学生创业园有限公司 Shenzhen Overseas Scholars Innovation Park Ltd	477	3270	31	9
深圳市龙岗区科技创业服务中心 Shenzhen City Longgang District Technology Innovation Service Center	65	10321	2	1
深圳市南山区科技创业服务中心 Shenzhen City Nanshan District Technology Innovation Service Center	134	8650	26	15
深圳市北科创业有限公司 Shenzhen City Beike Innovation Ltd.	45	1830	10	

科技企业孵化器 Technology Business Incubator	累计毕业企业（个） Accumulated Number of Graduated Tenants (unit)	平均毕业时收入（千元） The Average Income of Graduated Tenants (1000 yuan)	当年毕业企业（个） Number of Graduated Tenants of the Year (unit)	收入达千万元企业数（个） Number of Tenants with Income More than 10 million yuan (unit)
深港产学研基地 PKU-HKUST ShenZhen-HongKong Institution Base	87	10000	9	8
深圳市福田区高新技术创业中心 Shenzhen City Futian District Hi-tech Innovation Center	80		5	
中国科技开发院有限公司 China Technology Development Institute Ltd.	100	16027	22	4
深圳市宝安区科技创业服务中心 Shenzhen City Bao'an District Technology Innovation Service Center	44	25000	9	
深圳硅谷大学城创业园管理有限公司 Shenzhen Silicon Valley University Town Innovation Park Management Ltd.	65	5788	12	1
深圳生物孵化器管理中心 Shenzhen Bio-tech Incubator Management Center	40		9	
深圳虚拟大学园管理服务中心 Shenzhen Virtual University Science Park Innovation Center				
珠海高新技术创业服务中心 Zhuhai Hi-tech Innovation Service Center	69	11428	4	2
广东科炬高新技术创业园有限公司 Guangdong Keju Hi-tech Innovation Park Ltd.	33	6790	8	2
惠州仲恺高新区科技创业服务中心 Huizhou Zhongkai Hi-tech Zone Innovation Service Center	56	12439	6	4
东莞松山湖高新技术创业服务中心 Dongguan Songshan Lake Hi-tech Innovation Service Center	54	15540	6	
中山火炬高技术创业中心有限公司 Zhongshan Torch Hi-tech Innovation Center Ltd.	209	8796	18	5
南宁新技术创业者中心 Nanning New Technology Venture Center	376	7958	13	4
柳州高新技术创业服务中心 Liuzhou Hi-tech Innovation Service Center	104	10300	6	5
桂林科技企业发展中心 Guilin Technology Innovation Service Center	161	6200	6	3
北海市高新技术创业服务中心 Beihai Hi-tech Innovation Service Center	40	8250	2	
广西北海高新技术产业园区创业服务中心 Guangxi Beihai Hi-tech Industrial Park Innovation Service Center	44	8696	13	3
重庆卓创科技孵化器有限责任公司 Chongqing Zhuochuang Technology Incubator Co., Ltd.	40	8760	2	1
重庆市涪陵区金渠企业孵化器有限责任公司 Chongqing Fuling District Jinqu Incubator Ltd.	59	12833	11	6
重庆高技术创业中心 Chongqing Hi-tech Entrepreneurship Center	374	35902	6	5
重庆市南岸科技创业发展有限责任公司 Chongqing Nanan Technology Innovation Development Ltd.	48	13090	13	12
重庆五里店工业设计中心 Chongqing Wulidian Industrial Design Center	31	8530	6	2
重庆高新技术产业开发区创新服务中心 Chongqing Science and Technology Park Technology Innovation Service Center	60	76877	3	2

科技企业孵化器 Technology Business Incubator	累计毕业企业(个) Accumulated Number of Graduated Tenants (unit)	平均毕业时收入(千元) The Average Income of Graduated Tenants (1000 yuan)	当年毕业企业(个) Number of Graduated Tenants of the Year (unit)	收入达千万元企业数(个) Number of Tenants with Income More than 10 million yuan (unit)
重庆市渝中区科技机构管理所 Chongqing Yuzhong District Science and Technology Institute Control Station	23	90681	2	
重庆腾业创业咨询服务有限公司 Chongqing Tengye Venture Consulting Services Ltd.	29	17636	16	15
四川川大科技园发展有限公司 Sichuan University Science Park Development Ltd.	70	4380	7	2
成都高新技术创业服务中心 Chengdu Hi-tech Innovation Service Center	318	8000	48	10
成都武侯高新技术创业服务中心 Chengdu Wuhou Hi-tech Innovation Service Center	33	11621	3	1
成都高新区技术创新服务中心 Chengdu Hi-tech Industrial Park Technology Innovation Service Center	382	8120	12	5
成都高新区教育科技园孵化器有限公司 Chengdu Science and Technology Park Education Science Park Business Incubator Ltd.	95	7560	19	9
成都天河中西医科技保育有限公司 Chengdu Tianhe Conservation Medicine Technology Innovation Co., Ltd.	114	10000	7	4
自贡市高新技术创业服务中心 Zigong Hi-tech Innovation Service Center	28	7000	3	
绵阳高新区创业服务中心 Mianyang Science and Technology Innovation Service Center	76	1217	5	
绵阳高新区生物医药孵化器有限公司 Mianyang Hi-tech Industrial Park Bio-medicine Incubator Ltd.	16	3800	2	1
四川中物技术有限责任公司 Sichuan Zhongwu Technology Ltd.	20		2	
贵阳高新技术创业服务中心 Guiyang Hi-tech Innovation Service Center	72	12000	16	
贵州贵阳软件园 Guizhou Guiyang Software Park	27		16	
昆明高新技术创业服务中心 Kunming Hi-tech Innovation Service Center	142	10513	3	2
昆明北理工科技孵化器有限公司 Kunming BIT Technology Incubator Ltd.	37	8684	5	
云南海归创业园科技发展有限公司 Yunnan Returnees Venture Pioneering Park Science and Technology Development Ltd.	88	5911	20	
昆明高新五华科技产业园创业服务中心 Kunming Hi-tech Wuhua Science and Technology Park of Innovation Management Ltd.	49	27229	3	2
云南省新材料孵化器 Yunnan Province Advanced Material Business Incubator	17	18847	2	
昆明创新园科技发展有限公司 Kunming Innovation Park Science and Technology Development Ltd.	95	11854	11	
昆明经济技术开发区新兴产业孵化区管理有限公司 Kunming Economic and Technological Development Zone Emerging Industries Incubator Management Ltd.	109	13515	21	
西藏自治区科技创业服务中心 Xizang Autonomous Region Science and Technology Innovation Service Center	14	5000		
西安市高新区创业服务中心(西安高新区创业园发展中心) Xi'an Hi-Tech Industry Development Zone Innovation Park	465	12300	30	14

4-7 续表 18 continued 18

科技企业孵化器 Technology Business Incubator	累计毕业企业(个) Accumulated Number of Graduated Tenants (unit)	平均毕业时收入(千元) The Average Income of Graduated Tenants (1000 yuan)	当年毕业企业(个) Number of Graduated Tenants of the Year (unit)	收入达千万元企业数(个) Number of Tenants with Income More than 10 million yuan (unit)
西安创业园投资管理有限公司(西安先进制造专业孵化器) Xi'an Advanced Manufacturing Incubator	56	11240	7	5
西安联创生物医药孵化器有限公司 Xi'an Lianchuang Biological Medicine Business Incubator Ltd.	45	23765	4	3
西安光电子专业孵化器有限责任公司 Xi'an Professional Photoelectron Business Incubator Ltd.	95	7115	3	
陕西启迪科技园发展有限公司 Shaanxi Qidi Science and Technology Park Development Ltd.	43	5595	4	2
西安集成电路设计专业孵化器有限公司 Xi'an IC Design Incubator Ltd.	24	7030	2	1
西安易创军民两用科技工业孵化器有限责任公司 Xi'an Yichuang Military and Civil Technology Industry Incubator	30	5699	2	1
西安软件园发展中心 Xi'an Software Park Development Center	98	5880	2	1
西安交大科技园高新技术创业服务中心 Xi'an Jiaotong University Science Park Hi-tech Innovation Service Center	87	6890	3	1
西安航空科技创新服务中心 Xi'an Aviation Science and Technology Service Center	106	7702	20	2
西安航天基地国际孵化器有限公司 Xi'an International Incubator Space Base Ltd.	34	9300	4	3
西安三元数字媒体有限公司 Xi'an Sanyuan Digital Media Ltd.	24	516	6	1
西安农业科技企业孵化器有限公司 Xi'an Agricultural Science and Technology Business Incubator Co., Ltd.	15	12301	15	
西安大普光电与信息科技企业孵化器 Xi'an Dapu Optoelectronics and Information Technology Business Incubator	23	10800	13	7
宝鸡高新技术产业开发区高技术创业服务中心 Baoji Hi-Tech Industry Development Zone of Hi-tech Innovation Service Center	131	25120	11	5
杨凌农业高新技术产业示范区创业服务中心 Yangling Agricultural Hi-tech Industry Demonstration Zone Innovation Service Center	55	6300	5	3
兰州高新技术产业开发区创业服务中心 Lanzhou Hi-tech Industry Development Zone Innovation Service Center	122	6620	5	4
甘肃省高新技术创业服务中心 Gansu Province Hi-tech Innovation Service Center	51	8295	5	2
青海省创业发展孵化器有限公司 Qinghai Venture Development Incubator Ltd.	32	220	5	
青海中小企业创业发展有限责任公司 Qinghai SMEs Development Ltd.	25	20000	10	5
青海生科中小企业创业有限公司 Qinghai Bio-tech Medium and Small Business Innovation Ltd.	4	1000	4	3
宁夏高新技术创业服务中心 Ningxia Hi-tech Innovation Service Center	37	12711	11	1
乌鲁木齐高新区高新技术创业服务中心 Urumqi Hi-tech Innovation Service Center	55	918	3	2
新疆申新科技合作基地有限公司 Xinjiang Shenxin Scientific and Technological Cooperation Base Ltd.	53	7510	8	

第五部分

全国技术市场

The Fifth Part

Technology Market in China

5-1 全国技术合同成交情况

Statistics of Technology Contract Deals in Domestic Technical Markets

年 份 Year	合同数 (项) Number of Contracts (item)	技术合同交易额 (亿元) Value of Technology Contract Deals (100 million yuan)	交易额占国内生产总值 (%) Value of Technology Contract Deals as a Percentage of Gross Domestic Product (%)
2001	229702	782.0	0.71
2002	237093	884.0	0.73
2003	267997	1084.0	0.93
2004	264638	1334.0	0.98
2005	265010	1551.0	0.85
2006	205845	1818.0	0.87
2007	220868	2226.0	0.80
2008	226343	2665.0	0.89
2009	213752	3039.0	0.91
2010	229601	3906.6	0.98
2011	256428	4763.6	1.01
2012	282242	6437.1	1.24

5-2 技术合同类别构成情况

Technology Contract Distribution by Category

合同类别 Category of Contract	合同数(项) Number of Contracts (item)	合同交易额(亿元) Value of Contract Deals (100 million yuan)	技术交易额(亿元) Value of Technical Deals (100 million yuan)
技术开发 **Technology Development**			
小计 **Subtotal**	**150178**	**2635.9**	**2234.3**
委托开发 Commissioned Development	143302	2457.4	2090.1
合作开发 Cooperated Development	6876	178.5	144.2
技术转让 **Technology Transfer**			
小计 **Subtotal**	**11858**	**1020.9**	**916.9**
技术秘密转让 Technical Secrets Transfer	7364	688.1	602.0
专利实施许可转让 Patent License Transfer	2175	246.7	232.4
专利权转让 Patent Right Transfer	1007	43.2	40.4
专利申请权转让 Patent Application Right Transfer	120	4.2	4.2
计算机软件著作权转让 Computer Software Copyright Transfer	818	25.3	25.2
集成电路布图设计专有权转让 Integrated Circuit Layout Design Exclusive Right Transfer	24	0.2	0.2
动、植物新品种权转让 New Species of Animals and Plants Patent Right Transfer	179	3.7	3.4
生物、医药新品种权转让 New Species of Biology and Medicine Patent Right Transfer	171	9.5	9.1
技术咨询 **Technology Consultation**	**32582**	**150.2**	**123.1**
技术服务 **Technology Service**			
小计 **Subtotal**	**87624**	**2630.1**	**2011.8**
一般性技术服务 Normal Technology Service	86640	2621.7	2006.3
技术中介 Technology Intermediary	305	3.5	2.0
技术培训 Technology Training	679	4.9	3.5
合计 **Total**	**282242**	**6437.1**	**5286.1**

5-3 技术合同知识产权构成情况

Technology Contract Distribution by Intellectual Right

知识产权 Intellectual Right	合同数 （项） Number of Contracts (item)	合同交易额 （亿元） Value of Contract Deals (100 million yuan)	技术交易额 （亿元） Value of Technical Deals (100 million yuan)
技术秘密	**89506**	**2017.0**	**1675.7**
Technology Secrets			
专利			
Patent			
小计	**6531**	**670.9**	**582.7**
Subtotal			
发明专利	3997	464.0	410.7
Invention Patent			
实用新型专利	2378	204.0	169.5
Utility Mode Patent			
外观设计专利	156	2.9	2.5
Design Patent			
计算机软件	**55834**	**802.0**	**769.6**
Computer Software			
动、植物新品种	**779**	**23.6**	**18.8**
New Species of Animals and Plants			
集成电路布图设计	**849**	**50.3**	**44.4**
IC Layout Design			
生物、医药新品种	**2626**	**57.3**	**55.2**
New Species of Biology and Medicine			
未涉及知识产权	**126117**	**2816.0**	**2139.7**
Others			
合 计	**282242**	**6437.1**	**5286.1**
Total			

5-4 技术合同技术领域构成情况

Technology Contract Distribution by Technical Field

技术领域 Technical Field	合同数 (项) Number of Contracts (item)	合同交易额 (亿元) Value of Contract Deals (100 million yuan)	技术交易额 (亿元) Value of Technical Deals (100 million yuan)
电子信息技术 IT Technology	118800	1930.1	1827.6
航空航天技术 Aviation and Aerospace Technology	5500	136.0	129.9
先进制造技术 Advanced Manufacture Technology	24753	985.5	684.6
生物、医药和医疗器械技术 Biology,Medicine and Medical Machine Technology	19120	282.0	260.4
新材料及其应用 Advanced Material and Application	12415	332.5	272.5
新能源与高效节能 New Energy and Power Saving	21268	648.3	506.7
环境保护与资源综合利用技术 Environment Protection and Resource Utilization Technology	21300	454.4	332.5
核应用技术 Nuclear Application Technology	1108	383.6	312.9
农业技术 Agriculture Technology	9188	180.9	112.1
现代交通 Modern Transportation	10147	649.1	476.3
城市建设与社会发展 Urban Construction and Social Development	38643	454.7	370.6
合 计 **Total**	**282242**	**6437.1**	**5286.1**

5-5 技术合同社会-经济目标构成情况

Technology Contract Distribution by Socail and Economic Objectives

技术领域 Technical Field	合同数 (项) Number of Contracts (item)	合同交易额 (亿元) Value of Contract Deals (100 million yuan)	技术交易额 (亿元) Value of Technical Deals (100 million yuan)
农业、林业和渔业的发展 Farming,Forestry and Fishery	10405	193.9	121.9
促进工业的发展 Industry Promotion	47393	1355.8	999.1
能源的生产和合理利用 Energy Production and Application	17916	923.1	719.7
基础设施的发展 Infrastructure	22254	854.9	682.6
环境治理与保护 Environmental Harness and Protection	14631	282.1	173.4
卫生(不包括污染) Sanitation (Excluding Pollution)	8732	141.7	133.8
社会发展和社会服务 Social Development and Social Service	85012	1294.4	1164.9
地球和大气层的探索与利用 Earth and Atmosphere Exploration and Utility	798	7.0	6.9
知识的发展 Knowledge Development	7402	91.4	88.0
民用空间 Civil Aerospacc	4905	66.7	63.7
国防 Defense	7171	121.2	110.0
其他 Others	55623	1104.9	1022.0
合计 Total	**282242**	**6437.1**	**5286.1**

5-6 技术合同计划来源构成情况

Technology Contract Distribution by Technology Source of Science Program Projects

计划类别 Category of Science Program	合同数 (项) Number of Contracts (item)	合同交易额 (亿元) Value of Contract Deals (100 million yuan)	技术交易额 (亿元) Value of Technical Deals (100 million yuan)
国家计划 **National Science Program**			
小计 **Subtotal**	**8602**	**271.3**	**245.2**
863计划 Hi-Tech Research and Development Program of China	333	12.2	10.8
国家科技攻关计划 Key Technology R&D Program	417	18.5	17.2
973计划 National Basic Research Program of China	148	5.2	4.9
星火计划 Spark Program	31	0.2	0.2
火炬计划 Torch Program	122	1.7	1.5
科技成果重点推广计划 Science and Technology Achievement Spread Program	95	1.5	1.5
国家重点新产品计划 National New Product Program	164	2.1	2.0
科技型中小企业技术创新基金 Innovation Fund for Technology-Based Small and Medium Size Enterprises	630	8.3	5.2
农业科技成果转化资金 Agriculture Science and Technology Achievement Transform Fund	32	0.4	0.3
科技兴贸行动计划 Vitalizing Trade with Science and Technology Action Plan	2	0.0	0.0
自然科学基金 Natural Science Fund	1598	9.2	9.0
其它 Other	5030	211.9	192.7
部门计划 **Science Program at Ministerial Level**	**14751**	**351.1**	**317.6**
省、自治区、直辖市及计划单列市计划 **Provincial Level Science Program**	**11943**	**551.3**	**383.4**
地市县计划 **Region Level Science Program**	**9819**	**284.7**	**122.1**
计划外 **Others not Supported by Program**	**237127**	**4978.7**	**4217.8**
合　计 **Total**	**282242**	**6437.1**	**5286.1**

5-7 卖方机构构成及交易情况

Technology Contract Distribution by Technology Seller

卖方类别 Category of Technology Seller	机构数（个） Number of Seller (unit)	合同数（项） Number of Contracts (item)	成交金额（亿元） Value of Contract Deals (100 million yuan)	技术交易额（亿元） Value of Technical Deals (100 million yuan)
机关法人 **Governments**	**219**	**2089**	**76.0**	**59.1**
事业法人 **Public Organizations**				
小计 **Subtotal**	**2128**	**101488**	**731**	**667.2**
科研机构 Research Institutes	1009	36140	403.0	366.7
高等院校 Higher Education	653	57966	294.0	273.9
医疗、卫生 Medical and Sanitation	100	2350	2.9	2.5
其它 Other	366	5032	31.1	24.1
社团法人 **Social Organization**	**141**	**3887**	**7.6**	**7.0**
企业法人 **Enterprises**				
小计 **Subtotal**	**23787**	**172246**	**5570.5**	**4508.6**
内资企业 Domestic Funded Enterprises	21221	155701	4199.0	3295.4
港澳台商投资企业 Enterprises with Funds from Hongkong,Macao and Taiwan	388	2959	114.0	104.7
外商投资企业 Foreign Funded Enterprises	1348	10793	835.1	781.6
个体经营 Private Enterprises	238	797	9.7	6.7
境外企业 Overseas Enterprises	592	1996	412.7	320.2
自然人 **Natural Person**	**426**	**1095**	**10.3**	**9.0**
其他组织 **Other Organizations**	**162**	**1437**	**41.7**	**35.2**
合 计 **Total**	**26863**	**282242**	**6437.1**	**5286.1**

5-8 买方机构构成及交易情况

Technology Contract Distribution by Technology Buyer

买方类别 Category of Technology Buyer	合同数 (项) Number of Contracts (item)	合同交易额 (亿元) Value of Contract Deals (100 million yuan)	技术交易额 (亿元) Value of Technical Deals (100 million yuan)
机关法人 **Governments**	**29351**	**756.8**	**447.6**
事业法人 **Public Organizations**			
小计 **Subtotal**	**41275**	**363.9**	**322.4**
科研机构 Research Institutes	16806	158.2	148.3
高等院校 Higher Education	7975	56.6	51.1
医疗卫生 Medical and Sanitation	3309	23.4	19.7
其它 Other	13185	125.7	103.3
社团法人 **Social Organizations**	**841**	**5.0**	**3.4**
企业法人 **Enterprises**			
小计 **Subtotal**	**204971**	**5043.7**	**4281.1**
内资企业 Domestic Funded Enterprises	186191	3878.7	3243.2
港澳台商投资企业 Enterprises with Funds from Hongkong,Macao and Taiwan	1677	80.6	63.4
外商投资企业 Foreign Funded Enterprises	11142	429.4	340.6
个体经营 Private Enterprises	2132	16.4	12.5
境外企业 Overseas Enterprises	3829	638.6	621.4
自然人 **Natural Person**	**2506**	**14.6**	**12.8**
其他组织 **Other Organizations**	**3298**	**253.1**	**218.8**
合计 **Total**	**282242**	**6437.1**	**5286.1**

5-9 重大技术合同构成情况

Key Technology Contract Composition

构成 Composition	合同数 (项) Number of Contracts (item)	成交金额 (亿元) Value of Contract Deals (100 million yuan)
一、合同类别 Category of Contracts		
合 计 **Total**	**7020**	**4550.4**
技术服务 Technology Service	2547	2144.7
技术开发 Technology Development	3057	1464.8
技术转让 Technology Transfer	1250	885.5
技术咨询 Technology Consultation	166	55.3
二、技术领域 Technical Field		
合 计 **Total**	**7020**	**4550.4**
电子信息技术 IT Technology	2187	1081.1
先进制造技术 Advanced Manufacture	1193	813.1
新能源与高效节能 New Energy and Energy Saving	706	477.9
现代交通 Modern Transportation	514	580.6
环境保护与资源综合利用技术 Environment Protection and Resource Comprehensive Utilization	503	361.0
新材料及其应用 Advanced Material and Application	466	242.9
生物、医药和医疗器械技术 Biology,Medicine and Medical Machine	430	158.5
城市建设与社会发展 Urban construction and Social Development	571	263.5
农业技术 Agriculture Technology	245	119.5
航空航天技术 Aviation and Aerospace Technology	133	77.5
核应用技术 Nuclear Application Technology	72	374.8
三、知识产权 Intellectual Right		
合 计 **Total**	**7020**	**4550.4**
技术秘密 Technology Secrets	2464	1386.6
专利 Patents	619	600.9
计算机软件 Computer Software	789	397.4
动、植物新品种 New Species of Plants and Animals	42	12.4
集成电路布图设计 IC Layout Design	110	39.8
生物、医药新品种 New Species of Biology and Medical	94	31.2
未涉及知识产权 Other	2902	2082.1

5-10 各省、自治区、直辖市技术合同登记情况
Technology Contract Distribution by Region

地　区	Region	合同数（项）Number of Contracts (item)	成交金额（亿元）Value of Contract Deals (100 million yuan)	排名 Ranking
北　京	Beijing	59969	2458.5	1
天　津	Tianjin	13409	251.2	7
河　北	Hebei	4513	37.8	22
山　西	Shanxi	796	30.6	23
内蒙古	Inner Mongolia	1248	124.8	11
辽　宁	Liaoning	15049	334.2	6
吉　林	Jilin	2730	25.1	24
黑龙江	Heilongjiang	2792	100.5	13
上　海	Shanghai	27998	588.5	2
江　苏	Jiangsu	29740	531.9	3
浙　江	Zhejiang	13551	81.3	15
安　徽	Anhui	6806	86.2	14
福　建	Fujian	5390	73.6	16
江　西	Jiangxi	2184	39.8	21
山　东	Shandong	11197	147.0	10
河　南	Henan	4204	40.2	20
湖　北	Hubei	12908	234.6	8
湖　南	Hunan	6372	42.2	19
广　东	Guangdong	19663	369.8	4
广　西	Guangxi	423	2.5	29
海　南	Hainan	40	0.6	30
重　庆	Chongqing	3578	223.5	9
四　川	Sichuan	11698	119.6	12
贵　州	Guizhou	510	9.8	26
云　南	Yunnan	2254	45.8	18
西　藏	Tibet	/	/	/
陕　西	Shaanxi	17596	334.8	5
甘　肃	Gansu	2883	73.1	17
青　海	Qinghai	645	21.1	25
宁　夏	Ningxia	564	2.9	28
新　疆	Xinjiang	1532	5.5	27
合　计	**Total**	**282242**	**6437.1**	

5-11 各省、自治区、直辖市技术交易情况

Technology Trade Statistics by Region

地 区	Region	输出技术 Technology Output		吸纳技术 Technology Adoption	
		合同数 (项) Number of Contracts (item)	成交金额 (亿元) Value of Contract Deals (100 million yuan)	合同数 (项) Number of Contracts (item)	成交金额 (亿元) Value of Contract Deals (100 million yuan)
北 京	Beijing	59969	2458.5	43515	974.4
天 津	Tianjin	13381	232.3	9084	204.8
河 北	Hebei	4512	37.8	6071	115.2
山 西	Shanxi	796	30.6	3225	111.3
内蒙古	Inner Mongolia	1232	106.1	3428	217.7
辽 宁	Liaoning	14676	230.7	13769	397.9
吉 林	Jilin	2730	25.1	3226	46.3
黑龙江	Heilongjiang	2788	100.4	3610	73.5
上 海	Shanghai	27649	518.7	27855	408.5
江 苏	Jiangsu	28921	400.9	27594	514.9
浙 江	Zhejiang	13551	81.3	16726	293.4
安 徽	Anhui	6806	86.2	7393	85.9
福 建	Fujian	5324	50.1	6356	189.8
江 西	Jiangxi	2184	39.8	2916	57.5
山 东	Shandong	11114	140.0	13216	182.6
河 南	Henan	4191	39.9	5680	62.1
湖 北	Hubei	12757	196.4	9616	191.4
湖 南	Hunan	6371	42.2	6419	56.8
广 东	Guangdong	19576	364.9	22213	421.5
广 西	Guangxi	423	2.5	1979	33.0
海 南	Hainan	40	0.6	971	129.7
重 庆	Chongqing	3538	54.0	2988	226.4
四 川	Sichuan	11657	111.2	10631	140.6
贵 州	Guizhou	509	9.7	2306	44.6
云 南	Yunnan	2246	45.5	3907	80.6
西 藏	Tibet	-	-	271	3.7
陕 西	Shaanxi	17596	334.8	12448	172.6
甘 肃	Gansu	2883	73.1	3362	59.1
青 海	Qinghai	639	19.3	1367	43.7
宁 夏	Ningxia	564	2.9	1313	31.4
新 疆	Xinjiang	1531	5.4	3414	60.2
香 港	Hongkong	111	18.4	907	50.7
台 湾	Taiwan	126	16.7	137	4.8
澳 门	Macao	-	-	40	6.7
国 外	Overseas	1851	560.9	4289	743.8
合 计	**Total**	**282242**	**6437.1**	**282242**	**6437.1**

5-12 计划单列市技术交易情况

Technology Trade Statistics of the Cities Listed Independently in the State Plan

地 区	Region	输出技术 Technology Output			吸纳技术 Technology Adoption		
		合同数（项）Number of Contracts (item)	成交金额（亿元）Value of Contract Deals (100 million yuan)	排名 Ranking	合同数（项）Number of Contracts (item)	成交金额（亿元）Value of Contract Deals (100 million yuan)	排名 Ranking
大 连	Dalian	5937	48.4	2	5179	130.9	2
宁 波	Ningbo	1267	10.6	5	2338	25.0	5
厦 门	Xiamen	3078	37.5	3	2436	47.9	3
青 岛	Qingdao	2673	22.0	4	2659	34.2	4
深 圳	Shenzhen	10077	153.1	1	9066	251.1	1
合 计	**Total**	**23032**	**271.6**		**21678**	**489.0**	

5-13 副省级城市技术交易情况

Technology Trade Statistics of the Deputy Provincial Level Cities

地 区	Region	输出技术 Technology Output			吸纳技术 Technology Adoption		
		合同数（项）Number of Contracts (item)	成交金额（亿元）Value of Contract Deals (100 million yuan)	排名 Ranking	合同数（项）Number of Contracts (item)	成交金额（亿元）Value of Contract Deals (100 million yuan)	排名 Ranking
沈 阳	Shenyang	7290	120.7	5	4601	113.1	3
长 春	Changchun	2433	23.6	10	2081	32.7	10
哈尔滨	Harbin	2532	86.2	7	2350	55.6	8
南 京	Nanjing	19680	145.4	3	13834	202.7	1
杭 州	Hangzhou	10599	58.4	8	8417	73.1	7
武 汉	Wuhan	10239	132.4	4	6501	164.2	2
济 南	Jinan	3113	26.4	9	2669	32.9	9
广 州	Guangzhou	6091	185.8	2	6279	93.1	6
成 都	Chengdu	9739	96.3	6	6464	96.3	5
西 安	Xi'an	16793	300.2	1	9542	105.3	4
合 计	**Total**	**88509**	**1175.4**		**62738**	**969.1**	

5-14 东部地区技术交易情况

Technology Trade Statistics of the Eastern Region

地 区 Region	输出技术 Technology Output			吸纳技术 Technology Adoption		
	合同数(项) Number of Contracts (item)	成交金额(亿元) Value of Contract Deals (100 million yuan)	排名 Ranking	合同数(项) Number of Contracts (item)	成交金额(亿元) Value of Contract Deals (100 million yuan)	排名 Ranking
北 京 Beijing	59969	2458.5	1	43515	974.4	1
天 津 Tianjin	13381	232.3	5	9084	204.8	6
河 北 Hebei	4512	37.8	9	6071	115.2	10
上 海 Shanghai	27649	518.7	2	27855	408.5	4
江 苏 Jiangsu	28921	400.9	3	27594	514.9	2
浙 江 Zhejiang	13551	81.3	7	16726	293.4	5
福 建 Fujian	5324	50.1	8	6356	189.8	7
山 东 Shandong	11114	140.0	6	13216	182.6	8
广 东 Guangdong	19576	364.9	4	22213	421.5	3
海 南 Hainan	40	0.6	10	971	129.7	9
合 计 Total	**184037**	**4285.2**		**173601**	**3434.8**	

5-15 中部地区技术交易情况

Technology Trade Statistics of the Middle Region

地 区 Region	输出技术 Technology Output			吸纳技术 Technology Adoption		
	合同数(项) Number of Contracts (item)	成交金额(亿元) Value of Contract Deals (100 million yuan)	排名 Ranking	合同数(项) Number of Contracts (item)	成交金额(亿元) Value of Contract Deals (100 million yuan)	排名 Ranking
湖 北 Hubei	12757	196.4	1	9616	191.4	1
安 徽 Anhui	6806	86.2	2	7393	85.9	3
湖 南 Hunan	6371	42.2	3	6419	56.8	6
河 南 Henan	4191	39.9	4	5680	62.1	4
江 西 Jiangxi	2184	39.8	5	2916	57.5	5
山 西 Shanxi	796	30.6	6	3225	111.3	2
合 计 Total	**33105**	**435.1**		**35249**	**565.0**	

5-16 西部地区技术交易情况

Technology Trade Statistics of the Western Region

地 区	Region	输出技术 Technology Output			吸纳技术 Technology Adoption		
		合同数（项）Number of Contracts (item)	成交金额（亿元）Value of Contract Deals (100 million yuan)	排名 Ranking	合同数（项）Number of Contracts (item)	成交金额（亿元）Value of Contract Deals (100 million yuan)	排名 Ranking
重 庆	Chongqing	3538	54.0	5	2988	226.4	1
内蒙古	Inner Mongolia	1232	106.1	3	3428	217.7	2
四 川	Sichuan	11657	111.2	2	10631	140.6	4
陕 西	Shaanxi	17596	334.8	1	12448	172.6	3
云 南	Yunnan	2246	45.5	6	3907	80.6	5
甘 肃	Gansu	2883	73.1	4	3362	59.1	7
新 疆	Xinjiang	1531	5.4	9	3414	60.2	6
青 海	Qinghai	639	19.3	7	1367	43.7	9
贵 州	Guizhou	509	9.7	8	2306	44.6	8
广 西	Guangxi	423	2.5	11	1979	33.0	10
宁 夏	Ningxia	564	2.9	10	1313	31.4	11
西 藏	Xizang	-	-	12	271	3.7	12
合 计	**Total**	**42818**	**764.5**		**47414**	**1113.5**	

5-17 东北地区技术交易情况

Technology Trade Statistics of the Northeast Region

地 区	Region	输出技术 Technology Output			吸纳技术 Technology Adoption		
		合同数（项）Number of Contracts (item)	成交金额（亿元）Value of Contract Deals (100 million yuan)	排名 Ranking	合同数（项）Number of Contracts (item)	成交金额（亿元）Value of Contract Deals (100 million yuan)	排名 Ranking
辽 宁	Liaoning	14676	230.7	1	13769	397.9	1
黑龙江	Heilongjiang	2730	25.1	3	3226	46.3	3
吉 林	Jilin	2788	100.4	2	3610	73.5	2
合 计	**Total**	**20194**	**356.2**		**20605**	**517.7**	

5-18 环渤海地区技术交易情况

Technology Trade Statistics of the Bohai Sea Rim Region

地区	Region	输出技术 Technology Output			吸纳技术 Technology Adoption		
		合同数(项) Number of Contracts (item)	成交金额(亿元) Value of Contract Deals (100 million yuan)	排名 Ranking	合同数(项) Number of Contracts (item)	成交金额(亿元) Value of Contract Deals (100 million yuan)	排名 Ranking
北京	Beijing	59969	2458.5	1	43515	974.4	1
辽宁	Liaoning	14676	230.7	3	13769	397.9	2
天津	Tianjin	13381	232.3	2	9084	204.8	4
山东	Shandong	11114	140.0	4	13216	182.6	5
内蒙古	Inner Mongolia	1232	106.1	5	3428	217.7	3
河北	Hebei	4512	37.8	6	6071	115.2	6
山西	Shanxi	796	30.6	7	3225	111.3	7
合计	**Total**	**105680**	**3236.0**		**92308**	**2203.8**	

5-19 长三角地区技术交易情况

Technology Trade Statistics of the Yangzi River Delta Region

地区	Region	输出技术 Technology Output			吸纳技术 Technology Adoption		
		合同数(项) Number of Contracts (item)	成交金额(亿元) Value of Contract Deals (100 million yuan)	排名 Ranking	合同数(项) Number of Contracts (item)	成交金额(亿元) Value of Contract Deals (100 million yuan)	排名 Ranking
上海	Shanghai	27649	518.7	1	27855	408.5	2
江苏	Jiangsu	28921	400.9	2	27594	514.9	1
浙江	Zhejiang	13551	81.3	3	16726	293.4	3
合计	**Total**	**70121**	**1001.0**		**72175**	**1216.9**	

5-20 珠三角地区技术交易情况

Technology Trade Statistics of the Pearl River Delta Region

地区	Region	输出技术 Technology Output			吸纳技术 Technology Adoption		
		合同数(项) Number of Contracts (item)	成交金额(亿元) Value of Contract Deals (100 million yuan)	排名 Ranking	合同数(项) Number of Contracts (item)	成交金额(亿元) Value of Contract Deals (100 million yuan)	排名 Ranking
广东	Guangdong	19576	364.9	1	22213	421.5	1
香港	Hongkong	111	18.4	2	907	50.7	2
澳门	Macao	-	-	3	40	6.7	3
合计	**Total**	**19687**	**383.4**		**23160**	**478.9**	

第六部分

全国生产力促进中心

The Sixth Part

Productivity Promotion Centers (PPCs) in China

6-1 全国生产力促进中心主要经济指标

Main Economic Indicators of Productivity Promotion Centers (PPCs) in China

年 份 Year	中心总数 (个) Number of Productivity Promotion Centers (unit)	总资产 (亿元) Total Assets (100 million yuan)	服务企业总数 (万个) Total Number of Serviced Enterprises (10000 unit)	中心年总服务收入 (亿元) Total Service Income (100 million yuan)	为企业增加销售额 (亿元) Enterprises Sales Income Increased by PPCs Service (100 million yuan)	增加利税 (亿元) Profits and Taxes Added (100 million yuan)	为社会增加就业 (万人) Increased Employment for Society (10000 person)
1998	254	13.5	1.9	2.2	177.0	18.0	5.7
1999	491	17.6	4.9	4.5	155.0	26.7	11.3
2000	581	27.8	3.4	8.9	388.0	57.0	28.0
2001	701	31.2	5.0	11.3	407.0	69.0	34.5
2002	865	61.4	7.8	10.3	300.0	45.0	48.1
2003	1071	67.0	6.5	13.6	477.0	66.0	150.2
2004	1218	77.1	9.2	18.7	642.0	88.1	175.3
2005	1270	90.6	9.7	18.4	1078.0	112.0	86.7
2006	1331	109.9	10.3	24.8	752.0	107.0	108.9
2007	1425	116.4	15.5	40.6	1299.0	193.6	110.6
2008	1532	162.5	19.0	30.4	1202.0	175.5	134.1
2009	1808	209.2	24.5	30.8	1796.8	208.2	165.8
2010	2032	157.1	24.5	38.4	1578.6	203.9	165.6
2011	2274	260.8	30.7	62.8	1918.2	284.0	180.0
2012	2281	295.3	38.0	89.0	2535.2	341.7	186.2

6-2 国家级示范生产力促进中心基本情况

General Statistics of State Level Model Productivity Promotion Centers

国家级示范生产力促进中心 State Level Model Productivity Promotion Center	人员总数（人） Number of Employees (person)	总资产（千元） Total Assets (1000 yuan)	政府投入（千元） Govement Investment (1000 yuan)	年总服务收入（千元） Service Income of the Year (1000 yuan)	办公面积（平方米） Office Area (sq.m)
合计 Total	**10870**	**9938414**	**1058826**	**2104889**	**1185874**
北京生产力促进中心 Beijing Productivity Promotion Center	46	37835		14406	848
北京市石景山区生产力促进中心 Beijing Shijingshan District Productivity Promotion Center	20	10859		1396	800
北京市丰台区技术创新与生产力促进中心 Fengtai District Technology Innovation and Productivity Promotion Center of Beijing	23	30551	2001	4014	2080
天津市制造业信息化生产力促进中心 Tianjin Manufacture Informatization Productivity Promotion Center	30	13943	1120	1947	6272
天津滨海生产力促进中心 Binhai District Productivity Promotion Center of Tianjin	14	22730	2560	2323	7000
天津市滨海新区大港石化产业生产力促进中心 Tianjin Binhai District Dagang Petro-chemical Industry Productivity Promotion Center	18	8931	1700	536	1455
天津市东丽区生产力促进中心 Tianjin Dongli District Productivity Promotion Center	12	10155	1484	13	850
石家庄生产力促进中心 Shijiazhuang Productivity Promotion Center	51	224793	18260	6610	6900
辛集市皮革生产力促进中心 Xinji Leather Productivity Promotion Center	11	16949	300		500
高邑县建陶生产力促进中心 Gaoyi Ceramic Productivity Promotion Center	18	11101	900	645	300
承德市生产力促进中心 Chengde Productivity Promotion Center	34	10012	100	647	900
平泉县生产力促进中心 Pingquan Productivity Promotion Center	21	4220	900	1139	320
河北省迁西县生产力促进中心 Qianxi Productivity Promotion Center of Hebei	23	39459	100	14238	1300
唐山市丰润区生产力促进中心 Fengrun Productivity Promotion Center of Tangshan	17	9870	400	2633	1099
唐山市生产力促进中心有限公司 Tangshan Productivity Promotion Center	12	5288		143	360
廊坊市生产力促进中心 Langfang Productivity Promotion Center	70	19365	13988	29004	1348
霸州市生产力促进中心 Bazhou Productivity Promotion Center	35	5480	200	12095	637
香河县生产力促进中心 Xianghe Productivity Promotion Center	26	8839	800	1077	850
衡水市生产力促进中心 Hengshui Productivity Promotion Center	21	6668	1435	1549	950
河北省玻璃钢/复合材料生产力促进中心 Fiber Glass Reinforced Plastics Productivity Promotion Center	29	8900		44243	1260
衡水市橡胶产业生产力促进中心 Hengshui Rubber Industry Productivity Promotion Center of Hebei	12	27084	300	605	2700
河北省秦皇岛市生产力促进中心 Qinghuangdao Productivity Promotion Center of Hebei	18	14464	200	1282	600
临漳县生产力促进中心 Linzhang Productivity Promotion Center	17	6849	250	7368	2824

6-2 续表 1 continued 1

国家级示范生产力促进中心 State Level Model Productivity Promotion Center	人员总数(人) Number of Employees (person)	总资产(千元) Total Assets (1000 yuan)	政府投入(千元) Govement Investment (1000 yuan)	年总服务收入(千元) Service Income of the Year (1000 yuan)	办公面积(平方米) Office Area (sq.m)
黄骅市模具生产力促进中心 Huanghua Mold Productivity Promotion Center	27	8360	700	4155	2300
河北省孟村县弯头管件生产力促进中心 Mengcun Elbow Pipe Fitting Productivity Promotion Center of Hebei	23	13373	2510	5045	1100
南皮县生产力促进中心 Nanpi Productivity Promotion Center	21	3980	2182	361	800
清河县羊绒产业生产力促进中心 Qinghe Productivity Promotion Center	21	10260	70	1472	1000
隆尧县生产力促进中心 Longrao County Productivity Promotion Center	74	11880	4150	676	1080
山西省生产力促进中心 Productivity Promotion Center of Shanxi	81	61620	3663	21945	4500
太原生产力促进中心 Productivity Promotion Center of Taiyuan	82	15600	4284	5236	1150
山西忻州市生产力促进中心 Xinzhou Productivity Promotion Center of Shanxi	86	21286	809	25786	960
山西省阳泉市生产力促进中心 Yangquan Productivity Promotion Center of Shanxi	57	9250	1300	4917	1132
吕梁市生产力促进中心 Lvliang Productivity Promotion Center	25	10528	750	2850	800
山西省长治市生产力促进中心 Changzhi Productivity Promotion Center of Shanxi	15	1287	1359	1913	526
山西省运城市生产力促进中心 Shanxi Yuncheng Productivity Promotion Center	73	4116		6070	805
内蒙古自治区生产力促进中心 Productivity Promotion Center of Inner Mongolia	51	96318	4200	7541	4065
赤峰市生产力促进中心 Productivity Promotion Center of Chifeng	26	9387	1350	1102	980
内蒙古鄂尔多斯市生产力促进中心 Erdos Productivity Promotion Center of Inner Mongolia	51	18114	1845	2202	7800
包头稀土高新技术产业开发区生产力促进中心 Productivity Promotion Center of Baotou Rare Earth Hi-Tech Industrial Development Zone	26	12583	1685	3438	1700
呼和浩特市生产力促进中心 Hohhot Productivity Promotion Center	23	15509	2200	115	3600
辽宁生产力促进中心 Productivity Promotion Center of Liaoning	81	21149	6262	200	6600
沈阳市生产力促进中心 Productivity Promotion Center of Shenyang	31	15766	2250	6877	4613
沈阳高新技术生产力促进中心有限公司 Shenyang High and New Technology Productivity Promotion Center Co. Ltd	30	10030	1400	7841	4000
大连市生产力促进中心 Productivity Promotion Center of Dalian	20	37800	2157		850
瓦房店轴承生产力促进中心 Wafangdian Bearing Productivity Promotion Center	28	9242		2403	818
鞍山市生产力促进中心 Productivity Promotion Center of Anshan	58	32969	2320	1840	5500
抚顺市生产力促进中心 Productivity Promotion Center of Fushun	20	8100	200	1635	1000

6-2 续表 2 continued 2

国家级示范生产力促进中心 State Level Model Productivity Promotion Center	人员总数（人） Number of Employees (person)	总资产（千元） Total Assets (1000 yuan)	政府投入（千元） Govement Investment (1000 yuan)	年总服务收入（千元） Service Income of the Year (1000 yuan)	办公面积（平方米） Office Area (sq.m)
本溪市生产力促进中心 Benxi Productivity Promotion Center	56	8200	3313	4506	850
丹东市生产力促进中心 Productivity Promotion Center of Dandong	30	2233	2300	112	2300
凤城市生产力促进中心 Productivity Promotion Center of Fengcheng	30	10917		9500	3300
宽甸满族自治县生产力促进中心 Kuandian Man Ethnic Group Autonomous County Productivity Promotion Center	15	8700	50	556	900
丹东高新区生产力促进中心 Dandong Science and Technology Industrial Park Productivity Promotion Center	30	16500		7540	11500
锦州市生产力促进中心 Productivity Promotion Center of Jinzhou	32	15000	500	363	2020
营口市生产力促进中心 Productivity Promotion Center of Yingkou	52	8090	2994	1071	1000
大石桥市生产力促进中心 Dashiqiao Productivity Promotion Center	31	11603	8000		1000
辽阳市生产力促进中心有限公司 Liaoyang Productivity Promotion Center Co. Ltd	30	1771		7727	150
辽阳高新区生产力促进中心 Productivity Promotion Center of Liaoyang Science and Technology Industrial Park	31	9180	810	402	3398
铁岭市生产力促进中心 Productivity Promotion Center of Tieling	24	8011	6100	2020	1988
辽宁省葫芦岛市生产力促进中心 Productivity Promotion Center of Huludao	18	8490	1604	4805	850
吉林省生产力促进中心 Productivity Promotion Center of Jilin Province	25	7486	2327		1795
长春高新技术产业开发区生产力促进中心 Productivity Promotion Center of Changchun Science and Technology Industrial Park	53	24548	12759	12017	3000
吉林市生产力促进中心 Productivity Promotion Center of Jilin Province	25	8056	2470	6295	830
四平市生产力促进中心 Productivity Promotion Center of Siping	21	8830	7250	17486	1256
黑龙江省生产力促进中心 Productivity Promotion Center of Heilongjiang	90	21875	5809	4998	4628
牡丹江市生产力促进中心 Productivity Promotion Center of Mudanjiang	30	8709	2240	3	6100
佳木斯市生产力促进中心 Productivity Promotion Center of Jiamusi	56	11200	650	1130	880
大庆市生产力促进中心 Productivity Promotion Center of Daqing	13	8300	4000	269	2400
鸡西市生产力促进中心 Productivity Promotion Center of Jixi	15	5579		2802	800
哈尔滨市生产力促进中心 Productivity Promotion Center of Harbin	41	1827	716		6880
东宁县科学技术局 Productivity Promotion Center of Dongning	25	8000		400	812

6-2 续表 3 continued 3

国家级示范生产力促进中心 State Level Model Productivity Promotion Center	人员总数 (人) Number of Employees (person)	总资产 (千元) Total Assets (1000 yuan)	政府投入 (千元) Govement Investment (1000 yuan)	年总服务收入 (千元) Service Income of the Year (1000 yuan)	办公面积 (平方米) Office Area (sq.m)
富锦市生产力促进中心 Productivity Promotion Center of Fujin	52	8560	1050	2030	920
绥芬河市生产力促进中心 Productivity Promotion Center of Suifenhe	48	837		2887	800
哈尔滨现代焊接技术生产力促进中心 Harbin Modern Welding Technology Productivity Promotion Center	26	26300	750	5017	7000
黑龙江省大庆高新生产力促进中心 Daqing Hi-Tech Productivity Promotion Center of Heilongjiang	22	2318		230	2000
上海浦东生产力促进中心 Pudong Productivity Promotion Center of Shanghai	101	40207	13459	14138	8385
江苏省生产力促进中心 Productivity Promotion Center of Jiangsu Province	189	259168	22000	36035	6936
江苏省苏机机械工业生产力促进中心有限公司 Jiangsu Suji Machinery Industry Productivity Promotion Center Co. Ltd	37	35169	1600	20606	3332
无锡市生产力促进中心 Productivity Promotion Center of Wuxi	18	142725	1400	10947	2100
徐州市生产力促进中心 Productivity Promotion Center of Xuzhou	29	41448	22043	5024	600
常州市生产力促进中心 Productivity Promotion Center of Changzhou	52	111516	7725	19305	1500
常州国家高新技术产业开发区生产力促进中心 Productivity Promotion Center of Changzhou Science and Technology Industrial Park	38	49985	12200	13106	4000
苏州市生产力促进中心 Productivity Promotion Center of Suzhou	31	20829	4960	5467	1790
常熟市生产力促进中心 Productivity Promotion Center of Changshu	31	16767	1958	11903	3231
张家港市生产力促进中心 Productivity Promotion Center of Zhangjiagang	17	2870		462	1500
太仓市生产力促进中心 Taicang Productivity Promotion Center	18	34500	6350	5932	2800
南通市生产力促进中心 Productivity Promotion Center of Nantong	20	18253	5030	2008	1000
连云港市生产力促进局 Productivity Promotion Center of Lianyungang	21	8420	5310	8220	1650
盐城市生产力促进中心 Productivity Promotion Center of Yancheng	16	32640	800	3029	1100
扬州市中小企业生产力促进中心 Small and Medium-sized Enterprises Productivity Promotion Center of Yangzhou	17	14854	10182	1448	402
镇江市生产力促进中心 Productivity Promotion Center of Zhenjiang	42	37510	2856	9816	5600
泰州市生产力促进中心 Productivity Promotion Center of Taizhou	41	29600	920	9188	500
姜堰市生产力促进中心 Productivity Promotion Center of Jiangyan	21	21713	300	6199	2100
浙江火炬生产力促进中心 Torch Productivity Promotion Center of Zhejiang	28	18269		11871	910

6-2 续表 4 continued 4

国家级示范生产力促进中心 State Level Model Productivity Promotion Center	人员总数（人） Number of Employees (person)	总资产（千元） Total Assets (1000 yuan)	政府投入（千元） Govement Investment (1000 yuan)	年总服务收入（千元） Service Income of the Year (1000 yuan)	办公面积（平方米） Office Area (sq.m)
杭州市生产力促进中心 Productivity Promotion Center of Hangzhou	24	16706	1168	7363	1200
宁波市生产力促进中心 Productivity Promotion Center of Ningbo	107	98578	34829	14670	10000
浙江平湖环保生产力促进中心 Pinghu Environment Protection Productivity Promotion Center of Zhejiang	30	15551		11436	1500
嘉兴针织毛衫业生产力促进中心 Knitting Sweater Industry Protection Productivity Promotion Center of Jiaxing	51	23010	205	20356	4500
湖州淡水渔业生产力促进中心 Freshwater Productivity Promotion Center of Huzhou	36	24274	2240	6202	600
湖州南浔经济开发区生产力促进中心 Huzhou Nanxun Economic Development Zone Productivity Promotion Center	42	20000		2840	5500
绍兴县纺织业生产力促进中心有限公司 Textile Industry Productivity Promotion Center of Shaoxing	127	25511	1290	16110	18000
嵊州市长毛兔产业生产力促进中心 Angora Rabbit Industry Productivity Promotion Center of Shengzhou	39	81966		85730	3000
诸暨博师珍珠业生产力促进中心 Boshi Pearl Industry Productivity Promotion Center of Zhuji	45	42616	28000	15361	1800
浙江永康五金生产力促进中心有限公司 Yongkang Hardware Productivity Promotion Center of Zhejiang	30	42955		3984	5321
温岭市先导泵及泵用电机生产力促进中心 The Pilot Pump and Pump Motor Productivity Promotion Center of Wenling	20	15161	500	2172	5300
安徽省生产力促进中心 Productivity Promotion Center of Anhui	22	2947		711	405
铜陵市生产力促进中心 Productivity Promotion Center of Tongling	22	18320	3739	3463	2800
马鞍山市生产力促进中心 Productivity Promotion Center of Ma'anshan	20	55747	2580	1315	20000
安徽省计算机软件生产力促进中心 Computer Software Productivity Promotion Center of Anhui	23	27402		6385	1000
芜湖市生产力促进中心 Productivity Promotion Center of Wuhu	80	111903	800	6077	3000
六安市生产力促进中心 Liuan Productivity Promotion Center	22	28000	7140	482	800
安徽省中小企业生产力促进中心有限公司 Anhui SMEs Productivity Promotion Center Co. Ltd	51	4941	950	3792	1120
福建省生产力促进中心 Agriculture Productivity Promotion Center of Fujian	131	130412	20721	9944	19586
福建省林业生产力促进中心 Forestry Productivity Promotion Center of Fujian	15	1786	200	1722	969
福州市生产力促进中心 Productivity Promotion Center of Fuzhou	53	37300	4898	4489	6000
厦门市生产力促进中心 Productivity Promotion Center of Xiamen	44	152761	9947	7509	12500
宁德市生产力促进中心 Productivity Promotion Center of Ningde	33	14560		1013	11050
泉州市生产力促进中心 Productivity Promotion Center of Quanzhou	63	40311	1900	4104	33500

6-2 续表 5 continued 5

国家级示范生产力促进中心 State Level Model Productivity Promotion Center	人员总数（人） Number of Employees (person)	总资产（千元） Total Assets (1000 yuan)	政府投入（千元） Govement Investment (1000 yuan)	年总服务收入（千元） Service Income of the Year (1000 yuan)	办公面积（平方米） Office Area (sq.m)
石狮市生产力促进中心 Productivity Promotion Center of Shishi	8	38853	2518	1060	15025
南安市生产力促进中心 Productivity Promotion Center of Nan'an	20	6020	100		5000
福建省三明市生产力促进中心 Sanming Productivity Promotion Center of Fujian	30	9267	3412	2826	3682
南平市生产力促进中心 Productivity Promotion Center of Nanping	31	9657	1100	427	1200
建瓯市生产力促进中心 Jianou Productivity Promotion Center	23	12789	175	2950	2406
江西省生产力促进中心 Productivity Promotion Center of Jiangxi	66	48085	13690	8250	2000
江西省机械行业生产力促进中心 Jiangxi Province Machinery Industry Productivity Promotion Center	25	3695	2988	885	618
江西省国防科技行业生产力促进中心 Jiangxi Province National Defense Science and Technology Industry Productivity Promotion Center	75	4257	2137	1157	500
南昌大学生产力促进中心有限公司 Nanchang University Productivity Promotion Center Co.Ltd	31	9617	1600	7048	2205
宜春市生产力促进中心 Productivity Promotion Center of Yichun	30	13280	9830	1416	3475
江西中药生产力促进中心 Chinese Medicine Productivity Promotion Center of Jiangxi	110	21860	250	24755	5000
山东亚太生产力促进中心 Yatai Productivity Promotion Center of Shandong	19	38826		5659	21000
山东济南生产力促进中心 Jinan Productivity Promotion Center of Shandong	65	77476	23623	16808	8836
济南市历下区生产力促进中心 Lixia Productivity Promotion Center of Jinan	39	90302	28000	6716	1600
青岛生产力促进中心 Productivity Promotion Center of Qingdao	118	82681	5640	14359	2713
山东淄博生产力促进中心 Zibo Productivity Promotion Center of Shandong	43	8836	1192	5367	1700
山东省东营生产力促进中心 Productivity Promotion Center of Dongying	42	24448	2070	30760	1000
山东省烟台生产力促进中心 Yantai Productivity Promotion Center of Shandong	35	14360	4533	7456	1420
济宁市生产力促进中心 Productivity Promotion Center of Jining	16	42435	6500	1650	1200
山东曲阜生产力促进中心 Qufu Productivity Promotion Center of Shandong	33	8430	1277	4511	6000
山东泰山生产力促进中心 Taishan Productivity Promotion Center of Shandong	24	6540	400	7359	2100
山东生产力促进中心 Productivity Promotion Center of Shandong	31	8491	1795		4000
临沂市生产力促进中心 Linyi Productivity Promotion Center	30	11530	600	680	1000

6-2 续表 6 continued 6

国家级示范生产力促进中心 State Level Model Productivity Promotion Center	人员总数（人） Number of Employees (person)	总资产（千元） Total Assets (1000 yuan)	政府投入（千元） Govement Investment (1000 yuan)	年总服务收入（千元） Service Income of the Year (1000 yuan)	办公面积（平方米） Office Area (sq.m)
山东省华鲁皮革行业生产力促进中心 Hualu Leather Industry Productivity Promotion Center of Shandong	22	8100	400	1738	1100
东营市万里越橡胶轮胎行业生产力促进中心 Dongying Wanliyue Rubber Tyre Industry Productivity Promotion Center	28	17277		7346	4800
河南省生产力促进中心 Productivity Promotion Center of Henan	55	47455	1500	40971	3600
郑州市生产力促进中心 Zhengzhou Productivity Promotion Center	36	34220	2600	10385	7000
洛阳市生产力促进中心 Productivity Promotion Center of Luoyang	33	10384	1380	1081	1200
焦作市生产力促进中心 Productivity Promotion Center of Jiaozuo	21	8020	290	2500	700
濮阳市生产力促进中心 Productivity Promotion Center of Puyang	23	10290	650	5208	8100
三门峡市生产力促进中心 Productivity Promotion Center of Sanmenxia	22	3937	800	1903	321
许昌市生产力促进中心 Productivity Promotion Center of Xuchang	21	2005	500	1877	480
南阳市生产力促进中心 Productivity Promotion Center of Nanyang	20	6202		5549	350
许昌市发制品行业生产力促进中心 Xuchang Hairwork Industry Productivity Promotion Center	16	5742		2559	283
安阳高新区生产力促进中心 Productivity Promotion Center of Anyang Science and Technology Industrial Park	50	17021	7800	39872	29500
武汉材保电镀技术生产力促进中心 Electroplating Technology Productivity Promotion Center of Wuhan	28	8243	750	7899	800
黄石市生产力促进中心 Productivity Promotion Center of Huangshi	25	17230	500	7524	1200
武汉东湖新技术开发区生产力促进中心 Donghu New Technology Development Zone Productivity Promotion Center of Wuhan	17	2025859	24000	7750	600
武汉市电子商务生产力促进中心 Electric Commerce Productivity Promotion Center of Wuhan	61	8028		4050	300
湖北鄂化化学工业生产力促进中心 Ehua Chemical Industry Productivity Promotion Center of Hubei	51	27845	1150	12040	8000
武汉武钢工程技术生产力促进中心有限责任公司 WISCO Engineering Technology Productivity Promotion Center of Wuhan	22	28401	41	16842	400
襄阳高新技术产业开发区生产力促进中心 Productivity Promotion Center of Xiangfan High-tech Industrial Park	33	8210	800	5700	618
仙桃市无纺布制品生产力促进中心 Non-woven Products Productivity Promotion Center of Xiantao	42	18028	5800	8677	1100
十堰高新区汽车产业生产力促进中心 Shiyan Science and Technology Industrial Park Automobile Industry Productivity Promotion Center	16	14065	14275	3223	2780
襄阳生产力促进中心 Xiangyang Productivity Promotion Center	35	25435	3500	8532	4000
湖南省生产力促进中心 Productivity Promotion Center of Hunan	25	77085	9021	2024	10000

6-2 续表 7 continued 7

国家级示范生产力促进中心 State Level Model Productivity Promotion Center	人员总数（人） Number of Employees (person)	总资产（千元） Total Assets (1000 yuan)	政府投入（千元） Govement Investment (1000 yuan)	年总服务收入（千元） Service Income of the Year (1000 yuan)	办公面积（平方米） Office Area (sq.m)
岳阳市生产力促进中心 Productivity Promotion Center of Yueyang	32	10903	4305	5025	1500
长沙生产力促进中心 Productivity Promotion Center of Changsha	73	79355	4000	11170	28551
湘潭市生产力促进中心有限公司 Productivity Promotion Center of Xiangtan	47	10210	1800	11682	1200
株洲市生产力促进中心 Productivity Promotion Center of Zhuzhou	34	6000	1800	5389	800
衡阳市生产力促进中心 Henyang Productivity Promotion Center	41	10300	1500	4333	1200
郴州市生产力促进中心 Chenzhou Productivity Promotion Center	42	11789	3226	1182	1900
广东省生产力促进中心 Productivity Promotion Center of Guangdong	130	417872	26791	69573	160000
广州生产力促进中心 Productivity Promotion Center of Guangzhou	102	118141		31850	21691
东莞市生产力促进中心 Productivity Promotion Center of Dongguan	27	861	249	944	600
中山市生产力促进中心 Productivity Promotion Center of Zhongshan	12	718	3000	99	390
佛山市生产力促进中心 Productivity Promotion Center of Foshan	32	2123	1582	1441	300
中山市小榄镇生产力促进中心 Xiaolan Productivity Promotion Center of Zhongshan	617	395000	4353	70614	31000
广西生产力促进中心 Productivity Promotion Center of Guangxi	189	32915	15573	6949	8236
广西柳州市生产力促进中心 Liuzhou Productivity Promotion Center of Guangxi	21	21683	8983	1006	1250
桂林市生产力促进中心 Productivity Promotion Center of Guilin	15	5614	3197	4676	844
兴安县生产力促进中心 Productivity Promotion Center of Xingan	6	300	940	824	150
广西梧州市生产力促进中心 Wuzhou Productivity Promotion Center of Guangxi	31	9590	3880	6016	3282
广西北海市生产力促进中心 Beihai Productivity Promotion Center of Guangxi	37	13905	2431	3308	3100
钦州市生产力促进中心 Productivity Promotion Center of Qinzhou	63	6916	1105	2170	1200
广西现代物流生产力促进中心 Modern Logistics Productivity Promotion Center of Guangxi	21	293	170	950	830
重庆生产力促进中心 Productivity Promotion Center of Chongqing	81	42520	16803	14989	4250
重庆市涪陵区生产力促进中心 Chongqing Fuling District Productivity Promotion Center	30	9100	3232	652	2000
大足县生产力促进中心 Dazu County Productivity Promotion Center	17	6281	400	2906	320
重庆市巨邦辰源生产力促进中心有限责任公司 Chongqing Jubang Chenyuan Productivity Promotion Center	14	5541		3637	200

6-2 续表 8 continued 8

国家级示范生产力促进中心 State Level Model Productivity Promotion Center	人员总数(人) Number of Employees (person)	总资产(千元) Total Assets (1000 yuan)	政府投入(千元) Govement Investment (1000 yuan)	年总服务收入(千元) Service Income of the Year (1000 yuan)	办公面积(平方米) Office Area (sq.m)
重庆海特克制造业信息化生产力促进中心有限公司 Haiteke Manufacture Informatization Productivity Promotion Center of Chongqing	31	3972		2981	300
重庆西信生产力促进中心 Xixin Productivity Promotion Center of Chongqing	30	1589		4592	510
重庆市超临界精细化工有限公司 Chongqing Supercritical Fine Chemical Industry Co. Ltd.	37	7395		5405	3000
重庆市沙坪坝区创新生产力促进中心 Chongqing Shapingba District Innovation Productivity Promotion Center	10	35609	5300	2610	12000
重庆激光快速原形及模具制造生产力促进中心有限公司 Laser Rapid Prototyping and Mould Manufacturing Productivity Promotion Center of Chongqing	30	10793	2150	5410	1500
四川省生产力促进中心 Productivity Promotion Center of Sichuan	82	11986	4072	10942	1300
成都生产力促进中心 Productivity Promotion Center of Chengdu	56	418478		21540	624
自贡市生产力促进中心 Productivity Promotion Center of Zigong	31	9808	2080	1522	2643
泸州市生产力促进中心 Productivity Promotion Center of Luzhou	20	4321	1400	2942	480
德阳市生产力促进中心 Productivity Promotion Center of Deyang	41	1220	1705	2068	300
绵阳市生产力促进中心 Productivity Promotion Center of Mianyang	28	6234	1350	2359	1200
南充生产力促进中心 Productivity Promotion Center of Nanchong	20	5655	300	1471	1100
贵阳生产力促进中心 Productivity Promotion Center of Guiyang	107	822741	37170	48300	149526
遵义市生产力促进中心 Productivity Promotion Center of Zunyi	29	22786	4753	5116	865
贵州航天生产力促进中心 Space Productivity Center of Guizhou	13	17277	2979	5392	1600
贵州科创新材料生产力促进中心有限公司 Kechuang New Material Productivity Promotion Center of Guizhou	14	4729	200	3359	95
贵阳市小河区生产力促进中心 Guiyang Xiaohe District Productivity Promotion Center	21	2317	300	410	2300
湄潭县生产力促进中心 Meitan County Productivity Promotion Center	18	8825	8222	1158	3000
遵义市红花岗区生产力促进中心 Zunyi Honghua District Productivity Promotion Center	24	13855	3115	609	1030
云南省生产力促进中心 Productivity Promotion Center of Yunnan	29	22621	23903	16970	2000
昆明市生产力促进中心 Productivity Promotion Center of Kunming	38	47835	3723	5206	8050
西藏自治区生产力促进中心 Productivity Promotion Center of the Tibet Autonomous Region	16	8680	100080		1200
陕西省生产力促进中心 Productivity Promotion Center of Shaanxi	81	47448	5930	17371	4700

6-2 续表 9 continued 9

国家级示范生产力促进中心 State Level Model Productivity Promotion Center	人员总数（人） Number of Employees (person)	总资产（千元） Total Assets (1000 yuan)	政府投入（千元） Govement Investment (1000 yuan)	年总服务收入（千元） Service Income of the Year (1000 yuan)	办公面积（平方米） Office Area (sq.m)
陕西省建筑材料行业生产力促进中心有限公司 Shaanxi Building Material Industry Productivity Promotion Center Co. Ltd.	34	5950	2150	2701	400
西安生产力促进中心 Productivity Promotion Center of Xi'an	56	24239	10630	9378	16000
西安高新生产力促进中心 Hi-tech Productivity Promotion Center of Xi'an	45	11294	75	4688	797
西安经济技术开发区生产力促进中心 Productivity Promotion Center of Xi'an Economic Technological Zone	33	13890	3783		1200
铜川生产力促进中心 Productivity Promotion Center of Tongchuan	59	22200	1900	2230	2410
宝鸡市生产力促进中心 Productivity Promotion Center of Baoji	47	45826	620	12370	2788
宝鸡市高新区生产力促进中心 Productivity Promotion Center of Baoji Science and Technology Industrial Park	29	12462	300	9605	1140
陕西省秦川牛生产力促进中心有限责任公司 Qinchuan Cow Productivity Promotion Center of Shaanxi		7170			200
咸阳市生产力促进中心 Productivity Promotion Center of Xianyang	36	8263	2320	3606	680
杨凌示范区生产力促进中心 Productivity Promotion Center of Yangling Science and Technology Industrial Park	14	16823	3000	7075	2000
陕西机械行业生产力促进中心 Machinery Industry Productivity Promotion Center of Shaanxi	23	4165	50	3743	3240
渭南生产力促进中心 Productivity Promotion Center of Weinan	23	9989	3350	691	1000
榆林市生产力促进中心 Productivity Promotion Center of Yulin	17	6500	540	4586	1600
安康市生产力促进中心 Productivity Promotion Center of Ankang	36	9784	245	15931	1500
甘肃省生产力促进中心 Productivity Promotion Center of Gansu	52	20860	5150	4891	1625
兰州生产力促进中心 Productivity Promotion Center of Lanzhou	46	7777	1834	1612	870
天水生产力促进中心 Productivity Promotion Center of Tianshui	52	80065	2406	1098	24000
秦安县生产力促进中心 Qin'an County Productivity Promotion Center	33	9309	2936	691	1100
庆阳市生产力促进中心 Qingyang Productivity Promotion Center	40	10510	3985	679	1200
青海省生产力促进中心 Productivity Promotion Center of Qinghai	24	9215	2822	2855	1340
西宁生产力促进中心 Productivity Promotion Center of Xining	31	4418	2530	2743	1676
宁夏生产力促进中心 Productivity Promotion Center of Ningxia	44	20890	6092	6761	8250
银川市生产力促进中心 Yinchuan Productivity Promotion Center	32	10031	1085	507	1200

6-2 续表 10 continued 10

国家级示范生产力促进中心 State Level Model Productivity Promotion Center	人员总数(人) Number of Employees (person)	总资产(千元) Total Assets (1000 yuan)	政府投入(千元) Govement Investment (1000 yuan)	年总服务收入(千元) Service Income of the Year (1000 yuan)	办公面积(平方米) Office Area (sq.m)
新疆生产力促进中心 Productivity Promotion Center of Xinjiang	51	62225	8390	10825	2733
新疆中亚科技信息生产力促进中心 Central Asia Science and Technology Information Productivity Promotion Center of Xinjiang	64	24761	17989	5965	4320
新疆企业资源计划管理(ERP)生产力促进中心 Xinjiang ERP Productivity Promotion Center	78	64209	6000	19375	15000
新疆昌吉生产力促进中心 Changji Productivity Promotion Center of Xinjiang	29	6341	700	3927	400
新疆现代畜牧业生产力促进中心 Modern Animal Husbandry Productivity Promotion Center of Xinjiang	55	2287	680	1605	680
玛纳斯县生产力促进中心 Productivity Promotion Center of Manas	35	12420	2322	1068	1650
新疆博尔塔拉生产力促进中心 Bortala Productivity Promotion Center of Xinjiang	17	989	300	915	520
新疆克拉玛依生产力促进中心 Xinjiang Production and Construction Corps Innovation Productivity Promotion Center	34	7893	330	18227	2600
新疆科农果蔬保鲜生产力促进中心有限公司 Xinjiang Scientific Agriculture Fruit and Vegetable Preservation Productivity Promotion Center Co. Ltd	15	14087	50	5013	6440
新疆生产建设兵团创新生产力促进中心 Xinjiang Production and Construction Corps Productivity Promotion Center	21	15031	5240	2432	1960
天津市天大银泰快速制造生产力促进中心有限公司 Tianjin Tianda Yintai Manufacturing Productivity Promotion Centre Limited	31	11721	1000	9326	1100
天津市食品工业生产力促进中心 Tianjin Food Industry Productivity Promotion Center	86	42108	2810	21890	6300
国家化工行业生产力促进中心 China Chemical Industry Productivity Promotion Center	31	15959	2700	9815	200
中建材行业生产力促进中心 China Building Material Industry Productivity Promotion Center	26	1458		8959	600
工业与日用电器行业生产力促进中心 National Appliance Productivity Promotion Center	170	8230	900	37206	9600
铸造行业生产力促进中心 Foundry Productivity Promotion Center of China	26	2000		9496	1100
哈尔滨电工仪器仪表生产力促进中心 Electrical Engineering Instrument Productivity Promotion Center of Heilongjiang	106	15501	700	12170	2000
中机生产力促进中心 Zhongji Productivity Promotion Center	242	144191	39691	148552	4000
国青生产力促进中心 Guoqing Productivity Promotion Center	16	5679		1385	1200
中商流通生产力促进中心有限公司 Distribution Productivity Promotion Center of China Commerce	217	82053	2351	81174	1800
皮革和制鞋行业生产力促进中心 Leather and Footwear Industry Productivity Promotion Center	82	800		15653	400
食品行业生产力促进中心 Food Industry Productivity Promotion Center	9	2250	400	1930	1100
表面活性剂和洗涤剂行业生产力促进中心 Surface Active Agent and Detergent Industry Productivity Promotion Center	31	6539	700	3442	850

6-3 国家级示范生产力促进中心服务情况

Service Statistics of State Level Model Productivity Promotion Centers

国家级示范生产力促进中心 State Level Model Productivity Promotion Center	咨询服务项次（项次） Item Times of Consultation Service (item time)	提供信息条数（条） Number of Information Provided (piece)	技术服务项次（项次） Item Times of Technological Service (item time)	培训服务人次（人次） Person Times of Training Service (person time)	中介服务项次（项次） Item Times of Intermediary Service (item time)	孵化企业服务（项次） Item Times of Incubation Service (item time)
合计 Total	**212156**	**10967463**	**107834**	**1141275**	**7843**	**18240**
北京生产力促进中心 Beijing Productivity Promotion Center	518	7600		2200	11	26
北京市石景山区生产力促进中心 Beijing Shijingshan District Productivity Promotion Center	25		12	600	8	
北京市丰台区技术创新与生产力促进中心 Fengtai District Technology Innovation and Productivity Promotion Center of Beijing	553	10010	72	1135	67	449
天津市制造业信息化生产力促进中心 Tianjin Manufacture Informatization Productivity Promotion Center	1659	2000	38	919	6	53
天津滨海生产力促进中心 Binhai District Productivity Promotion Center of Tianjin	6980	950	30	850	34	661
天津市滨海新区大港石化产业生产力促进中心 Tianjin Binhai District Dagang Petro-chemical Industry Productivity Promotion Center	220	1500	71	1312	50	865
天津市东丽区生产力促进中心 Tianjin Dongli District Productivity Promotion Center	269	805	15	1170	32	29
石家庄生产力促进中心 Shijiazhuang Productivity Promotion Center	652	3280	842	3600	84	81
辛集市皮革生产力促进中心 Xinji Leather Productivity Promotion Center	5	140	3	172	1	4
高邑县建陶生产力促进中心 Gaoyi Ceramic Productivity Promotion Center	6	980	4	550	3	1
承德市生产力促进中心 Chengde Productivity Promotion Center	45	16380	8	607	4	4
平泉县生产力促进中心 Pingquan Productivity Promotion Center	90	900	58	900	13	118
河北省迁西县生产力促进中心 Qianxi Productivity Promotion Center of Hebei	6	2300	1	356	2	5
唐山市丰润区生产力促进中心 Fengrun Productivity Promotion Center of Tangshan	15	1350	20	155	25	15
唐山市生产力促进中心有限公司 Tangshan Productivity Promotion Center	62	19768	24	174	3	
廊坊市生产力促进中心 Langfang Productivity Promotion Center	556	872155	172	42977	308	158
霸州市生产力促进中心 Bazhou Productivity Promotion Center	350	221859	796	16978	174	169
香河县生产力促进中心 Xianghe Productivity Promotion Center	16	32000	10	37	7	8
衡水市生产力促进中心 Hengshui Productivity Promotion Center	211	3486	109	886	30	12
河北省玻璃钢/复合材料生产力促进中心 Fiber Glass Reinforced Plastics Productivity Promotion Center	592	18000	198	3050	29	18
衡水市橡胶产业生产力促进中心 Hengshui Rubber Industry Productivity Promotion Center of Hebei	7	8	9	240	3	2
河北省秦皇岛市生产力促进中心 Qinghuangdao Productivity Promotion Center of Hebei	191	20410		5739	1	64
临漳县生产力促进中心 Linzhang Productivity Promotion Center	13047	5076	238	21940	131	24

6-3 续表 1 continued 1

国家级示范生产力促进中心 State Level Model Productivity Promotion Center	咨询服务项次（项次） Item Times of Consultation Service (item time)	提供信息条数（条） Number of Information Provided (piece)	技术服务项次（项次） Item Times of Technological Service (item time)	培训服务人次（人次） Person Times of Training Service (person time)	中介服务项次（项次） Item Times of Intermediary Service (item time)	孵化企业服务（项次） Item Times of Incubation Service (item time)
黄骅市模具生产力促进中心 Huanghua Mold Productivity Promotion Center	314	2020	564	534	6	8
河北省孟村县弯头管件生产力促进中心 Mengcun Elbow Pipe Fitting Productivity Promotion Center of Hebei	656	2708	264	4047	13	76
南皮县生产力促进中心 Nanpi Productivity Promotion Center	723	3900	48	5300	48	47
清河县羊绒产业生产力促进中心 Qinghe Productivity Promotion Center	116	1701	159	4499	6	7
隆尧县生产力促进中心 Longrao County Productivity Promotion Center	21	70	48	1111	9	41
山西省生产力促进中心 Productivity Promotion Center of Shanxi	606	2180	57	9630	28	17
太原生产力促进中心 Productivity Promotion Center of Taiyuan	260	9092	289	10030	104	92
山西忻州市生产力促进中心 Xinzhou Productivity Promotion Center of Shanxi	743	1970	653	31018	182	24
山西省阳泉市生产力促进中心 Yangquan Productivity Promotion Center of Shanxi	577	15928	553	620	14	25
吕梁市生产力促进中心 Lvliang Productivity Promotion Center	39	80	43	10100	68	43
山西省长治市生产力促进中心 Changzhi Productivity Promotion Center of Shanxi	194	13745	25	1070	4	14
山西省运城市生产力促进中心 Shanxi Yuncheng Productivity Promotion Center	724	21487	519	28344	47	9
内蒙古自治区生产力促进中心 Productivity Promotion Center of Inner Mongolia	77	48975	34	1159	9	28
赤峰市生产力促进中心 Productivity Promotion Center of Chifeng	16	20000	22	1907	6	22
内蒙古鄂尔多斯市生产力促进中心 Erdos Productivity Promotion Center of Inner Mongolia	798	69459	601	964	5	20
包头稀土高新技术产业开发区生产力促进中心 Productivity Promotion Center of Baotou Rare Earth Hi-Tech Industrial Development Zone	83	19600	24	745	12	51
呼和浩特市生产力促进中心 Hohhot Productivity Promotion Center	13	50	73	360	12	25
辽宁生产力促进中心 Productivity Promotion Center of Liaoning	641	247	165	3150	23	391
沈阳市生产力促进中心 Productivity Promotion Center of Shenyang	217	7103	187	1531	14	115
沈阳高新技术生产力促进中心有限公司 Shenyang High and New Technology Productivity Promotion Center Co. Ltd	613	4027	139	2034		211
大连市生产力促进中心 Productivity Promotion Center of Dalian	1108	35500	292	1575		
瓦房店轴承生产力促进中心 Wafangdian Bearing Productivity Promotion Center	31	797	31	151	6	8
鞍山市生产力促进中心 Productivity Promotion Center of Anshan	809	3000	235	340	6	2
抚顺市生产力促进中心 Productivity Promotion Center of Fushun	97	1100	19	360		4

6-3 续表 2 continued 2

国家级示范生产力促进中心 State Level Model Productivity Promotion Center	咨询服务项次(项次) Item Times of Consultation Service (item time)	提供信息条数(条) Number of Information Provided (piece)	技术服务项次(项次) Item Times of Technological Service (item time)	培训服务人次(人次) Person Times of Training Service (person time)	中介服务项次(项次) Item Times of Intermediary Service (item time)	孵化企业服务(项次) Item Times of Incubation Service (item time)
本溪市生产力促进中心 Benxi Productivity Promotion Center	563	408500	229	2790	37	12
丹东市生产力促进中心 Productivity Promotion Center of Dandong	145	162100	148	370	158	19
凤城市生产力促进中心 Productivity Promotion Center of Fengcheng	121	3800	116	4464	17	18
宽甸满族自治县生产力促进中心 Kuandian Man Ethnic Group Autonomous County Productivity Promotion Center	989	20000	15	14300	3	2
丹东高新区生产力促进中心 Dandong Science and Technology Industrial Park Productivity Promotion Center	471	5017	125	2386	22	38
锦州市生产力促进中心 Productivity Promotion Center of Jinzhou	11	5500	12	1590	4	4
营口市生产力促进中心 Productivity Promotion Center of Yingkou	106	1430	58	790	22	206
大石桥市生产力促进中心 Dashiqiao Productivity Promotion Center	47	180	21	152	8	8
辽阳市生产力促进中心有限公司 Liaoyang Productivity Promotion Center Co. Ltd	44	1200	183	1158		10
辽阳高新区生产力促进中心 Productivity Promotion Center of Liaoyang Science and Technology Industrial Park	58	1015	60	458	25	13
铁岭市生产力促进中心 Productivity Promotion Center of Tieling	79	80000	83	2618	17	10
辽宁省葫芦岛市生产力促进中心 Productivity Promotion Center of Huludao	685	14000	156	5310		
吉林省生产力促进中心 Productivity Promotion Center of Jilin Province	530		380	515	1150	200
长春高新技术产业开发区生产力促进中心 Productivity Promotion Center of Changchun Science and Technology Industrial Park	1068	5890	203	4100	87	746
吉林市生产力促进中心 Productivity Promotion Center of Jilin Province	23	6857	4	1030	7	5
四平市生产力促进中心 Productivity Promotion Center of Siping	1220	2600	145	44010	180	216
黑龙江省生产力促进中心 Productivity Promotion Center of Heilongjiang	4296	5917	4	2236	5	
牡丹江市生产力促进中心 Productivity Promotion Center of Mudanjiang	578	408	6	647	9	17
佳木斯市生产力促进中心 Productivity Promotion Center of Jiamusi	922	1950	81	2240	66	4
大庆市生产力促进中心 Productivity Promotion Center of Daqing	414	400	157	370	52	
鸡西市生产力促进中心 Productivity Promotion Center of Jixi	17	43144	39	4545	1	
哈尔滨市生产力促进中心 Productivity Promotion Center of Harbin		2800		200		
东宁县科学技术局 Productivity Promotion Center of Dongning	18	680	5	840	4	5

6-3 续表 3 continued 3

国家级示范生产力促进中心 State Level Model Productivity Promotion Center	咨询服务项次（项次） Item Times of Consultation Service (item time)	提供信息条数（条） Number of Information Provided (piece)	技术服务项次（项次） Item Times of Technological Service (item time)	培训服务人次（人次） Person Times of Training Service (person time)	中介服务项次（项次） Item Times of Intermediary Service (item time)	孵化企业服务（项次） Item Times of Incubation Service (item time)
富锦市生产力促进中心 Productivity Promotion Center of Fujin	7	1850	6	16635	6	4
绥芬河市生产力促进中心 Productivity Promotion Center of Suifenhe	16	2490	15	890	6	10
哈尔滨现代焊接技术生产力促进中心 Harbin Modern Welding Technology Productivity Promotion Center	28	2235	1462	68	8	2
黑龙江省大庆高新生产力促进中心 Daqing Hi-Tech Productivity Promotion Center of Heilongjiang	59	380	15	475	42	304
上海浦东生产力促进中心 Pudong Productivity Promotion Center of Shanghai	730	2017		1156	22	
江苏省生产力促进中心 Productivity Promotion Center of Jiangsu Province	157	750	620	3311	37	
江苏省苏机机械工业生产力促进中心有限公司 Jiangsu Suji Machinery Industry Productivity Promotion Center Co. Ltd	820	851	1862	1581	2	
无锡市生产力促进中心 Productivity Promotion Center of Wuxi	1108	4000	11	7232	26	55
徐州市生产力促进中心 Productivity Promotion Center of Xuzhou	200	85697	66	755	1	59
常州市生产力促进中心 Productivity Promotion Center of Changzhou	732	8580	246	3415	144	975
常州国家高新技术产业开发区生产力促进中心 Productivity Promotion Center of Changzhou Science and Technology Industrial Park	1260	580000	21	1819	16	16
苏州市生产力促进中心 Productivity Promotion Center of Suzhou	2266			2132	166	
常熟市生产力促进中心 Productivity Promotion Center of Changshu	617	56952	63	13218	23	20
张家港市生产力促进中心 Productivity Promotion Center of Zhangjiagang	5055	32743	897	6144	18	
太仓市生产力促进中心 Taicang Productivity Promotion Center	1106	1706	72	11300	8	20
南通市生产力促进中心 Productivity Promotion Center of Nantong	896	9700		5991	4	21
连云港市生产力促进局 Productivity Promotion Center of Lianyungang	3210	2000	484	647	1	13
盐城市生产力促进中心 Productivity Promotion Center of Yancheng	497	85600	10	1100	4	67
扬州市中小企业生产力促进中心 Small and Medium-sized Enterprises Productivity Promotion Center of Yangzhou	960	190	50			6
镇江市生产力促进中心 Productivity Promotion Center of Zhenjiang	1270	8356	13	3580	19	39
泰州市生产力促进中心 Productivity Promotion Center of Taizhou	130	21809	76	1339		164
姜堰市生产力促进中心 Productivity Promotion Center of Jiangyan	127	4160	23	1831	37	22
浙江火炬生产力促进中心 Torch Productivity Promotion Center of Zhejiang	1617	1869		1588	2	35

6-3 续表 4 continued 4

国家级示范生产力促进中心 State Level Model Productivity Promotion Center	咨询服务项次（项次） Item Times of Consultation Service (item time)	提供信息条数（条） Number of Information Provided (piece)	技术服务项次（项次） Item Times of Technological Service (item time)	培训服务人次（人次） Person Times of Training Service (person time)	中介服务项次（项次） Item Times of Intermediary Service (item time)	孵化企业服务（项次） Item Times of Incubation Service (item time)
杭州市生产力促进中心 Productivity Promotion Center of Hangzhou	59		305	96	9	299
宁波市生产力促进中心 Productivity Promotion Center of Ningbo	441	330	387	4810	62	58
浙江平湖环保生产力促进中心 Pinghu Environment Protection Productivity Promotion Center of Zhejiang	61		196	120		
嘉兴针织毛衫业生产力促进中心 Knitting Sweater Industry Protection Productivity Promotion Center of Jiaxing	165	17000	260	907	9	
湖州淡水渔业生产力促进中心 Freshwater Productivity Promotion Center of Huzhou	8	1986	9	2896		
湖州南浔经济开发区生产力促进中心 Huzhou Nanxun Economic Development Zone Productivity Promotion Center	30	1080	7	540	8	7
绍兴县纺织业生产力促进中心有限公司 Textile Industry Productivity Promotion Center of Shaoxing	103	6800	7915	1815	12	
嵊州市长毛兔产业生产力促进中心 Angora Rabbit Industry Productivity Promotion Center of Shengzhou	79	23875	81	3260	9	23
诸暨博师珍珠业生产力促进中心 Boshi Pearl Industry Productivity Promotion Center of Zhuji	1326	4928	28328	596	21	43
浙江永康五金生产力促进中心有限公司 Yongkang Hardware Productivity Promotion Center of Zhejiang	151	23600	84	127	7	31
温岭市先导泵及泵用电机生产力促进中心 The Pilot Pump and Pump Motor Productivity Promotion Center of Wenling	702	580	958	190		
安徽省生产力促进中心 Productivity Promotion Center of Anhui	189	28125		335		
铜陵市生产力促进中心 Productivity Promotion Center of Tongling	184	13262		1520	34	
马鞍山市生产力促进中心 Productivity Promotion Center of Ma'anshan	666	6189	110	1240	9	38
安徽省计算机软件生产力促进中心 Computer Software Productivity Promotion Center of Anhui	28	552	11	350	11	
芜湖市生产力促进中心 Productivity Promotion Center of Wuhu	1060			1205		108
六安市生产力促进中心 Liuan Productivity Promotion Center	678	2132	174	6700	5	10
安徽省中小企业生产力促进中心有限公司 Anhui SMEs Productivity Promotion Center Co. Ltd	53	5000		1116		
福建省生产力促进中心 Agriculture Productivity Promotion Center of Fujian	102	60050	125	3293		
福建省林业生产力促进中心 Forestry Productivity Promotion Center of Fujian	59		114			
福州市生产力促进中心 Productivity Promotion Center of Fuzhou	894	1235	175	810	2	28
厦门市生产力促进中心 Productivity Promotion Center of Xiamen	73	500080	37	1218	8	3
宁德市生产力促进中心 Productivity Promotion Center of Ningde	19	72	21	245	1	22
泉州市生产力促进中心 Productivity Promotion Center of Quanzhou	9		57	2995	1	51

6-3 续表 5 continued 5

国家级示范生产力促进中心 State Level Model Productivity Promotion Center	咨询服务项次（项次） Item Times of Consultation Service (item time)	提供信息条数（条） Number of Information Provided (piece)	技术服务项次（项次） Item Times of Technological Service (item time)	培训服务人次（人次） Person Times of Training Service (person time)	中介服务项次（项次） Item Times of Intermediary Service (item time)	孵化企业服务（项次） Item Times of Incubation Service (item time)
石狮市生产力促进中心 Productivity Promotion Center of Shishi	469	2	29	3300	1	26
南安市生产力促进中心 Productivity Promotion Center of Nan'an	9	3000	7	682		26
福建省三明市生产力促进中心 Sanming Productivity Promotion Center of Fujian	1325	13053	7	2385		8
南平市生产力促进中心 Productivity Promotion Center of Nanping	447	22000	211	430	18	19
建瓯市生产力促进中心 Jianou Productivity Promotion Center	82	1557	195	4512	19	24
江西省生产力促进中心 Productivity Promotion Center of Jiangxi	1938	11103	35	706	26	10
江西省机械行业生产力促进中心 Jiangxi Province Machinery Industry Productivity Promotion Center	1005	9180	327	1002	47	6
江西省国防科技行业生产力促进中心 Jiangxi Province National Defense Science and Technology Industry Productivity Promotion Center	9058	12800	522	320	3	6
南昌大学生产力促进中心有限公司 Nanchang University Productivity Promotion Center Co.Ltd	1158	40326	413	4647	84	289
宜春市生产力促进中心 Productivity Promotion Center of Yichun	2207	4000	103	3100	46	24
江西中药生产力促进中心 Chinese Medicine Productivity Promotion Center of Jiangxi	8697	32	2593	925		32
山东亚太生产力促进中心 Yatai Productivity Promotion Center of Shandong	303	4371	17	7745	13	14
山东济南生产力促进中心 Jinan Productivity Promotion Center of Shandong	4225	116542	615	11153	368	216
济南市历下区生产力促进中心 Lixia Productivity Promotion Center of Jinan	1721	1546	74	1246	106	176
青岛生产力促进中心 Productivity Promotion Center of Qingdao	3844	6555	3437	4202	93	2
山东淄博生产力促进中心 Zibo Productivity Promotion Center of Shandong	1400	14100	85	1046	332	14
山东省东营生产力促进中心 Productivity Promotion Center of Dongying	189	85326	84	3566	51	30
山东省烟台生产力促进中心 Yantai Productivity Promotion Center of Shandong	942	257896	62	2070	24	43
济宁市生产力促进中心 Productivity Promotion Center of Jining	304	5450	8	7600	12	42
山东曲阜生产力促进中心 Qufu Productivity Promotion Center of Shandong	70	33000	484	201360	5	6
山东泰山生产力促进中心 Taishan Productivity Promotion Center of Shandong	37	6305	37	3248	9	15
山东生产力促进中心 Productivity Promotion Center of Shandong	1674	68500	27	1585		
临沂市生产力促进中心 Linyi Productivity Promotion Center	12	460	6	680	1	28

6-3 续表 6 continued 6

国家级示范生产力促进中心 State Level Model Productivity Promotion Center	咨询服务项次（项次） Item Times of Consultation Service (item time)	提供信息条数（条） Number of Information Provided (piece)	技术服务项次（项次） Item Times of Technological Service (item time)	培训服务人次（人次） Person Times of Training Service (person time)	中介服务项次（项次） Item Times of Intermediary Service (item time)	孵化企业服务（项次） Item Times of Incubation Service (item time)
山东省华鲁皮革行业生产力促进中心 Hualu Leather Industry Productivity Promotion Center of Shandong	41	24900	116	740	1	1
东营市万里越橡胶轮胎行业生产力促进中心 Dongying Wanliyue Rubber Tyre Industry Productivity Promotion Center	18	500	15	590		
河南省生产力促进中心 Productivity Promotion Center of Henan	412	198890	429	23724	79	35
郑州市生产力促进中心 Zhengzhou Productivity Promotion Center	305	26500	127	11200	20	798
洛阳市生产力促进中心 Productivity Promotion Center of Luoyang	1017	7120	453	1079	31	66
焦作市生产力促进中心 Productivity Promotion Center of Jiaozuo	34	1537	5	912	3	1
濮阳市生产力促进中心 Productivity Promotion Center of Puyang	232	1314651	610	3150	16	13
三门峡市生产力促进中心 Productivity Promotion Center of Sanmenxia	160	5368	9	300	10	12
许昌市生产力促进中心 Productivity Promotion Center of Xuchang	95	15300	14	210		15
南阳市生产力促进中心 Productivity Promotion Center of Nanyang	99	565823	54	3530	13	
许昌市发制品行业生产力促进中心 Xuchang Hairwork Industry Productivity Promotion Center	13	275	15	1200	1	2
安阳高新区生产力促进中心 Productivity Promotion Center of Anyang Science and Technology Industrial Park						
武汉材保电镀技术生产力促进中心 Electroplating Technology Productivity Promotion Center of Wuhan	589	2928	627	652	1	2
黄石市生产力促进中心 Productivity Promotion Center of Huangshi	76	836	1270	4585	39	13
武汉东湖新技术开发区生产力促进中心 Donghu New Technology Development Zone Productivity Promotion Center of Wuhan	896	10342	34	1062	6	15
武汉市电子商务生产力促进中心 Electric Commerce Productivity Promotion Center of Wuhan	87	3050	22	1265		
湖北鄂化化学工业生产力促进中心 Ehua Chemical Industry Productivity Promotion Center of Hubei	308	475	510	450	24	61
武汉武钢工程技术生产力促进中心有限责任公司 WISCO Engineering Technology Productivity Promotion Center of Wuhan	13	400	175	300		
襄阳高新技术产业开发区生产力促进中心 Productivity Promotion Center of Xiangfan High-tech Industrial Park	804	1960	96	8910	139	140
仙桃市无纺布制品生产力促进中心 Non-woven Products Productivity Promotion Center of Xiantao	617	2176	9244	1370	14	
十堰高新区汽车产业生产力促进中心 Shiyan Science and Technology Industrial Park Automobile Industry Productivity Promotion Center	60	19	27	79	21	23
襄阳生产力促进中心 Xiangyang Productivity Promotion Center	1130	16476	147	5883	202	174
湖南省生产力促进中心 Productivity Promotion Center of Hunan	247	62	91	582	29	34

6-3 续表 7 continued 7

国家级示范生产力促进中心 State Level Model Productivity Promotion Center	咨询服务项次(项次) Item Times of Consultation Service (item time)	提供信息条数(条) Number of Information Provided (piece)	技术服务项次(项次) Item Times of Technological Service (item time)	培训服务人次(人次) Person Times of Training Service (person time)	中介服务项次(项次) Item Times of Intermediary Service (item time)	孵化企业服务(项次) Item Times of Incubation Service (item time)
岳阳市生产力促进中心 Productivity Promotion Center of Yueyang	299	56	131	600	23	60
长沙生产力促进中心 Productivity Promotion Center of Changsha	389	1497	552	1560	21	145
湘潭市生产力促进中心有限公司 Productivity Promotion Center of Xiangtan	490	911	128	1092	75	88
株洲市生产力促进中心 Productivity Promotion Center of Zhuzhou	1319	11910	3220	1800	53	116
衡阳市生产力促进中心 Henyang Productivity Promotion Center	55	400	47	285	29	80
郴州市生产力促进中心 Chenzhou Productivity Promotion Center	482	14120	118	610	35	1010
广东省生产力促进中心 Productivity Promotion Center of Guangdong	4156	17393	223	5991	6	348
广州生产力促进中心 Productivity Promotion Center of Guangzhou	1962	130191	195	5801		
东莞市生产力促进中心 Productivity Promotion Center of Dongguan	12	2544	3	1684	30	4
中山市生产力促进中心 Productivity Promotion Center of Zhongshan	912	422	13	3356	70	
佛山市生产力促进中心 Productivity Promotion Center of Foshan	466		1363	962	3	
中山市小榄镇生产力促进中心 Xiaolan Productivity Promotion Center of Zhongshan	1323	5800	4461	8316	48	18
广西生产力促进中心 Productivity Promotion Center of Guangxi	15820	43151	12	3517	4	89
广西柳州市生产力促进中心 Liuzhou Productivity Promotion Center of Guangxi	4094	69237	1923	3728	97	47
桂林市生产力促进中心 Productivity Promotion Center of Guilin	267	26710	48	3280	23	8
兴安县生产力促进中心 Productivity Promotion Center of Xingan	45	1890	11	42631	6	14
广西梧州市生产力促进中心 Wuzhou Productivity Promotion Center of Guangxi	679	5600	154	6260	5	14
广西北海市生产力促进中心 Beihai Productivity Promotion Center of Guangxi	186	10356	115	2208	10	81
钦州市生产力促进中心 Productivity Promotion Center of Qinzhou	470	3536	175	752		19
广西现代物流生产力促进中心 Modern Logistics Productivity Promotion Center of Guangxi	163	6749	6	810	1	
重庆生产力促进中心 Productivity Promotion Center of Chongqing	5866	8703	290	12464	76	87
重庆市涪陵区生产力促进中心 Chongqing Fuling District Productivity Promotion Center	911	6678	155	1031	11	64
大足县生产力促进中心 Dazu County Productivity Promotion Center	14	126	7	2160	8	10
重庆市巨邦辰源生产力促进中心有限责任公司 Chongqing Jubang Chenyuan Productivity Promotion Center	34	1065	12	361		14

6-3 续表 8 continued 8

国家级示范生产力促进中心 State Level Model Productivity Promotion Center	咨询服务项次（项次） Item Times of Consultation Service (item time)	提供信息条数（条） Number of Information Provided (piece)	技术服务项次（项次） Item Times of Technological Service (item time)	培训服务人次（人次） Person Times of Training Service (person time)	中介服务项次（项次） Item Times of Intermediary Service (item time)	孵化企业服务（项次） Item Times of Incubation Service (item time)
重庆海特克制造业信息化生产力促进中心有限公司 Haiteke Manufacture Informatization Productivity Promotion Center of Chongqing	91		41	281		
重庆西信生产力促进中心 Xixin Productivity Promotion Center of Chongqing	2073	3200000		116		
重庆市超临界精细化工有限公司 Chongqing Supercritical Fine Chemical Industry Co. Ltd.	3		19	45	2	3
重庆市沙坪坝区创新生产力促进中心 Chongqing Shapingba District Innovation Productivity Promotion Center	386	490	110	5559	36	18
重庆激光快速原形及模具制造生产力促进中心有限公司 Laser Rapid Prototyping and Mould Manufacturing Productivity Promotion Center of Chongqing	3005		922	263		
四川省生产力促进中心 Productivity Promotion Center of Sichuan	3144	15500	45	10450	16	970
成都生产力促进中心 Productivity Promotion Center of Chengdu	4191	9830	20	2385	27	89
自贡市生产力促进中心 Productivity Promotion Center of Zigong	235	4586	20	3536	17	38
泸州市生产力促进中心 Productivity Promotion Center of Luzhou	3065	26754	510	2768	95	225
德阳市生产力促进中心 Productivity Promotion Center of Deyang	33	9950	30	211	5	129
绵阳市生产力促进中心 Productivity Promotion Center of Mianyang	5267	163	604	3822	64	881
南充生产力促进中心 Productivity Promotion Center of Nanchong	1381	2680	9	1040	10	56
贵阳生产力促进中心 Productivity Promotion Center of Guiyang	348	40900	41	2316	8	117
遵义市生产力促进中心 Productivity Promotion Center of Zunyi	160	5120	38	772	3	47
贵州航天生产力促进中心 Space Productivity Center of Guizhou	26	5244	8	1279	4	18
贵州科创新材料生产力促进中心有限公司 Kechuang New Material Productivity Promotion Center of Guizhou	126	4320	4	62		6
贵阳市小河区生产力促进中心 Guiyang Xiaohe District Productivity Promotion Center	1625	2588	335	675	61	15
湄潭县生产力促进中心 Meitan County Productivity Promotion Center	88	246	46	5200		118
遵义市红花岗区生产力促进中心 Zunyi Honghua District Productivity Promotion Center	139	766	13	410	2	86
云南省生产力促进中心 Productivity Promotion Center of Yunnan	100	1135	82	2548	56	167
昆明市生产力促进中心 Productivity Promotion Center of Kunming	223	5121	87	3285	22	28
西藏自治区生产力促进中心 Productivity Promotion Center of the Tibet Autonomous Region	163	48	21	68	5	
陕西省生产力促进中心 Productivity Promotion Center of Shaanxi	980	58614	450	10403	37	52

6-3 续表 9 continued 9

国家级示范生产力促进中心 State Level Model Productivity Promotion Center	咨询服务项次（项次） Item Times of Consultation Service (item time)	提供信息条数（条） Number of Information Provided (piece)	技术服务项次（项次） Item Times of Technological Service (item time)	培训服务人次（人次） Person Times of Training Service (person time)	中介服务项次（项次） Item Times of Intermediary Service (item time)	孵化企业服务（项次） Item Times of Incubation Service (item time)
陕西省建筑材料行业生产力促进中心有限公司 Shaanxi Building Material Industry Productivity Promotion Center Co. Ltd.	14	8760	23	350		
西安生产力促进中心 Productivity Promotion Center of Xi'an	372	5251	36	8218	7	
西安高新生产力促进中心 Hi-tech Productivity Promotion Center of Xi'an	1834	820	1670	5366		560
西安经济技术开发区生产力促进中心 Productivity Promotion Center of Xi'an Economic Technological Zone	785	4051	386	2530	25	1001
铜川生产力促进中心 Productivity Promotion Center of Tongchuan	287	5860	105	10620	31	27
宝鸡市生产力促进中心 Productivity Promotion Center of Baoji	76	4235	44	3510	9	26
宝鸡市高新区生产力促进中心 Productivity Promotion Center of Baoji Science and Technology Industrial Park	11	24	53	1734	1	
陕西省秦川牛生产力促进中心有限责任公司 Qinchuan Cow Productivity Promotion Center of Shaanxi						
咸阳市生产力促进中心 Productivity Promotion Center of Xianyang	63	1600	206	1502	7	
杨凌示范区生产力促进中心 Productivity Promotion Center of Yangling Science and Technology Industrial Park	747	2529	205	12374	38	133
陕西机械行业生产力促进中心 Machinery Industry Productivity Promotion Center of Shaanxi	85	2740	101	119	4	2
渭南生产力促进中心 Productivity Promotion Center of Weinan	4	53	10	12677	2	3
榆林市生产力促进中心 Productivity Promotion Center of Yulin	24	3700	53	3038	9	3
安康市生产力促进中心 Productivity Promotion Center of Ankang	17	1328	28	17410	2	13
甘肃省生产力促进中心 Productivity Promotion Center of Gansu	1157	9986	23	5800	10	18
兰州生产力促进中心 Productivity Promotion Center of Lanzhou	102	3856	8	1652	5	1
天水生产力促进中心 Productivity Promotion Center of Tianshui	758	2500	457	238		12
秦安县生产力促进中心 Qin'an County Productivity Promotion Center	85	1953	52	12170	8	11
庆阳市生产力促进中心 Qingyang Productivity Promotion Center	327	1352	19	637	9	12
青海省生产力促进中心 Productivity Promotion Center of Qinghai	493	286	55	1063	14	30
西宁生产力促进中心 Productivity Promotion Center of Xining	39	285	18	390	2	11
宁夏生产力促进中心 Productivity Promotion Center of Ningxia	35	3562	15	540	15	38
银川市生产力促进中心 Yinchuan Productivity Promotion Center	78	5238	34	1090	22	32

6-3 续表 10 continued 10

国家级示范生产力促进中心 State Level Model Productivity Promotion Center	咨询服务项次（项次） Item Times of Consultation Service (item time)	提供信息条数（条） Number of Information Provided (piece)	技术服务项次（项次） Item Times of Technological Service (item time)	培训服务人次（人次） Person Times of Training Service (person time)	中介服务项次（项次） Item Times of Intermediary Service (item time)	孵化企业服务（项次） Item Times of Incubation Service (item time)
新疆生产力促进中心 Productivity Promotion Center of Xinjiang	357	2299	78	9911	5	71
新疆中亚科技信息生产力促进中心 Central Asia Science and Technology Information Productivity Promotion Center of Xinjiang	852	65000	181	1500	1	
新疆企业资源计划管理(ERP)生产力促进中心 Xinjiang ERP Productivity Promotion Center	22		20	576	1	
新疆昌吉生产力促进中心 Changji Productivity Promotion Center of Xinjiang	46	39066	45	320	7	6
新疆现代畜牧业生产力促进中心 Modern Animal Husbandry Productivity Promotion Center of Xinjiang	568	11835	6	3246	3	2
玛纳斯县生产力促进中心 Productivity Promotion Center of Manas	124	2460	80	46030	19	15
新疆博尔塔拉生产力促进中心 Bortala Productivity Promotion Center of Xinjiang	187	1668	3	206	4	11
新疆克拉玛依生产力促进中心 Xinjiang Production and Construction Corps Innovation Productivity Promotion Center	30		67			
新疆科农果蔬保鲜生产力促进中心有限公司 Xinjiang Scientific Agriculture Fruit and Vegetable Preservation Productivity Promotion Center Co. Ltd	2	1240	2	467		
新疆生产建设兵团创新生产力促进中心 Xinjiang Production and Construction Corps Productivity Promotion Center	323	460	75	3897	14	63
天津市天大银泰快速制造生产力促进中心有限公司 Tianjin Tianda Yintai Manufacturing Productivity Promotion Centre Limited	1216	100	128	252	13	
天津市食品工业生产力促进中心 Tianjin Food Industry Productivity Promotion Center	221	2792	296	848	35	72
国家化工行业生产力促进中心 China Chemical Industry Productivity Promotion Center	389	11060	86	290	8	27
中建材行业生产力促进中心 China Building Material Industry Productivity Promotion Center	22	7000	27	120	12	7
工业与日用电器行业生产力促进中心 National Appliance Productivity Promotion Center	83	7600	3657	1446	27	26
铸造行业生产力促进中心 Foundry Productivity Promotion Center of China	7				4	4
哈尔滨电工仪器仪表生产力促进中心 Electrical Engineering Instrument Productivity Promotion Center of Heilongjiang	75	8003	88	710	2	
中机生产力促进中心 Zhongji Productivity Promotion Center	6326	6000	2780	3852	1	
国青生产力促进中心 Guoqing Productivity Promotion Center				9250		11
中商流通生产力促进中心有限公司 Distribution Productivity Promotion Center of China Commerce	24	110000	20			
皮革和制鞋行业生产力促进中心 Leather and Footwear Industry Productivity Promotion Center	246	30800	914	310	126	17
食品行业生产力促进中心 Food Industry Productivity Promotion Center	39	220	11	60		
表面活性剂和洗涤剂行业生产力促进中心 Surface Active Agent and Detergent Industry Productivity Promotion Center	6	204	14	84	8	3

6-4 国家级示范生产力促进中心人员情况

Personnel Distribution of State Level Model Productivity Promotion Centers

单位：人 (person)

国家级示范生产力促进中心 State Level Model Productivity Promotion Center	人员数 Number of Employees	博士 Doctor	硕士 Master	学士 Bachelor	大专及以上 College and Higher Level
合计 Total	**10870**	**293**	**1671**	**7224**	**10281**
北京生产力促进中心 Beijing Productivity Promotion Center	46	3	20	20	46
北京市石景山区生产力促进中心 Beijing Shijingshan District Productivity Promotion Center	20		1	17	20
北京市丰台区技术创新与生产力促进中心 Fengtai District Technology Innovation and Productivity Promotion Center of Beijing	23		6	17	23
天津市制造业信息化生产力促进中心 Tianjin Manufacture Informatization Productivity Promotion Center	30	1	2	19	30
天津滨海生产力促进中心 Binhai District Productivity Promotion Center of Tianjin	14		1	11	14
天津市滨海新区大港石化产业生产力促进中心 Tianjin Binhai District Dagang Petro-chemical Industry Productivity Promotion Center	18		2	14	18
天津市东丽区生产力促进中心 Tianjin Dongli District Productivity Promotion Center	12		7	4	12
石家庄生产力促进中心 Shijiazhuang Productivity Promotion Center	51		3	43	50
辛集市皮革生产力促进中心 Xinji Leather Productivity Promotion Center	11	1	1	7	9
高邑县建陶生产力促进中心 Gaoyi Ceramic Productivity Promotion Center	18			16	17
承德市生产力促进中心 Chengde Productivity Promotion Center	34			25	34
平泉县生产力促进中心 Pingquan Productivity Promotion Center	21		1	12	16
河北省迁西县生产力促进中心 Qianxi Productivity Promotion Center of Hebei	23		2	13	21
唐山市丰润区生产力促进中心 Fengrun Productivity Promotion Center of Tangshan	17		2	15	17
唐山市生产力促进中心有限公司 Tangshan Productivity Promotion Center	12			10	12
廊坊市生产力促进中心 Langfang Productivity Promotion Center	70		1	64	70
霸州市生产力促进中心 Bazhou Productivity Promotion Center	35	1	3	25	35
香河县生产力促进中心 Xianghe Productivity Promotion Center	26		1	22	23
衡水市生产力促进中心 Hengshui Productivity Promotion Center	21		1	16	21
河北省玻璃钢/复合材料生产力促进中心 Fiber Glass Reinforced Plastics Productivity Promotion Center	29		1	14	27
衡水市橡胶产业生产力促进中心 Hengshui Rubber Industry Productivity Promotion Center of Hebei	12		2	7	12
河北省秦皇岛市生产力促进中心 Qinghuangdao Productivity Promotion Center of Hebei	18			18	18
临漳县生产力促进中心 Linzhang Productivity Promotion Center	17			14	15

6-4 续表 1 continued 1

单位：人 (person)

国家级示范生产力促进中心 State Level Model Productivity Promotion Center	人员数 Number of Employees	博士 Doctor	硕士 Master	学士 Bachelor	大专及以上 College and Higher Level
黄骅市模具生产力促进中心 Huanghua Mold Productivity Promotion Center	27	1	10	11	26
河北省孟村县弯头管件生产力促进中心 Mengcun Elbow Pipe Fitting Productivity Promotion Center of Hebei	23		2	17	22
南皮县生产力促进中心 Nanpi Productivity Promotion Center	21		2	17	20
清河县羊绒产业生产力促进中心 Qinghe Productivity Promotion Center	21			16	21
隆尧县生产力促进中心 Longrao County Productivity Promotion Center	74	3	17	47	69
山西省生产力促进中心 Productivity Promotion Center of Shanxi	81		7	60	79
太原生产力促进中心 Productivity Promotion Center of Taiyuan	82	26	25	23	81
山西忻州市生产力促进中心 Xinzhou Productivity Promotion Center of Shanxi	86		3	66	86
山西省阳泉市生产力促进中心 Yangquan Productivity Promotion Center of Shanxi	57		3	47	57
吕梁市生产力促进中心 Lvliang Productivity Promotion Center	25	2	5	15	24
山西省长治市生产力促进中心 Changzhi Productivity Promotion Center of Shanxi	15	1		12	14
山西省运城市生产力促进中心 Shanxi Yuncheng Productivity Promotion Center	73		2	58	64
内蒙古自治区生产力促进中心 Productivity Promotion Center of Inner Mongolia	51		8	40	51
赤峰市生产力促进中心 Productivity Promotion Center of Chifeng	26			23	26
内蒙古鄂尔多斯市生产力促进中心 Erdos Productivity Promotion Center of Inner Mongolia	51	9	10	20	46
包头稀土高新技术产业开发区生产力促进中心 Productivity Promotion Center of Baotou Rare Earth Hi-Tech Industrial Development Zone	26		2	24	26
呼和浩特市生产力促进中心 Hohhot Productivity Promotion Center	23		8	10	22
辽宁生产力促进中心 Productivity Promotion Center of Liaoning	81	11	41	27	80
沈阳市生产力促进中心 Productivity Promotion Center of Shenyang	31	1		30	31
沈阳高新技术生产力促进中心有限公司 Shenyang High and New Technology Productivity Promotion Center Co. Ltd	30	4	7	18	29
大连市生产力促进中心 Productivity Promotion Center of Dalian	20		8	9	19
瓦房店轴承生产力促进中心 Wafangdian Bearing Productivity Promotion Center	28		5	23	28
鞍山市生产力促进中心 Productivity Promotion Center of Anshan	58	1	8	43	54
抚顺市生产力促进中心 Productivity Promotion Center of Fushun	20		1	16	20

6-4 续表 2 continued 2

单位：人 (person)

国家级示范生产力促进中心 State Level Model Productivity Promotion Center	人员数 Number of Employees	博士 Doctor	硕士 Master	学士 Bachelor	大专及以上 College and Higher Level
本溪市生产力促进中心 Benxi Productivity Promotion Center	56	2	10	41	55
丹东市生产力促进中心 Productivity Promotion Center of Dandong	30		2	28	30
凤城市生产力促进中心 Productivity Promotion Center of Fengcheng	30	1	1	27	30
宽甸满族自治县生产力促进中心 Kuandian Man Ethnic Group Autonomous County Productivity Promotion Center	15		2	11	15
丹东高新区生产力促进中心 Dandong Science and Technology Industrial Park Productivity Promotion Center	30		4	25	30
锦州市生产力促进中心 Productivity Promotion Center of Jinzhou	32	1	1	29	31
营口市生产力促进中心 Productivity Promotion Center of Yingkou	52	3	23	23	52
大石桥市生产力促进中心 Dashiqiao Productivity Promotion Center	31	9	6	13	31
辽阳市生产力促进中心有限公司 Liaoyang Productivity Promotion Center Co. Ltd	30	10	16	4	30
辽阳高新区生产力促进中心 Productivity Promotion Center of Liaoyang Science and Technology Industrial Park	31	1	6	19	29
铁岭市生产力促进中心 Productivity Promotion Center of Tieling	24		1	21	24
辽宁省葫芦岛市生产力促进中心 Productivity Promotion Center of Huludao	18		4	12	18
吉林省生产力促进中心 Productivity Promotion Center of Jilin Province	25		4	12	20
长春高新技术产业开发区生产力促进中心 Productivity Promotion Center of Changchun Science and Technology Industrial Park	53	4	15	30	53
吉林市生产力促进中心 Productivity Promotion Center of Jilin Province	25		4	15	23
四平市生产力促进中心 Productivity Promotion Center of Siping	21	1	4	15	21
黑龙江省生产力促进中心 Productivity Promotion Center of Heilongjiang	90	3	9	68	81
牡丹江市生产力促进中心 Productivity Promotion Center of Mudanjiang	30		1	23	26
佳木斯市生产力促进中心 Productivity Promotion Center of Jiamusi	56			47	56
大庆市生产力促进中心 Productivity Promotion Center of Daqing	13		4	9	13
鸡西市生产力促进中心 Productivity Promotion Center of Jixi	15			13	14
哈尔滨市生产力促进中心 Productivity Promotion Center of Harbin	41		4	30	38
东宁县科学技术局 Productivity Promotion Center of Dongning	25	3		22	25

6-4 续表 3 continued 3

单位：人 (person)

国家级示范生产力促进中心 State Level Model Productivity Promotion Center	人员数 Number of Employees	博士 Doctor	硕士 Master	学士 Bachelor	大专及以上 College and Higher Level
富锦市生产力促进中心 Productivity Promotion Center of Fujin	52	6		41	47
绥芬河市生产力促进中心 Productivity Promotion Center of Suifenhe	48	3	8	37	48
哈尔滨现代焊接技术生产力促进中心 Harbin Modern Welding Technology Productivity Promotion Center	26		2	21	23
黑龙江省大庆高新生产力促进中心 Daqing Hi-Tech Productivity Promotion Center of Heilongjiang	22	1	4	14	22
上海浦东生产力促进中心 Pudong Productivity Promotion Center of Shanghai	101	1	49	35	97
江苏省生产力促进中心 Productivity Promotion Center of Jiangsu Province	189	2	70	72	169
江苏省苏机机械工业生产力促进中心有限公司 Jiangsu Suji Machinery Industry Productivity Promotion Center Co. Ltd	37			30	37
无锡市生产力促进中心 Productivity Promotion Center of Wuxi	18		3	11	15
徐州市生产力促进中心 Productivity Promotion Center of Xuzhou	29		3	10	28
常州市生产力促进中心 Productivity Promotion Center of Changzhou	52	2	7	43	52
常州国家高新技术产业开发区生产力促进中心 Productivity Promotion Center of Changzhou Science and Technology Industrial Park	38		4	29	38
苏州市生产力促进中心 Productivity Promotion Center of Suzhou	31		3	25	31
常熟市生产力促进中心 Productivity Promotion Center of Changshu	31	2	6	21	30
张家港市生产力促进中心 Productivity Promotion Center of Zhangjiagang	17	1	3	13	17
太仓市生产力促进中心 Taicang Productivity Promotion Center	18	1	5	12	18
南通市生产力促进中心 Productivity Promotion Center of Nantong	20	1	1	10	18
连云港市生产力促进局 Productivity Promotion Center of Lianyungang	21			17	18
盐城市生产力促进中心 Productivity Promotion Center of Yancheng	16			9	15
扬州市中小企业生产力促进中心 Small and Medium-sized Enterprises Productivity Promotion Center of Yangzhou	17		3	14	17
镇江市生产力促进中心 Productivity Promotion Center of Zhenjiang	42		4	18	39
泰州市生产力促进中心 Productivity Promotion Center of Taizhou	41			36	40
姜堰市生产力促进中心 Productivity Promotion Center of Jiangyan	21		2	13	21
浙江火炬生产力促进中心 Torch Productivity Promotion Center of Zhejiang	28		8	19	27

6-4 续表 4 continued 4

单位：人 (person)

国家级示范生产力促进中心 State Level Model Productivity Promotion Center	人员数 Number of Employees	博士 Doctor	硕士 Master	学士 Bachelor	大专及以上 College and Higher Level
杭州市生产力促进中心 Productivity Promotion Center of Hangzhou	24		1	15	21
宁波市生产力促进中心 Productivity Promotion Center of Ningbo	107		19	81	102
浙江平湖环保生产力促进中心 Pinghu Environment Protection Productivity Promotion Center of Zhejiang	30	1	1	22	26
嘉兴针织毛衫业生产力促进中心 Knitting Sweater Industry Protection Productivity Promotion Center of Jiaxing	51	2	7	35	49
湖州淡水渔业生产力促进中心 Freshwater Productivity Promotion Center of Huzhou	36	1	8	22	34
湖州南浔经济开发区生产力促进中心 Huzhou Nanxun Economic Development Zone Productivity Promotion Center	42	7	5	25	42
绍兴县纺织业生产力促进中心有限公司 Textile Industry Productivity Promotion Center of Shaoxing	127	4	20	79	108
嵊州市长毛兔产业生产力促进中心 Angora Rabbit Industry Productivity Promotion Center of Shengzhou	39	4	4	17	35
诸暨博师珍珠业生产力促进中心 Boshi Pearl Industry Productivity Promotion Center of Zhuji	45	4	11	28	44
浙江永康五金生产力促进中心有限公司 Yongkang Hardware Productivity Promotion Center of Zhejiang	30	2	2	16	30
温岭市先导泵及泵用电机生产力促进中心 The Pilot Pump and Pump Motor Productivity Promotion Center of Wenling	20		4	16	20
安徽省生产力促进中心 Productivity Promotion Center of Anhui	22		5	14	22
铜陵市生产力促进中心 Productivity Promotion Center of Tongling	22			17	22
马鞍山市生产力促进中心 Productivity Promotion Center of Ma'anshan	20			17	20
安徽省计算机软件生产力促进中心 Computer Software Productivity Promotion Center of Anhui	23	1	2	17	23
芜湖市生产力促进中心 Productivity Promotion Center of Wuhu	80	2	12	49	80
六安市生产力促进中心 Liuan Productivity Promotion Center	22	3	2	14	21
安徽省中小企业生产力促进中心有限公司 Anhui SMEs Productivity Promotion Center Co. Ltd	51		2	47	51
福建省生产力促进中心 Agriculture Productivity Promotion Center of Fujian	131	2	21	69	121
福建省林业生产力促进中心 Forestry Productivity Promotion Center of Fujian	15	1	4	10	15
福州市生产力促进中心 Productivity Promotion Center of Fuzhou	53	4	9	26	46
厦门市生产力促进中心 Productivity Promotion Center of Xiamen	44	3	5	12	42
宁德市生产力促进中心 Productivity Promotion Center of Ningde	33		2	27	30
泉州市生产力促进中心 Productivity Promotion Center of Quanzhou	63		1	56	57

6-4 续表 5 continued 5

单位：人 (person)

国家级示范生产力促进中心 State Level Model Productivity Promotion Center	人员数 Number of Employees	博士 Doctor	硕士 Master	学士 Bachelor	大专及以上 College and Higher Level
石狮市生产力促进中心 Productivity Promotion Center of Shishi	8			7	8
南安市生产力促进中心 Productivity Promotion Center of Nan'an	20		1	17	19
福建省三明市生产力促进中心 Sanming Productivity Promotion Center of Fujian	30			17	29
南平市生产力促进中心 Productivity Promotion Center of Nanping	31		4	24	31
建瓯市生产力促进中心 Jianou Productivity Promotion Center	23			18	21
江西省生产力促进中心 Productivity Promotion Center of Jiangxi	66		6	42	58
江西省机械行业生产力促进中心 Jiangxi Province Machinery Industry Productivity Promotion Center	25		5	17	23
江西省国防科技行业生产力促进中心 Jiangxi Province National Defense Science and Technology Industry Productivity Promotion Center	75		15	52	70
南昌大学生产力促进中心有限公司 Nanchang University Productivity Promotion Center Co.Ltd	31	1	4	25	31
宜春市生产力促进中心 Productivity Promotion Center of Yichun	30		2	25	27
江西中药生产力促进中心 Chinese Medicine Productivity Promotion Center of Jiangxi	110	3	14	80	100
山东亚太生产力促进中心 Yatai Productivity Promotion Center of Shandong	19		2	13	18
山东济南生产力促进中心 Jinan Productivity Promotion Center of Shandong	65	5	12	36	58
济南市历下区生产力促进中心 Lixia Productivity Promotion Center of Jinan	39	2	10	23	39
青岛生产力促进中心 Productivity Promotion Center of Qingdao	118		49	41	109
山东淄博生产力促进中心 Zibo Productivity Promotion Center of Shandong	43	1	2	18	42
山东省东营生产力促进中心 Productivity Promotion Center of Dongying	42		4	33	40
山东省烟台生产力促进中心 Yantai Productivity Promotion Center of Shandong	35		8	23	32
济宁市生产力促进中心 Productivity Promotion Center of Jining	16		4		16
山东曲阜生产力促进中心 Qufu Productivity Promotion Center of Shandong	33		1	24	33
山东泰山生产力促进中心 Taishan Productivity Promotion Center of Shandong	24	1	1	20	23
山东生产力促进中心 Productivity Promotion Center of Shandong	31		8	19	29
临沂市生产力促进中心 Linyi Productivity Promotion Center	30	1	7	19	28

6-4 续表 6 continued 6

单位：人 (person)

国家级示范生产力促进中心 State Level Model Productivity Promotion Center	人员数 Number of Employees	博士 Doctor	硕士 Master	学士 Bachelor	大专及以上 College and Higher Level
山东省华鲁皮革行业生产力促进中心 Hualu Leather Industry Productivity Promotion Center of Shandong	22		2	18	22
东营市万里越橡胶轮胎行业生产力促进中心 Dongying Wanliyue Rubber Tyre Industry Productivity Promotion Center	28		4	22	27
河南省生产力促进中心 Productivity Promotion Center of Henan	55	1	7	40	54
郑州市生产力促进中心 Zhengzhou Productivity Promotion Center	36		2	30	34
洛阳市生产力促进中心 Productivity Promotion Center of Luoyang	33	4	6	21	33
焦作市生产力促进中心 Productivity Promotion Center of Jiaozuo	21	1	1	13	21
濮阳市生产力促进中心 Productivity Promotion Center of Puyang	23		1	18	23
三门峡市生产力促进中心 Productivity Promotion Center of Sanmenxia	22		1	17	22
许昌市生产力促进中心 Productivity Promotion Center of Xuchang	21		1	18	19
南阳市生产力促进中心 Productivity Promotion Center of Nanyang	20		3	12	19
许昌市发制品行业生产力促进中心 Xuchang Hairwork Industry Productivity Promotion Center	16			14	14
安阳高新区生产力促进中心 Productivity Promotion Center of Anyang Science and Technology Industrial Park	50	1	3	36	49
武汉材保电镀技术生产力促进中心 Electroplating Technology Productivity Promotion Center of Wuhan	28		4	21	26
黄石市生产力促进中心 Productivity Promotion Center of Huangshi	25	2	4	14	25
武汉东湖新技术开发区生产力促进中心 Donghu New Technology Development Zone Productivity Promotion Center of Wuhan	17	2	5	10	17
武汉市电子商务生产力促进中心 Electric Commerce Productivity Promotion Center of Wuhan	61	2	3	52	61
湖北鄂化化学工业生产力促进中心 Ehua Chemical Industry Productivity Promotion Center of Hubei	51	3	13	34	51
武汉武钢工程技术生产力促进中心有限责任公司 WISCO Engineering Technology Productivity Promotion Center of Wuhan	22	1	4	16	22
襄阳高新技术产业开发区生产力促进中心 Productivity Promotion Center of Xiangfan High-tech Industrial Park	33	1	3	26	33
仙桃市无纺布制品生产力促进中心 Non-woven Products Productivity Promotion Center of Xiantao	42		4	35	39
十堰高新区汽车产业生产力促进中心 Shiyan Science and Technology Industrial Park Automobile Industry Productivity Promotion Center	16	1	3	12	16
襄阳生产力促进中心 Xiangyang Productivity Promotion Center	35	2	6	21	35
湖南省生产力促进中心 Productivity Promotion Center of Hunan	25	1	9	15	25

6-4 续表 7 continued 7

单位：人 (person)

国家级示范生产力促进中心 State Level Model Productivity Promotion Center	人员数 Number of Employees	博士 Doctor	硕士 Master	学士 Bachelor	大专及以上 College and Higher Level
岳阳市生产力促进中心 Productivity Promotion Center of Yueyang	32		9	21	30
长沙生产力促进中心 Productivity Promotion Center of Changsha	73		13	52	71
湘潭市生产力促进中心有限公司 Productivity Promotion Center of Xiangtan	47		13	30	47
株洲市生产力促进中心 Productivity Promotion Center of Zhuzhou	34		6	27	34
衡阳市生产力促进中心 Henyang Productivity Promotion Center	41		7	33	40
郴州市生产力促进中心 Chenzhou Productivity Promotion Center	42	5	12	21	42
广东省生产力促进中心 Productivity Promotion Center of Guangdong	130	2	35	61	128
广州生产力促进中心 Productivity Promotion Center of Guangzhou	102	2	23	58	99
东莞市生产力促进中心 Productivity Promotion Center of Dongguan	27	3	13	8	26
中山市生产力促进中心 Productivity Promotion Center of Zhongshan	12			11	12
佛山市生产力促进中心 Productivity Promotion Center of Foshan	32	2	3	27	32
中山市小榄镇生产力促进中心 Xiaolan Productivity Promotion Center of Zhongshan	617	7	34	532	577
广西生产力促进中心 Productivity Promotion Center of Guangxi	189		37	85	138
广西柳州市生产力促进中心 Liuzhou Productivity Promotion Center of Guangxi	21		6	11	21
桂林市生产力促进中心 Productivity Promotion Center of Guilin	15		2	12	15
兴安县生产力促进中心 Productivity Promotion Center of Xingan	6			2	4
广西梧州市生产力促进中心 Wuzhou Productivity Promotion Center of Guangxi	31		2	26	31
广西北海市生产力促进中心 Beihai Productivity Promotion Center of Guangxi	37		2	28	34
钦州市生产力促进中心 Productivity Promotion Center of Qinzhou	63		18	36	58
广西现代物流生产力促进中心 Modern Logistics Productivity Promotion Center of Guangxi	21	2	6	13	21
重庆生产力促进中心 Productivity Promotion Center of Chongqing	81	5	27	39	81
重庆市涪陵区生产力促进中心 Chongqing Fuling District Productivity Promotion Center	30		3	23	29
大足县生产力促进中心 Dazu County Productivity Promotion Center	17			14	15
重庆市巨邦辰源生产力促进中心有限责任公司 Chongqing Jubang Chenyuan Productivity Promotion Center	14	1	4	9	14

6-4 续表 8 continued 8

单位：人 (person)

国家级示范生产力促进中心 State Level Model Productivity Promotion Center	人员数 Number of Employees	博士 Doctor	硕士 Master	学士 Bachelor	大专及以上 College and Higher Level
重庆海特克制造业信息化生产力促进中心有限公司 Haiteke Manufacture Informatization Productivity Promotion Center of Chongqing	31	1	4	21	26
重庆西信生产力促进中心 Xixin Productivity Promotion Center of Chongqing	30		2	27	29
重庆市超临界精细化工有限公司 Chongqing Supercritical Fine Chemical Industry Co. Ltd.	37		1	24	35
重庆市沙坪坝区创新生产力促进中心 Chongqing Shapingba District Innovation Productivity Promotion Center	10	1	4	5	10
重庆激光快速原形及模具制造生产力促进中心有限公司 Laser Rapid Prototyping and Mould Manufacturing Productivity Promotion Center of Chongqing	30	3	4	22	29
四川省生产力促进中心 Productivity Promotion Center of Sichuan	82	4	32	35	82
成都生产力促进中心 Productivity Promotion Center of Chengdu	56		9	40	56
自贡市生产力促进中心 Productivity Promotion Center of Zigong	31	1	5	19	29
泸州市生产力促进中心 Productivity Promotion Center of Luzhou	20	2	3	11	18
德阳市生产力促进中心 Productivity Promotion Center of Deyang	41		3	30	40
绵阳市生产力促进中心 Productivity Promotion Center of Mianyang	28	4	8	16	28
南充生产力促进中心 Productivity Promotion Center of Nanchong	20		2	15	20
贵阳生产力促进中心 Productivity Promotion Center of Guiyang	107	1	21	62	103
遵义市生产力促进中心 Productivity Promotion Center of Zunyi	29			24	29
贵州航天生产力促进中心 Space Productivity Center of Guizhou	13		3	8	11
贵州科创新材料生产力促进中心有限公司 Kechuang New Material Productivity Promotion Center of Guizhou	14		2	10	14
贵阳市小河区生产力促进中心 Guiyang Xiaohe District Productivity Promotion Center	21		5	14	19
湄潭县生产力促进中心 Meitan County Productivity Promotion Center	18			15	18
遵义市红花岗区生产力促进中心 Zunyi Honghua District Productivity Promotion Center	24		2	19	24
云南省生产力促进中心 Productivity Promotion Center of Yunnan	29		5	21	26
昆明市生产力促进中心 Productivity Promotion Center of Kunming	38		5	32	37
西藏自治区生产力促进中心 Productivity Promotion Center of the Tibet Autonomous Region	16			8	12
陕西省生产力促进中心 Productivity Promotion Center of Shaanxi	81		10	59	73

6-4 续表 9 continued 9

单位：人 (person)

国家级示范生产力促进中心 State Level Model Productivity Promotion Center	人员数 Number of Employees	博士 Doctor	硕士 Master	学士 Bachelor	大专及以上 College and Higher Level
陕西省建筑材料行业生产力促进中心有限公司 Shaanxi Building Material Industry Productivity Promotion Center Co. Ltd.	34		3	28	34
西安生产力促进中心 Productivity Promotion Center of Xi'an	56		3	42	51
西安高新生产力促进中心 Hi-tech Productivity Promotion Center of Xi'an	45		15	28	45
西安经济技术开发区生产力促进中心 Productivity Promotion Center of Xi'an Economic Technological Zone	33		10	21	33
铜川生产力促进中心 Productivity Promotion Center of Tongchuan	59	1	3	46	54
宝鸡市生产力促进中心 Productivity Promotion Center of Baoji	47	1	5	26	45
宝鸡市高新区生产力促进中心 Productivity Promotion Center of Baoji Science and Technology Industrial Park	29		3	23	29
陕西省秦川牛生产力促进中心有限责任公司 Qinchuan Cow Productivity Promotion Center of Shaanxi					
咸阳市生产力促进中心 Productivity Promotion Center of Xianyang	36	2	4	22	29
杨凌示范区生产力促进中心 Productivity Promotion Center of Yangling Science and Technology Industrial Park	14		4	10	14
陕西机械行业生产力促进中心 Machinery Industry Productivity Promotion Center of Shaanxi	23		5	16	23
渭南生产力促进中心 Productivity Promotion Center of Weinan	23		2	6	19
榆林市生产力促进中心 Productivity Promotion Center of Yulin	17			13	16
安康市生产力促进中心 Productivity Promotion Center of Ankang	36			32	36
甘肃省生产力促进中心 Productivity Promotion Center of Gansu	52		3	45	48
兰州生产力促进中心 Productivity Promotion Center of Lanzhou	46	6	7	30	46
天水生产力促进中心 Productivity Promotion Center of Tianshui	52		2	42	50
秦安县生产力促进中心 Qin'an County Productivity Promotion Center	33			28	32
庆阳市生产力促进中心 Qingyang Productivity Promotion Center	40			34	39
青海省生产力促进中心 Productivity Promotion Center of Qinghai	24		2	20	23
西宁生产力促进中心 Productivity Promotion Center of Xining	31			21	25
宁夏生产力促进中心 Productivity Promotion Center of Ningxia	44		15	25	44
银川市生产力促进中心 Yinchuan Productivity Promotion Center	32		16	15	32

6-4 续表 10 continued 10

单位：人 (person)

国家级示范生产力促进中心 State Level Model Productivity Promotion Center	人员数 Number of Employees	博士 Doctor	硕士 Master	学士 Bachelor	大专及以上 College and Higher Level
新疆生产力促进中心 Productivity Promotion Center of Xinjiang	51		10	34	51
新疆中亚科技信息生产力促进中心 Central Asia Science and Technology Information Productivity Promotion Center of Xinjiang	64			29	61
新疆企业资源计划管理(ERP)生产力促进中心 Xinjiang ERP Productivity Promotion Center	78		2	45	69
新疆昌吉生产力促进中心 Changji Productivity Promotion Center of Xinjiang	29		3	21	29
新疆现代畜牧业生产力促进中心 Modern Animal Husbandry Productivity Promotion Center of Xinjiang	55		1	21	22
玛纳斯县生产力促进中心 Productivity Promotion Center of Manas	35			32	35
新疆博尔塔拉生产力促进中心 Bortala Productivity Promotion Center of Xinjiang	17			4	6
新疆克拉玛依生产力促进中心 Xinjiang Production and Construction Corps Innovation Productivity Promotion Center	34		6	16	33
新疆科农果蔬保鲜生产力促进中心有限公司 Xinjiang Scientific Agriculture Fruit and Vegetable Preservation Productivity Promotion Center Co. Ltd	15			3	8
新疆生产建设兵团创新生产力促进中心 Xinjiang Production and Construction Corps Productivity Promotion Center	21		4	14	21
天津市天大银泰快速制造生产力促进中心有限公司 Tianjin Tianda Yintai Manufacturing Productivity Promotion Centre Limited	31	4	5	21	31
天津市食品工业生产力促进中心 Tianjin Food Industry Productivity Promotion Center	86		14	70	84
国家化工行业生产力促进中心 China Chemical Industry Productivity Promotion Center	31	1	8	20	30
中建材行业生产力促进中心 China Building Material Industry Productivity Promotion Center	26	2	3	16	21
工业与日用电器行业生产力促进中心 National Appliance Productivity Promotion Center	170	2	15	136	155
铸造行业生产力促进中心 Foundry Productivity Promotion Center of China	26	3	6	17	26
哈尔滨电工仪器仪表生产力促进中心 Electrical Engineering Instrument Productivity Promotion Center of Heilongjiang	106		15	82	100
中机生产力促进中心 Zhongji Productivity Promotion Center	242	7	55	104	231
国青生产力促进中心 Guoqing Productivity Promotion Center	16		5	9	14
中商流通生产力促进中心有限公司 Distribution Productivity Promotion Center of China Commerce	217	12	57	143	213
皮革和制鞋行业生产力促进中心 Leather and Footwear Industry Productivity Promotion Center	82	3	10	57	72
食品行业生产力促进中心 Food Industry Productivity Promotion Center	9	1	3	5	9
表面活性剂和洗涤剂行业生产力促进中心 Surface Active Agent and Detergent Industry Productivity Promotion Center	31	2	10	15	27

6-5 国家级示范生产力促进中心服务业绩情况

Service Achievements of State Level Model Productivity Promotion Centers

国家级示范生产力促进中心 State Level Model Productivity Promotion Center	服务企业数量（个） Number of Enterprises Served (unit)	为企业增加销售额（千元） Enterprises Sales Income Increased by PPCs Service (1000 yuan)	增加利税（千元） Profits and Taxes Added (1000 yuan)	为社会增加就业（人） Employ-ment Added (person)	中心总服务收入（千元） Total Service Income (1000 yuan)
合计 **Total**	**269373**	**130492390**	**19120500**	**903810**	**2104889**
北京生产力促进中心 Beijing Productivity Promotion Center	979				14406
北京市石景山区生产力促进中心 Beijing Shijingshan District Productivity Promotion Center	37				1396
北京市丰台区技术创新与生产力促进中心 Fengtai District Technology Innovation and Productivity Promotion Center of Beijing	817	83500	45600	486	4014
天津市制造业信息化生产力促进中心 Tianjin Manufacture Informatization Productivity Promotion Center	1267	1252330	406280	150	1947
天津滨海生产力促进中心 Binhai District Productivity Promotion Center of Tianjin	910	411186	34790	539	2323
天津市滨海新区大港石化产业生产力促进中心 Tianjin Binhai District Dagang Petro-chemical Industry Productivity Promotion Center	1350	370000	12000	270	536
天津市东丽区生产力促进中心 Tianjin Dongli District Productivity Promotion Center	1636	1039461	144639	1200	13
石家庄生产力促进中心 Shijiazhuang Productivity Promotion Center	1575	2396736	109779	7480	6610
辛集市皮革生产力促进中心 Xinji Leather Productivity Promotion Center	11	80000	14000	380	
高邑县建陶生产力促进中心 Gaoyi Ceramic Productivity Promotion Center	10	15000	2400	1800	645
承德市生产力促进中心 Chengde Productivity Promotion Center	69	115000	35000	237	647
平泉县生产力促进中心 Pingquan Productivity Promotion Center	124	73000	700	630	1139
河北省迁西县生产力促进中心 Qianxi Productivity Promotion Center of Hebei	100	355	35	400	14238
唐山市丰润区生产力促进中心 Fengrun Productivity Promotion Center of Tangshan	130	134000	8865	792	2633
唐山市生产力促进中心有限公司 Tangshan Productivity Promotion Center	82	12753	820	1922	143
廊坊市生产力促进中心 Langfang Productivity Promotion Center	589	3170617	75005	67013	29004
霸州市生产力促进中心 Bazhou Productivity Promotion Center	1812	1657430	35787	17630	12095
香河县生产力促进中心 Xianghe Productivity Promotion Center	296	41100	8258	618	1077
衡水市生产力促进中心 Hengshui Productivity Promotion Center	1145	19890	103	2665	1549
河北省玻璃钢/复合材料生产力促进中心 Fiber Glass Reinforced Plastics Productivity Promotion Center	315	4500	900	2300	44243
衡水市橡胶产业生产力促进中心 Hengshui Rubber Industry Productivity Promotion Center of Hebei	19	18000	950	1500	605
河北省秦皇岛市生产力促进中心 Qinghuangdao Productivity Promotion Center of Hebei	590	195600	7100	356	1282
临漳县生产力促进中心 Linzhang Productivity Promotion Center	128	187312	29451	3164	7368

6-5 续表 1 continued 1

国家级示范生产力促进中心 State Level Model Productivity Promotion Center	服务企业数量（个） Number of Enterprises Served (unit)	为企业增加销售额（千元） Enterprises Sales Income Increased by PPCs Service (1000 yuan)	增加利税（千元） Profits and Taxes Added (1000 yuan)	为社会增加就业（人） Employment Added (person)	中心总服务收入（千元） Total Service Income (1000 yuan)
黄骅市模具生产力促进中心 Huanghua Mold Productivity Promotion Center	793	44400	17300	355	4155
河北省孟村县弯头管件生产力促进中心 Mengcun Elbow Pipe Fitting Productivity Promotion Center of Hebei	1525	265426	25140	3160	5045
南皮县生产力促进中心 Nanpi Productivity Promotion Center	2600	1340000	216000	5300	361
清河县羊绒产业生产力促进中心 Qinghe Productivity Promotion Center	1141	290700	63860	1792	1472
隆尧县生产力促进中心 Longrao County Productivity Promotion Center	224				676
山西省生产力促进中心 Productivity Promotion Center of Shanxi	1603	80980	4150	840	21945
太原生产力促进中心 Productivity Promotion Center of Taiyuan	1641	52146	4926	6548	5236
山西忻州市生产力促进中心 Xinzhou Productivity Promotion Center of Shanxi	1606	137488	14292	1760	25786
山西省阳泉市生产力促进中心 Yangquan Productivity Promotion Center of Shanxi	1204	95382	11816	2636	4917
吕梁市生产力促进中心 Lvliang Productivity Promotion Center	780	198776	33791	17110	2850
山西省长治市生产力促进中心 Changzhi Productivity Promotion Center of Shanxi	568	230000	1040	5350	1913
山西省运城市生产力促进中心 Shanxi Yuncheng Productivity Promotion Center	878	8560	2300	1500	6070
内蒙古自治区生产力促进中心 Productivity Promotion Center of Inner Mongolia	1275	6000	800	400	7541
赤峰市生产力促进中心 Productivity Promotion Center of Chifeng	909				1102
内蒙古鄂尔多斯市生产力促进中心 Erdos Productivity Promotion Center of Inner Mongolia	1253	2100	230	890	2202
包头稀土高新技术产业开发区生产力促进中心 Productivity Promotion Center of Baotou Rare Earth Hi-Tech Industrial Development Zone	477	1709000	22000	2460	3438
呼和浩特市生产力促进中心 Hohhot Productivity Promotion Center	130	5873	386	2046	115
辽宁生产力促进中心 Productivity Promotion Center of Liaoning	1503	101500	16780	2300	200
沈阳市生产力促进中心 Productivity Promotion Center of Shenyang	552	4453020	881300	4152	6877
沈阳高新技术生产力促进中心有限公司 Shenyang High and New Technology Productivity Promotion Center Co. Ltd	1278	341780	1089932	1687	7841
大连市生产力促进中心 Productivity Promotion Center of Dalian	1793	476100	87580	21660	
瓦房店轴承生产力促进中心 Wafangdian Bearing Productivity Promotion Center	110	90807	13618	477	2403
鞍山市生产力促进中心 Productivity Promotion Center of Anshan	1215	431000	72400	2700	1840
抚顺市生产力促进中心 Productivity Promotion Center of Fushun	171	228690	21368	1300	1635

6-5 续表 2 continued 2

国家级示范生产力促进中心 State Level Model Productivity Promotion Center	服务企业数量（个） Number of Enterprises Served (unit)	为企业增加销售额（千元） Enterprises Sales Income Increased by PPCs Service (1000 yuan)	增加利税（千元） Profits and Taxes Added (1000 yuan)	为社会增加就业（人） Employment Added (person)	中心总服务收入（千元） Total Service Income (1000 yuan)
本溪市生产力促进中心 Benxi Productivity Promotion Center	654	605000	280000	13800	4506
丹东市生产力促进中心 Productivity Promotion Center of Dandong	1258	19900	1900	330	112
凤城市生产力促进中心 Productivity Promotion Center of Fengcheng	305	9600	560	810	9500
宽甸满族自治县生产力促进中心 Kuandian Man Ethnic Group Autonomous County Productivity Promotion Center	992	2000000	200000	5000	556
丹东高新区生产力促进中心 Dandong Science and Technology Industrial Park Productivity Promotion Center	1236	41536	10384	367	7540
锦州市生产力促进中心 Productivity Promotion Center of Jinzhou	1507	15000	1200	1500	363
营口市生产力促进中心 Productivity Promotion Center of Yingkou	568	270000	27000	4100	1071
大石桥市生产力促进中心 Dashiqiao Productivity Promotion Center	502	180000	71000	280	
辽阳市生产力促进中心有限公司 Liaoyang Productivity Promotion Center Co. Ltd	113	80000	12000	300	7727
辽阳高新区生产力促进中心 Productivity Promotion Center of Liaoyang Science and Technology Industrial Park	99	236953	259311	2980	402
铁岭市生产力促进中心 Productivity Promotion Center of Tieling	193	300000	60000	8800	2020
辽宁省葫芦岛市生产力促进中心 Productivity Promotion Center of Huludao	810	18000	1800	1100	4805
吉林省生产力促进中心 Productivity Promotion Center of Jilin Province	500	20020	7505	5000	
长春高新技术产业开发区生产力促进中心 Productivity Promotion Center of Changchun Science and Technology Industrial Park	1276	486000	76032	4000	12017
吉林市生产力促进中心 Productivity Promotion Center of Jilin Province	76	74500	34200	480	6295
四平市生产力促进中心 Productivity Promotion Center of Siping	510	64450	7200	2100	17486
黑龙江省生产力促进中心 Productivity Promotion Center of Heilongjiang	12900				4998
牡丹江市生产力促进中心 Productivity Promotion Center of Mudanjiang	513	54840	16052	325	3
佳木斯市生产力促进中心 Productivity Promotion Center of Jiamusi	1291	85962	13101	2300	1130
大庆市生产力促进中心 Productivity Promotion Center of Daqing	303	5600		3000	269
鸡西市生产力促进中心 Productivity Promotion Center of Jixi	81	83600	78200	38700	2802
哈尔滨市生产力促进中心 Productivity Promotion Center of Harbin					
东宁县科学技术局 Productivity Promotion Center of Dongning	25	3000	520	86	400

6-5 续表 3 continued 3

国家级示范生产力促进中心 State Level Model Productivity Promotion Center	服务企业数量（个） Number of Enterprises Served (unit)	为企业增加销售额（千元） Enterprises Sales Income Increased by PPCs Service (1000 yuan)	增加利税（千元） Profits and Taxes Added (1000 yuan)	为社会增加就业（人） Employment Added (person)	中心总服务收入（千元） Total Service Income (1000 yuan)
富锦市生产力促进中心 Productivity Promotion Center of Fujin	21	26000	4100	480	2030
绥芬河市生产力促进中心 Productivity Promotion Center of Suifenhe	32	73000	5700	1200	2887
哈尔滨现代焊接技术生产力促进中心 Harbin Modern Welding Technology Productivity Promotion Center	1277				5017
黑龙江省大庆高新生产力促进中心 Daqing Hi-Tech Productivity Promotion Center of Heilongjiang	469	200000	10000	460	230
上海浦东生产力促进中心 Pudong Productivity Promotion Center of Shanghai	853			124	14138
江苏省生产力促进中心 Productivity Promotion Center of Jiangsu Province	636				36035
江苏省苏机机械工业生产力促进中心有限公司 Jiangsu Suji Machinery Industry Productivity Promotion Center Co. Ltd	803	495332	83137	120	20606
无锡市生产力促进中心 Productivity Promotion Center of Wuxi	2091	38000	5200	2000	10947
徐州市生产力促进中心 Productivity Promotion Center of Xuzhou	476	199854	19979	672	5024
常州市生产力促进中心 Productivity Promotion Center of Changzhou	1912	833600	120039	412	19305
常州国家高新技术产业开发区生产力促进中心 Productivity Promotion Center of Changzhou Science and Technology Industrial Park	1333	1500000	150000	1376	13106
苏州市生产力促进中心 Productivity Promotion Center of Suzhou	2028	215000	32250	13500	5467
常熟市生产力促进中心 Productivity Promotion Center of Changshu	1218	332650	83685	1130	11903
张家港市生产力促进中心 Productivity Promotion Center of Zhangjiagang	864				462
太仓市生产力促进中心 Taicang Productivity Promotion Center	1132	5870	1640	160	5932
南通市生产力促进中心 Productivity Promotion Center of Nantong	2045	2500000	750000	4500	2008
连云港市生产力促进局 Productivity Promotion Center of Lianyungang	1455	1359300	233380	11440	8220
盐城市生产力促进中心 Productivity Promotion Center of Yancheng	548	246320	23880	1130	3029
扬州市中小企业生产力促进中心 Small and Medium-sized Enterprises Productivity Promotion Center of Yangzhou	941	412957	82590	2783	1448
镇江市生产力促进中心 Productivity Promotion Center of Zhenjiang	1362	57233	8012	4532	9816
泰州市生产力促进中心 Productivity Promotion Center of Taizhou	606	810000	120000	5987	9188
姜堰市生产力促进中心 Productivity Promotion Center of Jiangyan	1017	731500	160715	850	6199
浙江火炬生产力促进中心 Torch Productivity Promotion Center of Zhejiang	1906	300000	45000	1850	11871

6-5 续表 4 continued 4

国家级示范生产力促进中心 State Level Model Productivity Promotion Center	服务企业数量（个） Number of Enterprises Served (unit)	为企业增加销售额（千元） Enterprises Sales Income Increased by PPCs Service (1000 yuan)	增加利税（千元） Profits and Taxes Added (1000 yuan)	为社会增加就业（人） Employment Added (person)	中心总服务收入（千元） Total Service Income (1000 yuan)
杭州市生产力促进中心 Productivity Promotion Center of Hangzhou	509				7363
宁波市生产力促进中心 Productivity Promotion Center of Ningbo	399	177400	11380	609	14670
浙江平湖环保生产力促进中心 Pinghu Environment Protection Productivity Promotion Center of Zhejiang	86	3980	480	162	11436
嘉兴针织毛衫业生产力促进中心 Knitting Sweater Industry Protection Productivity Promotion Center of Jiaxing	1003	175000	11000	1780	20356
湖州淡水渔业生产力促进中心 Freshwater Productivity Promotion Center of Huzhou	52	35700	99960	9985	6202
湖州南浔经济开发区生产力促进中心 Huzhou Nanxun Economic Development Zone Productivity Promotion Center	167	155000	19030	2700	2840
绍兴县纺织业生产力促进中心有限公司 Textile Industry Productivity Promotion Center of Shaoxing	2815	1205000	112000	3550	16110
嵊州市长毛兔产业生产力促进中心 Angora Rabbit Industry Productivity Promotion Center of Shengzhou	46	323100	83615	56820	85730
诸暨博师珍珠业生产力促进中心 Boshi Pearl Industry Productivity Promotion Center of Zhuji	1519	145966	54459	497	15361
浙江永康五金生产力促进中心有限公司 Yongkang Hardware Productivity Promotion Center of Zhejiang	1021	600000	116000	5600	3984
温岭市先导泵及泵用电机生产力促进中心 The Pilot Pump and Pump Motor Productivity Promotion Center of Wenling	1197	1000000	100000	5100	2172
安徽省生产力促进中心 Productivity Promotion Center of Anhui	334	99325	18050	796	711
铜陵市生产力促进中心 Productivity Promotion Center of Tongling	527	113522	42252	1861	3463
马鞍山市生产力促进中心 Productivity Promotion Center of Ma'anshan	1227	460812	42682	1750	1315
安徽省计算机软件生产力促进中心 Computer Software Productivity Promotion Center of Anhui	132	800000	75000	700	6385
芜湖市生产力促进中心 Productivity Promotion Center of Wuhu	1025	185381	19001	850	6077
六安市生产力促进中心 Liuan Productivity Promotion Center	813	200000	30000	1400	482
安徽省中小企业生产力促进中心有限公司 Anhui SMEs Productivity Promotion Center Co. Ltd	1245	80000	12000	9000	3792
福建省生产力促进中心 Agriculture Productivity Promotion Center of Fujian	666	27000	2800	320	9944
福建省林业生产力促进中心 Forestry Productivity Promotion Center of Fujian	81	2300	25	60	1722
福州市生产力促进中心 Productivity Promotion Center of Fuzhou	981	22000	2270	1074	4489
厦门市生产力促进中心 Productivity Promotion Center of Xiamen	224	173000	24220	163	7509
宁德市生产力促进中心 Productivity Promotion Center of Ningde	111	113000	10200	2000	1013
泉州市生产力促进中心 Productivity Promotion Center of Quanzhou	101	37800	5400	1785	4104

6-5 续表 5 continued 5

国家级示范生产力促进中心 State Level Model Productivity Promotion Center	服务企业数量（个） Number of Enterprises Served (unit)	为企业增加销售额（千元） Enterprises Sales Income Increased by PPCs Service (1000 yuan)	增加利税（千元） Profits and Taxes Added (1000 yuan)	为社会增加就业（人） Employment Added (person)	中心总服务收入（千元） Total Service Income (1000 yuan)
石狮市生产力促进中心 Productivity Promotion Center of Shishi	230	360	110	370	1060
南安市生产力促进中心 Productivity Promotion Center of Nan'an	881				
福建省三明市生产力促进中心 Sanming Productivity Promotion Center of Fujian	1292	93000	6500	1450	2826
南平市生产力促进中心 Productivity Promotion Center of Nanping	596	950000	130000	1968	427
建瓯市生产力促进中心 Jianou Productivity Promotion Center	301	41570	6035	503	2950
江西省生产力促进中心 Productivity Promotion Center of Jiangxi	3028	1256000	108700	3835	8250
江西省机械行业生产力促进中心 Jiangxi Province Machinery Industry Productivity Promotion Center	1578	288150	32775	548	885
江西省国防科技行业生产力促进中心 Jiangxi Province National Defense Science and Technology Industry Productivity Promotion Center	1685	26130	2450	390	1157
南昌大学生产力促进中心有限公司 Nanchang University Productivity Promotion Center Co.Ltd	618	713054	87215	3016	7048
宜春市生产力促进中心 Productivity Promotion Center of Yichun	1895	450000	75000	4000	1416
江西中药生产力促进中心 Chinese Medicine Productivity Promotion Center of Jiangxi	1896	570000	2400	2900	24755
山东亚太生产力促进中心 Yatai Productivity Promotion Center of Shandong	1322	202587	57625	213	5659
山东济南生产力促进中心 Jinan Productivity Promotion Center of Shandong	3834	7135067	2141002	10830	16808
济南市历下区生产力促进中心 Lixia Productivity Promotion Center of Jinan	1820	574337	66611	3121	6716
青岛生产力促进中心 Productivity Promotion Center of Qingdao	11370				14359
山东淄博生产力促进中心 Zibo Productivity Promotion Center of Shandong	1524	144236	41828	515	5367
山东省东营生产力促进中心 Productivity Promotion Center of Dongying	269	896520	203240	1922	30760
山东省烟台生产力促进中心 Yantai Productivity Promotion Center of Shandong	1506	355200	73680	7562	7456
济宁市生产力促进中心 Productivity Promotion Center of Jining	486	21000	13100	560	1650
山东曲阜生产力促进中心 Qufu Productivity Promotion Center of Shandong	523	93000	19000	560	4511
山东泰山生产力促进中心 Taishan Productivity Promotion Center of Shandong	1370	36187	2107	462	7359
山东生产力促进中心 Productivity Promotion Center of Shandong	1642	112800	9024	1935	
临沂市生产力促进中心 Linyi Productivity Promotion Center	1467	3630	130	70	680

6-5 续表 6 continued 6

国家级示范生产力促进中心 State Level Model Productivity Promotion Center	服务企业数量(个) Number of Enterprises Served (unit)	为企业增加销售额(千元) Enterprises Sales Income Increased by PPCs Service (1000 yuan)	增加利税(千元) Profits and Taxes Added (1000 yuan)	为社会增加就业(人) Employment Added (person)	中心总服务收入(千元) Total Service Income (1000 yuan)
山东省华鲁皮革行业生产力促进中心 Hualu Leather Industry Productivity Promotion Center of Shandong	281	224000	18900	11000	1738
东营市万里越橡胶轮胎行业生产力促进中心 Dongying Wanliyue Rubber Tyre Industry Productivity Promotion Center	20				7346
河南省生产力促进中心 Productivity Promotion Center of Henan	1526	460000	20300	24100	40971
郑州市生产力促进中心 Zhengzhou Productivity Promotion Center	1490	430000	58000	4300	10385
洛阳市生产力促进中心 Productivity Promotion Center of Luoyang	2295	57000	9930	79	1081
焦作市生产力促进中心 Productivity Promotion Center of Jiaozuo	329	87300	9062	824	2500
濮阳市生产力促进中心 Productivity Promotion Center of Puyang	300	1150048	212578	705	5208
三门峡市生产力促进中心 Productivity Promotion Center of Sanmenxia	228	32630	3186	323	1903
许昌市生产力促进中心 Productivity Promotion Center of Xuchang	176	66266	15108	3050	1877
南阳市生产力促进中心 Productivity Promotion Center of Nanyang	507	105542	35523	4142	5549
许昌市发制品行业生产力促进中心 Xuchang Hairwork Industry Productivity Promotion Center	35	43512	9206	1502	2559
安阳高新区生产力促进中心 Productivity Promotion Center of Anyang Science and Technology Industrial Park	1748	500628	12609	3860	39872
武汉材保电镀技术生产力促进中心 Electroplating Technology Productivity Promotion Center of Wuhan	1204	3300	730	85	7899
黄石市生产力促进中心 Productivity Promotion Center of Huangshi	1255	119260	26237	3411	7524
武汉东湖新技术开发区生产力促进中心 Donghu New Technology Development Zone Productivity Promotion Center of Wuhan	1305	1197215	223505	1012	7750
武汉市电子商务生产力促进中心 Electric Commerce Productivity Promotion Center of Wuhan	78	4435	259	49	4050
湖北鄂化化学工业生产力促进中心 Ehua Chemical Industry Productivity Promotion Center of Hubei	1500	480000	18160	2500	12040
武汉武钢工程技术生产力促进中心有限责任公司 WISCO Engineering Technology Productivity Promotion Center of Wuhan	160	15000000	1000000	400	16842
襄阳高新技术产业开发区生产力促进中心 Productivity Promotion Center of Xiangfan High-tech Industrial Park	2310	4137000	403000	2350	5700
仙桃市无纺布制品生产力促进中心 Non-woven Products Productivity Promotion Center of Xiantao	1043	792879	78053	3216	8677
十堰高新区汽车产业生产力促进中心 Shiyan Science and Technology Industrial Park Automobile Industry Productivity Promotion Center	75	47000	8100	58	3223
襄阳生产力促进中心 Xiangyang Productivity Promotion Center	2335	2836686	217587	1968	8532
湖南省生产力促进中心 Productivity Promotion Center of Hunan	52	2810	150	86	2024

6-5 续表 7 continued 7

国家级示范生产力促进中心 State Level Model Productivity Promotion Center	服务企业数量(个) Number of Enterprises Served (unit)	为企业增加销售额(千元) Enterprises Sales Income Increased by PPCs Service (1000 yuan)	增加利税(千元) Profits and Taxes Added (1000 yuan)	为社会增加就业(人) Employment Added (person)	中心总服务收入(千元) Total Service Income (1000 yuan)
岳阳市生产力促进中心 Productivity Promotion Center of Yueyang	1375	56700	5285	185	5025
长沙生产力促进中心 Productivity Promotion Center of Changsha	1670	809090	55891	9687	11170
湘潭市生产力促进中心有限公司 Productivity Promotion Center of Xiangtan	2189	182589	22410	1201	11682
株洲市生产力促进中心 Productivity Promotion Center of Zhuzhou	992	357285	49980	4120	5389
衡阳市生产力促进中心 Henyang Productivity Promotion Center	1249	66000	22660	520	4333
郴州市生产力促进中心 Chenzhou Productivity Promotion Center	1031	246540	25380	1000	1182
广东省生产力促进中心 Productivity Promotion Center of Guangdong	8878	10728376	1220740	22015	69573
广州生产力促进中心 Productivity Promotion Center of Guangzhou	1539	299654	63453	960	31850
东莞市生产力促进中心 Productivity Promotion Center of Dongguan	1337	125000	37000	580	944
中山市生产力促进中心 Productivity Promotion Center of Zhongshan	2078	689635	93842	2036	99
佛山市生产力促进中心 Productivity Promotion Center of Foshan	1730	13500	3780	140	1441
中山市小榄镇生产力促进中心 Xiaolan Productivity Promotion Center of Zhongshan	3994	82370	2502	612	70614
广西生产力促进中心 Productivity Promotion Center of Guangxi	1969	59010	536	489	6949
广西柳州市生产力促进中心 Liuzhou Productivity Promotion Center of Guangxi	2233	8950	2238	513	1006
桂林市生产力促进中心 Productivity Promotion Center of Guilin	386	426100	72080	800	4676
兴安县生产力促进中心 Productivity Promotion Center of Xingan	34	68890	35650	2853	824
广西梧州市生产力促进中心 Wuzhou Productivity Promotion Center of Guangxi	825	190000	19000	2900	6016
广西北海市生产力促进中心 Beihai Productivity Promotion Center of Guangxi	852	12583	6390	792	3308
钦州市生产力促进中心 Productivity Promotion Center of Qinzhou	626	4677	2968	238	2170
广西现代物流生产力促进中心 Modern Logistics Productivity Promotion Center of Guangxi	57	72000	10080	204	950
重庆生产力促进中心 Productivity Promotion Center of Chongqing	3425	635498	62543	3541	14989
重庆市涪陵区生产力促进中心 Chongqing Fuling District Productivity Promotion Center	814	480000	45000	1500	652
大足县生产力促进中心 Dazu County Productivity Promotion Center	45	176500	6300	28750	2906
重庆市巨邦辰源生产力促进中心有限责任公司 Chongqing Jubang Chenyuan Productivity Promotion Center	709	516700	41750	1164	3637

6-5 续表 8 continued 8

国家级示范生产力促进中心 State Level Model Productivity Promotion Center	服务企业数量（个） Number of Enterprises Served (unit)	为企业增加销售额（千元） Enterprises Sales Income Increased by PPCs Service (1000 yuan)	增加利税（千元） Profits and Taxes Added (1000 yuan)	为社会增加就业（人） Employ-ment Added (person)	中心总服务收入（千元） Total Service Income (1000 yuan)
重庆海特克制造业信息化生产力促进中心有限公司 Haiteke Manufacture Informatization Productivity Promotion Center of Chongqing	69	4780	277	265	2981
重庆西信生产力促进中心 Xixin Productivity Promotion Center of Chongqing	3260	5120	990	400	4592
重庆市超临界精细化工有限公司 Chongqing Supercritical Fine Chemical Industry Co. Ltd.	51				5405
重庆市沙坪坝区创新生产力促进中心 Chongqing Shapingba District Innovation Productivity Promotion Center	620	49010	9700	4509	2610
重庆激光快速原形及模具制造生产力促进中心有限公司 Laser Rapid Prototyping and Mould Manufacturing Productivity Promotion Center of Chongqing	1660	375511	27226	7012	5410
四川省生产力促进中心 Productivity Promotion Center of Sichuan	3488	950000	150000	6900	10942
成都生产力促进中心 Productivity Promotion Center of Chengdu	3103	920101	98989	28936	21540
自贡市生产力促进中心 Productivity Promotion Center of Zigong	936	401571	25499	893	1522
泸州市生产力促进中心 Productivity Promotion Center of Luzhou	1009	275462	20179	2975	2942
德阳市生产力促进中心 Productivity Promotion Center of Deyang	609	486300	16550	1200	2068
绵阳市生产力促进中心 Productivity Promotion Center of Mianyang	2200	14000000	1100000	12000	2359
南充生产力促进中心 Productivity Promotion Center of Nanchong	1374	287000	42000	790	1471
贵阳生产力促进中心 Productivity Promotion Center of Guiyang	817	801500	167630	1008	48300
遵义市生产力促进中心 Productivity Promotion Center of Zunyi	319	92865	8491	526	5116
贵州航天生产力促进中心 Space Productivity Center of Guizhou	147	356000	52000	1202	5392
贵州科创新材料生产力促进中心有限公司 Kechuang New Material Productivity Promotion Center of Guizhou	121	400000	75000	300	3359
贵阳市小河区生产力促进中心 Guiyang Xiaohe District Productivity Promotion Center	1202	1914693	10952	1610	410
湄潭县生产力促进中心 Meitan County Productivity Promotion Center	129	93000	5200	115	1158
遵义市红花岗区生产力促进中心 Zunyi Honghua District Productivity Promotion Center	429	58756	9345	900	609
云南省生产力促进中心 Productivity Promotion Center of Yunnan	340	385476	381370	9261	16970
昆明市生产力促进中心 Productivity Promotion Center of Kunming	544	535946	88521	2521	5206
西藏自治区生产力促进中心 Productivity Promotion Center of the Tibet Autonomous Region	102	55685	8353	120	
陕西省生产力促进中心 Productivity Promotion Center of Shaanxi	2193	110300	8320	50430	17371

6-5 续表 9 continued 9

国家级示范生产力促进中心 State Level Model Productivity Promotion Center	服务企业数量(个) Number of Enterprises Served (unit)	为企业增加销售额(千元) Enterprises Sales Income Increased by PPCs Service (1000 yuan)	增加利税(千元) Profits and Taxes Added (1000 yuan)	为社会增加就业(人) Employ-ment Added (person)	中心总服务收入(千元) Total Service Income (1000 yuan)
陕西省建筑材料行业生产力促进中心有限公司 Shaanxi Building Material Industry Productivity Promotion Center Co. Ltd.	548	30861	2208	125	2701
西安生产力促进中心 Productivity Promotion Center of Xi'an	1957	44240	9210	245	9378
西安高新生产力促进中心 Hi-tech Productivity Promotion Center of Xi'an	2423	439300	74681	2952	4688
西安经济技术开发区生产力促进中心 Productivity Promotion Center of Xi'an Economic Technological Zone	2879	1373762	1150926	12630	
铜川生产力促进中心 Productivity Promotion Center of Tongchuan	1205	46900	5189	353	2230
宝鸡市生产力促进中心 Productivity Promotion Center of Baoji	101	18690	135	358	12370
宝鸡市高新区生产力促进中心 Productivity Promotion Center of Baoji Science and Technology Industrial Park	66	47600	12223	983	9605
陕西省秦川牛生产力促进中心有限责任公司 Qinchuan Cow Productivity Promotion Center of Shaanxi					
咸阳市生产力促进中心 Productivity Promotion Center of Xianyang	1510	320	310	300	3606
杨凌示范区生产力促进中心 Productivity Promotion Center of Yangling Science and Technology Industrial Park	395	243780	66417	762	7075
陕西机械行业生产力促进中心 Machinery Industry Productivity Promotion Center of Shaanxi	179	15000	1600	400	3743
渭南生产力促进中心 Productivity Promotion Center of Weinan	20	26430	2800	163	691
榆林市生产力促进中心 Productivity Promotion Center of Yulin	145	349000	49200	55700	4586
安康市生产力促进中心 Productivity Promotion Center of Ankang	85	276534	49772	2600	15931
甘肃省生产力促进中心 Productivity Promotion Center of Gansu	1345	187578	37335	180	4891
兰州生产力促进中心 Productivity Promotion Center of Lanzhou	535	3668	660	73	1612
天水生产力促进中心 Productivity Promotion Center of Tianshui	1224	52931	15068	220	1098
秦安县生产力促进中心 Qin'an County Productivity Promotion Center	113	104600	31300	4860	691
庆阳市生产力促进中心 Qingyang Productivity Promotion Center	240	19560	1530	517	679
青海省生产力促进中心 Productivity Promotion Center of Qinghai	303	89	7	247	2855
西宁生产力促进中心 Productivity Promotion Center of Xining	64				2743
宁夏生产力促进中心 Productivity Promotion Center of Ningxia	958	458162	46117	2687	6761
银川市生产力促进中心 Yinchuan Productivity Promotion Center	335	785	486	708	507

6-5 续表 10 continued 10

国家级示范生产力促进中心 State Level Model Productivity Promotion Center	服务企业数量（个） Number of Enterprises Served (unit)	为企业增加销售额（千元） Enterprises Sales Income Increased by PPCs Service (1000 yuan)	增加利税（千元） Profits and Taxes Added (1000 yuan)	为社会增加就业（人） Employ-ment Added (person)	中心总服务收入（千元） Total Service Income (1000 yuan)
新疆生产力促进中心 Productivity Promotion Center of Xinjiang	943	715000	143000	6400	10825
新疆中亚科技信息生产力促进中心 Central Asia Science and Technology Information Productivity Promotion Center of Xinjiang	1400	15000	4000	350	5965
新疆企业资源计划管理(ERP)生产力促进中心 Xinjiang ERP Productivity Promotion Center	41				19375
新疆昌吉生产力促进中心 Changji Productivity Promotion Center of Xinjiang	228	560	250	30	3927
新疆现代畜牧业生产力促进中心 Modern Animal Husbandry Productivity Promotion Center of Xinjiang	38	7900	600	1600	1605
玛纳斯县生产力促进中心 Productivity Promotion Center of Manas	162	27520	9932	530	1068
新疆博尔塔拉生产力促进中心 Bortala Productivity Promotion Center of Xinjiang	173	14	1	68	915
新疆克拉玛依生产力促进中心 Xinjiang Production and Construction Corps Innovation Productivity Promotion Center	115				18227
新疆科农果蔬保鲜生产力促进中心有限公司 Xinjiang Scientific Agriculture Fruit and Vegetable Preservation Productivity Promotion Center Co. Ltd	13	12560	2580	236	5013
新疆生产建设兵团创新生产力促进中心 Xinjiang Production and Construction Corps Productivity Promotion Center	702	239040	14603	2019	2432
天津市天大银泰快速制造生产力促进中心有限公司 Tianjin Tianda Yintai Manufacturing Productivity Promotion Centre Limited	1233	214857	15338	500	9326
天津市食品工业生产力促进中心 Tianjin Food Industry Productivity Promotion Center	531	60365	15667	2077	21890
国家化工行业生产力促进中心 China Chemical Industry Productivity Promotion Center	1175	31500	31500	420	9815
中建材行业生产力促进中心 China Building Material Industry Productivity Promotion Center	73	300000	45000	1200	8959
工业与日用电器行业生产力促进中心 National Appliance Productivity Promotion Center	3322	7330	439	3790	37206
铸造行业生产力促进中心 Foundry Productivity Promotion Center of China	1097	12000	1000	600	9496
哈尔滨电工仪器仪表生产力促进中心 Electrical Engineering Instrument Productivity Promotion Center of Heilongjiang	1058				12170
中机生产力促进中心 Zhongji Productivity Promotion Center	4399			3	148552
国青生产力促进中心 Guoqing Productivity Promotion Center	22	16000	834	20	1385
中商流通生产力促进中心有限公司 Distribution Productivity Promotion Center of China Commerce	2109	40000	1930	110	81174
皮革和制鞋行业生产力促进中心 Leather and Footwear Industry Productivity Promotion Center	1223	8529	821	3620	15653
食品行业生产力促进中心 Food Industry Productivity Promotion Center	95	9000	1800		1930
表面活性剂和洗涤剂行业生产力促进中心 Surface Active Agent and Detergent Industry Productivity Promotion Center	209	1435000	38700	170	3442

第七部分

国家大学科技园

The Seventh Part

National University Science Parks

7-1 国家大学科技园主要经济指标
Main Economic Indicators of National University Science Parks

年 份 Year	大学科技园（个） Number of University Science Parks (unit)	场地面积（万平方米） Space Area (10000 sq.m)	孵化企业（个） Number of Tenants (unit)	孵化企业总收入（亿元） Total Income of Tenants (100 million yuan)	累计毕业企业（个） Accumulated Number of Graduated Tenants (unit)	在孵企业人数（万人） Number of Employees of Tenants (10000 person)	当年新孵企业（个） New Tenants of the Year (unit)
2004	42	478.4	4978	226.2	1137	6.5	1120
2005	49	500.5	6075	271.9	1320	11.0	1213
2006	62	517.0	6720	295.0	1794	13.6	1348
2007	62	528.3	6574	295.1	1958	12.9	1359
2008	68	698.2	6173	247.2	2979	12.5	1294
2009	76	814.3	6541	498.9	3673	13.9	1396
2010	86	814.5	6617	221.6	4363	12.8	1858
2011	85	766.7	6923	170.5	5137	13.1	1673
2012	94	919.4	7369	206.7	5715	13.2	1787

注：国家大学科技园总数为94家，其中91家2012年上报了统计数据，表中的其他各项指标数为91家大学科技园的数据。

7-2 国家大学科技园基本情况

General Statistics of National University Science Parks

大学科技园 University Science Parks	人员总数 (人) Total Number of Employees (person)	孵化基金总额 (千元) Total Value of Incubation Fund (1000 yuan)	年末固定资产净值 (千元) Year End Net Value of Fixed Asset (1000 yuan)	场地面积 (平方米) Space Area (sq.m)
合　计 **Total**	**2395**	**807931**	**2625671**	**9194131**
清华大学国家大学科技园 National Science Park of Tsinghua University	92	80000	45999	690000
北大科技园建设开发有限公司 Peking University National Science Park Construction Development Ltd.	39	20000	46135	177602
北京北航科技园有限公司 National Science Park of Beijing University of Aeronautics and Astronautics	35	1000	24927	140000
北京理工大学国家大学科技园 National Science Park of Beijing Institute of Technology	50	5000	45008	90000
北邮国家大学科技园 National Science Park of Beijing University of Posts and Telecommunications	21		6393	19000
北师大-北中医国家大学科技园 National Science Park of Beijing Normal University and Beijing University of Chinese Medicine	22	3000	339	15587
北京化工大学科技园 National Science Park of Beijing University of Chemical Technology	15	10800	364	68000
北京科大国家大学科技园 National Science Park of University of Science and Technology Beijing	21	5000	287	20470
北京工业大学国家大学科技园 National Science Park of Beijing University of Technology	51	5000	4060	53242
中国人民大学文化科技园 National Science Park of Renmin University of China	43	5000	2359	67000
中国农业大学科技园 National Science Park of China Agricultural University	15	5000	31	82200
北京交通大学国家大学科技园 National Science Park of Beijing Jiaotong University	20	8000		19147
华北电力大学国家大学科技园 National Science Park of North China Electric Power University	16		177	15237
中国矿业大学(北京)国家大学科技园 National Science Park of China Mining University Beijing State University	25	5000	2269	15286
天大科技园有限公司 National Science Park of Tianjin University Ltd.	11		326	115000
河北工业大学国家大学科技园 National Science Park of Hebei University of Technology	36	5000	419	43600
燕山大学国家大学科技园(秦皇岛燕大产业集团有限公司) National Science Park of Yanshan University	42	5500	103931	100448
山西中北国家大学科技园 National Science Park of North Central University of Shanxi Province	22	5000	401	17923
辽宁科技大学科技园发展有限公司 National Science Park of Liaoning University of Science and Technology Ltd.	15	5700	1831	24864
辽宁工程技术大学科技园 National Science Park of Liaoning Technical University	16	2000	10	28678
东北大学国家大学科技园 National Science Park of Northeastern University	24	10000	1356	28400
沈阳工业大学国家大学科技园 National Science Park of Shenyang University of Technology	12		16392	53800

7-2 续表 1 continued 1

大学科技园 University Science Parks	人员总数 (人) Total Number of Employees (person)	孵化基金总额 (千元) Total Value of Incubation Fund (1000 yuan)	年末固定资产净值 (千元) Year End Net Value of Fixed Asset (1000 yuan)	场地面积 (平方米) Space Area (sq.m)
大连理工大学国家大学科技园 National Science Park of Dalian University of Technology	11	5000	170	35000
大连交通大学科技园 National Science Park of Dalian Jiaotong University	16	5000	2149	18357
吉林大学国家大学科技园 National Science Park of Jilin University	12	22710	2919	32300
东北电力大学科技园 National Science Park of Northeast University of Electricity	13			18000
长春理工大学国家大学科技园 National Science Park of Changchun University of Technology	12	5000	14880	16500
东北石油大学大学科技园 National Science Park of Northeast Petroleum University	14	500	173010	50000
哈尔滨工业大学国家大学科技园 National Science Park of Harbin University of Technology	22	30835	43329	21615
哈尔滨理工大学科技园发展有限公司 National Science Park of Harbin University of Technology Ltd.	36		944	28000
哈尔滨工程大学国家大学科技园 National Science Park of Harbin Engineering University	85	25000	217435	80000
复旦大学国家大学科技园 National Science Park of Fudan University	33		8517	95200
上海交通大学国家大学科技园 National Science Park of Shanghai Jiaotong University	76	11000	154810	162497
同济大学国家大学科技园 National Science Park of Tongji University	33	7874	21474	158764
东华大学国家大学科技园 National Science Park of Donghua University	16	6000	8963	83000
上海大学科技园 National Science Park of Shanghai University	19		48	24688
华东理工大学国家大学科技园 National Science Park of East China University of Science and Technology	38	6330	1899	123000
华东师范大学国家大学科技园 National Science Park of East China Normal University	21	5000	295	15900
上海理工大学国家大学科技园 National Science Park of Shanghai University of Science and Technology	33	14991	14924	45742
上海财大科技园有限公司 National Science Park of Shanghai University of Finance and Economics	66		36532	30000
上海电力学院国家大学科技园 National Science Park of Shanghai University of Electric Power	15	10000	248	22440
上海工程技术大学国家大学科技园 National Science Park of Shanghai University of Engineering Science	17		771	19538
上海海洋大学国家大学科技园 National Science Park of Shanghai University of Ocean	14		88	19000
上海体育学院国家大学科技园 National Science Park of Shanghai Insititute of Sports	11	5000	433	26792
中国矿业大学国家大学科技园 National Science Park of China University of Mining and Technology	21		197850	200000

7-2　续表 2　continued 2

大学科技园 University Science Parks	人员总数 (人) Total Number of Employees (person)	孵化基金总额 (千元) Total Value of Incubation Fund (1000 yuan)	年末固定资产净值 (千元) Year End Net Value of Fixed Asset (1000 yuan)	场地面积 (平方米) Space Area (sq.m)
常州市国家大学科技园 National University Science Park of Changzhou	22	5000	643	407000
东南大学国家大学科技园 National Science Park of Southeast University	16		212	20000
南京大学国家大学科技园 National Science Park of Nanjing University	10	5510		161000
南京理工大学国家大学科技园 National University Park of Nanjing University of Science and Technology	25	2300	423	56192
南京工业大学国家大学科技园 National Science Park of Nanjing University of Technology	37		43468	27000
苏州大学国家大学科技园 National Science Park of Suzhou University	16	5500	251	47800
常熟国家大学科技园 National Science Park of Changshu	18	50000	40926	85000
镇江国家大学科技园 National University Park of Zhenjiang	22	10000	266000	142000
江南大学国家大学科技园 National Science Park of Jiangnan University	18		2086	79331
苏州纳米技术国家大学科技园 National Nanotechnology Science Park of Suzhou	22		314	166000
浙江大学科技园发展有限公司 National Science Park of Zhejiang University Ltd.	22	50000	126456	50927
浙江省国家大学科技园 National University Science Park of Zhejiang Province	17	5000	708	17700
中国美术学院国家大学科技园 National Science Park of China Academy of Art	16	5000	22051	35000
温州市国家大学科技园 National University Science Park of Wenzhou	15	18802	284	26000
宁波市大学科技园发展有限公司 National University Science Park of Ningbo Ltd.	33	6000	91577	40000
合肥国家大学科技园 National Science Park of Hefei	61	27812	115816	154327
南昌大学国家大学科技园 National Science Park of Nanchang University	19	14000	88731	256580
山东大学国家大学科技园 National Science Park of Shandong University	15	13535	46	29095
中国石油大学国家大学科技园 National Science Park of China University of Petroleum	32	2000	1670	165000
青岛国家大学科技园 National Science Park of Qingdao	20		235	185627
山东科技大学科技园 National Science Park of Shandong University of Technology	24	6880	384	45720
河南省大学科技园发展有限公司 National University Science Park of Henan Ltd.	43	10000	29883	580000
武汉东湖高新区国家大学科技园 National University Science Park of Wuhan Donghu Hi-tech Development Zone	72	5000	204489	825433

7-2 续表 3 continued 3

大学科技园 University Science Parks	人员总数 (人) Total Number of Employees (person)	孵化基金总额 (千元) Total Value of Incubation Fund (1000 yuan)	年末固定资产净值 (千元) Year End Net Value of Fixed Asset (1000 yuan)	场地面积 (平方米) Space Area (sq.m)
武汉大学国家大学科技园 National Science Park of Wuhan University Ltd.	23	17100	30000	48000
华中科技大学国家大学科技园 National Science Park of Huazhong University of Science and Technology	24	60456	45967	428100
湖南大学国家大学科技园 National Science Park of Hunan University	12	6000	33907	81049
岳麓山国家大学科技园 National University Science Park of Yuelu Mountain	34	20346		46875
华南理工大学国家大学科技园 National Science Park of South China University of Science and Technology	12	25000	489	26400
深圳虚拟国家大学科技园 National Science Park of Shenzhen Virtual University	16	4000	15378	
中山大学国家大学科技园 National Science Park of Zhongshan University	15	20000	1023	20460
重庆大学国家大学科技园 National Science Park of Chongqing University	6	3500		16584
重庆市北碚国家大学科技园 National University Science Park of Chongqing Beibei	30	6000	2498	16800
四川大学国家大学科技园 National Science Park of Sichuan University	29	23000	108660	22200
西南科技大学科技园 National Science Park of Southwest University of Science and Technology	26	6000	216	33372
电子科技大学国家大学科技园 National Science Park of University of Electronic Science and Technology of China	32		44843	75142
西南交通大学科技园 National Science Park of Southwest Jiaotong University	24	2800	186	1349600
昆明理工大学国家大学科技园 National Science Park of Kunming University of Science and Technology	18	600	7	15380
云南省大学科技园办公室 National University Science Park of Yunnan	30	5000	6866	24000
陕西西电科大科技园管理有限公司 National Science Park of Xidian University of Shanxi Province Ltd.	28		103	29734
西北农林科技大学国家大学科技园 National Science Park of Northwest Agriculture and Forestry University	20	3051	608	17000
西安交通大学科技园 National Science Park of Xi'an Jiaotong University	24	13000	48746	31000
陕西西工大科技园有限公司 National Science Park of Northwestern Polytechnical University of Shanxi Province Ltd.	25		264	17400
兰州大学国家大学科技园 National Science Park of Lanzhou University	16		79	17397
兰州理工大学科技园有限公司 National Science Park of Lanzhou University of Technology	28		1810	18542
兰州交通大学科技园有限责任公司 National Science Park of Lanzhou Jiaotong University	20	3500	9602	29500
新疆国家大学科技园 National University Science Park of Xinjiang	31		33064	15049

7-3 国家大学科技园人员情况

Personnel Distribution of National University Science Parks

单位：人 (person)

大学科技园 University Science Parks	人员总数 Total Number of Employees	博士 Doctor	硕士 Master	研究生 Post-graduate	本科 Under-graduate	大专 Junior College	留学回国人员 Returned Overseas Scholars
合　计 Total	**2395**	**149**	**539**	**614**	**1281**	**303**	**46**
清华大学国家大学科技园 National Science Park of Tsinghua University	92	9	34	40	33	16	3
北大科技园建设开发有限公司 Peking University National Science Park Construction Development Ltd.	39		12	12	21	5	1
北京北航科技园有限公司 National Science Park of Beijing University of Aeronautics and Astronautics	35	4	10	10	21		
北京理工大学国家大学科技园 National Science Park of Beijing Institute of Technology	50		11	11	30	9	
北邮国家大学科技园 National Science Park of Beijing University of Posts and Telecommunications	21	2	5	5	14		
北师大-北中医国家大学科技园 National Science Park of Beijing Normal University and Beijing University of Chinese Medicine	22	4	6	10	12		
北京化工大学科技园 National Science Park of Beijing University of Chemical Technology	15		2	2	9	4	
北京科大国家大学科技园 National Science Park of University of Science and Technology Beijing	21	2	10	12	9		
北京工业大学国家大学科技园 National Science Park of Beijing University of Technology	51	2	6	7	25	18	1
中国人民大学文化科技园 National Science Park of Renmin University of China	43	1	13	14	27	1	1
中国农业大学科技园 National Science Park of China Agricultural University	15	5	4	9	3	2	1
北京交通大学国家大学科技园 National Science Park of Beijing Jiaotong University	20	2	3	5	15		
华北电力大学国家大学科技园 National Science Park of North China Electric Power University	16	3	5	5	8		
中国矿业大学(北京)国家大学科技园 National Science Park of China Mining University Beijing State University	25	2	5	7	6	4	1
天大科技园有限公司 National Science Park of Tianjin University Ltd.	11		1	1	5	4	
河北工业大学国家大学科技园 National Science Park of Hebei University of Technology	36	3	7	10	22	4	
燕山大学国家大学科技园(秦皇岛燕大产业集团有限公司) National Science Park of Yanshan University	42	2	9	11	29	1	1
山西中北国家大学科技园 National Science Park of North Central University of Shanxi Province	22	3	12	10	10	2	
辽宁科技大学科技园发展有限公司 National Science Park of Liaoning University of Science and Technology Ltd.	15	3	5	9	6		
辽宁工程技术大学科技园 National Science Park of Liaoning Technical University	16	3	6	9	5	2	
东北大学国家大学科技园 National Science Park of Northeastern University	24	1	5	6	16	1	1
沈阳工业大学国家大学科技园 National Science Park of Shenyang University of Technology	12	1	3	4	3	1	

7-3 续表 1 continued 1

单位：人 (person)

大学科技园 University Science Parks	人员总数 Total Number of Employees	博士 Doctor	硕士 Master	研究生 Post-graduate	本科 Under-graduate	大专 Junior College	留学回国人员 Returned Overseas Scholars
大连理工大学国家大学科技园 National Science Park of Dalian University of Technology	11	3	1	3	7	1	
大连交通大学科技园 National Science Park of Dalian Jiaotong University	16	2	8	8	6		
吉林大学国家大学科技园 National Science Park of Jilin University	12	2	4	6	5	1	
东北电力大学科技园 National Science Park of Northeast University of Electricity	13	2	3	5	8		
长春理工大学国家大学科技园 National Science Park of Changchun University of Technology	12	4	5	9	3		
东北石油大学大学科技园 National Science Park of Northeast Petroleum University	14	5	2		7		
哈尔滨工业大学国家大学科技园 National Science Park of Harbin University of Technology	22	1	4	4	15	2	1
哈尔滨理工大学科技园发展有限公司 National Science Park of Harbin University of Technology Ltd.	36	5	8	13	19	3	1
哈尔滨工程大学国家大学科技园 National Science Park of Harbin Engineering University	85	4	12	16	50	12	
复旦大学国家大学科技园 National Science Park of Fudan University	33		7	2	20	3	1
上海交通大学国家大学科技园 National Science Park of Shanghai Jiaotong University	76	5	8	14	31	24	4
同济大学国家大学科技园 National Science Park of Tongji University	33		8	8	14	11	
东华大学国家大学科技园 National Science Park of Donghua University	16	3	1		10	2	
上海大学科技园 National Science Park of Shanghai University	19	1	5	1	8	3	1
华东理工大学国家大学科技园 National Science Park of East China University of Science and Technology	38	1	8	9	10	12	1
华东师范大学国家大学科技园 National Science Park of East China Normal University	21	1	1		10	9	
上海理工大学国家大学科技园 National Science Park of Shanghai University of Science and Technology	33	1	2	1	25	4	
上海财大科技园有限公司 National Science Park of Shanghai University of Finance and Economics	66	2	8	10	43	12	1
上海电力学院国家大学科技园 National Science Park of Shanghai University of Electric Power	15	2	2	4	9	1	1
上海工程技术大学国家大学科技园 National Science Park of Shanghai University of Engineering Science	17		2	3	9	5	
上海海洋大学国家大学科技园 National Science Park of Shanghai University of Ocean	14		6	6	6	2	
上海体育学院国家大学科技园 National Science Park of Shanghai Insititute of Sports	11		5	5	6		
中国矿业大学国家大学科技园 National Science Park of China University of Mining and Technology	21	1	10	11	10		

7-3 续表 2 continued 2

单位：人 (person)

大学科技园 University Science Parks	人员总数 Total Number of Employees	博士 Doctor	硕士 Master	研究生 Post-graduate	本科 Under-graduate	大专 Junior College	留学回国人员 Returned Overseas Scholars
常州市国家大学科技园 National University Science Park of Changzhou	22	1	6	7	15		
东南大学国家大学科技园 National Science Park of Southeast University	16		5	3	8		
南京大学国家大学科技园 National Science Park of Nanjing University	10		7	7	2	1	
南京理工大学国家大学科技园 National University Park of Nanjing University of Science and Technology	25	1	4	5	20		
南京工业大学国家大学科技园 National Science Park of Nanjing University of Technology	37	5	11	16	17	4	
苏州大学国家大学科技园 National Science Park of Suzhou University	16		8	8	7		1
常熟国家大学科技园 National Science Park of Changshu	18	1	6	7	9		2
镇江国家大学科技园 National University Park of Zhenjiang	22	1	2	7	12	1	1
江南大学国家大学科技园 National Science Park of Jiangnan University	18		5	5	10	3	
苏州纳米技术国家大学科技园 National Nanotechnology Science Park of Suzhou	22		16	12	6		4
浙江大学科技园发展有限公司 National Science Park of Zhejiang University Ltd.	22		6	6	16		
浙江省国家大学科技园 National University Science Park of Zhejiang Province	17	4	5	9	7	1	
中国美术学院国家大学科技园 National Science Park of China Academy of Art	16		2		11	3	
温州市国家大学科技园 National University Science Park of Wenzhou	15		4	4	11		
宁波市大学科技园发展有限公司 National University Science Park of Ningbo Ltd.	33	1	8	9	20	3	
合肥国家大学科技园 National Science Park of Hefei	61		12	12	32	11	1
南昌大学国家大学科技园 National Science Park of Nanchang University	19		2	2	16	1	
山东大学国家大学科技园 National Science Park of Shandong University	15	3		3	7	2	
中国石油大学国家大学科技园 National Science Park of China University of Petroleum	32	2	6	8	16	2	
青岛国家大学科技园 National Science Park of Qingdao	20	1	4	5	12	1	2
山东科技大学科技园 National Science Park of Shandong University of Technology	24		9	3	19	2	
河南省大学科技园发展有限公司 National University Science Park of Henan Ltd.	43		1	1	25	17	
武汉东湖高新区国家大学科技园 National University Science Park of Wuhan Donghu	72	5	12	8	34	6	

7-3 续表 3 continued 3

单位：人 (person)

大学科技园 University Science Parks	人员总数 Total Number of Employees	博士 Doctor	硕士 Master	研究生 Post-graduate	本科 Under-graduate	大专 Junior College	留学回国人员 Returned Overseas Scholars
武汉大学国家大学科技园 National Science Park of Wuhan University Ltd.	23	2	5	7	12	3	
华中科技大学国家大学科技园 National Science Park of Huazhong University of Science and Technology	24		5	5	12	6	1
湖南大学国家大学科技园 National Science Park of Hunan University	12	1	3		7	1	
岳麓山国家大学科技园 National University Science Park of Yuelu Mountain	34	1	7	7	22	2	3
华南理工大学国家大学科技园 National Science Park of South China University of Science and Technology	12	1	6	6	5		
深圳虚拟国家大学科技园 National Science Park of Shenzhen Virtual University	16	1	5	6	9	1	
中山大学国家大学科技园 National Science Park of Zhongshan University	15		3	8	3	4	
重庆大学国家大学科技园 National Science Park of Chongqing University	6	1	3	4		2	
重庆市北碚国家大学科技园 National University Science Park of Chongqing Beibei	30	1	3	4	20	6	
四川大学国家大学科技园 National Science Park of Sichuan University	29		6	6	14	8	1
西南科技大学科技园 National Science Park of Southwest University of Science and Technology	26	2	11	13	12		
电子科技大学国家大学科技园 National Science Park of University of Electronic Science and Technology of China	32	1	2	3	21	3	
西南交通大学科技园 National Science Park of Southwest Jiaotong University	24		4	4	18	2	
昆明理工大学国家大学科技园 National Science Park of Kunming University of Science and Technology	18	2	5	7	9	1	1
云南省大学科技园办公室 National University Science Park of Yunnan	30		5	6	17	5	
陕西西电科大科技园管理有限公司 National Science Park of Xidian University of Shanxi Province Ltd.	28	5	7	5	11		
西北农林科技大学国家大学科技园 National Science Park of Northwest Agriculture and Forestry University	20			2	15	1	
西安交通大学科技园 National Science Park of Xi'an Jiaotong University	24	1	2	2	17	2	
陕西西工大科技园有限公司 National Science Park of Northwestern Polytechnical University of Shanxi Province Ltd.	25	2	8	8	12	3	2
兰州大学国家大学科技园 National Science Park of Lanzhou University	16		4	4	10	2	
兰州理工大学科技园有限公司 National Science Park of Lanzhou University of Technology	28	5	5	10	13		5
兰州交通大学科技园有限责任公司 National Science Park of Lanzhou Jiaotong University	20		3	3	7	8	
新疆国家大学科技园 National University Science Park of Xinjiang	31	1	2		23	4	1

7-4 国家大学科技园孵化场地情况

Incubation Space of National University Science Parks

单位：平方米 (sq.m)

大学科技园 University Science Parks	总面积 Total Space Area	办公用房 Space Area for Office	孵化用房 Space Area of Incubation	研发用房 Space Area of R&D	生产用房 Space Area of Manufacuring	其它 Others
合　计 **Total**	**9194131**	**384921**	**3203742**	**1847415**	**2645917**	**1112136**
清华大学国家大学科技园 National Science Park of Tsinghua University	690000	2785	30222	439778		217215
北大科技园建设开发有限公司 Peking University National Science Park Construction Development Ltd.	177602	1975	124664			50963
北京北航科技园有限公司 National Science Park of Beijing University of Aeronautics and Astronautics	140000	800	15153	83547	40000	500
北京理工大学国家大学科技园 National Science Park of Beijing Institute of Technology	90000	1600	10781	4000	1000	72619
北邮国家大学科技园 National Science Park of Beijing University of Posts and Telecommunications	19000	2000	12000			5000
北师大-北中医国家大学科技园 National Science Park of Beijing Normal University and Beijing University of Chinese Medicine	15587	500	9803	2147	2516	621
北京化工大学科技园 National Science Park of Beijing University of Chemical Technology	68000	24500	15000	4000	21000	3500
北京科大国家大学科技园 National Science Park of University of Science and Technology Beijing	20470	980	15520	1500	2100	370
北京工业大学国家大学科技园 National Science Park of Beijing University of Technology	53242	1500	37678	14064		
中国人民大学文化科技园 National Science Park of Renmin University of China	67000	192	18600	13700		34508
中国农业大学科技园 National Science Park of China Agricultural University	82200	7860	47600	2640	10200	13900
北京交通大学国家大学科技园 National Science Park of Beijing Jiaotong University	19147	122	11816	2883	3460	866
华北电力大学国家大学科技园 National Science Park of North China Electric Power University	15237		15237			
中国矿业大学(北京)国家大学科技园 National Science Park of China Mining University Beijing State University	15286	769	14105			412
天大科技园有限公司 National Science Park of Tianjin University Ltd.	115000	5000	25000	15000	53000	17000
河北工业大学国家大学科技园 National Science Park of Hebei University of Technology	43600	600	40000	3000		
燕山大学国家大学科技园(秦皇岛燕大产业集团有限公司) National Science Park of Yanshan University	100448	16000	61491	6072	13000	3885
山西中北国家大学科技园 National Science Park of North Central University of Shanxi Province	17923	300	11300	2000	2000	2323
辽宁科技大学科技园发展有限公司 National Science Park of Liaoning University of Science and Technology Ltd.	24864	300	12000	5000	2000	5564
辽宁工程技术大学科技园 National Science Park of Liaoning Technical University	28678	3660	14660			10358
东北大学国家大学科技园 National Science Park of Northeastern University	28400	1215	22000	3285	1400	500
沈阳工业大学国家大学科技园 National Science Park of Shenyang University of Technology	53800	3000	17980	3045	29300	475

7-4 续表 1 continued 1

单位：平方米 (sq.m)

大学科技园 University Science Parks	总面积 Total Space Area	办公用房 Space Area for Office	孵化用房 Space Area of Incubation	研发用房 Space Area of R&D	生产用房 Space Area of Manufacuring	其它 Others
大连理工大学国家大学科技园 National Science Park of Dalian University of Technology	35000	300	11600	8000	15100	
大连交通大学科技园 National Science Park of Dalian Jiaotong University	18357	300	13857	1500	1600	1100
吉林大学国家大学科技园 National Science Park of Jilin University	32300	800	12000	3100	15760	640
东北电力大学科技园 National Science Park of Northeast University of Electricity	18000	600	14400			3000
长春理工大学国家大学科技园 National Science Park of Changchun University of Technology	16500	600	12000	3300	600	
东北石油大学大学科技园 National Science Park of Northeast Petroleum University	50000	1000	32000	17000		
哈尔滨工业大学国家大学科技园 National Science Park of Harbin University of Technology	21615	500	17620	1000	1495	1000
哈尔滨理工大学科技园发展有限公司 National Science Park of Harbin University of Technology Ltd.	28000	3500	18000			6500
哈尔滨工程大学国家大学科技园 National Science Park of Harbin Engineering University	80000	2000	21000			57000
复旦大学国家大学科技园 National Science Park of Fudan University	95200	36200	45000	3000		11000
上海交通大学国家大学科技园 National Science Park of Shanghai Jiaotong University	162497	3284	60016	2464	69417	27316
同济大学国家大学科技园 National Science Park of Tongji University	158764	1200	17586			139978
东华大学国家大学科技园 National Science Park of Donghua University	83000	2600	10500	11200	11500	47200
上海大学科技园 National Science Park of Shanghai University	24688	1000	11154	2600	8770	1164
华东理工大学国家大学科技园 National Science Park of East China University of Science and Technology	123000	600	52000	21400	46500	2500
华东师范大学国家大学科技园 National Science Park of East China Normal University	15900	2900	10025	2975		
上海理工大学国家大学科技园 National Science Park of Shanghai University of Science and Technology	45742	732	29853	10214		4943
上海财大科技园有限公司 National Science Park of Shanghai University of Finance and Economics	30000	12400	9050	2550		6000
上海电力学院国家大学科技园 National Science Park of Shanghai University of Electric Power	22440	7601	14839			
上海工程技术大学国家大学科技园 National Science Park of Shanghai University of Engineering Science	19538	470	13486	4846		736
上海海洋大学国家大学科技园 National Science Park of Shanghai University of Ocean	19000	6650	12000	350		
上海体育学院国家大学科技园 National Science Park of Shanghai Insititute of Sports	26792	344	16430	344		9674
中国矿业大学国家大学科技园 National Science Park of China University of Mining and Technology	200000	16000	184000			

7-4 续表 2 continued 2

单位：平方米 (sq.m)

大学科技园 University Science Parks	总面积 Total Space Area	办公用房 Space Area for Office	孵化用房 Space Area of Incubation	研发用房 Space Area of R&D	生产用房 Space Area of Manufacuring	其它 Others
常州市国家大学科技园 National University Science Park of Changzhou	407000	15489	305250	51178	16161	18922
东南大学国家大学科技园 National Science Park of Southeast University	20000	2500	15000	2500		
南京大学国家大学科技园 National Science Park of Nanjing University	161000	5600	15650	96000	28750	15000
南京理工大学国家大学科技园 National University Park of Nanjing University of Science and Technology	56192	15000	41000			192
南京工业大学国家大学科技园 National Science Park of Nanjing University of Technology	27000	500	21500	2500	2500	
苏州大学国家大学科技园 National Science Park of Suzhou University	47800	1206	32500	3200	10000	894
常熟国家大学科技园 National Science Park of Changshu	85000	2000	76000	3000	3000	1000
镇江国家大学科技园 National University Park of Zhenjiang	142000	4900	48100	2700	86300	
江南大学国家大学科技园 National Science Park of Jiangnan University	79331	2600	40884	16150	10372	9325
苏州纳米技术国家大学科技园 National Nanotechnology Science Park of Suzhou	166000	6000	82000	48000	10000	20000
浙江大学科技园发展有限公司 National Science Park of Zhejiang University Ltd.	50927	1506	29105	3225		17091
浙江省国家大学科技园 National University Science Park of Zhejiang Province	17700	380	17220			100
中国美术学院国家大学科技园 National Science Park of China Academy of Art	35000	5000	25000			5000
温州市国家大学科技园 National University Science Park of Wenzhou	26000	900	18900	1500		4700
宁波市大学科技园发展有限公司 National University Science Park of Ningbo Ltd.	40000	3500	31900	1100		3500
合肥国家大学科技园 National Science Park of Hefei	154327	22604	22651	23405	62442	23225
南昌大学国家大学科技园 National Science Park of Nanchang University	256580	600	62950	30000	112000	51030
山东大学国家大学科技园 National Science Park of Shandong University	29095	1350	12565	4320	5250	5610
中国石油大学国家大学科技园 National Science Park of China University of Petroleum	165000	1500	144100	7000	8000	4400
青岛国家大学科技园 National Science Park of Qingdao	185627	4600	150000	21000	3200	6827
山东科技大学科技园 National Science Park of Shandong University of Technology	45720	300	23096	10224	8650	3450
河南省大学科技园发展有限公司 National University Science Park of Henan Ltd.	580000	6000	239843	138573	156442	39142
武汉东湖高新区国家大学科技园 National University Science Park of Wuhan Donghu Hi-tech Development Zone	825433	29602	54205	23640	716086	1900

7-4 续表 3 continued 3

单位：平方米 (sq.m)

大学科技园 University Science Parks	总面积 Total Space Area	办公用房 Space Area for Office	孵化用房 Space Area of Incubation	研发用房 Space Area of R&D	生产用房 Space Area of Manufacuring	其它 Others
武汉大学国家大学科技园 National Science Park of Wuhan University Ltd.	48000	980	47020			
华中科技大学国家大学科技园 National Science Park of Huazhong University of Science and Technology	428100	34200	76500	51300	223200	42900
湖南大学国家大学科技园 National Science Park of Hunan University	81049	648	14148	6024	30848	29381
岳麓山国家大学科技园 National University Science Park of Yuelu Mountain	46875	720	35928	1000	9100	127
华南理工大学国家大学科技园 National Science Park of South China University of Science and Technology	26400	1000	22100	2100		1200
深圳虚拟国家大学科技园 National Science Park of Shenzhen Virtual University						
中山大学国家大学科技园 National Science Park of Zhongshan University	20460	455	13891	4107		2007
重庆大学国家大学科技园 National Science Park of Chongqing University	16584	1079	12446	1621	1438	
重庆市北碚国家大学科技园 National University Science Park of Chongqing Beibei	16800	1100	13740	750	1010	200
四川大学国家大学科技园 National Science Park of Sichuan University	22200	2544	13486	3840		2330
西南科技大学科技园 National Science Park of Southwest University of Science and Technology	33372	1000	21372	2260	2377	6363
电子科技大学国家大学科技园 National Science Park of University of Electronic Science and Technology of China	75142	1597	24235	16400	24175	8735
西南交通大学科技园 National Science Park of Southwest Jiaotong University	1349600	20000	42000	540000	730000	17600
昆明理工大学国家大学科技园 National Science Park of Kunming University of Science and Technology	15380	780	12020	2580		
云南省大学科技园办公室 National University Science Park of Yunnan	24000	872	17474	3380		2274
陕西西电科大科技园管理有限公司 National Science Park of Xidian University of Shanxi Province Ltd.	29734	1120	19520	3820	4780	494
西北农林科技大学国家大学科技园 National Science Park of Northwest Agriculture and Forestry University	17000	900	7500	1000	7000	600
西安交通大学科技园 National Science Park of Xi'an Jiaotong University	31000	600	21000	6000	1500	1900
陕西西工大科技园有限公司 National Science Park of Northwestern Polytechnical University of Shanxi Province Ltd.	17400	1000	12000	1500	2100	800
兰州大学国家大学科技园 National Science Park of Lanzhou University	17397	200	9918	3000	2882	1397
兰州理工大学科技园有限公司 National Science Park of Lanzhou University of Technology	18542	823	12878	1841	1800	1200
兰州交通大学科技园有限责任公司 National Science Park of Lanzhou Jiaotong University	29500	686	10814	4174	12836	990
新疆国家大学科技园 National University Science Park of Xinjiang	15049	1741	13308			

7-5 国家大学科技园孵化企业情况

Incubation Statistics of National of University Science Parks

大学科技园 University Science Parks	在孵企业（个） Number of Tenants (unit)	当年新孵（个） New Tenants of the Year (unit)	孵化基金总额（千元） Total Value of Incubation Fund (1000 yuan)	累计毕业企业数（个） Accumulate Number of Graduate Tenants (unit)
合　计 Total	**7369**	**1787**	**807931**	**5715**
清华大学国家大学科技园 National Science Park of Tsinghua University	128	13	80000	223
北大科技园建设开发有限公司 Peking University National Science Park Construction Development Ltd.	71	18	20000	163
北京北航科技园有限公司 National Science Park of Beijing University of Aeronautics and Astronautics	145	14	1000	76
北京理工大学国家大学科技园 National Science Park of Beijing Institute of Technology	82	18	5000	142
北邮国家大学科技园 National Science Park of Beijing University of Posts and Telecommunications	58	12		44
北师大-北中医国家大学科技园 National Science Park of Beijing Normal University and Beijing University of Chinese Medicine	58	11	3000	36
北京化工大学科技园 National Science Park of Beijing University of Chemical Technology	54	18	10800	52
北京科大国家大学科技园 National Science Park of University of Science and Technology Beijing	54	1	5000	203
北京工业大学国家大学科技园 National Science Park of Beijing University of Technology	58	6	5000	45
中国人民大学文化科技园 National Science Park of Renmin University of China	56	30	5000	83
中国农业大学科技园 National Science Park of China Agricultural University	59	33	5000	66
北京交通大学国家大学科技园 National Science Park of Beijing Jiaotong University	58	12	8000	12
华北电力大学国家大学科技园 National Science Park of North China Electric Power University	56	18		15
中国矿业大学(北京)国家大学科技园 National Science Park of China Mining University Beijing State University	53	12	5000	42
天大科技园有限公司 National Science Park of Tianjin University Ltd.	65	5		7
河北工业大学国家大学科技园 National Science Park of Hebei University of Technology	61	12	5000	88
燕山大学国家大学科技园(秦皇岛燕大产业集团有限公司) National Science Park of Yanshan University	95	9	5500	65
山西中北国家大学科技园 National Science Park of North Central University of Shanxi Province	68	51	5000	17
辽宁科技大学科技园发展有限公司 National Science Park of Liaoning University of Science and Technology Ltd.	64	2	5700	18
辽宁工程技术大学科技园 National Science Park of Liaoning Technical University	46	19	2000	67
东北大学国家大学科技园 National Science Park of Northeastern University	105	6	10000	70
沈阳工业大学国家大学科技园 National Science Park of Shenyang University of Technology	55	5		22

7-5 续表 1 continued 1

大学科技园 University Science Parks	在孵企业（个） Number of Tenants (unit)	当年新孵（个） New Tenants of the Year (unit)	孵化基金总额（千元） Total Value of Incubation Fund (1000 yuan)	累计毕业企业数（个） Accumulate Number of Graduate Tenants (unit)
大连理工大学国家大学科技园 National Science Park of Dalian University of Technology	12	5	5000	57
大连交通大学科技园 National Science Park of Dalian Jiaotong University	62	5	5000	51
吉林大学国家大学科技园 National Science Park of Jilin University	68	7	22710	16
东北电力大学科技园 National Science Park of Northeast University of Electricity	56	9		6
长春理工大学国家大学科技园 National Science Park of Changchun University of Technology	52	16	5000	9
东北石油大学大学科技园 National Science Park of Northeast Petroleum University	43	10	500	18
哈尔滨工业大学国家大学科技园 National Science Park of Harbin University of Technology	90	15	30835	60
哈尔滨理工大学科技园发展有限公司 National Science Park of Harbin University of Technology Ltd.	87	28		37
哈尔滨工程大学国家大学科技园 National Science Park of Harbin Engineering University	85	20	25000	55
复旦大学国家大学科技园 National Science Park of Fudan University	103	24		152
上海交通大学国家大学科技园 National Science Park of Shanghai Jiaotong University	247	78	11000	159
同济大学国家大学科技园 National Science Park of Tongji University	69	17	7874	69
东华大学国家大学科技园 National Science Park of Donghua University	51	15	6000	61
上海大学科技园 National Science Park of Shanghai University	50	21		11
华东理工大学国家大学科技园 National Science Park of East China University of Science and Technology	68	23	6330	197
华东师范大学国家大学科技园 National Science Park of East China Normal University	53	16	5000	28
上海理工大学国家大学科技园 National Science Park of Shanghai University of Science and Technology	121	22	14991	21
上海财大科技园有限公司 National Science Park of Shanghai University of Finance and Economics	74	12		162
上海电力学院国家大学科技园 National Science Park of Shanghai University of Electric Power	83	12	10000	29
上海工程技术大学国家大学科技园 National Science Park of Shanghai University of Engineering Science	95	69		16
上海海洋大学国家大学科技园 National Science Park of Shanghai University of Ocean	51	39		
上海体育学院国家大学科技园 National Science Park of Shanghai Insititute of Sports	59	23	5000	9
中国矿业大学国家大学科技园 National Science Park of China University of Mining and Technology	158	6		45

7-5 续表 2 continued 2

大学科技园 University Science Parks	在孵企业（个） Number of Tenants (unit)	当年新孵（个） New Tenants of the Year (unit)	孵化基金总额（千元） Total Value of Incubation Fund (1000 yuan)	累计毕业企业数（个） Accumulate Number of Graduate Tenants (unit)
常州市国家大学科技园 National University Science Park of Changzhou	479	93	5000	13
东南大学国家大学科技园 National Science Park of Southeast University	75	19		119
南京大学国家大学科技园 National Science Park of Nanjing University	44	5	5510	148
南京理工大学国家大学科技园 National University Park of Nanjing University of Science and Technology	78	21	2300	107
南京工业大学国家大学科技园 National Science Park of Nanjing University of Technology	71	12		18
苏州大学国家大学科技园 National Science Park of Suzhou University	65	13	5500	25
常熟国家大学科技园 National Science Park of Changshu	87	22	50000	18
镇江国家大学科技园 National University Park of Zhenjiang	75	8	10000	17
江南大学国家大学科技园 National Science Park of Jiangnan University	102	24		145
苏州纳米技术国家大学科技园 National Nanotechnology Science Park of Suzhou	83	36		47
浙江大学科技园发展有限公司 National Science Park of Zhejiang University Ltd.	198	66	50000	283
浙江省国家大学科技园 National University Science Park of Zhejiang Province	145	14	5000	10
中国美术学院国家大学科技园 National Science Park of China Academy of Art	75	6	5000	30
温州市国家大学科技园 National University Science Park of Wenzhou	57	48	18802	17
宁波市大学科技园发展有限公司 National University Science Park of Ningbo Ltd.	98	35	6000	48
合肥国家大学科技园 National Science Park of Hefei	128	39	27812	118
南昌大学国家大学科技园 National Science Park of Nanchang University	103	37	14000	184
山东大学国家大学科技园 National Science Park of Shandong University	55	11	13535	35
中国石油大学国家大学科技园 National Science Park of China University of Petroleum	196	50	2000	128
青岛国家大学科技园 National Science Park of Qingdao	56	23		82
山东科技大学科技园 National Science Park of Shandong University of Technology	61	9	6880	8
河南省大学科技园发展有限公司 National University Science Park of Henan Ltd.	95	15	10000	85
武汉东湖高新区国家大学科技园 National University Science Park of Wuhan Donghu Hi-tech Development Zone	88	22	5000	49

7-5 续表 3 continued 3

大学科技园 University Science Parks	在孵企业 (个) Number of Tenants (unit)	当年新孵 (个) New Tenants of the Year (unit)	孵化基金总额 (千元) Total Value of Incubation Fund (1000 yuan)	累计毕业企业数 (个) Accumulate Number of Graduate Tenants (unit)
武汉大学国家大学科技园 National Science Park of Wuhan University Ltd.	83	18	17100	30
华中科技大学国家大学科技园 National Science Park of Huazhong University of Science and Technology	79	20	60456	66
湖南大学国家大学科技园 National Science Park of Hunan University	54	18	6000	10
岳麓山国家大学科技园 National University Science Park of Yuelu Mountain	107	35	20346	27
华南理工大学国家大学科技园 National Science Park of South China University of Science and Technology	84	13	25000	87
深圳虚拟国家大学科技园 National Science Park of Shenzhen Virtual University			4000	
中山大学国家大学科技园 National Science Park of Zhongshan University	66	30	20000	109
重庆大学国家大学科技园 National Science Park of Chongqing University	75	13	3500	54
重庆市北碚国家大学科技园 National University Science Park of Chongqing Beibei	88	18	6000	78
四川大学国家大学科技园 National Science Park of Sichuan University	29	7	23000	70
西南科技大学科技园 National Science Park of Southwest University of Science and Technology	51	21	6000	21
电子科技大学国家大学科技园 National Science Park of University of Electronic Science and Technology of China	65	23		64
西南交通大学科技园 National Science Park of Southwest Jiaotong University	59	4	2800	142
昆明理工大学国家大学科技园 National Science Park of Kunming University of Science and Technology	112	10	600	27
云南省大学科技园办公室 National University Science Park of Yunnan	55	9	5000	22
陕西西电科大科技园管理有限公司 National Science Park of Xidian University of Shanxi Province Ltd.	44	7		23
西北农林科技大学国家大学科技园 National Science Park of Northwest Agriculture and Forestry University	53	10	3051	82
西安交通大学科技园 National Science Park of Xi'an Jiaotong University	87	5	13000	87
陕西西工大科技园有限公司 National Science Park of Northwestern Polytechnical University of Shanxi Province Ltd.	51	6		23
兰州大学国家大学科技园 National Science Park of Lanzhou University	50	16		30
兰州理工大学科技园有限公司 National Science Park of Lanzhou University of Technology	52	8		44
兰州交通大学科技园有限责任公司 National Science Park of Lanzhou Jiaotong University	62	8	3500	31
新疆国家大学科技园 National University Science Park of Xinjiang	63	43		30

7-6 国家大学科技园当年在孵企业情况

General Statistics of Tenants of National University Science Parks

大学科技园 University Science Parks	在孵企业数（个） Number of Tenants (unit)	人员数（人） Number of Employees (person)	总收入（千元） Total Income (1000 yuan)	工业总产值（千元） Gross Industrial Output Value (1000 yuan)	净利润（千元） Net Profit (1000 yuan)	上缴税金（千元） Taxes Submmi-tted (1000 yuan)
合　计 **Total**	**7369**	**131741**	**20666434**	**14017031**	**1983494**	**1263629**
清华大学国家大学科技园 National Science Park of Tsinghua University	128	7268	1309700	462138	87925	190748
北大科技园建设开发有限公司 Peking University National Science Park Construction Development Ltd.	71	1477	75812	76636	286	16833
北京北航科技园有限公司 National Science Park of Beijing University of Aeronautics and Astronautics	145	2587	197180	197180	89590	13604
北京理工大学国家大学科技园 National Science Park of Beijing Institute of Technology	82	783	47530	4390	-3360	2895
北邮国家大学科技园 National Science Park of Beijing University of Posts and Telecommunications	58	481	111000	47640	23450	6250
北师大-北中医国家大学科技园 National Science Park of Beijing Normal University and Beijing University of Chinese Medicine	58	536	85583	800162	-1272	1807
北京化工大学科技园 National Science Park of Beijing University of Chemical Technology	54	472	115321	15954	25007	8310
北京科大国家大学科技园 National Science Park of University of Science and Technology Beijing	54	2006	202400	35700	3030	3340
北京工业大学国家大学科技园 National Science Park of Beijing University of Technology	58	501	60347		-135	5746
中国人民大学文化科技园 National Science Park of Renmin University of China	56	757	29024	8686	-2215	1214
中国农业大学科技园 National Science Park of China Agricultural University	59	592	269131	20305	92767	29304
北京交通大学国家大学科技园 National Science Park of Beijing Jiaotong University	58	1721	32940	2670	14428	1392
华北电力大学国家大学科技园 National Science Park of North China Electric Power University	56	580	144396	41769	7932	4719
中国矿业大学(北京)国家大学科技园 National Science Park of China Mining University Beijing State University	53	740	280000	300000	150000	11200
天大科技园有限公司 National Science Park of Tianjin University Ltd.	65	2530	260442	181372	9018	4836
河北工业大学国家大学科技园 National Science Park of Hebei University of Technology	61	1100	98845	47725	6174	3548
燕山大学国家大学科技园(秦皇岛燕大产业集团有限公司) National Science Park of Yanshan University	95	2066	527021	59670	52149	64006
山西中北国家大学科技园 National Science Park of North Central University of Shanxi Province	68	1036	61851	61821	-342	777
辽宁科技大学科技园发展有限公司 National Science Park of Liaoning University of Science and Technology Ltd.	64	725	245732		4312	6677
辽宁工程技术大学科技园 National Science Park of Liaoning Technical University	46	784	34692	34692	3010	2127
东北大学国家大学科技园 National Science Park of Northeastern University	105	1658	380133	380133	30210	15501
沈阳工业大学国家大学科技园 National Science Park of Shenyang University of Technology	55	306	156100	175400	12600	7230

7-6 续表 1 continued 1

大学科技园 University Science Parks	在孵企业数（个） Number of Tenants (unit)	人员数（人） Number of Employees (person)	总收入（千元） Total Income (1000 yuan)	工业总产值（千元） Gross Industrial Output Value (1000 yuan)	净利润（千元） Net Profit (1000 yuan)	上缴税金（千元） Taxes Submmi-tted (1000 yuan)
大连理工大学国家大学科技园 National Science Park of Dalian University of Technology	12	156	18526	187	-1625	950
大连交通大学科技园 National Science Park of Dalian Jiaotong University	62	1020	146788	150201	16477	7278
吉林大学国家大学科技园 National Science Park of Jilin University	68	1152	11617	10456	1096	616
东北电力大学科技园 National Science Park of Northeast University of Electricity	56	1837				
长春理工大学国家大学科技园 National Science Park of Changchun University of Technology	52	1153	63220	59670	12165	5537
东北石油大学大学科技园 National Science Park of Northeast Petroleum University	43	303	116900	116900	995	164
哈尔滨工业大学国家大学科技园 National Science Park of Harbin University of Technology	90	1785	355026	372409	32766	14682
哈尔滨理工大学科技园发展有限公司 National Science Park of Harbin University of Technology Ltd.	87	908	79507		12651	4812
哈尔滨工程大学国家大学科技园 National Science Park of Harbin Engineering University	85	1834	305550	258950	52855	9585
复旦大学国家大学科技园 National Science Park of Fudan University	103	1068	139802	66683	-12242	6548
上海交通大学国家大学科技园 National Science Park of Shanghai Jiaotong University	247	3402	641650	638327	11197	47503
同济大学国家大学科技园 National Science Park of Tongji University	69	1124	138536	114938	13327	3989
东华大学国家大学科技园 National Science Park of Donghua University	51	607	76986	9663	38	3272
上海大学科技园 National Science Park of Shanghai University	50	601	82717	82717	3991	3125
华东理工大学国家大学科技园 National Science Park of East China University of Science and Technology	68	692	124789	119037	19867	4148
华东师范大学国家大学科技园 National Science Park of East China Normal University	53	438	39338	2976	2423	2466
上海理工大学国家大学科技园 National Science Park of Shanghai University of Science and Technology	121	1130	220834	104763	14913	7828
上海财大科技园有限公司 National Science Park of Shanghai University of Finance and Economics	74	794	58360	24716	25462	12835
上海电力学院国家大学科技园 National Science Park of Shanghai University of Electric Power	83	684	67091	67014	1881	3114
上海工程技术大学国家大学科技园 National Science Park of Shanghai University of Engineering Science	95	510	59557		-2389	2990
上海海洋大学国家大学科技园 National Science Park of Shanghai University of Ocean	51	223	14934	1135	-720	0
上海体育学院国家大学科技园 National Science Park of Shanghai Insititute of Sports	59	521	57883		756	1995
中国矿业大学国家大学科技园 National Science Park of China University of Mining and Technology	158	3216	844778	620903	164154	75029

7-6 续表 2 continued 2

大学科技园 University Science Parks	在孵企业数（个） Number of Tenants (unit)	人员数（人） Number of Employees (person)	总收入（千元） Total Income (1000 yuan)	工业总产值（千元） Gross Industrial Output Value (1000 yuan)	净利润（千元） Net Profit (1000 yuan)	上缴税金（千元） Taxes Submmitted (1000 yuan)
常州市国家大学科技园 National University Science Park of Changzhou	479	6830	3120000	1244560	37279	61688
东南大学国家大学科技园 National Science Park of Southeast University	75	1813	840151	737349	108500	59193
南京大学国家大学科技园 National Science Park of Nanjing University	44	1248	144121	49603	22568	8980
南京理工大学国家大学科技园 National University Park of Nanjing University of Science and Technology	78	978	293700	293700	24500	26400
南京工业大学国家大学科技园 National Science Park of Nanjing University of Technology	71	1882	427690	162558	41237	34655
苏州大学国家大学科技园 National Science Park of Suzhou University	65	977	72795	37919	8984	3533
常熟国家大学科技园 National Science Park of Changshu	87	1442	156624	149545	4814	10882
镇江国家大学科技园 National University Park of Zhenjiang	75	1434	168141	172040	7247	6163
江南大学国家大学科技园 National Science Park of Jiangnan University	102	1237	254061	272940	51915	23912
苏州纳米技术国家大学科技园 National Nanotechnology Science Park of Suzhou	83	3719	432030	370535	9288	2788
浙江大学科技园发展有限公司 National Science Park of Zhejiang University Ltd.	198	2347	323576	211725	22567	18558
浙江省国家大学科技园 National University Science Park of Zhejiang Province	145	1286	78700	78700		3925
中国美术学院国家大学科技园 National Science Park of China Academy of Art	75	552	38610		8680	1347
温州市国家大学科技园 National University Science Park of Wenzhou	57	1139	17729	19054	3989	1123
宁波市大学科技园发展有限公司 National University Science Park of Ningbo Ltd.	98	800	82365	6013	-3849	2827
合肥国家大学科技园 National Science Park of Hefei	128	1545	212241	134486	16951	3435
南昌大学国家大学科技园 National Science Park of Nanchang University	103	3027	329478	278039	21061	28564
山东大学国家大学科技园 National Science Park of Shandong University	55	845	134802	94038	6653	6668
中国石油大学国家大学科技园 National Science Park of China University of Petroleum	196	3794	599697	229892	181899	57633
青岛国家大学科技园 National Science Park of Qingdao	56	573	205120	119418	19421	9717
山东科技大学科技园 National Science Park of Shandong University of Technology	61	867	109387	113475	23843	4191
河南省大学科技园发展有限公司 National University Science Park of Henan Ltd.	95	4516	330160	330380	42880	21690
武汉东湖高新区国家大学科技园 National University Science Park of Wuhan Donghu Hi-tech	88	1927	249327	99677	28812	20134

7-6 续表 3 continued 3

大学科技园 University Science Parks	在孵企业数（个） Number of Tenants (unit)	人员数（人） Number of Employees (person)	总收入（千元） Total Income (1000 yuan)	工业总产值（千元） Gross Industrial Output Value (1000 yuan)	净利润（千元） Net Profit (1000 yuan)	上缴税金（千元） Taxes Submmi-tted (1000 yuan)
Development Zone	83	1338	115130	115130	2260	4520
National Science Park of Wuhan University Ltd.						
华中科技大学国家大学科技园	79	4468	513069	385065	35424	30612
National Science Park of Huazhong University of Science and Technology						
湖南大学国家大学科技园	54	652	47547	43387	2819	2111
National Science Park of Hunan University						
岳麓山国家大学科技园	107	1321	238668	133840	2611	7850
National University Science Park of Yuelu Mountain						
华南理工大学国家大学科技园	84	3644	316530	66350	25540	23556
National Science Park of South China University of Science and Technology						
深圳虚拟国家大学科技园						
National Science Park of Shenzhen Virtual University						
中山大学国家大学科技园	66	1165	131827	112102	5273	3705
National Science Park of Zhongshan University						
重庆大学国家大学科技园	75	1051	146821	107561	22651	25482
National Science Park of Chongqing University						
重庆市北碚国家大学科技园	88	2389	36550	24550	11250	3800
National University Science Park of Chongqing Beibei						
四川大学国家大学科技园	29	700	222461	188744	16079	8424
National Science Park of Sichuan University						
西南科技大学科技园	51	774	129864	133279	5162	7375
National Science Park of Southwest University of Science and Technology						
电子科技大学国家大学科技园	65	614	76000	76000	1520	4322
National Science Park of University of Electronic Science and Technology of China						
西南交通大学科技园	59	1313	150274	157469	5618	3401
National Science Park of Southwest Jiaotong University						
昆明理工大学国家大学科技园	112	1784	310743	185330	37537	27742
National Science Park of Kunming University of Science and Technology						
云南省大学科技园办公室	55	2168	227355	86403	8368	8564
National University Science Park of Yunnan						
陕西西电科大科技园管理有限公司	44	903	107394		9814	8919
National Science Park of Xidian University of Shanxi Province Ltd.						
西北农林科技大学国家大学科技园	53	713	132500	164320	15900	13725
National Science Park of Northwest Agriculture and Forestry University						
西安交通大学科技园	87	1128	174275	191702	12722	9040
National Science Park of Xi'an Jiaotong University						
陕西西工大科技园有限公司	51	1201	26520	27320	4044	2832
National Science Park of Northwestern Polytechnical University of Shanxi Province Ltd.						
兰州大学国家大学科技园	50	398	21945	1905	-2333	372
National Science Park of Lanzhou University						
兰州理工大学科技园有限公司	52	1175	245627	241116	19114	8001
National Science Park of Lanzhou University of Technology						
兰州交通大学科技园有限责任公司	62	1094	90660	95599	13668	6168
National Science Park of Lanzhou Jiaotong University						
新疆国家大学科技园	63	1106	194601	498525	64612	14572
National University Science Park of Xinjiang						

7-7 国家大学科技园毕业企业情况

General Statistics of Graduated Tenants of National University Science Parks

大学科技园 University Science Parks	累计毕业企业（个） Accmulated Number of Graduated Enterprises (unit)	人员数（人） Number of Employees (person)	总收入（千元） Total Income (1000 yuan)	工业总产值（千元） Gross Industrial Output Value (1000 yuan)
合　计 Total	**5715**	**256743**	**107376452**	**91024837**
清华大学国家大学科技园 National Science Park of Tsinghua University	223	11250		
北大科技园建设开发有限公司 Peking University National Science Park Construction Development Ltd.	163	5020	2119843	203450
北京北航科技园有限公司 National Science Park of Beijing University of Aeronautics and Astronautics	76	1261	472107	472107
北京理工大学国家大学科技园 National Science Park of Beijing Institute of Technology	142	4080	1012480	63000
北邮国家大学科技园 National Science Park of Beijing University of Posts and Telecommunications	44	1987	361000	210200
北师大-北中医国家大学科技园 National Science Park of Beijing Normal University and Beijing University of Chinese Medicine	36	508	696952	
北京化工大学科技园 National Science Park of Beijing University of Chemical Technology	52	2795	621757	332235
北京科大国家大学科技园 National Science Park of University of Science and Technology Beijing	203	4401	412500	625040
北京工业大学国家大学科技园 National Science Park of Beijing University of Technology	45	635	233750	247060
中国人民大学文化科技园 National Science Park of Renmin University of China	83	236	28232	2001
中国农业大学科技园 National Science Park of China Agricultural University	66	790	554072	89457
北京交通大学国家大学科技园 National Science Park of Beijing Jiaotong University	12	328	930001	61000
华北电力大学国家大学科技园 National Science Park of North China Electric Power University	15			
中国矿业大学(北京)国家大学科技园 National Science Park of China Mining University Beijing State University	42	530	300000	320000
天大科技园有限公司 National Science Park of Tianjin University Ltd.	7	167	9380	
河北工业大学国家大学科技园 National Science Park of Hebei University of Technology	88	4517	857525	527416
燕山大学国家大学科技园(秦皇岛燕大产业集团有限公司) National Science Park of Yanshan University	65	1895	678542	216701
山西中北国家大学科技园 National Science Park of North Central University of Shanxi Province	17	351	21358	9008
辽宁科技大学科技园发展有限公司 National Science Park of Liaoning University of Science and Technology Ltd.	18			
辽宁工程技术大学科技园 National Science Park of Liaoning Technical University	67			
东北大学国家大学科技园 National Science Park of Northeastern University	70	29105	8923000	8923000
沈阳工业大学国家大学科技园 National Science Park of Shenyang University of Technology	22	730	3435000	3957000

7-7 续表 1 continued 1

大学科技园 University Science Parks	累计毕业企业（个） Accmulated Number of Graduated Enterprises (unit)	人员数（人） Number of Employees (person)	总收入（千元） Total Income (1000 yuan)	工业总产值（千元） Gross Industrial Output Value (1000 yuan)
大连理工大学国家大学科技园 National Science Park of Dalian University of Technology	57	2100	900000	950000
大连交通大学科技园 National Science Park of Dalian Jiaotong University	51	1276	494000	535634
吉林大学国家大学科技园 National Science Park of Jilin University	16	1358	276227	231645
东北电力大学科技园 National Science Park of Northeast University of Electricity	6			
长春理工大学国家大学科技园 National Science Park of Changchun University of Technology	9	176	5000	5900
东北石油大学大学科技园 National Science Park of Northeast Petroleum University	18	1255	81000	142500
哈尔滨工业大学国家大学科技园 National Science Park of Harbin University of Technology	60	2745	932056	961375
哈尔滨理工大学科技园发展有限公司 National Science Park of Harbin University of Technology Ltd.	37	413	43827	
哈尔滨工程大学国家大学科技园 National Science Park of Harbin Engineering University	55	858	321855	280150
复旦大学国家大学科技园 National Science Park of Fudan University	152	11800	2910000	
上海交通大学国家大学科技园 National Science Park of Shanghai Jiaotong University	159	6805	2288984	2182784
同济大学国家大学科技园 National Science Park of Tongji University	69			
东华大学国家大学科技园 National Science Park of Donghua University	61	368	2913081	3130580
上海大学科技园 National Science Park of Shanghai University	11	193	71674	35977
华东理工大学国家大学科技园 National Science Park of East China University of Science and Technology	197	3981	1592720	1549584
华东师范大学国家大学科技园 National Science Park of East China Normal University	28	1061	547776	73336
上海理工大学国家大学科技园 National Science Park of Shanghai University of Science and Technology	21	608	205226	67763
上海财大科技园有限公司 National Science Park of Shanghai University of Finance and Economics	162	1948	59439	59439
上海电力学院国家大学科技园 National Science Park of Shanghai University of Electric Power	29	457	61457	60749
上海工程技术大学国家大学科技园 National Science Park of Shanghai University of Engineering Science	16	600	217319	78350
上海海洋大学国家大学科技园 National Science Park of Shanghai University of Ocean				
上海体育学院国家大学科技园 National Science Park of Shanghai Insititute of Sports	9	76	10810	
中国矿业大学国家大学科技园 National Science Park of China University of Mining and Technology	45	1762	298501	310089

7-7 续表 2 continued 2

大学科技园 University Science Parks	累计毕业企业（个） Accmulated Number of Graduated Enterprises (unit)	人员数（人） Number of Employees (person)	总收入（千元） Total Income (1000 yuan)	工业总产值（千元） Gross Industrial Output Value (1000 yuan)
常州市国家大学科技园 National University Science Park of Changzhou	13	617	607020	
东南大学国家大学科技园 National Science Park of Southeast University	119			
南京大学国家大学科技园 National Science Park of Nanjing University	148	17603	5737323	2309241
南京理工大学国家大学科技园 National University Park of Nanjing University of Science and Technology	107	2612	9920000	9920000
南京工业大学国家大学科技园 National Science Park of Nanjing University of Technology	18	487	98544	50486
苏州大学国家大学科技园 National Science Park of Suzhou University	25	943	331623	283734
常熟国家大学科技园 National Science Park of Changshu	18	1453	635836	473259
镇江国家大学科技园 National University Park of Zhenjiang	17	1442	256388	264479
江南大学国家大学科技园 National Science Park of Jiangnan University	145	12306	1023920	1188230
苏州纳米技术国家大学科技园 National Nanotechnology Science Park of Suzhou	47	2246	322120	258955
浙江大学科技园发展有限公司 National Science Park of Zhejiang University Ltd.	283	8646	15803889	15292467
浙江省国家大学科技园 National University Science Park of Zhejiang Province	10	170	125100	35000
中国美术学院国家大学科技园 National Science Park of China Academy of Art	30	619		
温州市国家大学科技园 National University Science Park of Wenzhou	17	580		
宁波市大学科技园发展有限公司 National University Science Park of Ningbo Ltd.	48	1922	856003	466679
合肥国家大学科技园 National Science Park of Hefei	118	2857	1316769	1327454
南昌大学国家大学科技园 National Science Park of Nanchang University	184	12508	2757603	2419217
山东大学国家大学科技园 National Science Park of Shandong University	35	3460	1536810	1698870
中国石油大学国家大学科技园 National Science Park of China University of Petroleum	128	4211	2060520	1916036
青岛国家大学科技园 National Science Park of Qingdao	82	6791	2649047	2014524
山东科技大学科技园 National Science Park of Shandong University of Technology	8	356	3476	2986
河南省大学科技园发展有限公司 National University Science Park of Henan Ltd.	85	3912	1500000	1320000
武汉东湖高新区国家大学科技园 National University Science Park of Wuhan Donghu Hi-tech Development Zone	49	3868	1771160	1657340

7-7 续表 3 continued 3

大学科技园 University Science Parks	累计毕业企业（个） Accmulated Number of Graduated Enterprises (unit)	人员数（人） Number of Employees (person)	总收入（千元） Total Income (1000 yuan)	工业总产值（千元） Gross Industrial Output Value (1000 yuan)
武汉大学国家大学科技园 National Science Park of Wuhan University Ltd.	30	7133	2600217	2199356
华中科技大学国家大学科技园 National Science Park of Huazhong University of Science and Technology	66	5300	6411931	6411931
湖南大学国家大学科技园 National Science Park of Hunan University	10	898	153617	166214
岳麓山国家大学科技园 National University Science Park of Yuelu Mountain	27	2558	346311	250148
华南理工大学国家大学科技园 National Science Park of South China University of Science and Technology	87	10236	3011290	2896589
深圳虚拟国家大学科技园 National Science Park of Shenzhen Virtual University				
中山大学国家大学科技园 National Science Park of Zhongshan University	109	797	39841	
重庆大学国家大学科技园 National Science Park of Chongqing University	54	6214	901822	776521
重庆市北碚国家大学科技园 National University Science Park of Chongqing Beibei	78	3388	450772	306512
四川大学国家大学科技园 National Science Park of Sichuan University	70	2460	865830	1013020
西南科技大学科技园 National Science Park of Southwest University of Science and Technology	21	672	356166	420276
电子科技大学国家大学科技园 National Science Park of University of Electronic Science and Technology of China	64	6400	4200000	4200000
西南交通大学科技园 National Science Park of Southwest Jiaotong University	142	235	42519	40348
昆明理工大学国家大学科技园 National Science Park of Kunming University of Science and Technology	27	1135	214765	81282
云南省大学科技园办公室 National University Science Park of Yunnan	22	1156	1083552	781663
陕西西电科大科技园管理有限公司 National Science Park of Xidian University of Shanxi Province Ltd.	23	62	56760	
西北农林科技大学国家大学科技园 National Science Park of Northwest Agriculture and Forestry University	82	612	5	246000
西安交通大学科技园 National Science Park of Xi'an Jiaotong University	87	4202	665310	682560
陕西西工大科技园有限公司 National Science Park of Northwestern Polytechnical University of Shanxi Province Ltd.	23	704	48200	53110
兰州大学国家大学科技园 National Science Park of Lanzhou University	30	432	101701	103500
兰州理工大学科技园有限公司 National Science Park of Lanzhou University of Technology	44	352	117930	117930
兰州交通大学科技园有限责任公司 National Science Park of Lanzhou Jiaotong University	31	1600	469408	458956
新疆国家大学科技园 National University Science Park of Xinjiang	30	162	26903	5433

第八部分

火炬计划软件产业基地

The Eighth Part

Torch Program Software Industrial Bases

8-1 软件产业基地主要经济指标

Main Economic Indicators of Software Industrial Bases

年 份 Year	软件产业基地 (个) Number of Software Bases (unit)	基地总人数 (万人) Total Number of Employees (10000 person)	总收入 (亿元) Total Income (100 million yuan)	利税总额 (亿元) Total Value of Profits and Taxes (100 million yuan)	出口创汇 (亿美元) Export (100 million USD)
2003	24	31	1143.9	132.9	4.8
2004	29	44	1638.0	165.4	13.2
2005	32	65	3375.0	351.2	48.6
2006	33	78	4541.0	432.0	100.0
2007	34	90	5213.4	1,230.5	78.4
2008	35	106	6897.5	884.4	103.5
2009	35	129	7677.1	1,123.5	100.5
2010	35	148.3	9204.8	1432.5	108.5
2011	38	190.9	13661.8	1926.1	222.8
2012	39	226.8	16950.9	2407.1	273.8

8-2 软件产业基地场地情况

Space Area of Software Industrial Bases

单位：万平方米 (10000 sq.m)

软件产业基地 Software Industrial Base	规划占地面积 Planned Land Area	现有占地面积 Land Area	建筑面积 Building Area	孵化面积 Incubation Area
合　计 Total	**16926**	**8340**	**3226**	**862**
北京软件产业基地 Beijing Software Industrial Base	1143	978	94	8
中关村软件园 Zhongguancun Software Park	263	263	206	3
天津华苑软件园 Tianjin Huayuan Software Park	308	80	74	26
河北软件产业基地(石家庄) Hebei Software Base(Shijiazhuang)	57	3	10	2
山西软件园 Shanxi Software Park	100	25	63	46
内蒙古软件园 Inner Mongolia Software Park	40	3	3	3
大庆软件园 Daqing Software Park	67	26	31	21
东大软件园 Dongda Software Park	94	45	33	15
沈阳软件园 Shenyang Software Park	470	470	80	11
大连软件园 Dalian Software Park	2808	306	164	84
吉林软件园 Jilin Software Park	30	30	30	2
长春软件园 Changchun Software Park	100	85	70	45
上海软件园 Shanghai Software Park	212	136	73	18
江苏软件园 Jiangsu Software Park	642	51	34	21
南京软件园 Nanjing Software Park	358	350	130	11
无锡软件园 Wuxi Software Park	63	63	59	22
苏州软件园 Suzhou Software Park	798	365	264	90
常州软件园 Changzhou Software Park	135	15	42	18
杭州高新软件园 Hangzhou Hi-tech Software Park	29	15	44	3

8-2 续表 continued

单位：万平方米 (10000 sq.m)

软件产业基地 Software Industrial Base	规划占地面积 Planned Land Area	现有占地面积 Land Area	建筑面积 Building Area	孵化面积 Incubation Area
合肥软件园 Hefei Software Park	108	37	54	18
福州软件园 Fuzhou Software Park	330	200	115	3
厦门软件园 Xiamen Software Park	100	10	16	8
江西金庐软件园 Jiangxi Jinlu Software Park	57	11	15	15
齐鲁软件园 Qilu Software Park	1680	1270	275	23
青岛软件园 Qingdao Software Park	56	37	35	20
郑州软件产业园 Zhenzhou Software Park	22	17	25	16
湖北软件产业基地 Hubei Software Base	180	181	150	1
长沙软件园 Changsha Software Park	265	265	215	50
广州软件园 Guangzhou Software Park	1496	289	225	68
深圳软件园 Shenzhen Software Park	233	14	40	24
珠海高新区软件园 Zhuhai Software Park	1350	385	120	36
南宁软件园 Nanning Software Park	69	69	15	12
天府软件园 Tianfu Software Park	1420	720	175	38
重庆高新区软件园 Chongqing Software Park	300	100	70	40
云南软件园 Yunnan Software Park	40	3	10	5
西安软件园 Xi'an Software Park	1393	1393	138	18
兰州软件园 Lanzhou Software Park	4	4	3	3
贵阳火炬软件园 Guiyang Torch Software Park	33	12	11	11
宁波市软件与服务外包产业园 Ningbo Software Park	72	13	15	6

8-3 软件产业基地从业人员情况

Personnel Statistics of Software Industrial Bases

单位：人 (person)

软件产业基地 Software Industrial Base	年末基地总人数 Year End Total Number of Employees of the Base	博士学历 Doctor Degree	硕士学历 Master Degree	本科学历 Bachlor Degree	大专 Junior College Degree
合　计 **Total**	**2268284**	**22234**	**212511**	**1299374**	**548058**
北京软件产业基地 Beijing Software Industrial Base	448254	4590	53643	296174	93847
中关村软件园 Zhongguancun Software Park	29600	1332	6601	20069	1598
天津华苑软件园 Tianjin Huayuan Software Park	33495	166	1290	24684	7355
河北软件产业基地(石家庄) Hebei Software Base(Shijiazhuang)	5269	34	194	1541	3134
山西软件园 Shanxi Software Park	13078	68	375	5827	5840
内蒙古软件园 Inner Mongolia Software Park	4470	26	217	2230	1254
大庆软件园 Daqing Software Park	19565	149	825	11072	3695
东大软件园 Dongda Software Park	19497	75	2189	14972	2019
沈阳软件园 Shenyang Software Park	15697	32	211	2748	2856
大连软件园 Dalian Software Park	63000	450	3653	53557	5320
吉林软件园 Jilin Software Park	4620	60	298	1550	1380
长春软件园 Changchun Software Park	33645	283	2604	23631	6064
上海软件园 Shanghai Software Park	72852	1465	5827	43531	18437
江苏软件园 Jiangsu Software Park	25000	108	2547	11242	7531
南京软件园 Nanjing Software Park	38200	355	3950	19890	8520
无锡软件园 Wuxi Software Park	79410	397	1588	56381	21044
苏州软件园 Suzhou Software Park	63451	482	2396	25804	21375
常州软件园 Changzhou Software Park	8504	110	514	6122	1758
杭州高新软件园 Hangzhou Hi-tech Software Park	93082	791	9081	48550	25319

8-3 续表 continued

单位：人 (person)

软件产业基地 Software Industrial Base	年末基地总人数 Year End Total Number of Employees of the Base	博士学历 Doctor Degree	硕士学历 Master Degree	本科学历 Bachlor Degree	大专 Junior College Degree
合肥软件园 Hefei Software Park	16574	218	1286	6643	5427
福州软件园 Fuzhou Software Park	36921	63	1642	17612	11710
厦门软件园 Xiamen Software Park	36177	280	1982	20560	13355
江西金庐软件园 Jiangxi Jinlu Software Park	14594	147	889	7023	4956
齐鲁软件园 Qilu Software Park	68366	425	5620	41565	15509
青岛软件园 Qingdao Software Park	40416	373	3812	31080	5151
郑州软件产业园 Zhenzhou Software Park	16400	145	805	10652	4500
湖北软件产业基地 Hubei Software Base	63760	1720	8873	43828	9339
长沙软件园 Changsha Software Park	48308	720	5087	28650	13851
广州软件园 Guangzhou Software Park	136538	690	7060	72801	39390
深圳软件园 Shenzhen Software Park	205878	1012	30515	102419	51864
珠海高新区软件园 Zhuhai Software Park	33624	164	3323	15749	13029
南宁软件园 Nanning Software Park	7982	68	328	4800	530
天府软件园 Tianfu Software Park	93480	913	5934	56767	29866
重庆高新区软件园 Chongqing Software Park	31044	430	2910	19300	8404
云南软件园 Yunnan Software Park	7779	45	289	3832	3231
西安软件园 Xi'an Software Park	115439	1171	13326	81160	19041
兰州软件园 Lanzhou Software Park	4040	40	153	2819	1028
贵阳火炬软件园 Guiyang Torch Software Park	9160	69	183	4455	3322
宁波市软件与服务外包产业园 Ningbo Software Park	21700	1060	4380	8760	5500

8-4 软件产业基地软件人员分布情况
Personnel Distribution of Software Industrial Bases

单位：人 (person)

软件产业基地 Software Industrial Base	年末软件从业人数 Number of Employees in Software Companies	有5年以上(含)软件从业经验的人员 The Staff with More than 5 Years Software Experience	有2～5年(含2年)软件从业经验的人员 The Staff with 2-5 Years Software Experience	软件研发人员 R&D Personnel	测试人员 Testing Personnnel	认定的软件企业人数 Number of Employees in Identified Software Companies
合　计 Total	**1900438**	**479865**	**877670**	**1200676**	**158944**	**1249110**
北京软件产业基地 Beijing Software Industrial Base	502912	84329	252939	452621	5431	406076
中关村软件园 Zhongguancun Software Park	29516	9829	13371	17686	3160	/
天津华苑软件园 Tianjin Huayuan Software Park	27286	7094	16371	18281	915	15930
河北软件产业基地(石家庄) Hebei Software Base(Shijiazhuang)	4876	506	1794	3002	226	2946
山西软件园 Shanxi Software Park	8110	1213	1376	1944	522	5038
内蒙古软件园 Inner Mongolia Software Park	3249	1137	945	1270	546	878
大庆软件园 Daqing Software Park	20968	5103	6374	10435	1927	12300
东大软件园 Dongda Software Park	19323	10944	7402	15772	2241	17323
沈阳软件园 Shenyang Software Park	13379	4058	8330	4962	2527	5637
大连软件园 Dalian Software Park	75050	13509	40801	37340	12008	37525
吉林软件园 Jilin Software Park	3850	1100	1850	1920	400	732
长春软件园 Changchun Software Park	22146	4693	13589	11694	1146	15862
上海软件园 Shanghai Software Park	99121	49565	31674	54556	7149	79318
江苏软件园 Jiangsu Software Park	23500	3652	5542	4781	2731	5000
南京软件园 Nanjing Software Park	35200	6150	11231	8323	3620	19560
无锡软件园 Wuxi Software Park	59200	9575	21835	10920	3136	47521
苏州软件园 Suzhou Software Park	31142	9154	18522	20092	6062	18849
常州软件园 Changzhou Software Park	8557	2013	4258	2892	2191	5438
杭州高新软件园 Hangzhou Hi-tech Software Park	103404	31021	51702	90906	10025	39233

8-4 续表 continued

单位：人 (person)

软件产业基地 Software Industrial Base	年末软件从业人数 Number of Employees in Software Companies	有5年以上(含)软件从业经验的人员 The Staff with More than 5 Years Software Experience	有2～5年(含2年)软件从业经验的人员 The Staff with 2-5 Years Software Experience	软件研发人员 R&D Personnel	测试人员 Testing Personnel	认定的软件企业人数 Number of Employees in Identified Software Companies
合肥软件园 Hefei Software Park	10396	2505	5047	4120	1483	7222
福州软件园 Fuzhou Software Park	18410	8122	7630	10312	1254	10500
厦门软件园 Xiamen Software Park	31550	7680	12065	14593	3825	9922
江西金庐软件园 Jiangxi Jinlu Software Park	7504	2288	2497	3128	815	6324
齐鲁软件园 Qilu Software Park	66420	13635	26276	28298	2107	20311
青岛软件园 Qingdao Software Park	38395	6841	20014	9000	5247	34253
郑州软件产业园 Zhenzhou Software Park	13150	1420	7950	5660	833	9640
湖北软件产业基地 Hubei Software Base	58085	18000	29000	36000	7828	41000
长沙软件园 Changsha Software Park	46050	22089	19415	20045	3055	33310
广州软件园 Guangzhou Software Park	111436	30471	41231	54974	12195	45047
深圳软件园 Shenzhen Software Park	129545	35363	47538	89895	17643	127544
珠海高新区软件园 Zhuhai Software Park	33624	5526	15832	17071	3105	25811
南宁软件园 Nanning Software Park	6800	1670	4800	6070	1322	4700
天府软件园 Tianfu Software Park	83951	23375	43172	51088	6226	60299
重庆高新区软件园 Chongqing Software Park	17210	5320	8103	7013	903	8531
云南软件园 Yunnan Software Park	4869	1975	2286	2492	376	4095
西安软件园 Xi'an Software Park	106497	32710	62642	63969	22347	51808
兰州软件园 Lanzhou Software Park	2031	823	1208	1067	362	1420
贵阳火炬软件园 Guiyang Torch Software Park	5626	577	2818	1004	195	3027
宁波市软件与服务外包产业园 Ningbo Software Park	18100	4830	8240	5480	1860	9180

8-5 软件产业基地收入情况

Income of Software Industrial Bases

单位：家、千元 (unit, 1000 yuan)

软件产业基地 Software Industrial Base	企业数 Number of Enterprises	总收入 Total Income	软件收入 Software Income	软件产品收入 Software Sales Income	新产品销售收入 New Product Sales Income	系统集成收入 System Integration Income	嵌入式系统软件收入 Embeded Software Income	软件技术服务收入 Software Service Income	自主版权软件收入 Own Copyright Software Income
合　计 Total	**26641**	**1695093642**	**1208601714**	**4219198679**	**95249778**	**191843481**	**201008882**	**386550672**	**382062014**
北京软件产业基地 Beijing Software Industrial Base	3552	367111479	363061847	119813822		82910178	3649174	156688673	
中关村软件园 Zhongguancun Software Park	281	37000000	24672000	5600544		5255136	1036224	12780096	
天津华苑软件园 Tianjin Huayuan Software Park	873	21716119	10804175	2859883	1715929	2188321	2746981	3008990	5332800
河北软件产业基地(石家庄) Hebei Software Base(Shijiazhuang)	141	1812629	1375785	367209	48027	70764	906292	31520	945651
山西软件园 Shanxi Software Park	255	3673451	2042352	1473815	442200	277093	160009	131436	524520
内蒙古软件园 Inner Mongolia Software Park	170	3503235	2322840	1184648	187639	511023	116144	511025	685560
大庆软件园 Daqing Software Park	520	7495289	4913072	1634043	734110	636229	929873	1712927	4915257
东大软件园 Dongda Software Park	14	6960195	5975050	1566350	763238	357249	407643	3643808	1299679
沈阳软件园 Shenyang Software Park	276	16282219	15285132	5389173	2651011	6918520	1667012	1310427	3882159
大连软件园 Dalian Software Park	648	50600000	35420000	11688600	6874165	2833600	2125200	18772600	2393115
吉林软件园 Jilin Software Park	164	3698550	1823940	1353800	258450	88950	229590	151600	1736682
长春软件园 Changchun Software Park	518	8902000	5617000	1656000	742200	1324000	1025000	1612000	3316000
上海软件园 Shanghai Software Park	2112	66194051	56947535	27125953	4607672	8560637	7028902	14232043	20014452
江苏软件园 Jiangsu Software Park	420	26500000	15200000	11674640	742630	1102350	27320	2395690	10536320
南京软件园 Nanjing Software Park	476	53031120	35000728	15600407	9060200	4158952	8125097	7116272	7420295
无锡软件园 Wuxi Software Park	493	140809500	41640250	2527817	338652	309781	22529520	16273132	5852314
苏州软件园 Suzhou Software Park	891	47012344	23186502	5168096	4594367	386255	16910699	721452	7325203
常州软件园 Changzhou Software Park	643	18199350	13440470	1783020	461650	345330	10416550	895570	8852600
杭州高新软件园 Hangzhou Hi-tech Software Park	1186	84194704	84194704	13501174	5986348	16407254	11430638	42855638	81150371

8-5 续表 continued

单位：家、千元 (unit, 1000 yuan)

软件产业基地 Software Industrial Base	企业数 Number of Enterprises	总收入 Total Income	软件收入 Software Income	软件产品收入 Software Sales Income	新产品销售收入 New Product Sales Income	系统集成收入 System Integration Income	嵌入式系统软件收入 Embeded Software Income	软件技术服务收入 Software Service Income	自主版权软件收入 Own Copyright Software Income
合肥软件园 Hefei Software Park	445	5527558	4008005	2496786	891446	914586	277945	318689	1324450
福州软件园 Fuzhou Software Park	670	34145234	16533082	6077972	4567901	4419507	4647886	1387717	9276097
厦门软件园 Xiamen Software Park	850	15213210	12879580	7289840	2850283	1975496	984095	2630149	6729134
江西金庐软件园 Jiangxi Jinlu Software Park	384	7237411	5541304	1586574	380540	2297497	552250	1104983	3142622
齐鲁软件园 Qilu Software Park	1012	83802839	56006846	34095355	10167510	5879346	7690698	8341447	26529503
青岛软件园 Qingdao Software Park	406	20412337	7590788	3945008	197465	52280	1258258	2335242	3462525
郑州软件产业园 Zhenzhou Software Park	306	8450000	3950000	1970000	580000	620000	550000	810000	2400000
湖北软件产业基地 Hubei Software Base	751	46510362	26555120	13032300	6706550	3701860	6906800	2914160	18007110
长沙软件园 Changsha Software Park	1350	20550085	13466038	5828145	1186735	1703910	5000458	933525	7270455
广州软件园 Guangzhou Software Park	1826	109246956	72124162	24173565	6226704	8790872	8419003	30740722	21949597
深圳软件园 Shenzhen Software Park	831	189406169	117251016	50185091	5178246	5358526	43367556	18339843	51498891
珠海高新区软件园 Zhuhai Software Park	192	22249500	16851600	4913830	501230	363480	5496050	6078240	13563590
南宁软件园 Nanning Software Park	479	4687152	3547680	1736508	397693	528017	522989	760166	283177
天府软件园 Tianfu Software Park	810	55026879	38876925	21417199	7352475	3045855	4425672	9988199	16998512
重庆高新区软件园 Chongqing Software Park	249	14390348	13218774	1413039	1395639	31486	10762823	1011426	3582057
云南软件园 Yunnan Software Park	116	2474976	1246404	320522	195838	507080	195738	223064	572879
西安软件园 Xi'an Software Park	1260	78834148	49079579	13879249	5567255	15507504	7797415	11895411	28763854
兰州软件园 Lanzhou Software Park	98	1300112	935610	462030	162300	338355	29901	105324	171773
贵阳火炬软件园 Guiyang Torch Software Park	363	4762131	1945820	683673	43480	476203	345478	440466	196810
宁波市软件与服务外包产业园 Ningbo Software Park	610	6170000	4070000	1723000	492000	690000	310000	1347000	156000

8-6 软件产业基地出口和利税情况

Export Profit and Taxes of Software Industrial Bases

软件产业基地 Software Industrial Base	出口创汇额(千美元) Export (1000 USD)	软件出口创汇额(千美元) Software Export (1000 USD)	净利润(千元) Net Profit (1000 Yuan)	实际上缴税额(千元) Taxes Submitted (1000 Yuan)	减免税总额(千元) Taxes Relief (1000 Yuan)	劳动者报酬(千元) Salary (1000 Yuan)
合　计 Total	**27379975**	**11776420**	**154982965**	**85723786**	**37526143**	**182240214**
北京软件产业基地 Beijing Software Industrial Base	2869693	2609000	35046789	24380134	7183484	57619483
中关村软件园 Zhongguancun Software Park	1070000		13500000			
天津华苑软件园 Tianjin Huayuan Software Park	200980	118107	1940785	1339761	368211	2410756
河北软件产业基地(石家庄) Hebei Software Base(Shijiazhuang)	2477	2354	140317	44291	21832	125194
山西软件园 Shanxi Software Park	4648	2928	334759	212894	35200	224581
内蒙古软件园 Inner Mongolia Software Park			105842	100879	28407	134170
大庆软件园 Daqing Software Park	279132	83021	478933	238754	8731	781471
东大软件园 Dongda Software Park	372430	370230	435770	521650	190328	3016210
沈阳软件园 Shenyang Software Park	173121	69819	1505693	585948		270158
大连软件园 Dalian Software Park	1896000	1137500	4867200	1014000	1385160	4240033
吉林软件园 Jilin Software Park	1920	1920	365380	273500	17550	163800
长春软件园 Changchun Software Park	39000	23800	672600	421500	180200	473900
上海软件园 Shanghai Software Park	1084830	979520	4176617	2987738	8304082	13775343
江苏软件园 Jiangsu Software Park	80000	80000	1700000	1560000		728750
南京软件园 Nanjing Software Park	597660	50218	1963970	1503700	556211	1936500
无锡软件园 Wuxi Software Park	1947878	1580000	7716615	351625	3194400	8683259
苏州软件园 Suzhou Software Park	5645306	893100	2580224	3254226	136532	3685452
常州软件园 Changzhou Software Park	303326	224160	1363840	972800	280500	2656400

8-6 续表 continued

软件产业基地 Software Industrial Base	出口创汇额(千美元) Export (1000 USD)	软件出口创汇额(千美元) Software Export (1000 USD)	净利润(千元) Net Profit (1000 Yuan)	实际上缴税额(千元) Taxes Submitted (1000 Yuan)	减免税总额(千元) Taxes Relief (1000 Yuan)	劳动者报酬(千元) Salary (1000 Yuan)
杭州高新软件园 Hangzhou Hi-tech Software Park	1034982	1034982	12252065	6039418	2103488	13897766
合肥软件园 Hefei Software Park	44260	706	807568	356406	101312	392983
福州软件园 Fuzhou Software Park	231206	47929	2299809	1081593	326625	2762493
厦门软件园 Xiamen Software Park	110089	80941	1724662	358148	121385	917148
江西金庐软件园 Jiangxi Jinlu Software Park	37967	27900	539549	283745	82377	483716
齐鲁软件园 Qilu Software Park	564891	468102	4994572	3155638	1318017	5438148
青岛软件园 Qingdao Software Park	263032	101476	1481966	741579	3716	2311923
郑州软件产业园 Zhenzhou Software Park	9600	5300	1150000	307000	162000	610000
湖北软件产业基地 Hubei Software Base	490000	470000	3773592	2288967	979009	2525640
长沙软件园 Changsha Software Park	134251	93968	1065210	807005	156530	1496975
广州软件园 Guangzhou Software Park	602751	282828	8925176	5271449	1564176	9148046
深圳软件园 Shenzhen Software Park	5064234	4104478	20841776	17288248	7139874	18654491
珠海高新区软件园 Zhuhai Software Park	786580	701070	2776620	953840	359260	3006390
南宁软件园 Nanning Software Park	31454	7158	243932	325912	10782	460128
天府软件园 Tianfu Software Park	550000	330520	5605763	1608521	680255	8475238
重庆高新区软件园 Chongqing Software Park	74869	39695	757220	257080		
云南软件园 Yunnan Software Park	6100	5100	137718	127388	16243	289574
西安软件园 Xi'an Software Park	380709	380709	5787642	4161578	406140	7119605
兰州软件园 Lanzhou Software Park			101296	69027	9820	92500
贵阳火炬软件园 Guiyang Torch Software Park	3599	82	409495	285845	35607	2544989
宁波市软件与服务外包产业园 Ningbo Software Park	391000	367800	412000	192000	58700	687000

8-7 软件产业基地科技活动经费筹集情况

Science and Technology Activity Funding of Software Industrial Bases

单位：千元 (1000 yuan)

软件产业基地 Software Industrial Base	科技活动经费筹集总额 Science and Technology Activity Funding	企业资金 Enterprise Funds	金融机构贷款 Loans from Financial Institutions	政府部门资金 Government Funds	
					地方政府资金 Local Government Funds
合　计 **Total**	**139242308**	**69275671**	**14207673**	**9822865**	**4855940**
北京软件产业基地 Beijing Software Industrial Base	31848375				
中关村软件园 Zhongguancun Software Park	9680000				
天津华苑软件园 Tianjin Huayuan Software Park	8756916	3038934	5625618	92360	92360
河北软件产业基地(石家庄) Hebei Software Base(Shijiazhuang)	8620	8620			
山西软件园 Shanxi Software Park	299370	248218	22400	28752	18657
内蒙古软件园 Inner Mongolia Software Park	227711	178901	30310	18500	12000
大庆软件园 Daqing Software Park	925312	661404	28844	234964	142540
东大软件园 Dongda Software Park	674021	579658		94363	11683
沈阳软件园 Shenyang Software Park	156279	39949	89534	26796	20481
大连软件园 Dalian Software Park	2100623	1764523	105031	231069	231069
吉林软件园 Jilin Software Park	89000	81500		7500	5000
长春软件园 Changchun Software Park	604250	382340	53210	168700	71200
上海软件园 Shanghai Software Park	7986216	3802954	2281709	1900429	1015275
江苏软件园 Jiangsu Software Park	1156540	1074320	11432	19430	10120
南京软件园 Nanjing Software Park	2653256	1326700	732910	536646	491157
无锡软件园 Wuxi Software Park	8700142	6960113	783012	912320	261004
苏州软件园 Suzhou Software Park	2240670	1613700	289310	100870	46790
常州软件园 Changzhou Software Park	1266080	962440	213200	90440	49670
杭州高新软件园 Hangzhou Hi-tech Software Park	7002639	5573248	205953	269623	58252

8-7 续表 continued

单位：千元 (1000 yuan)

软件产业基地 Software Industrial Base	科技活动经费筹集总额 Science and Technology Activity Funding	企业资金 Enterprise Funds	金融机构贷款 Loans from Financial Institutions	政府部门资金 Government Funds	地方政府资金 Local Government Funds
合肥软件园 Hefei Software Park	543716.2	410221.9	68270.4	62119	27025
福州软件园 Fuzhou Software Park	1469141	1321051	24034	120000	57000
厦门软件园 Xiamen Software Park	1743431	1600723	96350	46358	26099
江西金庐软件园 Jiangxi Jinlu Software Park	672073	455462	44900	37915	28041
齐鲁软件园 Qilu Software Park	4157661	2925755	604668	448225	104264
青岛软件园 Qingdao Software Park	35449	15755			
郑州软件产业园 Zhenzhou Software Park	510000	367000	126000	15000	5100
湖北软件产业基地 Hubei Software Base	2914052	1693933	384564	795555	371000
长沙软件园 Changsha Software Park	2155085	1225230	710845	219010	186585
广州软件园 Guangzhou Software Park	5764831	4280828		120365	49779
深圳软件园 Shenzhen Software Park	20178591.7	18560627.5	275637.0	1006361.0	334826.0
珠海高新区软件园 Zhuhai Software Park	1469980	1354550	41670	73760	68500
南宁软件园 Nanning Software Park	560300	36500	46448	112764	86563
天府软件园 Tianfu Software Park	3905800	2342800	806200	756800	415300
重庆高新区软件园 Chongqing Software Park					
云南软件园 Yunnan Software Park	217066	186846	8000	22220	7938
西安软件园 Xi'an Software Park	5835963	3978801	427803	812379	527483
兰州软件园 Lanzhou Software Park	129612	100111	20410	9091	5742
贵阳火炬软件园 Guiyang Torch Software Park	536976	115854.3	7100	414021.7	6836.7
宁波市软件与服务外包产业园 Ningbo Software Park	66560	6100	42300	18160	10600

8-8 软件产业基地研发支出情况

Expenditure on R&D of Software Industrial Bases

单位：千元 (1000 yuan)

软件产业基地 Software Industrial Base	科技活动经费支出总额 Expenditure on Science and Technology Activity	研究与试验发展经费支出 Expenditure on R&D	软件研发经费支出 Expenditure on Software R&D	新产品开发经费支出 Expenditure on New Product R&D
合　计 Total	**127937123**	**82052746**	**61290467**	**29739192**
北京软件产业基地 Beijing Software Industrial Base	31848375			
中关村软件园 Zhongguancun Software Park	9680000	9680000	9680000	
天津华苑软件园 Tianjin Huayuan Software Park	3038934	3038934	1519467	1261157
河北软件产业基地(石家庄) Hebei Software Base(Shijiazhuang)	190750	121115	67223	41521
山西软件园 Shanxi Software Park	230622	174956	125849	82501
内蒙古软件园 Inner Mongolia Software Park	186723	154980	134833	87641
大庆软件园 Daqing Software Park	628197	489399	436751	199622
东大软件园 Dongda Software Park	674021	559216	473897	356118
沈阳软件园 Shenyang Software Park	137169	95051	71338	47253
大连软件园 Dalian Software Park	2030174	1469188	1026732	577791
吉林软件园 Jilin Software Park	86000	67500	28500	11000
长春软件园 Changchun Software Park	538700	482600	425800	394500
上海软件园 Shanghai Software Park	3993108	3633543	3244158	1081291
江苏软件园 Jiangsu Software Park	1147530	994330	232120	154210
南京软件园 Nanjing Software Park	2406370	2069450	1862510	1396800
无锡软件园 Wuxi Software Park	7569124	6282373	3027649	2422120
苏州软件园 Suzhou Software Park	1949380	1406884	815975	574628
常州软件园 Changzhou Software Park	1241320	974110	711120	541210
杭州高新软件园 Hangzhou Hi-tech Software Park	7750801	5125857	4909597	323723

8-8 续表 continued

单位：千元 (1000 yuan)

软件产业基地 Software Industrial Base	科技活动经费支出总额 Expenditure on Science and Technology Activity	研究与试验发展经费支出 Expenditure on R&D	软件研发经费支出 Expenditure on Software R&D	新产品开发经费支出 Expenditure on New Product R&D
合肥软件园 Hefei Software Park	503567	326206	312589	172209
福州软件园 Fuzhou Software Park	1474800	1294320	1040651	762958
厦门软件园 Xiamen Software Park	1207835	967067	682374	457725
江西金庐软件园 Jiangxi Jinlu Software Park	532162	381038	331895	205923
齐鲁软件园 Qilu Software Park	4144218	3789456	2662716	1700798
青岛软件园 Qingdao Software Park	992826	595695	357417	206089
郑州软件产业园 Zhenzhou Software Park	620000	450000	307000	180000
湖北软件产业基地 Hubei Software Base	2576967	2009080	1592693	1239937
长沙软件园 Changsha Software Park	1745950	1522548	1135680	964425
广州软件园 Guangzhou Software Park	7177918	5682720	5629850	4047507
深圳软件园 Shenzhen Software Park	18036517	17315904	11114822	6405129
珠海高新区软件园 Zhuhai Software Park	1455000	1178000	899550	98000
南宁软件园 Nanning Software Park	498520	287020	227328	193760
天府软件园 Tianfu Software Park	3826000	3587500	2955100	1478000
重庆高新区软件园 Chongqing Software Park				
云南软件园 Yunnan Software Park	180072	124690	94013	85019
西安软件园 Xi'an Software Park	6819201	5041510	2579263	1754080
兰州软件园 Lanzhou Software Park	95567	49644	40200	32870
贵阳火炬软件园 Guiyang Torch Software Park	111905	77663	71108	63678
宁波市软件与服务外包产业园 Ningbo Software Park	610800	553200	462700	138000

第九部分

火炬计划特色产业基地

The Ninth Part

Torch Program Specialized Industrial Bases

9-1 火炬计划特色产业基地主要情况

General Statistics of Torch Program Specialized Industrial Bases

年 份 Year	基地数 (个) Number of Industrial Bases (unit)	基地内企业数 (个) Number of Tenants (unit)	工业总产值 (亿元) Gross Industrial Output Value (100 million yuan)	总收入 (亿元) Total Income (100 million yuan)	上缴税额 (亿元) Taxes Submitted (100 million yuan)	净利润 (亿元) Net Profit (100 million yuan)	出口创汇 (亿美元) Export (100 million USD)
2003	47	4272	3603.9	3461.5	185.1	239.2	61.2
2004	79	12050	7331.2	7181.0	362.5	465.9	154.2
2005	128	17691	11765.4	11566.2	643.4	711.6	264.3
2006	133	26563	15095.6	15003.9	806.6	938.6	347.2
2007	169	39233	21925.1	22893.4	1053.7	1348.9	578.5
2008	209	49139	29153.0	28716.0	1649.5	2006.4	792.8
2009	235	67990	37183.6	36759.2	2558.5	2712.9	836.1
2010	248	82520	47583.2	47878.5	3472.9	3659.4	1116.1
2011	288	85394	60681.6	61061.4	3606.6	4472.9	1364.6
2012	314	93128	69539.1	68648.3	3844.1	4819.8	1463.7

9-2 火炬计划特色产业基地经济指标

特色产业基地 Specialized Industrial Bases	基地内企业数 （个） Number of Enterprises (unit)
合　计 **Total**	**93128**
国家火炬计划北京大兴新媒体产业基地 China Torch Program New Media Industrial Base of Beijing Daxing	1400
国家火炬计划大兴节能环保特色产业基地 China Torch Program Energy Saving and Environmental Protection Industrial Base of Beijing Daxing	66
国家火炬计划天津现代纺织特色产业基地 China Torch Program Modern Textile Industrial Base of Tianjin	25
国家火炬计划东丽节能装备特色产业基地 China Torch Program Energy Saving Equipment Industrial Base of Tianjin Dongli	110
国家火炬计划西青信息安全特色产业基地 China Torch Program Information Security Industrial Base of Xiqing	19
国家火炬天津中北汽车特色产业基地 China Torch Program Zhongbei Automobile Industrial Base of Tianjin	180
国家火炬天津京滨石油装备特色产业基地 China Torch Program Jingbin Petroleum Equipment Industrial Base of Tianjin	80
国家火炬天津武清新材料特色产业基地 China Torch Program Advanced Material Industrial Base of Tianjin Wuqing	93
国家火炬计划唐山陶瓷材料产业基地 China Torch Program Ceramic Industrial Base of Tangshan	192
国家火炬计划唐山焊接产业基地 China Torch Program Jointing Industrial Base of Tangshan	17
国家火炬唐山机器人特色产业基地 China Torch Program Robots Industrial Base of Tangshan	8
国家火炬计划邯郸新材料产业基地 China Torch Program Advanced Material Industrial Base of Handan	58
国家火炬计划宁晋太阳能硅材料产业基地 China Torch Program Solar Energy Silicon Material Industrial Base of Ningjin	11
国家火炬计划保定新能源与能源设备产业基地 China Torch Program New Energy and Energy Resource Equipment Industrial Base of Baoding	154
国家火炬计划安国现代中药产业基地 China Torch Program Modern Chinese Medicine Industrial Base of Anguo	73
国家火炬张家口新能源装备特色产业基地 China Torch Program New Energy Resource Equipment Industrial Base of Zhangjiakou.	22
国家火炬计划承德仪器仪表产业基地 China Torch Program Instrument Industrial Base of Chengde	87
国家火炬计划廊坊信息产业基地 China Torch Program IT Industrial Base of Langfang	111
国家火炬计划大城保温建材特色产业基地 China Torch Program Insulation Materials Industrial Base of Dacheng	164
国家火炬计划衡水工程橡胶特色产业基地 China Torch Program Engineering Rubber Industrial Base of Hengshui	198
国家火炬计划太原经济技术开发区煤机装备特色产业基地 China Torch Program Coal Machine Equipment Industrial Base of Taiyuan Economic and Technological Development Zone	37
国家火炬迎泽高端包装装备及材料特色产业基地 China Torch Program Hi-end Package Equipment and Material Industrial Base of Yingze	28
国家火炬太原钕铁硼材料特色产业基地 China Torch Program NdFeB Industrial Base of Taiyuan	35
国家火炬大同医药特色产业基地 China Torch Program Pharmacy Industrial Base of Datong	28
国家火炬永济电机特色产业基地 China Torch Program Motor Industrial Base of Yongji	39
国家火炬计划呼和浩特生物发酵特色产业基地 China Torch Program Biological Fermentation Industrial Base of Hohhot	11

Main Economic Indicators of Torch Program Specialized Industrial Bases

工业总产值 (千元) Gross Industrial Output Value (1000 yuan)	总收入 (千元) Total Income (1000 yuan)	上交税额 (千元) Taxes Submmitted (1000 yuan)	净利润 (千元) Net Profit (1000 yuan)	出口创汇 (千美元) Export (1000 USD)
6953909031	**6864829682**	**384409926**	**481984867**	**146372564**
4353590	17479600	479000	590670	
4445723	4212908	140179	279252	64607
3717750	3611140	63320	30200	11930
236753	206778	12144	22769	
130110	158600	12410	11690	1580
21425650	23655100	1730000	74500	1270550
5200000	7600000	258000	400000	9620
8200000	8100000	653000	671000	65217
1865000	2916000	102300	279000	17000
3666420	2757730	136830	418940	43120
2673260	2384950	257954	457512	11429
9164200	9139600	711760	2660840	86230
15973780	19577230	231870	-715420	923380
29807980	29749410	650000	-5000000	950000
8973000	8698000	168000	770000	17930
976230	1144449	29984	-200196	
4060000	3890000	540000	310000	10600
5600000	13400000	1100000	4000000	600000
6108250	5818600	144240	548220	227820
13000000	12980000	240000		
5503700	4516860	291080	448170	6000
3112105	5163080	142090	355500	45480
6516170	5857860	156400	35490	19998
4208660	3373121	330270	272320	8634
5783140	7319187	199340	253940	11263
11857560	11613290	95230	1778850	

9-2　续表 1

特色产业基地 Specialized Industrial Bases	基地内企业数 (个) Number of Enterprises (unit)
国家火炬计划大连双D港生物医药产业基地 China Torch Program Biological Medicine Industrial Base of Dalian Double D Port	93
国家火炬计划鞍山柔性输配电及冶金自动化装备产业基地 China Torch Program Flexible Transmission and Distribution Automation Equipment and Metallurgical Industrial Base of Anshan	125
国家火炬计划本溪中药科技产业基地 China Torch Program Chinese Medicine Science and Technology Industrial Base of Benxi	291
国家火炬计划锦州硅材料及太阳能电池产业基地 China Torch Program Silicon Material and Solar Cell Industrial Base of Jingzhou	61
国家火炬计划阜新液压装备特色产业基地 China Torch Program Hydraulic Equipment Industrial Base of Fuxin	26
国家火炬计划盘锦石油装备制造特色产业基地 China Torch Program Petroleum Equipment Manufacturing Industrial Base of Panjin	470
国家火炬辽宁换热设备特色产业基地 China Torch Program Heat Transmission Equipment Industrial Base of Liaoning	239
国家火炬铁岭石油装备特色产业基地 China Torch Program Petroleum Equipment Industrial Base of Tieling	42
国家火炬计划朝阳新能源电器特色产业基地 China Torch Program New Energy Industrial Base of Liaoning Chaoyang	207
国家火炬计划辽宁(万家)数字技术特色产业基地 China Torch Program Digital Technology Industrial Base of Liaoning	215
国家火炬计划吉林电力电子产业基地 China Torch Program Electric Power and Electronics Industrial Base of Jilin	99
国家火炬计划通化生物医药产业基地 China Torch Program Biological Medicine Industrial Base of Tonghua	78
国家火炬计划通化县中药产业基地(长白山药谷) China Torch Program Chinese Medicine Industrial Base of Tonghua (Changbaishan Medicine Valley)	21
国家火炬计划敦化中药产业基地 China Torch Program Chinese Medicine Industrial Base of Dunhua	12
国家火炬计划哈尔滨抗生素产业基地 China Torch Program Antibiotic Industrial Base of Harbin	6
国家火炬计划哈尔滨发电设备产业基地 China Torch Program Power Generating Equipment Industrial Base of Harbin	105
国家火炬计划哈尔滨汽车制造特色产业基地 China Torch Program Automotive Industrial Base of Harbin	340
国家火炬计划哈尔滨新媒体特色产业基地 China Torch Program New Media Industrial Base of Harbin	395
国家火炬计划齐齐哈尔重型机械装备特色产业基地 China Torch Program Heavy Machinery and Equipment Industrial Base of Qiqihar	57
国家火炬计划大庆市宏伟石化产业基地 China Torch Program Hongwei Petrochemical Industrial Base of Daqing	93
国家火炬计划大庆新型复合材料及制品产业基地 China Torch Program Advanced Composite Materials and Products Industrial Base of Daqing	27
国家火炬计划大庆石油石化装备制造特色产业基地 China Torch Program Petroleum and Petrochemical Equipment Manufacturing Industrial Base of Daqing	399
国家火炬计划牡丹江特种材料产业基地 China Torch Program Special Material Industrial Base of Mudanjiang	87
国家火炬计划上海南汇医疗器械产业基地 China Torch Program Medical Machinery Industrial Base of Shanghai Nanhui	110
国家火炬计划上海张堰新材料深加工产业基地 China Torch Program Zhangyan New Materials Deep Processing Industrial Base of Shanghai	130
国家火炬计划上海奉贤输配电产业基地 China Torch Program Electrical Power Transmission and Distribution Industrial Base of Shanghai Fengxian	236

continued 1

工业总产值 (千元) Gross Industrial Output Value (1000 yuan)	总收入 (千元) Total Income (1000 yuan)	上交税额 (千元) Taxes Submmitted (1000 yuan)	净利润 (千元) Net Profit (1000 yuan)	出口创汇 (千美元) Export (1000 USD)
13633293	13596627	313825	846603	240345
12600745	13562717	693345	675205	15796
17300000	21050000	2080723	2550886	84000
11542036	11352156	575000	496940	21941
3502000	5500000	39000	45000	181000
36047690	61158054	1622910	2444840	254020
16377860	15481560	202730	1502190	1931
4637000	4514337	335370	384300	
3011340	2819340	240000	563868	
6620000	6370000	438600	518000	
3676211	3677103	27900	331020	23080
49928180	46776220	1446430	3904830	13390
2435100	1913350	1098760	1025700	9200
4235573	3393718	503556	403754	
10237380	10068910	678824	1736873	95356
20100000	20302000	1850000	920000	
24500000	25601317	880000	1057640	110000
8601010	7102031	850010	1200302	3200
21080800	20234000	1200300	500800	46550
49788257	48263510	4179361	2046708	
4872654	4401243	67400	52503	
9881323	9881323	929968	522569	176028
6861000	6850000	135000	650000	66000
2890740	2830079	162421	348131	232963
10694270	9803643	226000	345465	
12754300	12754300	1542900	1011420	429170

9-2 续表 2

特色产业基地 Specialized Industrial Bases	基地内企业数（个） Number of Enterprises (unit)
国家火炬计划上海安亭汽车零部件产业基地 China Torch Program Anting Automobile Parts Industrial Base of Shanghai	358
国家火炬计划上海青浦新材料产业基地 China Torch Program New Materials Industrial Base of Shanghai Qingpu	42
国家火炬计划环同济研发设计服务特色产业基地 China Torch Program R&D Design Services Industrial Base of Tongji Circle	1982
国家火炬计划上海枫泾新能源特色产业基地 China Torch Program Fengjing New Energy Industrial Base of Shanghai	64
国家火炬计划江苏沿江对俄合作高新技术产业基地 China Torch Program River-edge Russia Cooperation Hi-tech Industrial Base of Jiangsu	35
国家火炬江宁智能电网产业基地 China Torch Program Intelligent Electrical Net Industrial Base of Jiangning	138
国家火炬计划南京市浦口生物医药产业基地 China Torch Program Biological Medicine Industrial Base of Nanjing Pukou	40
国家火炬计划南京精细化工产业基地 China Torch Program Fine Chemical Industrial Base of Nanjing	34
国家火炬计划江宁可再生能源特色产业基地 China Torch Program Renewable Energy Industrial Base of Jiangning	32
国家火炬计划南京雨花现代通信软件特色产业基地 China Torch Program Modern Communications Software Industrial Base of Nanjing Yuhua	120
国家火炬南京建邺移动互联特色产业基地 China Torch Program Mobile Internet Industrial Base of Nanjing Jianye	50
国家火炬计划宜兴非金属材料产业基地 China Torch Program Nonmetallic Material Industrial Base of Yixing	596
国家火炬计划锡山新材料产业基地 China Torch Program New Material Industrial Base of Xishan	167
国家火炬计划惠山特种冶金新材料产业基地 China Torch Program New and Special Metallurgy Material Industrial Base of Huishan	264
国家火炬计划江阴高性能合金材料及制品产业基地 China Torch Program Hi-capability Composite Material and Products Industrial Base of Jiangyin	65
国家火炬计划无锡新区汽车电子及部件产业基地 China Torch Program Automobile Electronic and Parts Industrial Base of Wuxi New District	178
国家火炬计划宜兴电线电缆产业基地 China Torch Program Electric Wire and Cable Industrial Base of Yixing	210
国家火炬计划无锡轻型多功能电动车产业基地 China Torch Program Light Multifunctional Electric Automobile Industrial Base of Wuxi	71
国家火炬计划江阴风电装备特色产业基地 China Torch Program Wind Power Equipment Industrial Base of Jiangyin	32
国家火炬计划惠山风电关键零部件特色产业基地 China Torch Program Wind Power Key Parts Industrial Base of Huishan	31
国家火炬计划宜兴环保装备制造及服务特色产业基地 China Torch Program Environmental Protection Equipment Manufacturing and Services Industrial Base of Yixing	1473
国家火炬计划无锡滨湖高效节能装备特色产业基地 China Torch Program High Efficiency and Energy Saving Equipment Industrial Base of Wuxi Binhu	85
国家火炬江阴物联网特色产业基地 China Torch Program Internet of Things Industrial Base of Jiangyin	83
国家火炬计划徐州工程机械产业基地 China Torch Program Construction Machinery Industrial Base of Xuzhou	267
国家火炬计划徐州经济开发区新能源特色产业基地 China Torch Program New Energy Industrial Base of Xuzhou Economic Development Zone	20
国家火炬计划常州轨道交通车辆及部件产业基地 China Torch Program Rail Traffic Vehicle and Parts Industrial Base of Changzhou	45
国家火炬计划常州市新北区“三药”科技产业基地 China Torch Program Triadic Medicine Industrial Base of Changzhou Xinbei District	125

continued 2

工业总产值 (千元) Gross Industrial Output Value (1000 yuan)	总收入 (千元) Total Income (1000 yuan)	上交税额 (千元) Taxes Submmitted (1000 yuan)	净利润 (千元) Net Profit (1000 yuan)	出口创汇 (千美元) Export (1000 USD)
55365520	66003620	2661630	5282160	969970
25475166	20166800	405244	1044386	150872
19563200	19563200	632000	450150	
4559169	4699907	263414	319192	240907
9589247	9145261	389777	661063	250802
38036000	34326500	3041000	2900000	631200
4375121	4301255	162550	291715	35121
14311890	14042556	308592	828500	123650
10152000	9731200	792300	823100	151200
	42700000	1352200	3416000	665000
	900637	166534	98047	20054
45391843	42365720	1040941	2265178	123000
34727000	34219000	1929000	2544000	415000
67623345	67612383	1678432	2295318	318974
42140000	42140000	1700000	2000000	644840
28368168	28370754	1718892	1570279	846577
85833865	82975524	1822160	2992314	208601
12720000	13115000	167000	742000	104000
13130000	12625000	663000	2040000	357000
1525516	2175768	48513	48700	
40122148	37996631	3177496	2655320	44125
10400000	10400000	1200000	3800000	108000
10896532	10896532	850000	1440000	689150
67300000	69820000	2570000	3270000	912000
14350000	13720000	193000	-1230000	158000
20300000	21005000	4466000	2639000	798000
14600000	14000000	1020000	1199000	369000

9-2 续表 3

特色产业基地 Specialized Industrial Bases	基地内企业数 (个) Number of Enterprises (unit)
国家火炬计划武进特种材料产业基地 China Torch Program Special Material Industrial Base of Wujin	260
国家火炬计划金坛精细化学品产业基地 China Torch Program Fine Chemical Industrial Base of Jintan	93
国家火炬计划常州输变电设备产业基地 China Torch Program Power Transmission and Distribution Industrial Base of Changzhou	625
国家火炬计划常州湖塘新型色织面料特色产业基地 China Torch Program New Yarn Dyed Fabric Industrial Base of Changzhou Hutang	2256
国家火炬计划昆山传感器产业基地 China Torch Program Sensors Industrial Base of Kunshan	115
国家火炬计划吴中医药产业基地 China Torch Program Chinese Medicine Industrial Base of Wuzhong	40
国家火炬计划吴江光电缆产业基地 China Torch Program Fiber Optic Cable Industrial Base of Wujiang	59
国家火炬计划常熟高分子材料产业基地 China Torch Program Polymer Material Industrial Base of Changshu	228
国家火炬计划昆山模具产业基地 China Torch Program Modules Industrial Base of Kunshan	952
国家火炬计划太仓特种功能新材料产业基地 China Torch Program New and Special Capability Material Industrial Base of Taicang	68
国家火炬计划苏州汽车零部件产业基地 China Torch Program Automobile Parts Industrial Base of Suzhou	182
国家火炬计划常熟电气机械产业基地 China Torch Program Electrical and Mechanical Industrial Base of Changshu	202
国家火炬计划张家港精细化工产业基地 China Torch Program Fine Chemical Industrial Base of Zhangjiagang	48
国家火炬计划昆山电路板特色产业基地 China Torch Program Circuit Board Industrial Base of Kunshan	96
国家火炬计划昆山可再生能源特色产业基地 China Torch Program Renewable Energy Industrial Base of Kunshan	23
国家火炬昆山高端装备制造产业基地 China Torch High-end Equipment Manufacturing Industrial Base of Kunshan	118
国家火炬苏州高新区医疗器械特色产业基地 China Torch Medical Devices Industrial Base of Suzhou High-tech Zones	106
国家火炬张家港锂电特色产业基地 China Torch Lithium Electricity Industrial Base of Zhangjiagang	29
国家火炬江苏昆山机器人特色产业基地 China Torch Robot Industrial Base of Jiangsu Kunshan	25
国家火炬苏州工业园区生物医药特色产业基地 China Torch Bio-medicine Industrial Base of Suzhou Industrial Park	376
国家火炬苏州汾湖超高速节能电梯特色产业基地 China Torch Ultra High Speed Energy Saving Elevator Industrial Base of Suzhou Fenhu	86
国家火炬计划南通化工新材料产业基地 China Torch Program Advanced Chemical Material Industrial Base of Nantong	92
国家火炬计划通州电子元器件及材料产业基地 China Torch Program Electronic Components and Material Industrial Base of Tongzhou	142
国家火炬计划启东生物医药产业基地 China Torch Program Biological Medicine Industrial Base of Qidong	64
国家火炬计划海安电梯设备产业基地 China Torch Program Elevator Equipment Industrial Base of Hai'an	49
国家火炬计划海安建材机械装备特色产业基地 China Torch Program Building Machinery and Equipment Industrial Base of Hai'an	133

continued 3

工业总产值 (千元) Gross Industrial Output Value (1000 yuan)	总收入 (千元) Total Income (1000 yuan)	上交税额 (千元) Taxes Submmitted (1000 yuan)	净利润 (千元) Net Profit (1000 yuan)	出口创汇 (千美元) Export (1000 USD)
58500000	55600000	2500000	2900000	850000
8400000	8400000	2096200	1250000	415000
71387300	68862000	3701256	2678000	3130000
30526980	29268510	581350	812591	173318
2300000	1660000	35000	45000	103000
10216575	9807943	924911	863213	143162
22000000	20000000	260000	360000	160000
42820000	43040000	3250000	3430000	867000
14970000	14266000	1321000	1059000	297000
19511000	19780000	1169000	1549000	212000
54106000	53933000	1761000	4825000	1250000
62640000	62390000	3770000	3820000	294000
13155481	13041882	632632	865864	655257
31500000	31800000	3100000	4200000	1800000
2845000	1300000	130000	65000	190000
19191606	18690761	114007	781669	29681
2665400	2813400	95757	145650	170632
2533432	2420361	219966	344409	67749
1520000	1396000	49400	34800	20000
18807322	18683265	1822354	2773407	163881
8062000	8013250	543791	719220	7059
41363817	35969207	2941835	3418817	1510658
44670744	41844726	4186822	3996518	1251913
7756898	7426583	1130870	989563	138131
6885000	6511000	698800	701800	127000
17352600	17124800	2021300	2744900	158300

9-2 续表 4

特色产业基地 Specialized Industrial Bases	基地内企业数（个） Number of Enterprises (unit)
国家火炬启东节能环保装备及基础件特色产业基地 China Torch Program Energy Conservation and Environmental Protection Equipment and Basic Parts Industrial Base of Qidong	97
国家火炬海安锻压装备特色产业基地 China Torch Forging and Pressing Equipment Industrial Base of Hai'an	60
国家火炬如皋输变电装备特色产业基地 China Torch Power Transmission and Transformation Equipment Industrial Base of Rugao	74
国家火炬计划海门新材料产业基地 China Torch Program New Material Industrial Base of Haimen	52
国家火炬计划连云港新医药产业基地 China Torch Program Advanced Medicine Industrial Base of Lianyungang	66
国家火炬计划东海硅材料产业基地 China Torch Program Silicon Material Industrial Base of Donghai	263
国家火炬计划金湖石油机械特色产业基地 China Torch Program Petroleum Machinery Industrial Base of Jinhu	19
国家火炬计划盐城纺织机械产业基地 China Torch Program Textile Machinery Industrial Base of Yancheng	126
国家火炬计划盐城环保装备特色产业基地 China Torch Program Environmental Protection Equipment Industrial Base of Yancheng	172
国家火炬计划建湖石油装备特色产业基地 China Torch Program Petroleum Equipment Industrial Base of Jianhu	612
国家火炬计划盐城绿色能源特色产业基地 China Torch Program Green Energy Industrial Base of Yancheng	122
国家火炬计划盐城汽车零部件及装备特色产业基地 China Torch Program Auto Parts and Equipment Industrial Base of Yancheng	48
国家火炬响水盐化工特色产业基地 China Torch Salt Chemical Industrial Base of Xiangshui	33
国家火炬滨海高分子新材料特色产业基地 China Torch High Polymer New Material Industrial Base of Binhai	42
国家火炬计划邗江数控金属板材加工设备产业基地 China Torch Program Digital Control Metal Sheet Processing Equipments Industrial Base of Hanjiang	46
国家火炬计划扬州汽车及零部件产业基地 China Torch Program Automobile Parts Industrial Base of Yangzhou	138
国家火炬计划扬州绿色新能源特色产业基地 China Torch Program Green New Energy Industrial Base of Yangzhou	84
国家火炬计划扬州智能电网特色产业基地 China Torch Program Smart Grid Industrial Base of Yangzhou	132
国家火炬江都建材机械装备特色产业基地 China Torch Building Materials Equipment Industrial Base of Jiangdu	116
国家火炬邗江硫资源利用装备特色产业基地 China Torch Sulfur Resource Utilization Equipments Industrial Base of Hanjiang	36
国家火炬高邮特种电缆特色产业基地 China Torch Special Cable Industrial Base of Gaoyou	68
国家火炬计划扬中电力电器产业基地 China Torch Program Electric Power Apparatus Industrial Base of Yangzhong	110
国家火炬计划镇江光电子与通信元器件产业基地 China Torch Program Optic Electronic and Telecommunication Components and Apparatuses Industrial Base of Zhenjiang	120
国家火炬计划丹阳新材料产业基地 China Torch Program New Material Industrial Base of Danyang	198
国家火炬计划镇江沿江绿色化工产业基地 China Torch Program River-edge Green Chemical Industrial Base of Zhenjiang	92
国家火炬计划镇江特种船舶及海洋工程装备特色产业基地 China Torch Program Special Ship and Marine Engineering Equipment Iudustrial Base of Zhenjiang	82
国家火炬计划姜堰汽车关键零部件产业基地 China Torch Program Automobile Key Parts Industrial Base of Jiangyan	93

continued 4

工业总产值 (千元) Gross Industrial Output Value (1000 yuan)	总收入 (千元) Total Income (1000 yuan)	上交税额 (千元) Taxes Submmitted (1000 yuan)	净利润 (千元) Net Profit (1000 yuan)	出口创汇 (千美元) Export (1000 USD)
11383572	10749085	1277455	1399176	46779
6830000	7000000	216000	628000	98000
6464000	6304000	279000	586810	20158
20528670	20073890	1372500	1543250	334200
23874108	21566985	2972992	3739196	59642
13100000	12830000	420000	810000	150000
4236960	4015360	117108	201840	66210
5915800	6224900	343200	501600	101200
17237000	19681200	128700	1476200	196900
12500000	12100000	590000	620000	300000
3933600	4281200	13840	33550	9450
30593200	26417600	1757800	2345200	145200
7345800	7093590	268140	376470	310070
7626040	7226010	354350	38388	54110
14200000	13910000	62331	92103	36500
50181380	50379980	3090770	3540948	739475
40360000	40360000	850000	1960000	890000
34970600	34020340	1907500	1854999	937261
22000000	21000000	1100000	2300000	2032250
7960000	7612350	48512	43135	41230
13623470	12093160	859171	796123	88612
33800000	31200000	2129600	1754500	508200
16213210	14335420	1200456	1734211	701215
53707594	46376720	3315473	4114357	695236
37521564	32628527	2144652	3624564	622432
14526541	12334251	832412	1243251	1323542
22500000	21500000	1900000	2300000	170000

9-2 续表 5

特色产业基地 Specialized Industrial Bases	基地内企业数 (个) Number of Enterprises (unit)
国家火炬计划靖江微特电机及控制产业基地 China Torch Program Special and Micro Motor Industrial Base of Jingjiang	88
国家火炬计划泰兴精细与专用化学品产业基地 China Torch Program Fine and Special Industrial Base of Taixing	132
国家火炬计划泰州医药产业基地 China Torch Program Medicine Industrial Base of Taizhou	261
国家火炬计划兴化特种合金材料及制品产业基地 China Torch Program Special Alloy Material and Products Industrial Base of Xinghua	252
国家火炬泰州光伏与储能新能源特色产业基地 China Torch Program Photovoltaic and Energy Storage New Energy Industrial Base of Taizhou	256
国家火炬泰州新技术船舶特色产业基地 China Torch New Technology Boats and Ships Industrial Base of Taizhou	445
国家火炬计划富阳光通信产业基地 China Torch Program Optic Telecommunication Industrial Base of Fuyang	37
国家火炬计划萧山高性能机电基础件产业基地 China Torch Program High Capability Electromechanical Foundation Parts Industrial Base of Xiaoshan	261
国家火炬计划临安电线电缆产业基地 China Torch Program Electric Wire and Cable Industrial Base of Lin'an	243
国家火炬计划宁波电子信息产业基地 China Torch Program Electronic Information Industrial Base of Ningbo	130
国家火炬计划北仑注塑机产业基地 China Torch Program Injection Molding Machine Industrial Base of Beilun	63
国家火炬计划宁波鄞州新型金属材料产业基地 China Torch Program Automobile Parts Industrial Base of Ningbo Yinzhou	182
国家火炬计划宁波江北先进通用设备制造特色产业基地 China Torch Program General Advanced Equipment Manufacturing Industrial Base of Ningbo Jiangbei	108
国家火炬计划宁波鄞州汽车零部件特色产业基地 China Torch Program Automobile Parts Industrial Base of Ningbo Yinzhou	166
国家火炬计划宁波高新区绿色能源与照明特色产业基地 China Torch Program Green Energy and Lighting Industrial Base of Ningbo National High-tech Zone	130
国家火炬计划宁波余姚塑料模具特色产业基地 China Torch Program Plastic mold Industrial Base of Ningbo Yuyao	1170
国家火炬计划乐清智能电器产业基地 China Torch Program Intelligent Electrical Appliances Industrial Base of Yueqing	85
国家火炬计划永嘉特种泵阀产业基地 China Torch Program Special Pump Valve Industrial Base of Yongjia	50
国家火炬计划龙湾阀门特色产业基地 China Torch Program Valve Industrial Base of Longwan	62
国家火炬计划海宁软磁材料产业基地 China Torch Program Soft Magnetic Material Industrial Base of Haining	38
国家火炬计划桐乡新型纤维产业基地 China Torch Program New Type Fiber Industrial Base of Tongxiang	9
国家火炬计划嘉兴电子信息产业基地 China Torch Program Electronic Information Industrial Base of Jiaxing	76
国家火炬计划平湖光机电特色产业基地 China Torch Program Mechatronic Industrial Base of Pinghu	114
国家火炬计划嘉善新型电子元器件产业基地 China Torch Program New Type Electric Components Industrial Base of Jiashan	240
国家火炬计划海宁纺织新材料产业基地 China Torch Program Advanced Textile Material Industrial Base of Haining	32
国家火炬计划嘉兴汽车零部件特色产业基地 China Torch Program Automobile Parts Industrial Base of Jiaxing	53

continued 5

工业总产值 (千元) Gross Industrial Output Value (1000 yuan)	总收入 (千元) Total Income (1000 yuan)	上交税额 (千元) Taxes Submmitted (1000 yuan)	净利润 (千元) Net Profit (1000 yuan)	出口创汇 (千美元) Export (1000 USD)
14554700	13099200	1182800	1517600	281070
38478800	34215873	2241045	1808680	635000
67100000	49430000	4128000	2993000	288000
48070000	47100000	2640000	2922800	750000
27230890	27230890	820260	427700	429840
76880000	71430000	8652000	9511000	1185000
16697741	15798833	281905	619032	107016
33826980	32628280	1970540	1985320	1738800
12224369	10530012	243078	2198068	47300
22214061	36302144	1217651	123759	382562
12571090	12683900	682610	1194078	277315
21036800	19886250	1827302	1953514	537000
23056325	22439255	91525	891354	983523
15764454	14936275	1000407	2083715	703200
11539439	12556748	373616	982777	702124
110680000	78570000	8600000	7770000	1416000
32362651	32365019	1935643	2815473	590165
9833120	9774536	1051422	2033640	182549
3138000	3138000	118831	185410	114373
1726364	1533970	33097	7407	59989
22279968	22874446	743204	804676	440541
14438092	13789506	368726	701677	744636
23075024	23075024	503749	1225658	1753702
13625085	12750226	124006	-29552	872171
8893752	8577670	229782	273594	666642
16511424	17254795	542831	1576399	551841

9-2 续表 6

特色产业基地 Specialized Industrial Bases	基地内企业数 (个) Number of Enterprises (unit)
国家火炬计划秀洲新能源特色产业基地 China Torch Program New Energy National High and New Technology Industrial Base of Xiuzhou	24
国家火炬计划长兴无机非金属新材料产业基地 China Torch Program Inorganic Nonmetallic Material Industrial Base of Changxing	110
国家火炬计划南浔特种电磁线产业基地 China Torch Program Special Electromagnetic Wire Industrial Base of Nanxun	28
国家火炬计划德清县生物与医药特色产业基地 China Torch Program Biology and Medicine Industrial Base of Deqing	34
国家火炬计划安吉竹精深加工特色产业基地 China Torch Program Deep Processing of Baboo Industrial Base of Anji	116
国家火炬吴兴特种金属管道特色产业基地 China Torch Special Metal Pipeline Industrial Base of Wuxing	23
国家火炬计划新昌医药产业基地 China Torch Program Medicine Industrial Base of Xinchang	60
国家火炬计划诸暨环保装备产业基地 China Torch Program Environment Protection Epuipment Industrial Base of Zhuji	43
国家火炬计划绍兴纺织产业基地 China Torch Program Textile Industrial Base of Shaoxing	216
国家火炬计划上虞精细化工产业基地 China Torch Program Fine Chemical Industrial Base of Shangyu	154
国家火炬计划绍兴纺织装备特色产业基地 China Torch Program Textile Equipment Industrial Base of Shaoxing	400
国家火炬计划兰溪天然药物产业基地 China Torch Program Natural Medicine Industrial Base of Lanxi	27
国家火炬计划东阳磁性材料产业基地 China Torch Program Magnetic Material Industrial Base of Dongyang	21
国家火炬计划宁波慈溪智能家电特色产业基地 China Torch Program Smart Home Appliances Industrial Base of Ningbo Cixi	235
国家火炬计划浙江衢州氟硅新材料产业基地 China Torch Program Fluosilicate New Materials Industrial Base of Zhejiang Quzhou	46
国家火炬计划衢州空气动力机械特色产业基地 China Torch Program Aerodynamic Machinery Industrial Base of Zhejiang Quzhou	20
国家火炬计划黄岩塑料模具产业基地 China Torch Program Plastic Modules Industrial Base of Huangyan	58
国家火炬计划台州市椒江缝制设备设计与制造产业基地 China Torch Program Sewing Equipment Manufacturers Industrial Base of Taizhou Jiaojiang	47
国家火炬计划浙江仙居甾体药物特色产业基地 China Torch Program Steroid Medicine Industrial Base of Zhejiang Xianju	23
国家火炬计划合肥公共安全信息技术特色产业基地 China Torch Program Public Safety Information Technology Industrial Base of Hefei	195
国家火炬计划无为特种电缆产业基地 China Torch Program Special Electrical Cable Industrial Base of Wuwei	268
国家火炬计划芜湖节能环保汽车及零部件高新技术特色产业基地 China Torch Program Energy-efficient Environmentally-friendly Vehicle and Parts of High-tech Industrial Base of Wuhu	126
国家火炬计划蚌埠精细化工特色产业基地 China Torch Program Electric Automation Industrial Base of Bengbu	84
国家火炬博望剪折机床及刃模具特色产业基地 China Torch Cutting and Bending Machine and Blade Mold Industrial Base of Bowang	654
国家火炬计划铜陵电子材料产业基地 China Torch Program Electronic Material Industrial Base of Tongling	303
国家火炬计划安庆汽车零部件高新技术特色产业基地 China Torch Program High-tech Automobile Parts Industrial Base of Anqing	22

continued 6

工业总产值 (千元) Gross Industrial Output Value (1000 yuan)	总收入 (千元) Total Income (1000 yuan)	上交税额 (千元) Taxes Submmitted (1000 yuan)	净利润 (千元) Net Profit (1000 yuan)	出口创汇 (千美元) Export (1000 USD)
5944778	5593582	255400	637473	205930
5528020	8018752	263050	514100	48390
12885756	12751805	524144	1214473	126924
11251319	11145689	833945	984356	411445
1882700	1885300	185000	159300	139900
6629908	7648722	114693	282997	180679
12810000	12134100	1280141	2510120	730000
8855721	8911258	492443	936675	121367
29381675	26153472	1272542	2347247	786542
55044050	51802190	1753140	3746670	85520
68745000	65035000	1896000	1460000	1287890
1943347	3111096	299241	115236	15667
6816929	6548471	421234	534050	228295
25400000	24700000	1940000	1290000	1580000
8533054	8923334	130067	682644	25708
5490509	5600400	250806	274153	9069
5315876	5211327	659391	471753	132981
3101373	2988274	141976	136413	190051
4097120	3529848	244560	422999	185633
21319646	22048111	2088088	3947737	50365
40653241	40467852	1058360	924522	3530
69998324	68596325	2029747	2033573	124231
23855514	23856420	1284000	1218900	232000
13829620	13824250	428900	114562	56540
41825620	40620000	899860	776540	199560
4212024	5950545	445760	516490	41851

9-2 续表 7

特色产业基地 Specialized Industrial Bases	基地内企业数 (个) Number of Enterprises (unit)
国家火炬黄山软包装新材料特色产业基地 China Torch Soft Package New Material Industrial Base of Huangshan	27
国家火炬计划滁州家电设计与制造特色产业基地 China Torch Program Home Appliance Design and Manufacturing Industrial Base of Chuzhou	874
国家火炬计划亳州中药特色产业基地 China Torch Program Chinese Medicine Industrial Base of Bozhou	74
国家火炬宁国橡塑密封件特色产业基地 China Torch Rubber Sealing Parts Industrial Base of Ningguo	185
国家火炬计划厦门视听通讯产业基地 China Torch Program Audiovisual Industrial Base of Xiamen	8
国家火炬计划厦门钨材料产业基地 China Torch Program Tungsten Material Industrial Base of Xiamen	3
国家火炬计划厦门电力电器产业基地 China Torch Program Electrical Power and Electrical Appliances Industrial Base of Xiamen	11
国家火炬厦门海沧区生物与新医药特色产业基地 China Torch Biological and New Medicine Industrial Base of Xiamen Haicang	7
国家火炬计划莆田液晶显示产业基地 China Torch Program Liquid Crystal Display Industrial Base of Putian	92
国家火炬计划泉州微波通信产业基地 China Torch Program Microwave Telecommunication Industrial Base of Quanzhou	35
国家火炬计划德化陶瓷产业基地 China Torch Program Ceramics Industrial Base of Dehua	1103
国家火炬计划泉州电子信息特色产业基地 China Torch Program Electronic Information Industrial Base of Quanzhou	1
国家火炬计划建瓯笋竹科技特色产业基地 China Torch Program Bamboo Shoots Industrial Base of Jianou	293
国家火炬福建福安中小电机特色产业基地 China Torch Small and Medium Electric Motor Industrial Base of Fujian Fu'an	146
国家火炬计划景德镇陶瓷新材料及制品产业基地 China Torch Program New Ceramic Materials and Products Industrial Base of Jingdezhen	3500
国家火炬计划九江星火有机硅材料产业基地 China Torch Program Xinghuo Organic Silicon Material Industrial Base of Jiujiang	78
国家火炬计划济南先进机电与装备制造产业基地 China Torch Program Advanced Electromechanical and Equipment Manufacturing Industrial Base of Jinan	72
国家火炬计划济南生物工程与新医药产业基地 China Torch Program Biological Engineering and Advanced Medicine Industrial Base of Jinan	381
国家火炬计划济南山大路电子信息产业基地 China Torch Electronic Information Industrial Base Program of Jinan Shandalu	323
国家火炬计划章丘有机高分子材料产业基地 China Torch Program Organic Polymer Material Industrial Base of Zhangqiu	50
国家火炬计划济南太阳能特色产业基地 China Torch Program Solar Energy Industrial Base of Jinan	12
国家火炬计划明水重型汽车先进制造特色产业基地 China Torch Program Heavy-duty Trucks Advanced Machinery Manufacturing Industrial Base of Mingshui	92
国家火炬明水先进机械制造特色产业基地 China Torch Advanced Mechanical Manufacturing Industrial Base of Mingshui	83
国家火炬济南新材料特色产业基地 China Torch Advanced Material Industrial Base of Jinan	44
国家火炬计划青岛新材料产业基地 China Torch Program New Material Industrial Base of Qingdao	52
国家火炬计划淄博生物医药产业基地 China Torch Program Biological Medicine Industrial Base of Zibo	53

continued 7

工业总产值 (千元) Gross Industrial Output Value (1000 yuan)	总收入 (千元) Total Income (1000 yuan)	上交税额 (千元) Taxes Submmitted (1000 yuan)	净利润 (千元) Net Profit (1000 yuan)	出口创汇 (千美元) Export (1000 USD)
2459328	2437797	168375	228970	44928
25154000	25100000	947000	1385000	370000
13280000	13156000	443000	703000	170000
10912500	12615000	276000	866468	312800
22835960	22127417	351990	726328	956692
5877545	6215665	107551	640991	180453
5364258	5379841	636430	862116	71378
2300410	2231871	206747	344636	73516
10666980	10373560	362510	105094	10062
3200500	3103000	216000	401050	22000
992000	992000	22400	23000	16160
23997	23627	1725	321	138
4688960	4525210	325630	586200	83400
25760000	25650000	258600	772800	635000
21500000	20000000	200000	550000	350000
20500000	20300000	449800	2500000	
19588574	18176080	681665	916166	157670
4544169	6443789	305612	704805	32625
13768547	11107635	514873	296478	79685
16487970	15877670	705412	1062941	117944
8120000	8060000	450000	640000	228000
21918150	21918150	517130	491640	32360
27094150	27094150	938230	1748670	131350
3181410	3157080	87740	101950	67000
854268	795628	45326	489128	47883
19807801	18956219	959498	968830	207805

9-2 续表 8

特色产业基地 Specialized Industrial Bases	基地内企业数 (个) Number of Enterprises (unit)
国家火炬计划淄博先进陶瓷产业基地 China Torch Program Advanced Ceramic Industrial Base of Zibo	47
国家火炬计划淄博博山泵类产业基地 China Torch Program Pump Valve Industrial Base of Zibo Boshan	308
国家火炬计划淄博功能玻璃特色产业基地 China Torch Program Functional Glass Industrial Base of Zibo	61
国家火炬计划广饶盐化工特色产业基地 China Torch Program Salt Chemical Industrial Base of Guangrao	37
国家火炬计划东营石油装备特色产业基地 China Torch Program Petroleum Equipment Industrial Base of Dongying	400
国家火炬计划广饶子午胎特色产业基地 China Torch Program Radial Tire Industrial of Guangrao	16
国家火炬计划招远电子信息材料产业基地 China Torch Program Electronic Information Industrial Base of Zhaoyuan	19
国家火炬计划烟台汽车零部件产业基地 China Torch Program Automobile Parts Industrial Base of Yantai	103
国家火炬烟台海洋生物与医药特色产业基地 China Torch Program Marine Biology and Medicine Industrial Base of Yantai	32
国家火炬计划潍坊动力机械特色产业基地 China Torch Program Power Machinery Industrial Base of Weifang	99
国家火炬计划潍坊电声器件特色产业基地 China Torch Program Electro-acoustic Devices Industrial Base of Weifang	76
国家火炬计划临朐磁电装备特色产业基地 China Torch Program Magnetoelectricity Equipment Industrial Base of Linqu	108
国家火炬计划潍坊光电特色产业基地 China Torch Program Photoelectric Industrial Base of Weifang	64
国家火炬寿光卤水综合利用特色产业基地 China Torch Brine Comprehensive Utilization Industrial Base of Shouguang	85
国家火炬山东诸城汽车及零部件特色产业基地 China Torch Automobile and Parts Industrial Base of Shandong Zhucheng	134
国家火炬潍坊生物医药特色产业基地 China Torch Bio-medicine Industrial Base of Weifang	101
国家火炬计划济宁生物技术产业基地 China Torch Program Biological Technology Industrial Base of Jining	36
国家火炬计划济宁工程机械产业基地 China Torch Program Engineering Machinery Industrial Base of Jining	176
国家火炬计划济宁纺织新材料产业基地 China Torch Program Advanced Textile Material Industrial Base of Jining	25
国家火炬计划济宁光电特色产业基地 China Torch Program Photoelectric Industrrial Base of Jining	32
国家火炬计划泰安非金属新材料产业基地 China Torch Program Nonmetallic New Material Industrial Base of Tai'an	60
国家火炬计划泰安输变电器材产业基地 China Torch Program Electrical Power Transmission and Distribution Apparatus Industrial Base of Tai'an	30
国家火炬计划威海高新区办公自动化设备特色产业基地 China Torch Program Office Automation Equipment Industrial Base of Weihai High Tech Zone	50
国家火炬莱芜粉末冶金特色产业基地 China Torch Powder Metallurgy Industrial Base of Laiwu	31
国家火炬计划临沭复合肥产业基地 China Torch Program Compound Fertilizer Industrial Base of Linshu	61
国家火炬计划沂水功能性生物糖特色产业基地 China Torch Program Function Biological of Sugar Industrial Base of Yishui	38

continued 8

工业总产值（千元）Gross Industrial Output Value (1000 yuan)	总收入（千元）Total Income (1000 yuan)	上交税额（千元）Taxes Submmitted (1000 yuan)	净利润（千元）Net Profit (1000 yuan)	出口创汇（千美元）Export (1000 USD)
7229317	7154682	461063	412133	119284
6826462	5862354	2785641	988650	156584
10780169	10089520	756314	623148	283587
23245980	21879540	455610	17143580	657950
78608000	55048000	11094000	8019000	835000
36778950	25567830	1212550	3456740	521940
10096256	9848792	292786	394757	84094
14609250	14791860	847120	924150	601000
5462179	5496508	206495	367458	142856
64763538	64198597	4053403	7184116	1128254
13247521	12558592	504667	2013273	1146632
1936259	1400850	146824	276890	8154
12358912	10299736	614591	1406397	931821
24500000	24500000	250000	23000	100000
22625920	20327690	606000	585740	138240
4325438	4298543	128460	525320	9200
17057609	15084164	445251	873894	84652
27138544	30468748	1036658	130698	507650
22839480	22010832	1031520	763625	245381
2491688	2250095	64605	148547	3132
20625371	19651296	954515	1062137	455531
13952787	14162178	766793	1125161	115509
15736530	16435660	654296	899657	1695664
2041200	2013580	413600	125370	60583
33742000	31176200	2060000	2136500	645500
10134000	10014500	273000	389000	78900

特色产业基地 Specialized Industrial Bases	基地内企业数 (个) Number of Enterprises (unit)
国家火炬计划禹城生物技术产业基地 China Torch Program Biological Technology and New Material Industrial Base of Yucheng	59
国家火炬计划德州新能源特色产业基地 China Torch Program New Energy Industrial Base of Dezhou	58
国家火炬高唐非木纤维浆纸及制品特色产业基地 China Torch Non-wood Fiber Pulp and Products Industrial Base of Gaotang	49
国家火炬计划鲁北海洋科技产业基地 China Torch Program Marine Science and Technology Industrial Base of Northern Shandong	26
国家火炬单县光伏光热特色产业基地 China Torch Program Photoelectric Solar-thermal Industrial Base of Shan	11
国家火炬计划河南超硬材料产业基地 China Torch Program Super Hard Material Industrial Base of Henan	194
国家火炬计划郑州精密合金产业基地 China Torch Program Fine Metal Industrial Base of Zhengzhou	59
国家火炬开封空分设备特色产业基地 China Torch Air Separation Units Industrial Base of Kaifeng	32
国家火炬计划长垣起重机械产业基地 China Torch Program Hoisting Machinery Industrial Base of Changyuan	211
国家火炬计划新乡生物医药特色产业基地 China Torch Program Biomedical Industrial Base of Xinxiang	9
国家火炬计划焦作汽车零部件特色产业基地 China Torch Program Automobile Parts Industrial Base of Jiaozuo	107
国家火炬计划濮阳生物化工产业基地 China Torch Program Biological Chemical Industrial Base of Puyang	145
国家火炬计划济源矿用机电产业基地 China Torch Program Mineral Electromechanic Industrial Base of Jiyuan	36
国家火炬计划武汉新材料产业基地 China Torch Program New Material Industrial Base of Wuhan	136
国家火炬计划武汉汽车电子产业基地 China Torch Program Automobile Electronic Industrial Base of Wuhan	71
国家火炬计划武汉青山环保产业基地 China Torch Program Environment Protection Industrial Base of Wuhan Qingshan	153
国家火炬计划武汉江夏装备制造特色产业基地 China Torch Program Equipment Manufacturing Industrial Base of Wuhan Jiangxia	76
国家火炬计划武汉阳逻钢结构特色产业基地 China Torch Program Steel Structure Industrial Base of Wuhan Yangluo	105
国家火炬计划十堰汽车关键零部件产业基地 China Torch Program Automobile key Parts Industrial Base of Shiyan	524
国家火炬计划谷城节能与环保产业基地 China Torch Program Energy Saving and Environment Protection Industrial Base of Gucheng	29
国家火炬计划襄樊汽车动力与部件产业基地 China Torch Program Automobile Power and Parts Industrial Base of Xiangfan	345
国家火炬计划襄樊节能电机与控制设备产业基地 China Torch Program Energy-saving Motor and Control Equipment Industrial Base of Xiangfan	79
国家火炬计划葛店生物技术与新医药产业基地 China Torch Program Biological Technology and Advanced Medicine Industrial Base of Gedian	387
国家火炬计划应城精细化工新材料产业基地 China Torch Program Advanced Fine Chemical Material Industrial Base of Yingcheng	97
国家火炬计划湖北安陆粮食机械特色产业基地 China Torch Program Food Machinery Industrial Base of Hubei Anlu	35
国家火炬英山汽车零部件特色产业基地 China Torch Program Auto Parts Industrial Base of Yingshan	6

continued 9

工业总产值 (千元) Gross Industrial Output Value (1000 yuan)	总收入 (千元) Total Income (1000 yuan)	上交税额 (千元) Taxes Submmitted (1000 yuan)	净利润 (千元) Net Profit (1000 yuan)	出口创汇 (千美元) Export (1000 USD)
11255681	11255681	816500	1433000	83000
7900000	7950000	1000000	1200000	800000
12085084	12076357	596325	1052618	16351
38446595	36095369	366554	2927501	50169
11100100	9800000	140000	780000	
13166280	13600680	157439	238285	172259
8638140	8866648	146413	693807	34867
4528000	5837000	573000	47800	22000
11319610	11422370	76000	901250	37400
2910000	2914000	358000	544000	8000
22015462	22152128	742485	701298	671000
8100000	9900000	3002000	1802000	10020
14281563	14227891	714072	755763	37000
12696000	11800000	1162000		
30832528	37796842	2150889	2174332	342929
7182000	6762000	370000	290000	
12954862	11659376	315728	465821	189742
28185800	27081300	844050	17500	88060
20292000	20292000	490000	490000	54500
10470661	7619013	2679972	254290	15000
62004752	60357848	3426000	2811600	281500
3633443	3638045	87614	2646257	1700
30881442	29761497	1200000	1703652	194671
5720000	5703000	263000	1311000	1
2011000	1901000	102000	89400	51000
917595	883470	85000	70000	

9-2 续表 10

特色产业基地 Specialized Industrial Bases	基地内企业数 (个) Number of Enterprises (unit)
国家火炬计划浏阳生物医药产业基地 China Torch Program Biological Medicine Industrial Base of Liuyang	472
国家火炬计划株洲硬质合金产业基地 China Torch Program Hard Alloy Industrial Base of Zhuzhou	170
国家火炬计划株洲中小航空发动机特色产业基地 China Torch Program Small and Medium-sized Aero-engine Industrial Base of Zhuzhou	20
国家火炬计划湘潭机电一体化产业基地 China Torch Program Mechatronic Industrial Base of Xiangtan	96
国家火炬计划衡阳输变电装备产业基地 China Torch Program Electrical Power Transmission and Distributaiton Industrial Base of Hengyang	65
国家火炬岳阳精细化工特色产业基地 China Torch Fine Chemical Industrial Base of Yueyang	217
国家火炬计划益阳先进制造技术产业基地 China Torch Program Advanced Manufacturing Technology Industrial Base of Yiyang	242
国家火炬计划广州花都汽车及零部件产业基地 China Torch Program Automobile and Parts Industrial Base of Guangzhou Huadu	181
国家火炬计划广州高新区环保新材料产业基地 China Torch Program New Materials, Environmental Protection Industrial Base of Guangzhou High-tech Zones	493
国家火炬计划汕头光机电产业基地 China Torch Program Optical and Electrical Machinery Industrial Base of Shantou	302
国家火炬计划汕头金平轻工机械装备制造产业基地 China Torch Program Jinping Light Industry Machiney and Equipment Industrial Base of Shantou	332
国家火炬计划汕头澄海智能玩具创意设计与制造产业基地 China Torch Program Toy Design and Manufacturing Industrial Base of Shantou Chenghai	3012
国家火炬计划汕头市龙湖输配电设备产业基地 China Torch Program Longhu Electrical Power Transmission and Distribution Industrial Base of Shantou	176
国家火炬计划佛山精密制造产业基地 China Torch Program Precision Manufacturing Industrial Base of Foshan	90
国家火炬计划佛山自动化机械及设备产业基地 China Torch Program Automation Machinery and Equipment Industrial Base of Foshan	995
国家火炬计划佛山新材料产业基地 China Torch Program New Material Industrial Base of Foshan	79
国家火炬计划佛山电子电器产业基地 China Torch Program Electronic and Electrical Apparatus Industrial Base of Foshan	1680
国家火炬计划顺德家用电器产业基地 China Torch Program Household Electrical Appliance Industrial Base of Shunde	3210
国家火炬计划江门新材料产业基地 China Torch Program New Material Industrial Base of Jiangmen	185
国家火炬计划江门纺织化纤产业基地 China Torch Program Textile Chemical Fiber Industrial Base of Jiangmen	231
国家火炬计划江门半导体照明特色产业基地 China Torch Program Semiconductor Lighting Industrial Base of Jiangmen	292
国家火炬计划湛江海洋产业基地 China Torch Program Marine Industrial Base of Zhanjiang	205
国家火炬计划茂名石化产业基地 China Torch Program Petrochemical Industrial Base of Maoming	215
国家火炬计划肇庆金属新材料产业基地 China Torch Program Advanced Metal Material Industrial Base of Zhaoqing	68
国家火炬计划惠州数码视听产业基地 China Torch Program Digital Audiovisual Industrial Base of Huizhou	180
国家火炬计划惠州仲恺激光头产业基地 China Torch Program Zhongkai Laser Head Industrial Base of Huizhou	23

continued 10

工业总产值（千元）Gross Industrial Output Value (1000 yuan)	总收入（千元）Total Income (1000 yuan)	上交税额（千元）Taxes Submmitted (1000 yuan)	净利润（千元）Net Profit (1000 yuan)	出口创汇（千美元）Export (1000 USD)
37716842	35204816	1250092	2782354	1274315
7065896	7635007	339875	431250	345410
4181125	3913454	122741	174800	11808
11651481	8156036	512085	328975	10626
14856215	16045817	456287	654957	1085437
98752000	95275440	625000	100350	11920
29520513	31936521	950252	979475	169368
106835219	110736409	7269745	13976610	215090
88358945	81588766	1788652	753478	793288
13685425	13673013	644854	668586	945984
52516331	52516330	3216817	4068162	543807
24252600	24683250	752530	1735636	652560
7992792	7987896	358164	218366	82180
5850230	4820520	70500	90200	305504
58582352	56631556	1300574	2637820	1243786
30205208	31104382	464374	3326932	176000
82397640	78653140	3583000	7176295	3839651
215937973	218842578	4522644	5240418	9914188
10163711	10421028	1423010	1036000	725628
15110650	14992305	794060	924608	523645
19223165	17781428	296227	636266	1077107
20868823	20812889	1336465	1101423	408932
127136920	129099825	22634540	20655320	970350
28666672	29236065	459409	415126	1846092
179096648	185000975	4742339	7756054	19068805
21815496	21758683	260184	756197	2520890

特色产业基地 Specialized Industrial Bases	基地内企业数 (个) Number of Enterprises (unit)
国家火炬惠州LED产业基地 China Torch LED Industrial Base of Huizhou	73
国家火炬计划阳江五金刀具产业基地 China Torch Program Hardware Tool Industrial Base of Yangjiang	1410
国家火炬计划东莞市长安模具产业基地 China Torch Program Chang'an Mold Industrial Base of Dongguan	985
国家火炬计划东莞市虎门服装设计与制造产业基地 China Torch Program Fashion Design Industrial Base of Dongguan Humen	10333
国家火炬计划东莞石龙数码办公设备特色产业基地 China Torch Program Digital Office Equipment Industrial Base of Dongguan Shilong	1527
国家火炬计划中山(临海)装备制造产业基地 China Torch Program Equipment Manufacturing Industrial Base of Zhongshan (Linhai)	103
国家火炬计划中山小榄金属制品产业基地 China Torch Program Metal Products Industrial Base of Zhongshan Xiaolan	3910
国家火炬计划中山市古镇照明器材设计与制造产业基地 China Torch Program Lighting Equipment Design and Manufacture Industrial Base of Zhongshan Guzhen	7735
国家火炬计划中山日用电器特色产业基地 China Torch Program Electrical Appliances Industrial Base of Zhongshan	6432
国家火炬计划中山精细化工特色产业基地 China Torch Program Fine Chemical Industrial Base of Zhongshan	32
国家火炬计划中山电梯特色产业基地 China Torch Program Lift Industrial Base of Zhongshan	66
国家火炬河池有色金属新材料特色产业基地 China Torch Non-ferrous Metal New Material Industrial Base of Hechi	8
国家火炬计划重庆九龙轻合金特色产业基地 China Torch Program Jiulong Light Alloy Industrial Base of Chongqing	450
国家火炬计划重庆渝北汽车摩托车制造及现代服务特色产业基地 China Torch Program Auto and Motorcycle Manufacturing and Modern Service Base of Chongqing Yubei	521
国家火炬计划成都电子信息产业基地 China Torch Program Electronic Information Industrial Base of Chengdu	46
国家火炬计划遵义航天军转民(装备制造)产业基地 China Torch Program Aerospace Military to Civil (Equipment Manufacuturing) Industrial Base of Zunyi	68
国家火炬计划西安高新区生物医药产业基地 China Torch Program Biological Medicine Industrial Base of Hi-tech Park	269
国家火炬计划西安航空特色产业基地 China Torch Program Aviation Industrial Base of Xi'an	564
国家火炬计划宝鸡钛产业基地 China Torch Program Titanium Industrial Base of Baoji	443
国家火炬计划宝鸡石油钻采装备制造特色产业基地 China Torch Program Petrol Drilling Equipment Industrial Base of Baoji	158
国家火炬计划宝鸡重型汽车及零部件特色产业基地 China Torch Program Heavy-duty Motor Vehicles and Parts Industrial Base of Baoji	260
国家火炬计划白银有色金属新材料及制品产业基地 China Torch Program Nonferrous Metals materials and products Industrial Base of Baiyin	25
国家火炬计划灵武羊绒产业基地 China Torch Program Cashmere Industrial Base of Lingwu	46
国家火炬计划石嘴山稀有金属材料及制品产业基地 China Torch Program Rare Metal Materials and Products Industrial Base of Shizuishan	14
国家火炬计划乌鲁木齐米东石油化工和煤化工特色产业基地 China Torch Program Petrochemical and Coal Chemical Industrial Base of Urumqi Midong	31
国家火炬计划克拉玛依石油石化特色产业基地 China Torch Program Petroleum and Petrochemical Industrial Base of Karamay	116

continued 11

工业总产值（千元）Gross Industrial Output Value (1000 yuan)	总收入（千元）Total Income (1000 yuan)	上交税额（千元）Taxes Submmitted (1000 yuan)	净利润（千元）Net Profit (1000 yuan)	出口创汇（千美元）Export (1000 USD)
30622964	32153162	790123	1014410	2155946
17764713	17428351	77113	77083	140384
21507948	18679455	598836	180874	1134596
19712520	19706830	492072	1635860	292860
20423340	19346389	132000	1229890	2120000
10227168	10022624	380620	163102	48134
19623130	19426900	843757	961480	1044910
23466350	23476350	1217350	965985	264440
97863122	88076809	3601788	5447502	2941002
2881030	2513140	11060	14263	11000
5251025	4760012	181310	14500	226000
5960000	3576000	62000	-326000	
41017697	39486890	1258660	2057960	209040
141288000	142374000	18096000	12296010	2596590
15866320	15150041	782610	1495679	120991
5645270	10235780	316270	584240	40450
15412965	19466955	2336036	1765276	26324
21500000	17560800	740280	587550	417990
24061582	23465516	281051	397474	102495
24400810	20855215	543421	332934	337119
28761300	22386000	313050	476200	
33172995	49238904	1281837	1258701	
9113981	9404929	115924	868810	208252
7850209	9044808	207943	-317759	226006
51306245	48740932	5633209	-1224782	14109
152000000	154000000	22760000	32800000	370000

9-3 火炬计划特色产业基地人员分布情况
Personnel Distribution of Torch Program Specialized Industrial Bases

单位：人 (person)

特色产业基地 Specialized Industrial Bases	企业从业人员总数 Total Number of Employees	大专以上 College and Higher Level	博士 Doctor	硕士 Master
合　计 Total	**8618191**	**2578354**	**16318**	**85387**
国家火炬计划北京大兴新媒体产业基地 China Torch Program New Media Industrial Base of Beijing Daxing	26564	22579	79	195
国家火炬计划大兴节能环保特色产业基地 China Torch Program Energy Saving and Environmental Protection Industrial Base of Beijing Daxing	3500	980	2	60
国家火炬计划天津现代纺织特色产业基地 China Torch Program Modern Textile Industrial Base of Tianjin	9284	856	1	28
国家火炬计划东丽节能装备特色产业基地 China Torch Program Energy Saving Equipment Industrial Base of Tianjin Dongli	8203	3568	29	59
国家火炬计划西青信息安全特色产业基地 China Torch Program Information Security Industrial Base of Xiqing	345	276	13	36
国家火炬天津中北汽车特色产业基地 China Torch Program Zhongbei Automobile Industrial Base of Tianjin	20500	6150	52	89
国家火炬天津京滨石油装备特色产业基地 China Torch Program Jingbin Petroleum Equipment Industrial Base of Tianjin	3000	1200	10	50
国家火炬天津武清新材料特色产业基地 China Torch Program Advanced Material Industrial Base of Tianjin Wuqing	4430	2800	280	390
国家火炬计划唐山陶瓷材料产业基地 China Torch Program Ceramic Industrial Base of Tangshan	47000	7600	58	233
国家火炬计划唐山焊接产业基地 China Torch Program Jointing Industrial Base of Tangshan	2214	663	8	25
国家火炬唐山机器人特色产业基地 China Torch Program Robots Industrial Base of Tangshan	1736	1024	5	26
国家火炬计划邯郸新材料产业基地 China Torch Program Advanced Material Industrial Base of Handan	6956	4826	31	215
国家火炬计划宁晋太阳能硅材料产业基地 China Torch Program Solar Energy Silicon Material Industrial Base of Ningjin	9306	2973	9	14
国家火炬计划保定新能源与能源设备产业基地 China Torch Program New Energy and Energy Resource Equipment Industrial Base of Baoding	48260	21022	85	853
国家火炬计划安国现代中药产业基地 China Torch Program Modern Chinese Medicine Industrial Base of Anguo	9320	2764	1	6
国家火炬张家口新能源装备特色产业基地 China Torch Program New Energy Resource Equipment Industrial Base of Zhangjiakou.	3492	1119	15	23
国家火炬计划承德仪器仪表产业基地 China Torch Program Instrument Industrial Base of Chengde	14210	3140	8	53
国家火炬计划廊坊信息产业基地 China Torch Program IT Industrial Base of Langfang	8150	5400	260	405
国家火炬计划大城保温建材特色产业基地 China Torch Program Insulation Materials Industrial Base of Dacheng	38895	5732	65	86
国家火炬计划衡水工程橡胶特色产业基地 China Torch Program Engineering Rubber Industrial Base of Hengshui	20100	2600	2	31
国家火炬计划太原经济技术开发区煤机装备特色产业基地 China Torch Program Coal Machine Equipment Industrial Base of Taiyuan Economic and Technological Development Zone	6390	2490	140	330
国家火炬迎泽高端包装装备及材料特色产业基地 China Torch Program Hi-end Package Equipment and Material Industrial Base of Yingze	2069	657	35	67
国家火炬太原钕铁硼材料特色产业基地 China Torch Program NdFeB Industrial Base of Taiyuan	6972	3066	5	30
国家火炬大同医药特色产业基地 China Torch Program Pharmacy Industrial Base of Datong	7560	900	20	105
国家火炬永济电机特色产业基地 China Torch Program Motor Industrial Base of Yongji	8000	1978		83

9-3 续表 1 continued 1

单位：人 (person)

特色产业基地 Specialized Industrial Bases	企业从业人员总数 Total Number of Employees	大专以上 College and Higher Level	博士 Doctor	硕士 Master
国家火炬计划呼和浩特生物发酵特色产业基地 China Torch Program Biological Fermentation Industrial Base of Hohhot	12332	3120	3	45
国家火炬计划大连双D港生物医药产业基地 China Torch Program Biological Medicine Industrial Base of Dalian Double D Port	16353	16210	867	2216
国家火炬计划鞍山柔性输配电及冶金自动化装备产业基地 China Torch Program Flexible Transmission and Distribution Automation Equipment and Metallurgical Industrial Base of Anshan	3396	765	13	62
国家火炬计划本溪中药科技产业基地 China Torch Program Chinese Medicine Science and Technology Industrial Base of Benxi	21910	16350	45	362
国家火炬计划锦州硅材料及太阳能电池产业基地 China Torch Program Silicon Material and Solar Cell Industrial Base of Jingzhou	6475	3142	4	32
国家火炬计划阜新液压装备特色产业基地 China Torch Program Hydraulic Equipment Industrial Base of Fuxin	5550	2000	10	30
国家火炬计划盘锦石油装备制造特色产业基地 China Torch Program Petroleum Equipment Manufacturing Industrial Base of Panjin	21037	7264	46	258
国家火炬辽宁换热设备特色产业基地 China Torch Program Heat Transmission Equipment Industrial Base of Liaoning	10352	2305	4	15
国家火炬铁岭石油装备特色产业基地 China Torch Program Petroleum Equipment Industrial Base of Tieling	4263	1272		4
国家火炬计划朝阳新能源电器特色产业基地 China Torch Program New Energy Industrial Base of Liaoning Chaoyang	19800	5140	17	41
国家火炬计划辽宁(万家)数字技术特色产业基地 China Torch Program Digital Technology Industrial Base of Liaoning	13290	5476		320
国家火炬计划吉林电力电子产业基地 China Torch Program Electric Power and Electronics Industrial Base of Jilin	22620	13410	331	89
国家火炬计划通化生物医药产业基地 China Torch Program Biological Medicine Industrial Base of Tonghua	14087	10469	20	59
国家火炬计划通化县中药产业基地(长白山药谷) China Torch Program Chinese Medicine Industrial Base of Tonghua (Changbaishan Medicine Valley)	5326	3157	6	86
国家火炬计划敦化中药产业基地 China Torch Program Chinese Medicine Industrial Base of Dunhua	5126	2701	9	22
国家火炬计划哈尔滨抗生素产业基地 China Torch Program Antibiotic Industrial Base of Harbin	15451	6452	11	259
国家火炬计划哈尔滨发电设备产业基地 China Torch Program Power Generating Equipment Industrial Base of Harbin	20987	4405	21	602
国家火炬计划哈尔滨汽车制造特色产业基地 China Torch Program Automotive Industrial Base of Harbin	32600	10550	20	120
国家火炬计划哈尔滨新媒体特色产业基地 China Torch Program New Media Industrial Base of Harbin	22010	18529	158	659
国家火炬计划齐齐哈尔重型机械装备特色产业基地 China Torch Program Heavy Machinery and Equipment Industrial Base of Qiqihar	32920	9060	19	360
国家火炬计划大庆市宏伟石化产业基地 China Torch Program Hongwei Petrochemical Industrial Base of Daqing	11810	8130	8	65
国家火炬计划大庆新型复合材料及制品产业基地 China Torch Program Advanced Composite Materials and Products Industrial Base of Daqing	1901	297		4
国家火炬计划大庆石油石化装备制造特色产业基地 China Torch Program Petroleum and Petrochemical Equipment Manufacturing Industrial Base of Daqing	19590	3473	8	98
国家火炬计划牡丹江特种材料产业基地 China Torch Program Special Material Industrial Base of Mudanjiang	3510	905		25
国家火炬计划上海南汇医疗器械产业基地 China Torch Program Medical Machinery Industrial Base of Shanghai Nanhui	6000	3500	25	120
国家火炬计划上海张堰新材料深加工产业基地 China Torch Program Zhangyan New Materials Deep Processing Industrial Base of Shanghai	12500	1305	17	56

9-3 续表 2 continued 2

单位：人 (person)

特色产业基地 Specialized Industrial Bases	企业从业人员总数 Total Number of Employees	大专以上 College and Higher Level	博士 Doctor	硕士 Master
国家火炬计划上海奉贤输配电产业基地 China Torch Program Electrical Power Transmission and Distribution Industrial Base of Shanghai Fengxian	9903	2500	23	80
国家火炬计划上海安亭汽车零部件产业基地 China Torch Program Anting Automobile Parts Industrial Base of Shanghai	37128	12578	28	114
国家火炬计划上海青浦新材料产业基地 China Torch Program New Materials Industrial Base of Shanghai Qingpu	27346	9928	51	151
国家火炬计划环同济研发设计服务特色产业基地 China Torch Program R&D Design Services Industrial Base of Tongji Circle	31425	21824	875	3235
国家火炬计划上海枫泾新能源特色产业基地 China Torch Program Fengjing New Energy Industrial Base of Shanghai	5562	975	27	49
国家火炬计划江苏沿江对俄合作高新技术产业基地 China Torch Program River-edge Russia Cooperation Hi-tech Industrial Base of Jiangsu	11557	3504	13	69
国家火炬江宁智能电网产业基地 China Torch Program Intelligent Electrical Net Industrial Base of Jiangning	27900	17200	82	190
国家火炬计划南京市浦口生物医药产业基地 China Torch Program Biological Medicine Industrial Base of Nanjing Pukou	5358	3215	51	195
国家火炬计划南京精细化工产业基地 China Torch Program Fine Chemical Industrial Base of Nanjing	4080	3272	21	223
国家火炬计划江宁可再生能源特色产业基地 China Torch Program Renewable Energy Industrial Base of Jiangning	13150	9030	48	93
国家火炬计划南京雨花现代通信软件特色产业基地 China Torch Program Modern Communications Software Industrial Base of Nanjing Yuhua	50600	47300	120	10200
国家火炬南京建邺移动互联特色产业基地 China Torch Program Mobile Internet Industrial Base of Nanjing Jianye	15243	3956	136	3820
国家火炬计划宜兴非金属材料产业基地 China Torch Program Nonmetallic Material Industrial Base of Yixing	57824	12618	74	157
国家火炬计划锡山新材料产业基地 China Torch Program New Material Industrial Base of Xishan	31754	4235	31	98
国家火炬计划惠山特种冶金新材料产业基地 China Torch Program New and Special Metallurgy Material Industrial Base of Huishan	115938	15297	80	112
国家火炬计划江阴高性能合金材料及制品产业基地 China Torch Program Hi-capability Composite Material and Products Industrial Base of Jiangyin	48000	6000	19	307
国家火炬计划无锡新区汽车电子及部件产业基地 China Torch Program Automobile Electronic and Parts Industrial Base of Wuxi New District	91667	52047	49	439
国家火炬计划宜兴电线电缆产业基地 China Torch Program Electric Wire and Cable Industrial Base of Yixing	40193	7838	68	195
国家火炬计划无锡轻型多功能电动车产业基地 China Torch Program Light Multifunctional Electric Automobile Industrial Base of Wuxi	10514	1036	7	61
国家火炬计划江阴风电装备特色产业基地 China Torch Program Wind Power Equipment Industrial Base of Jiangyin	9500	3100	21	70
国家火炬计划惠山风电关键零部件特色产业基地 China Torch Program Wind Power Key Parts Industrial Base of Huishan	2500	2000	16	45
国家火炬计划宜兴环保装备制造及服务特色产业基地 China Torch Program Environmental Protection Equipment Manufacturing and Services Industrial Base of Yixing	42168	4431	86	297
国家火炬计划无锡滨湖高效节能装备特色产业基地 China Torch Program High Efficiency and Energy Saving Equipment Industrial Base of Wuxi Binhu	8600	1200	5	12
国家火炬江阴物联网特色产业基地 China Torch Program Internet of Things Industrial Base of Jiangyin	8500	5055	48	78
国家火炬计划徐州工程机械产业基地 China Torch Program Construction Machinery Industrial Base of Xuzhou	30742	18761	121	307
国家火炬计划徐州经济开发区新能源特色产业基地 China Torch Program New Energy Industrial Base of Xuzhou Economic Development Zone	7900	5185	12	67

9-3 续表 3 continued 3

单位：人 (person)

特色产业基地 Specialized Industrial Bases	企业从业人员总数 Total Number of Employees	大专以上 College and Higher Level	博士 Doctor	硕士 Master
国家火炬计划常州轨道交通车辆及部件产业基地 China Torch Program Rail Traffic Vehicle and Parts Industrial Base of Changzhou	42450	8546	204	1235
国家火炬计划常州市新北区"三药"科技产业基地 China Torch Program Triadic Medicine Industrial Base of Changzhou Xinbei District	16900	14150	65	512
国家火炬计划武进特种材料产业基地 China Torch Program Special Material Industrial Base of Wujin	71000	20800	90	1250
国家火炬计划金坛精细化学品产业基地 China Torch Program Fine Chemical Industrial Base of Jintan	9894	3417	13	68
国家火炬计划常州输变电设备产业基地 China Torch Program Power Transmission and Distribution Industrial Base of Changzhou	32000	6245	38	81
国家火炬计划常州湖塘新型色织面料特色产业基地 China Torch Program New Yarn Dyed Fabric Industrial Base of Changzhou Hutang	142300	15210	33	124
国家火炬计划昆山传感器产业基地 China Torch Program Sensors Industrial Base of Kunshan	4800	150	15	10
国家火炬计划吴中医药产业基地 China Torch Program Chinese Medicine Industrial Base of Wuzhong	7428	3105	61	217
国家火炬计划吴江光电缆产业基地 China Torch Program Fiber Optic Cable Industrial Base of Wujiang	17600	6100	32	78
国家火炬计划常熟高分子材料产业基地 China Torch Program Polymer Material Industrial Base of Changshu	24800	7985	13	80
国家火炬计划昆山模具产业基地 China Torch Program Modules Industrial Base of Kunshan	61000	4482	15	42
国家火炬计划太仓特种功能新材料产业基地 China Torch Program New and Special Capability Material Industrial Base of Taicang	15000	8232	58	263
国家火炬计划苏州汽车零部件产业基地 China Torch Program Automobile Parts Industrial Base of Suzhou	31958	16321	70	400
国家火炬计划常熟电气机械产业基地 China Torch Program Electrical and Mechanical Industrial Base of Changshu	67376	8220	13	80
国家火炬计划张家港精细化工产业基地 China Torch Program Fine Chemical Industrial Base of Zhangjiagang	9153	2756	34	129
国家火炬计划昆山电路板特色产业基地 China Torch Program Circuit Board Industrial Base of Kunshan	38534	18362	22	105
国家火炬计划昆山可再生能源特色产业基地 China Torch Program Renewable Energy Industrial Base of Kunshan	2110	865	15	35
国家火炬昆山高端装备制造产业基地 China Torch High-end Equipment Manufacturing Industrial Base of Kunshan	28000	5588	21	119
国家火炬苏州高新区医疗器械特色产业基地 China Torch Medical Devices Industrial Base of Suzhou High-tech Zones	4155	1827	45	138
国家火炬张家港锂电特色产业基地 China Torch Lithium Electricity Industrial Base of Zhangjiagang	3789	1377	54	105
国家火炬江苏昆山机器人特色产业基地 China Torch Robot Industrial Base of Jiangsu Kunshan	1520	1084	25	59
国家火炬苏州工业园区生物医药特色产业基地 China Torch Bio-medicine Industrial Base of Suzhou Industrial Park	15432	14073	687	1334
国家火炬苏州汾湖超高速节能电梯特色产业基地 China Torch Ultra High Speed Energy Saving Elevator Industrial Base of Suzhou Fenhu	12035	3855	43	128
国家火炬计划南通化工新材料产业基地 China Torch Program Advanced Chemical Material Industrial Base of Nantong	33381	9828	43	185
国家火炬计划通州电子元器件及材料产业基地 China Torch Program Electronic Components and Material Industrial Base of Tongzhou	11020	3450	6	39
国家火炬计划启东生物医药产业基地 China Torch Program Biological Medicine Industrial Base of Qidong	10240	3277	18	32
国家火炬计划海安电梯设备产业基地 China Torch Program Elevator Equipment Industrial Base of Hai'an	7426	2310	98	179

9-3 续表 4 continued 4

单位：人 (person)

特色产业基地 Specialized Industrial Bases	企业从业人员总数 Total Number of Employees	大专以上 College and Higher Level	博士 Doctor	硕士 Master
国家火炬计划海安建材机械装备特色产业基地 China Torch Program Building Machinery and Equipment Industrial Base of Hai'an	9447	1708	18	45
国家火炬启东节能环保装备及基础件特色产业基地 China Torch Program Energy Conservation and Environmental Protection Equipment and Basic Parts Industrial Base of Qidong	17460	5936	32	55
国家火炬海安锻压装备特色产业基地 China Torch Forging and Pressing Equipment Industrial Base of Hai'an	4200	1260	20	56
国家火炬如皋输变电装备特色产业基地 China Torch Power Transmission and Transformation Equipment Industrial Base of Rugao	8258	2511	23	52
国家火炬计划海门新材料产业基地 China Torch Program New Material Industrial Base of Haimen	8327	2172	55	130
国家火炬计划连云港新医药产业基地 China Torch Program Advanced Medicine Industrial Base of Lianyungang	22224	11028	131	801
国家火炬计划东海硅材料产业基地 China Torch Program Silicon Material Industrial Base of Donghai	26050	6620	44	65
国家火炬计划金湖石油机械特色产业基地 China Torch Program Petroleum Machinery Industrial Base of Jinhu	1689	480	8	26
国家火炬计划盐城纺织机械产业基地 China Torch Program Textile Machinery Industrial Base of Yancheng	16165	1813	6	18
国家火炬计划盐城环保装备特色产业基地 China Torch Program Environmental Protection Equipment Industrial Base of Yancheng	28078	3018	12	46
国家火炬计划建湖石油装备特色产业基地 China Torch Program Petroleum Equipment Industrial Base of Jianhu	43200	7100	20	35
国家火炬计划盐城绿色能源特色产业基地 China Torch Program Green Energy Industrial Base of Yancheng	32000	9328	10	276
国家火炬计划盐城汽车零部件及装备特色产业基地 China Torch Program Auto Parts and Equipment Industrial Base of Yancheng	5200	2148	8	12
国家火炬响水盐化工特色产业基地 China Torch Salt Chemical Industrial Base of Xiangshui	6535	1793	4	25
国家火炬滨海高分子新材料特色产业基地 China Torch High Polymer New Material Industrial Base of Binhai	10652	2705		
国家火炬计划邗江数控金属板材加工设备产业基地 China Torch Program Digital Control Metal Sheet Processing Equipments Industrial Base of Hanjiang	12249	3803	9	18
国家火炬计划扬州汽车及零部件产业基地 China Torch Program Automobile Parts Industrial Base of Yangzhou	46987	13698	25	189
国家火炬计划扬州绿色新能源特色产业基地 China Torch Program Green New Energy Industrial Base of Yangzhou	27988	12840	25	312
国家火炬计划扬州智能电网特色产业基地 China Torch Program Smart Grid Industrial Base of Yangzhou	40713	12156	22	81
国家火炬江都建材机械装备特色产业基地 China Torch Building Materials Equipment Industrial Base of Jiangdu	12500	400	80	40
国家火炬邗江硫资源利用装备特色产业基地 China Torch Sulfur Resource Utilization Equipments Industrial Base of Hanjiang	15000	1725	8	20
国家火炬高邮特种电缆特色产业基地 China Torch Special Cable Industrial Base of Gaoyou	5642	730	4	12
国家火炬计划扬中电力电器产业基地 China Torch Program Electric Power Apparatus Industrial Base of Yangzhong	46255	14115	65	342
国家火炬计划镇江光电子与通信元器件产业基地 China Torch Program Optic Electronic and Telecommunication Components and Apparatuses Industrial Base of Zhenjiang	15310	4913	88	137
国家火炬计划丹阳新材料产业基地 China Torch Program New Material Industrial Base of Danyang	86967	28652	48	112
国家火炬计划镇江沿江绿色化工产业基地 China Torch Program River-edge Green Chemical Industrial Base of Zhenjiang	16920	6211	69	123

9-3 续表 5 continued 5

单位：人 (person)

特色产业基地 Specialized Industrial Bases	企业从业人员总数 Total Number of Employees	大专以上 College and Higher Level	博士 Doctor	硕士 Master
国家火炬计划镇江特种船舶及海洋工程装备特色产业基地 China Torch Program Special Ship and Marine Engineering Equipment Iudustrial Base of Zhenjiang	9253	2167	43	65
国家火炬计划姜堰汽车关键零部件产业基地 China Torch Program Automobile Key Parts Industrial Base of Jiangyan	17680	5590	29	72
国家火炬计划靖江微特电机及控制产业基地 China Torch Program Special and Micro Motor Industrial Base of Jingjiang	15334	4726	18	50
国家火炬计划泰兴精细与专用化学品产业基地 China Torch Program Fine and Special Industrial Base of Taixing	26879	7950	35	84
国家火炬计划泰州医药产业基地 China Torch Program Medicine Industrial Base of Taizhou	81772	41156	1088	3714
国家火炬计划兴化特种合金材料及制品产业基地 China Torch Program Special Alloy Material and Products Industrial Base of Xinghua	27198	2730	11	62
国家火炬泰州光伏与储能新能源特色产业基地 China Torch Program Photovoltaic and Energy Storage New Energy Industrial Base of Taizhou	13683	6328	16	189
国家火炬泰州新技术船舶特色产业基地 China Torch New Technology Boats and Ships Industrial Base of Taizhou	64862	18993	61	183
国家火炬计划富阳光通信产业基地 China Torch Program Optic Telecommunication Industrial Base of Fuyang	10751	3570	47	168
国家火炬计划萧山高性能机电基础件产业基地 China Torch Program High Capability Electromechanical Foundation Parts Industrial Base of Xiaoshan	49238	12421	87	293
国家火炬计划临安电线电缆产业基地 China Torch Program Electric Wire and Cable Industrial Base of Lin'an	11089	1921	11	19
国家火炬计划宁波电子信息产业基地 China Torch Program Electronic Information Industrial Base of Ningbo	24254	4414	45	397
国家火炬计划北仑注塑机产业基地 China Torch Program Injection Molding Machine Industrial Base of Beilun	12312	2981	12	71
国家火炬计划宁波鄞州新型金属材料产业基地 China Torch Program Automobile Parts Industrial Base of Ningbo Yinzhou	13900	4650	16	47
国家火炬计划宁波江北先进通用设备制造特色产业基地 China Torch Program General Advanced Equipment Manufacturing Industrial Base of Ningbo Jiangbei	43185	29633	9	36
国家火炬计划宁波鄞州汽车零部件特色产业基地 China Torch Program Automobile Parts Industrial Base of Ningbo Yinzhou	12900	2600	9	36
国家火炬计划宁波高新区绿色能源与照明特色产业基地 China Torch Program Green Energy and Lighting Industrial Base of Ningbo National High-tech Zone	24254	4414	45	397
国家火炬计划宁波余姚塑料模具特色产业基地 China Torch Program Plastic mold Industrial Base of Ningbo Yuyao	45000	2700		20
国家火炬计划乐清智能电器产业基地 China Torch Program Intelligent Electrical Appliances Industrial Base of Yueqing	42752	14303	22	47
国家火炬计划永嘉特种泵阀产业基地 China Torch Program Special Pump Valve Industrial Base of Yongjia	9310	2642		12
国家火炬计划龙湾阀门特色产业基地 China Torch Program Valve Industrial Base of Longwan	25240	1604		
国家火炬计划海宁软磁材料产业基地 China Torch Program Soft Magnetic Material Industrial Base of Haining	4135	1190	9	22
国家火炬计划桐乡新型纤维产业基地 China Torch Program New Type Fiber Industrial Base of Tongxiang	18491	4955	4	53
国家火炬计划嘉兴电子信息产业基地 China Torch Program Electronic Information Industrial Base of Jiaxing	14826	6254	46	259
国家火炬计划平湖光机电特色产业基地 China Torch Program Mechatronic Industrial Base of Pinghu	28715	4351	15	42
国家火炬计划嘉善新型电子元器件产业基地 China Torch Program New Type Electric Components Industrial Base of Jiashan	24094	3442	35	65
国家火炬计划海宁纺织新材料产业基地 China Torch Program Advanced Textile Material Industrial Base of Haining	8499	877	4	27

9-3 续表 6 continued 6

单位：人 (person)

特色产业基地 Specialized Industrial Bases	企业从业人员总数 Total Number of Employees	大专以上 College and Higher Level	博士 Doctor	硕士 Master
国家火炬计划嘉兴汽车零部件特色产业基地 China Torch Program Automobile Parts Industrial Base of Jiaxing	19899	7074	33	72
国家火炬计划秀洲新能源特色产业基地 China Torch Program New Energy National High and New Technology Industrial Base of Xiuzhou	6780	2090		
国家火炬计划长兴无机非金属新材料产业基地 China Torch Program Inorganic Nonmetallic Material Industrial Base of Changxing	14807	805	5	477
国家火炬计划南浔特种电磁线产业基地 China Torch Program Special Electromagnetic Wire Industrial Base of Nanxun	2272	648	92	168
国家火炬计划德清县生物与医药特色产业基地 China Torch Program Biology and Medicine Industrial Base of Deqing	8705	2694	5	68
国家火炬计划安吉竹精深加工特色产业基地 China Torch Program Deep Processing of Baboo Industrial Base of Anji	7050	1720	11	54
国家火炬吴兴特种金属管道特色产业基地 China Torch Special Metal Pipeline Industrial Base of Wuxing	5449	1450	15	25
国家火炬计划新昌医药产业基地 China Torch Program Medicine Industrial Base of Xinchang	9801	3450	28	147
国家火炬计划诸暨环保装备产业基地 China Torch Program Environment Protection Epuipment Industrial Base of Zhuji	102550	27154	16	97
国家火炬计划绍兴纺织产业基地 China Torch Program Textile Industrial Base of Shaoxing	66842	24380	112	1005
国家火炬计划上虞精细化工产业基地 China Torch Program Fine Chemical Industrial Base of Shangyu	19780	4060	12	40
国家火炬计划绍兴纺织装备特色产业基地 China Torch Program Textile Equipment Industrial Base of Shaoxing	29545	4450	100	300
国家火炬计划兰溪天然药物产业基地 China Torch Program Natural Medicine Industrial Base of Lanxi	6987	1538	8	21
国家火炬计划东阳磁性材料产业基地 China Torch Program Magnetic Material Industrial Base of Dongyang	18851	4207	14	26
国家火炬计划宁波慈溪智能家电特色产业基地 China Torch Program Smart Home Appliances Industrial Base of Ningbo Cixi	54200	9320	61	295
国家火炬计划浙江衢州氟硅新材料产业基地 China Torch Program Fluosilicate New Materials Industrial Base of Zhejiang Quzhou	6723	4727	7	27
国家火炬计划衢州空气动力机械特色产业基地 China Torch Program Aerodynamic Machinery Industrial Base of Zhejiang Quzhou	6708	1339	3	7
国家火炬计划黄岩塑料模具产业基地 China Torch Program Plastic Modules Industrial Base of Huangyan	11266	2328	23	70
国家火炬计划台州市椒江缝制设备设计与制造产业基地 China Torch Program Sewing Equipment Manufacturers Industrial Base of Taizhou Jiaojiang	6339	955	5	9
国家火炬计划浙江仙居甾体药物特色产业基地 China Torch Program Steroid Medicine Industrial Base of Zhejiang Xianju	3253	1150	11	23
国家火炬计划合肥公共安全信息技术特色产业基地 China Torch Program Public Safety Information Technology Industrial Base of Hefei	23737	19859	248	1588
国家火炬计划无为特种电缆产业基地 China Torch Program Special Electrical Cable Industrial Base of Wuwei	21543	3996	36	93
国家火炬计划芜湖节能环保汽车及零部件高新技术特色产业基地 China Torch Program Energy-efficient Environmentally-friendly Vehicle and Parts of High-tech Industrial Base of Wuhu	66405	30287	127	1301
国家火炬计划蚌埠精细化工特色产业基地 China Torch Program Electric Automation Industrial Base of Bengbu	21239	4510	20	150
国家火炬博望剪折机床及刃模具特色产业基地 China Torch Cutting and Bending Machine and Blade Mold Industrial Base of Bowang	18360	5510	10	1520
国家火炬计划铜陵电子材料产业基地 China Torch Program Electronic Material Industrial Base of Tongling	16750	6185	22	125

9-3 续表 7 continued 7

单位：人 (person)

特色产业基地 Specialized Industrial Bases	企业从业人员总数 Total Number of Employees	大专以上 College and Higher Level	博士 Doctor	硕士 Master
国家火炬计划安庆汽车零部件高新技术特色产业基地 China Torch Program High-tech Automobile Parts Industrial Base of Anqing	8796	2703	4	36
国家火炬黄山软包装新材料特色产业基地 China Torch Soft Package New Material Industrial Base of Huangshan	2856	1004		20
国家火炬计划滁州家电设计与制造特色产业基地 China Torch Program Home Appliance Design and Manufacturing Industrial Base of Chuzhou	37000	15000	20	95
国家火炬计划亳州中药特色产业基地 China Torch Program Chinese Medicine Industrial Base of Bozhou	12360	4560	16	56
国家火炬宁国橡塑密封件特色产业基地 China Torch Rubber Sealing Parts Industrial Base of Ningguo	21000	5800	6	170
国家火炬计划厦门视听通讯产业基地 China Torch Program Audiovisual Industrial Base of Xiamen	18876	4356	11	360
国家火炬计划厦门钨材料产业基地 China Torch Program Tungsten Material Industrial Base of Xiamen	3695	1406	23	155
国家火炬计划厦门电力电器产业基地 China Torch Program Electrical Power and Electrical Appliances Industrial Base of Xiamen	4323	2603	3	105
国家火炬厦门海沧区生物与新医药特色产业基地 China Torch Biological and New Medicine Industrial Base of Xiamen Haicang	3664	1584	21	100
国家火炬计划莆田液晶显示产业基地 China Torch Program Liquid Crystal Display Industrial Base of Putian	25600	13860	6	248
国家火炬计划泉州微波通信产业基地 China Torch Program Microwave Telecommunication Industrial Base of Quanzhou	3750	2650	20	150
国家火炬计划德化陶瓷产业基地 China Torch Program Ceramics Industrial Base of Dehua	77200	6446	1	24
国家火炬计划泉州电子信息特色产业基地 China Torch Program Electronic Information Industrial Base of Quanzhou	135	64		4
国家火炬计划建瓯笋竹科技特色产业基地 China Torch Program Bamboo Shoots Industrial Base of Jianou	25356	8413	19	53
国家火炬福建福安中小电机特色产业基地 China Torch Small and Medium Electric Motor Industrial Base of Fujian Fu'an	63000	22100	12	135
国家火炬计划景德镇陶瓷新材料及制品产业基地 China Torch Program New Ceramic Materials and Products Industrial Base of Jingdezhen	100000	3200	80	420
国家火炬计划九江星火有机硅材料产业基地 China Torch Program Xinghuo Organic Silicon Material Industrial Base of Jiujiang	19257	14269	27	185
国家火炬计划济南先进机电与装备制造产业基地 China Torch Program Advanced Electromechanical and Equipment Manufacturing Industrial Base of Jinan	32160	11210	31	185
国家火炬计划济南生物工程与新医药产业基地 China Torch Program Biological Engineering and Advanced Medicine Industrial Base of Jinan	34000	20000	340	1200
国家火炬计划济南山大路电子信息产业基地 China Torch Electronic Information Industrial Base Program of Jinan Shandalu	15851	11356	155	1571
国家火炬计划章丘有机高分子材料产业基地 China Torch Program Organic Polymer Material Industrial Base of Zhangqiu	9860	2240	30	91
国家火炬计划济南太阳能特色产业基地 China Torch Program Solar Energy Industrial Base of Jinan	15000	11820	19	138
国家火炬计划明水重型汽车先进制造特色产业基地 China Torch Program Heavy-duty Trucks Advanced Machinery Manufacturing Industrial Base of Mingshui	32109	11245	69	205
国家火炬明水先进机械制造特色产业基地 China Torch Advanced Mechanical Manufacturing Industrial Base of Mingshui	26325	9478	42	97
国家火炬济南新材料特色产业基地 China Torch Advanced Material Industrial Base of Jinan	5100	2300	42	116
国家火炬计划青岛新材料产业基地 China Torch Program New Material Industrial Base of Qingdao	1822	1308	72	264

9-3 续表 8 continued 8

单位：人 (person)

特色产业基地 Specialized Industrial Bases	企业从业人员总数 Total Number of Employees	大专以上 College and Higher Level	博士 Doctor	硕士 Master
国家火炬计划淄博生物医药产业基地 China Torch Program Biological Medicine Industrial Base of Zibo				
国家火炬计划淄博先进陶瓷产业基地 China Torch Program Advanced Ceramic Industrial Base of Zibo	19013	6423	10	221
国家火炬计划淄博博山泵类产业基地 China Torch Program Pump Valve Industrial Base of Zibo Boshan	115863	93832	42	565
国家火炬计划淄博功能玻璃特色产业基地 China Torch Program Functional Glass Industrial Base of Zibo	21641	7141	18	141
国家火炬计划广饶盐化工特色产业基地 China Torch Program Salt Chemical Industrial Base of Guangrao	14	10		1
国家火炬计划东营石油装备特色产业基地 China Torch Program Petroleum Equipment Industrial Base of Dongying	49000	35000		
国家火炬计划广饶子午胎特色产业基地 China Torch Program Radial Tire Industrial of Guangrao	14	10		1
国家火炬计划招远电子信息材料产业基地 China Torch Program Electronic Information Industrial Base of Zhaoyuan	5936	1706	20	89
国家火炬计划烟台汽车零部件产业基地 China Torch Program Automobile Parts Industrial Base of Yantai	28300	11800	4	20
国家火炬烟台海洋生物与医药特色产业基地 China Torch Program Marine Biology and Medicine Industrial Base of Yantai	8725	4786	108	598
国家火炬计划潍坊动力机械特色产业基地 China Torch Program Power Machinery Industrial Base of Weifang	46189	28576	63	386
国家火炬计划潍坊电声器件特色产业基地 China Torch Program Electro-acoustic Devices Industrial Base of Weifang	23854	16749	39	367
国家火炬计划临朐磁电装备特色产业基地 China Torch Program Magnetoelectricity Equipment Industrial Base of Linqu	5610	1179	10	27
国家火炬计划潍坊光电特色产业基地 China Torch Program Photoelectric Industrial Base of Weifang	19253	6143	53	262
国家火炬寿光卤水综合利用特色产业基地 China Torch Brine Comprehensive Utilization Industrial Base of Shouguang	13850	4200	9	160
国家火炬山东诸城汽车及零部件特色产业基地 China Torch Automobile and Parts Industrial Base of Shandong Zhucheng	9027	3035	7	132
国家火炬潍坊生物医药特色产业基地 China Torch Bio-medicine Industrial Base of Weifang	3237	2235	203	312
国家火炬计划济宁生物技术产业基地 China Torch Program Biological Technology Industrial Base of Jining	22894	6871	167	361
国家火炬计划济宁工程机械产业基地 China Torch Program Engineering Machinery Industrial Base of Jining	28135	9284	185	394
国家火炬计划济宁纺织新材料产业基地 China Torch Program Advanced Textile Material Industrial Base of Jining	20119	3017	30	271
国家火炬计划济宁光电特色产业基地 China Torch Program Photoelectric Industrrial Base of Jining	3689	1136	18	55
国家火炬计划泰安非金属新材料产业基地 China Torch Program Nonmetallic New Material Industrial Base of Tai'an	18475	6882	43	128
国家火炬计划泰安输变电器材产业基地 China Torch Program Electrical Power Transmission and Distribution Apparatus Industrial Base of Tai'an	12583	6621	31	128
国家火炬计划威海高新区办公自动化设备特色产业基地 China Torch Program Office Automation Equipment Industrial Base of Weihai High Tech Zone	17604	5897	35	176
国家火炬莱芜粉末冶金特色产业基地 China Torch Powder Metallurgy Industrial Base of Laiwu	3437	1481	10	21
国家火炬计划临沭复合肥产业基地 China Torch Program Compound Fertilizer Industrial Base of Linshu	22302	19041	146	361
国家火炬计划沂水功能性生物糖特色产业基地 China Torch Program Function Biological of Sugar Industrial Base of Yishui	25300	10213	6	32

9-3 续表 9 continued 9

单位：人 (person)

特色产业基地 Specialized Industrial Bases	企业从业人员总数 Total Number of Employees	大专以上 College and Higher Level	博士 Doctor	硕士 Master
国家火炬计划禹城生物技术产业基地 China Torch Program Biological Technology and New Material Industrial Base of Yucheng	10623	2833	38	206
国家火炬计划德州新能源特色产业基地 China Torch Program New Energy Industrial Base of Dezhou	15896	6857	29	369
国家火炬高唐非木纤维浆纸及制品特色产业基地 China Torch Non-wood Fiber Pulp and Products Industrial Base of Gaotang	18937	6226	4	10
国家火炬计划鲁北海洋科技产业基地 China Torch Program Marine Science and Technology Industrial Base of Northern Shandong	22000	5800	48	66
国家火炬单县光伏光热特色产业基地 China Torch Program Photoelectric Solar-thermal Industrial Base of Shan	3880	920	25	41
国家火炬计划河南超硬材料产业基地 China Torch Program Super Hard Material Industrial Base of Henan	13520	8010	52	189
国家火炬计划郑州精密合金产业基地 China Torch Program Fine Metal Industrial Base of Zhengzhou	7240	3587	28	135
国家火炬开封空分设备特色产业基地 China Torch Air Separation Units Industrial Base of Kaifeng	8325	2581	19	73
国家火炬计划长垣起重机械产业基地 China Torch Program Hoisting Machinery Industrial Base of Changyuan	60222	12737	98	130
国家火炬计划新乡生物医药特色产业基地 China Torch Program Biomedical Industrial Base of Xinxiang	6935	2180	6	69
国家火炬计划焦作汽车零部件特色产业基地 China Torch Program Automobile Parts Industrial Base of Jiaozuo	35858	8631	10	81
国家火炬计划濮阳生物化工产业基地 China Torch Program Biological Chemical Industrial Base of Puyang	16250	15300	25	102
国家火炬计划济源矿用机电产业基地 China Torch Program Mineral Electromechanic Industrial Base of Jiyuan	8850	2600	6	22
国家火炬计划武汉新材料产业基地 China Torch Program New Material Industrial Base of Wuhan	42000	2440		
国家火炬计划武汉汽车电子产业基地 China Torch Program Automobile Electronic Industrial Base of Wuhan	32524	13267	67	441
国家火炬计划武汉青山环保产业基地 China Torch Program Environment Protection Industrial Base of Wuhan Qingshan	12280	9300	5	103
国家火炬计划武汉江夏装备制造特色产业基地 China Torch Program Equipment Manufacturing Industrial Base of Wuhan Jiangxia	20183	5879	25	180
国家火炬计划武汉阳逻钢结构特色产业基地 China Torch Program Steel Structure Industrial Base of Wuhan Yangluo	20000	4981	30	302
国家火炬计划十堰汽车关键零部件产业基地 China Torch Program Automobile key Parts Industrial Base of Shiyan	25591	12106	12	26
国家火炬计划谷城节能与环保产业基地 China Torch Program Energy Saving and Environment Protection Industrial Base of Gucheng	29389	8903	18	56
国家火炬计划襄樊汽车动力与部件产业基地 China Torch Program Automobile Power and Parts Industrial Base of Xiangfan	36720	11168	35	503
国家火炬计划襄樊节能电机与控制设备产业基地 China Torch Program Energy-saving Motor and Control Equipment Industrial Base of Xiangfan	3450	2105	41	74
国家火炬计划葛店生物技术与新医药产业基地 China Torch Program Biological Technology and Advanced Medicine Industrial Base of Gedian	78200	22300	26	246
国家火炬计划应城精细化工新材料产业基地 China Torch Program Advanced Fine Chemical Material Industrial Base of Yingcheng	13000	8150	10	162
国家火炬计划湖北安陆粮食机械特色产业基地 China Torch Program Food Machinery Industrial Base of Hubei Anlu	9561	2824	1	18
国家火炬英山汽车零部件特色产业基地 China Torch Program Auto Parts Industrial Base of Yingshan	5070	1270		

9-3 续表 10 continued 10

单位：人 (person)

特色产业基地 Specialized Industrial Bases	企业从业人员总数 Total Number of Employees	大专以上 College and Higher Level	博士 Doctor	硕士 Master
国家火炬计划浏阳生物医药产业基地 China Torch Program Biological Medicine Industrial Base of Liuyang	58760	25698	105	1269
国家火炬计划株洲硬质合金产业基地 China Torch Program Hard Alloy Industrial Base of Zhuzhou	27320	8758	45	263
国家火炬计划株洲中小航空发动机特色产业基地 China Torch Program Small and Medium-sized Aero-engine Industrial Base of Zhuzhou	9866	5200	2	220
国家火炬计划湘潭机电一体化产业基地 China Torch Program Mechatronic Industrial Base of Xiangtan	14715	2105	41	64
国家火炬计划衡阳输变电装备产业基地 China Torch Program Electrical Power Transmission and Distributaiton Industrial Base of Hengyang	14526	6213	40	320
国家火炬岳阳精细化工特色产业基地 China Torch Fine Chemical Industrial Base of Yueyang	44306	13085	92	136
国家火炬计划益阳先进制造技术产业基地 China Torch Program Advanced Manufacturing Technology Industrial Base of Yiyang	17842	4332	41	167
国家火炬计划广州花都汽车及零部件产业基地 China Torch Program Automobile and Parts Industrial Base of Guangzhou Huadu	37047	9000	150	580
国家火炬计划广州高新区环保新材料产业基地 China Torch Program New Materials, Environmental Protection Industrial Base of Guangzhou High-tech Zones	39756	7232	113	542
国家火炬计划汕头光机电产业基地 China Torch Program Optical and Electrical Machinery Industrial Base of Shantou	27334	6931	49	133
国家火炬计划汕头金平轻工机械装备制造产业基地 China Torch Program Jinping Light Industry Machiney and Equipment Industrial Base of Shantou	48206	4689	4	12
国家火炬计划汕头澄海智能玩具创意设计与制造产业基地 China Torch Program Toy Design and Manufacturing Industrial Base of Shantou Chenghai	127520	7350	5	12
国家火炬计划汕头市龙湖输配电设备产业基地 China Torch Program Longhu Electrical Power Transmission and Distribution Industrial Base of Shantou	9002	2003	21	47
国家火炬计划佛山精密制造产业基地 China Torch Program Precision Manufacturing Industrial Base of Foshan	8650	3200	9	31
国家火炬计划佛山自动化机械及设备产业基地 China Torch Program Automation Machinery and Equipment Industrial Base of Foshan	57207	9835	36	240
国家火炬计划佛山新材料产业基地 China Torch Program New Material Industrial Base of Foshan	16315	2447	3	45
国家火炬计划佛山电子电器产业基地 China Torch Program Electronic and Electrical Apparatus Industrial Base of Foshan	85206	29812	483	1950
国家火炬计划顺德家用电器产业基地 China Torch Program Household Electrical Appliance Industrial Base of Shunde	227769	65000	45	825
国家火炬计划江门新材料产业基地 China Torch Program New Material Industrial Base of Jiangmen	18632	6703	33	78
国家火炬计划江门纺织化纤产业基地 China Torch Program Textile Chemical Fiber Industrial Base of Jiangmen	53655	8350	7	62
国家火炬计划江门半导体照明特色产业基地 China Torch Program Semiconductor Lighting Industrial Base of Jiangmen	42371	8326	22	85
国家火炬计划湛江海洋产业基地 China Torch Program Marine Industrial Base of Zhanjiang	28673	9285	19	138
国家火炬计划茂名石化产业基地 China Torch Program Petrochemical Industrial Base of Maoming	58425	4763	53	375
国家火炬计划肇庆金属新材料产业基地 China Torch Program Advanced Metal Material Industrial Base of Zhaoqing	20402	4120	33	78
国家火炬计划惠州数码视听产业基地 China Torch Program Digital Audiovisual Industrial Base of Huizhou	134807	28985	68	675
国家火炬计划惠州仲恺激光头产业基地 China Torch Program Zhongkai Laser Head Industrial Base of Huizhou	33005	8746	5	121

9-3 续表 11 continued 11

单位：人 (person)

特色产业基地 Specialized Industrial Bases	企业从业人员总数 Total Number of Employees	大专以上 College and Higher Level	博士 Doctor	硕士 Master
国家火炬惠州LED产业基地 China Torch LED Industrial Base of Huizhou	63078	13917	30	323
国家火炬计划阳江五金刀具产业基地 China Torch Program Hardware Tool Industrial Base of Yangjiang	81980	4520		13
国家火炬计划东莞市长安模具产业基地 China Torch Program Chang'an Mold Industrial Base of Dongguan	162310	16900	17	58
国家火炬计划东莞市虎门服装设计与制造产业基地 China Torch Program Fashion Design Industrial Base of Dongguan Humen	382620	98300	24	87
国家火炬计划东莞石龙数码办公设备特色产业基地 China Torch Program Digital Office Equipment Industrial Base of Dongguan Shilong	77300	8744	8	36
国家火炬计划中山(临海)装备制造产业基地 China Torch Program Equipment Manufacturing Industrial Base of Zhongshan (Linhai)	20130	7881	130	358
国家火炬计划中山小榄金属制品产业基地 China Torch Program Metal Products Industrial Base of Zhongshan Xiaolan	95266	13100	35	207
国家火炬计划中山市古镇照明器材设计与制造产业基地 China Torch Program Lighting Equipment Design and Manufacture Industrial Base of Zhongshan Guzhen	65875	2650	7	63
国家火炬计划中山日用电器特色产业基地 China Torch Program Electrical Appliances Industrial Base of Zhongshan	198192	17372	52	746
国家火炬计划中山精细化工特色产业基地 China Torch Program Fine Chemical Industrial Base of Zhongshan	3213	782	3	13
国家火炬计划中山电梯特色产业基地 China Torch Program Lift Industrial Base of Zhongshan	7610	5961	2	13
国家火炬河池有色金属新材料特色产业基地 China Torch Non-ferrous Metal New Material Industrial Base of Hechi	5200	860	26	16
国家火炬计划重庆九龙轻合金特色产业基地 China Torch Program Jiulong Light Alloy Industrial Base of Chongqing	38238	8600	46	200
国家火炬计划重庆渝北汽车摩托车制造及现代服务特色产业基地 China Torch Program Auto and Motorcycle Manufacturing and Modern Service Base of Chongqing Yubei	100688	30206	52	209
国家火炬计划成都电子信息产业基地 China Torch Program Electronic Information Industrial Base of Chengdu	16117	5058	28	213
国家火炬计划遵义航天军转民(装备制造)产业基地 China Torch Program Aerospace Military to Civil (Equipment Manufacuturing) Industrial Base of Zunyi	17114	7136	6	445
国家火炬计划西安高新区生物医药产业基地 China Torch Program Biological Medicine Industrial Base of Hi-tech Park	18628	14482	187	691
国家火炬计划西安航空特色产业基地 China Torch Program Aviation Industrial Base of Xi'an	34980	13950	520	1992
国家火炬计划宝鸡钛产业基地 China Torch Program Titanium Industrial Base of Baoji	15347	6533	16	190
国家火炬计划宝鸡石油钻采装备制造特色产业基地 China Torch Program Petrol Drilling Equipment Industrial Base of Baoji	12437	6218	6	185
国家火炬计划宝鸡重型汽车及零部件特色产业基地 China Torch Program Heavy-duty Motor Vehicles and Parts Industrial Base of Baoji	38100	7937	18	42
国家火炬计划白银有色金属新材料及制品产业基地 China Torch Program Nonferrous Metals materials and products Industrial Base of Baiyin	22514	4222	10	72
国家火炬计划灵武羊绒产业基地 China Torch Program Cashmere Industrial Base of Lingwu	7616	1355	12	30
国家火炬计划石嘴山稀有金属材料及制品产业基地 China Torch Program Rare Metal Materials and Products Industrial Base of Shizuishan	11757	3160	16	72
国家火炬计划乌鲁木齐米东石油化工和煤化工特色产业基地 China Torch Program Petrochemical and Coal Chemical Industrial Base of Urumqi Midong	19324	3957	15	145
国家火炬计划克拉玛依石油石化特色产业基地 China Torch Program Petroleum and Petrochemical Industrial Base of Karamay	145327	39652	130	911

第十部分

主要指标解释

The Tenth Part

Explanatory Notes of Indicators

主要指标解释

工业总产值：指工业企业在报告期内生产的以货币形式表现的工业最终产品和提供工业劳务活动的总价值量。由本期生产成品价值、对外加工费收入、自制半成品在制品期末期初差额价值。

本期生产成品价值：指企业在报告期生产，经检验合格的已销售和准备销售的全部工业成品（半成品）价值合计。成品价值中包括企业生产的自制设备及提供给本企业在建工程、其他非工业部门和生活福利部门等单位使用的成品价值，但不包括用订货者来料加工的成品（半成品）价值。

对外加工费收入：指企业在报告期完成的对外承做的工业品加工（包括用订货者来料加工生产）的加工费收入和对外工业品修理作业所收取的加工费收入和对内非工业部门提供的加工修理、设备安装等收入。对外加工费收入中不包括销项税额。

自制半成品在制品期末期初差额价值：为了使工业总产值与工业中间投入中的物耗价值一致，以便同口径地计算工业增加值，规定本指标的计算原则是：凡是企业会计产品成本核算中计算半成品、在制品成本，则工业总产值中必须包括自制半成品在制品期末期初差额价值。反之亦然。

总收入：指企业全年的生产产品销售收入、技术性收入和与本企业产品相关的商品的销售收入、其他业务收入、营业收入等各种收入的总和。

技术收入：指企业全年用于技术转让、技术承包、技术咨询与服务、技术入股、中试产品收入以及接受外单位委托的科研收入等。

产品销售收入：指企业全年销售全部产成品、自制半成品和提供劳务等所取得的收入。

商品销售收入：指企业销售以出售为目的而购入的非本企业生产产品的销售收入。

实际上缴税费总额：指企业实际上缴的各项税金、特种基金和附加费等。

流动资产：指企业可以在一年内或者超过一年的一个生产周期内变现或者耗用的资产，包括现金及各种存款、短期投资，应收及预付款项、存货等。

年末资产：指企业在报告年末拥有或控制的能以货币计量的经济资源，包括各种财产、债权和其他权利。资产按其流动性（即资产的变现能力和支付能力）划分为：流动资产、长期投资、固定资产、无形资产、递延资产和其他资产。

年末负债：按会计报表的流动负债与长期负债之和填写。

年末从业人员数：指在报告期末，在企业中从事劳动并取得劳动报酬或经营收入的全部劳动力。

科技活动人员合计：指企业内部直接参加科技项目以及项目的管理人员和直接服务的人员。不包括全年累计从事科技活动时间不足制度工作时间 10%的人员。

科技活动经费内部支出：指报告年内用于科技活动的实际支出，包括劳务费、科研业务费、科研管理费，非基建投资构建的固定资产、科研基建支出以及其他用于科技活动的支出。不包括生产性活动支出、归还贷款支出及转拨外单位支出。反映科技投入实际完成情况。

R&D 经费内部支出：指调查单位在报告年度用于内部开展 R&D 活动的实际支出。包括用于 R&D 项目（课题）活动的直接支出，以及间接用于 R&D 活动的管理费、服务费、与 R&D 有关的基本建设支出以及外协加工费等。不包括生产性活动支出、归还贷款支出以及与外单位合作或委托外单位进行 R&D 活动而转拨给对方的经费支出。

发明专利：指对产品、方法或者其改进所提出的新的技术方案。是国际通行的反映拥有自主知识产权技术的核心指标。

实用新型：指对产品的形状、构造或者其结合所提出的适于实用的新的技术方案。反映具有一定技术含量的技术成果情况。

外观设计：指对产品的形状、图案、色彩或者其结合所作出的富有美感并适于工业上应用的新设计。反映拥有自主知识产权的外观设计成果情况。